Programmieren in C++

Borland-Versionen

Ein Lehr- und Übungsbuch

Von Prof. Henning Mittelbach
Fachhochschule München

B. G. Teubner Stuttgart 1998

Alle im vorliegenden Buch erwähnten Produkt- und Firmennamen wie Borland, Hewlett Packard, IBM, MS.DOS, Turbo Pascal u. a. sind gesetzlich geschützt, ohne daß im einzelnen darauf hingewiesen wird.

Die Deutsche Bibliothek – CIP-Einheitsaufnahme

Mittelbach, Henning:
Programmieren in C++, Borland-Versionen : ein Lehr- und
Übungsbuch / von Henning Mittelbach. – Stuttgart : Teubner, 1998
  ISBN-13:978-3-519-02998-4   e-ISBN-13:978-3-322-80112-8
  DOI: 10.1007/978-3-322-80112-8

Zu diesem Buch

Der vorliegende Text will kein systematisches Lehrbuch in C++ sein und hat auch keinen Anspruch auf Vollständigkeit der Darstellung. Die Intention ist eher folgende: Wer bisher mit einer „klassischen" Sprache wie Pascal „gelebt" hat, soll in möglichst kurzer Zeit und ohne allzu große Mühe befähigt werden, Programme in C++ zu lesen, zu verändern und bei „defensivem" Sprachgebrauch einfachere Listings auch bald zu schreiben. Wer meine zu Turbo Pascal erschienenen Bücher kennt, wird die etwas unübliche Darstellung von dort sofort wiedererkennen:

Mit nicht-trivialen Beispielen dringt man schnell in die Materie ein und ist bald in der Lage, offene Fragen durch eigene Experimente in der IDE oder durch Nachlesen in Monographien zu klären. Das folgende Manuskript reflektiert meinen eigenen Weg, von Pascal ausgehend in die Höhen und auch Tiefen von C++ vorzudringen. Es ist das Protokoll eines intensiven Lernvorgangs, der ungefähr drei Monate dauerte und nicht immer das reine Vergnügen war. Konkrete Einzelfragen konnten die von mir zu Rate gezogenen Lehrbücher nicht immer beantworten: Sie hielten sich in erster Linie mit syntaktischen Überlegungen und Theorie auf, zeigten aber weniger, „wie es geht". Erst nachdem ich das selber herausgefunden hatte, fing ich damit an, mich eingehend mit Details zur Syntax zu befassen, mit dem „Warum": Jetzt kam bei mir die „Konkurrenz" zum Zuge: Die recht subjektive Auswahl an entsprechender Literatur ist in einer Übersicht zusammengestellt.

Nach der ersten Rohfassung des Manuskripts gab es einen Testdurchlauf in einer Anfängervorlesung, und damit Kritik und Verbesserungsvorschläge in Hülle und Fülle. Bei der anschließenden Überarbeitung habe ich auch an solche Leserinnen und Leser gedacht, die ohne Vorkenntnisse aus einer anderen Sprache in die Fan-Gemeinde C++ eingebürgert werden wollen. Eine Menge eher allgemeiner Hinweise zur Programmier-umgebung, zu Beispielalgorithmen usw. war zwangsläufig die Folge; insb. kamen die Kapitel 3 und 9 bis 11, zwei Aufgabenteile und ein kleines Glossar hinzu.

In den ersten elf Kapiteln geht es hauptsächlich um elementare Datentypen, Kontroll-strukturen und den Funktionsbegriff; OOP-Eigenschaften von C++ als Überbau von C treten noch nicht in Erscheinung. Die Beispiele sind so gewählt, daß recht viele ver-schiedene Anweisungen und Algorithmen auftauchen. Man gewinnt dabei so viel Durchblick, daß dann die meisten Aufgaben ohne weiteres „klassisch" gelöst werden können. Wer eine andere imperative Sprache beherrscht, sollte diesen Teil mit mäßigem Aufwand durcharbeiten können und sehr schnell in die Lage versetzt werden, auch komplexere Algorithmen zuverlässig in C++ zu schreiben, z.B. Quellfiles aus Pascal zu „übersetzen". Das Stichwortverzeichnis erleichtert diesen Zugang.

Ab Kapitel 12 wird das OOP-Paradigma von C++ deutlich. Jetzt wird es zumindest für Programmieranfänger einigermaßen schwierig. Begriffe wie Klassen, Methoden, Vererbung und Hierarchie werden erörtert und an umfangreicheren Beispielen lauffähig vorgeführt. Wer die OOP-Philosophie von Turbo Pascal kennt, wird dabei allerhand Ähnlichkeiten erkennen. Dieser Teil des Buches wird sicherlich erst nach etlichen Wochen des Lernens und Übens dazu führen, daß (je nach Vorkenntnissen) ein effektiver Einsatz des nach und nach Gelernten möglich wird. „Learning by doing" ist die beste Vorgehensweise. Mit den erworbenen Grundkenntnissen sollte es danach möglich sein, auf eigene Faust in die Geheimnisse von OOP anhand weiterer Literatur tiefer einzudringen: Die OOP - Kapitel sind als Einführung zu verstehen.

Ich denke, daß dieses Buch auch von echten Anfängern durchgearbeitet werden kann, sofern sie deutlich mehr Mühe als Quereinsteiger auf sich nehmen wollen und die Energie mitbringen, Algorithmen zu hinterfragen, die ohne ausführliche Erläuterung einfach „vorgesetzt" werden: Sortieren, Iteration, Rekursion, ... : Dies und anderes wird praktisch vorgeführt und meist nur kurz begründet; zu komplexeren Algorithmen gibt es aber hie und da doch Struktogramme oder grafische Erläuterungen.

Viele Beispiele sind mathematisch orientiert und bedürfen daher einiger Hintergrundkenntnisse, auf die das Buch mangels Umfang oft nur am Rande eingehen kann. Für Studierende der Ingenieurwissenschaften und engagierte Oberstufenschüler (sowie deren Lehrer) sollte das aber kein Problem sein: Vor allem an diese Gruppen wendet sich der Text, aber ebenso an engagierte Hobbyprogrammierer. Wer sich fehlende Informationen mit Sprachmustern aus Pascal verschaffen möchte, sei auf meine beiden Bücher [M] verwiesen. Diese werden hie und da zitiert; aber man muß sie weder besitzen, noch gar gelesen haben! - Zuletzt: Alle Files aus diesem Buch gibt es auch auf einer Diskette; näheres nach der Literaturliste.

Ein Dankeschön gilt meinem Anfängerkurs an der FH München im SS 1997, der mit den Texten testhalber konfrontiert worden ist, so manchen sachlichen Fehler fand und auch allerhand Verbesserungsvorschläge einbrachte. Auf reine Schreibfehler (vor dem Hintergrund der „alten" Orthografie) wurde dabei weniger geachtet: Solche Fehler (und erst recht alle fachlichen) gehen vollständig zu meinen Lasten. Besonderer Dank schließlich an Herrn Dr. Spuhler von der Verlagsleitung Teubner für die bereitwillige Aufnahme in eine bewährte Buchreihe.

München / Friedberg, im November 1997   Henning Mittelbach

Inhaltsverzeichnis

1 Einleitung

In diesem Kapitel findet der Anfänger allgemeine Hintergrundinformationen zum Umfeld von Rechnern und zu Programmiersprachen, insb. C++ .

Die **Steuerung** von Computern erfolgt teils über Kommandos direkt von der Betriebssystemebene aus, teils über sog. **Programme**: Das sind letztlich Folgen von Bitmustern, die von der CPU (Central Processor Unit) des Rechners direkt verstanden und nacheinander (sequentiell) abgearbeitet werden. Solche prozessorabhängigen **Maschinenprogramme** (object code) können zwar auch selber entwickelt werden, doch ist das relativ schwierig und damit recht fehlerträchtig.

Heutzutage bedient man sich hauptsächlich sog. höherer Programmiersprachen, die auf ganz verschiedenen Rechnern einsetzbar, kompatibel sind. Die weit verbreiteten PCs gehören meistens zur Familie der DOS-Rechner mit Prozessoren der Baureihen 80486 bis zum Pentium. Vorläufer [1] dieser Prozessoren wie der 8086, 80286 und 80386 sind inzwischen total veraltet, nur noch Auslaufmodelle ...

Die im Laufe dieses Kurses vorkommenden Programme, die wir in der sog. C++ Sprachumgebung von Borland entwickeln werden, laufen auf diesen PCs unter DOS wie Windows [2] ohne Probleme, auch auf Workstations unter dem Betriebssystem Unix u. dgl. Absolute Neulinge im Umgang mit PCs seien auf ein Kapitel in [M1] hingewiesen, das den ersten Umgang mit dieser Rechnerfamilie erleichtert und jene Begriffe (z.B. Betriebssystem DOS) erklärt, die wir hie und da verwenden werden.

---

[1] AT steht bei IBM für Advanced Technology bis etwa 1990, XT für Small Technology der noch älteren PCs bis zum 8086, der schon Mitte der Achtziger auslief; die Prozessoren der Baureihe 8086 ff ... stammen von INTEL, CYRIX, AMD u.a.

[2] Zur Installation von Borland C++ muß aber eine Festplatte vorhanden sein!

Eine **höhere Programmiersprache** wie BASIC, Pascal oder C++ ist eine ganz speziell entwickelte Kunstsprache, eine sog. formale Sprache, nach Wortwahl und Anzahl der Wörter ein sehr kleiner Ausschnitt aus einer lebenden Sprache (meist Englisch), und zwar mit präziser Eingrenzung der **Semantik** (etwa: Bedeutungsinhalt), und im Blick auf maschinelle Bearbeitung sehr strenger **Syntax** (Grammatik).

Die Wörter werden mit dem anglo-amerikanischen Alphabet (also ohne Umlaute etc.) gebildet; hinzu kommen die Ziffern zum Aufbau der Zahlen, ferner noch allerhand Sonderzeichen, mit denen z.B. Steuersequenzen gesendet werden können. Die lauffähigen Bausteine solcher Sprachen heißen **Anweisungen** (statements); jede zulässige Anweisung bewirkt eine genau definierte Reaktionsfolge des Computers. „Zulässig" ist eine Anweisung dann, wenn sie aus den vorab definierten Elementen der Sprache syntaktisch regelgerecht aufgebaut ist. Man muß also sowohl diese Syntax lernen als auch die Bedeutung der Sprachelemente kennen, um die gewünschte Wirkung sicher zu erzielen.

Wissenschaftstheoretisch: Eine Programmiersprache ist ein abgeschlossenes System mnemotechnisch (zum Erinnern) günstig formulierter Anweisungen zur Steuerung eines Automaten. - „Abgeschlossen" bedeutet, daß jede sinnvolle Verknüpfung von Anweisungen nach den geltenden Regeln zu neuen Anweisungen und damit wiederum zu einer spezifischen Aktion des Automaten führt. Eine endliche (!) Menge zulässiger Anweisungen zu einem bestimmten Zweck heißt **Programm**, ist Abbild eines **Algorithmus** zur Lösung irgendeines Problems. **Programmieren** in diesem allgemeinen Sinn ist eine weitgefächerte Tätigkeit: Man muß das Problem analysieren, sich einen Lösungsweg ausdenken und sachgerecht formulieren sowie zuletzt den Algorithmus in einer passenden Sprache codieren, ehe man einen Rechner hinzuzieht. Kein Wunder also, daß die mittlerweile ausgefeilte Rechnertechnik und die Vielfalt differenzierter Probleme, die mit Rechnern untersucht werden können, viele dieser Einzelschritte Spezialisten zuweisen. „Programmieren" steht daher in engerem Wortsinn nur noch für einen einzigen der Arbeitsschritte, nämlich das Codieren des Algorithmus zum Quellprogramm.

Diese Arbeit unterstützt ein bei Bedarf verfügbares Programm des jeweiligen Sprachsystems, das zusätzlich zum Betriebssystem des Rechners geladen werden muß. Im Falle Borland C++ handelt es sich um die o.g. sehr aufwendige Sprachumgebung IDE, ein Werkzeug, das neben diesem Übersetzer eine ganze Reihe weiterer Komponenten aufweist, vor allem einen **Editor** zum Erstellen und Bearbeiten der Quelltexte in C++, ferner einen **Debugger** zur Fehlersuche in bereits lauffähigen Programmen und noch andere praktische Features.

Damit der Rechner das in einer Hochsprache geschriebene **Quellprogramm** (source code) abarbeiten kann, muß es erst in ein Bitmuster „übersetzt", in ein maschinenorientiertes **Objektprogramm** verwandelt werden.

Zwei grundsätzlich verschiedene Typen solcher Übersetzer existieren: Wird das Quellprogramm unter **Laufzeit** (Runtime) Zeile für Zeile übersetzt und sogleich zeilenweise abgearbeitet, so spricht man von einem **Interpreter**. Charakteristisch ist für diesen Fall, daß ein Programm auch mit fehlerhaften Anweisungen gestartet werden kann, weil solche erst unter Laufzeit erkannt werden. Interpretierte Programme sind relativ langsam, da bei jeder Ausführung neuerlich übersetzt werden muß.

Ein **Compiler** hingegen generiert vorab den vollständigen Maschinencode und speichert ihn auf Wunsch auch dauerhaft ab; nur bei erfolgreicher Übersetzung steht (auch ohne Quelle) ein syntaktisch fehlerfreier Objektcode zur Verfügung, der dann wiederholt sehr schnell abgearbeitet werden kann. Daß jenes Programm dann „läuft", spricht noch lange nicht für seine „Richtigkeit", denn semantische oder logische Fehler, letztlich Fehler im Algorithmus, werden auch von Compilern nicht oder nur selten erkannt. Kann z.B. bei einem Quotienten der Nenner Null werden, so muß dies der Programmierer durch eine Abfrage im Programm vorab berücksichtigen ...

Höhere Programmiersprachen waren - zumindest anfangs - fast immer **problemorientiert**, d.h. für einen ganz gewissen Zweck konzipiert. Das zeigt oft schon der Name:

ALGOL :	ALGOrithmic Language,
BASIC :	Beginners All purpose Symbolic Instruction Code,
COBOL :	COmmon Business Oriented Language,
FORTRAN :	FORmula TRANslator u.a.

ALGOL und FORTRAN sind mathematisch-naturwissenschaftlich, COBOL ist kaufmännisch ausgerichtet. Baustatiker haben ihre eigene(n) Programmiersprache(n) mit sehr speziellem Anweisungsvorrat und einer passenden Sprachstruktur. BASIC ist meist in ein interpretierendes Sprachsystem eingebunden (es gibt aber auch BASIC-Compiler), die anderen genannten Sprachen werden stets compiliert. Das gilt auch für C++. Allen gerade aufgeführten Sprachen ist gemeinsam, daß das zu lösende Problem algorithmisiert werden muß, der Lösungsweg also sehr detailliert prozedural zu beschreiben ist. Man nennt sie daher zusammenfassend **prozedurale** Sprachen. Auch Pascal und C++ gehören zu dieser Gruppe.

Hingegen ist z.B. PROLOG (PROgramming in LOGics) eine sog. **deklarative** Sprache (der fünften Generation): Ein Programm beschreibt die Aufgabe (z.B. das bekannte Problem des Handelsreisenden) sinnfällig; der Rechner sucht dann eine Lösungsstrategie. PROLOG gehört zur großen Gruppe der **symbolischen** Sprachen, in der es neben den deklarativen auch noch applikative und logische gibt. Die Programmiertechnik ist hier gegenüber Pascal oder C++ meist deutlich anders. Immer mehr an Bedeutung gewinnen sog. **objektorientierte** Sprachen; C++ als Erweiterung der Sprache C gehört zu dieser Gruppe.

Die Sprache C++ ist eine Weiterentwicklung von C und enthält jene Sprache als Untermenge. Sie entstand ab etwa 1980, als Bjarne Stroustrup das Klassenkonzept in C verwirklichte: daher C++ als Inkrement von C: „C with classes". Die Entwicklung von C wiederum hängt eng mit dem Betriebssystem Unix zusammen, das schon vorher für Großrechner konzipiert worden war und die Sprache BCPL (Basic Combined Programming Language) zur Grundlage hatte. C ist als Weiterentwicklung von B zu verstehen, einem Derivat von BCPL. Hintergrund der damaligen Überlegungen war es, eine gut portable Sprache zu entwickeln, deren Konstrukte nicht zu hardwarenah ausgelegt sein durften.

Als Bibel der C-Programmierer galt und gilt ein Buch von Brian Kerningham und Dennis Ritchie, *The C Programming Language*, vergleichbar mit einem Manual von Wirth zur Sprache Pascal. Man spricht daher gerne vom K&R-Standard. Der derzeitige Standard von C++ ist seit 1995 in einem Dokument der Amerikanischen Normungskommission ANSI festgelegt, siehe z.B. [E].

C und bald auch C++ kann als derzeitige Programmiersprache Nummer eins angesehen werden; an ihr kommt kein professioneller Programmierer vorbei. Allerdings ist C++ schwerer erlernbar als z.B. Pascal oder gar BASIC; das vorliegende Buch ist in erster Linie für Umsteiger aus einer anderen, gut strukturierenden Sprache wie Pascal gedacht, kann aber auch von echten Anfängern benutzt werden. Eine Standortbestimmung findet sich im Vorwort.

Sehen Sie sich zunächst die dargestellten *Listings* (Quellprogramme) zu ein und derselben Aufgabenstellung in C++ und dann in weiteren Sprachen auf der Seite gegenüber an:

In allen Fällen handelt es sich um dieselbe Aufgabe: Es sind sechs ganze Zahlen von der Tastatur einzulesen, deren Summe gebildet und dann ausgegeben wird. In C++ sieht das etwa so aus:

```
# include <iostream.h>                              C++

main ( )
  { int summe = 0 ;
    for ( int k = 0 ; k < 6 ; k++ )
       { int a ; cin >> a ; summe = summe + a ; }
    cout << "Summe ... : " << summe ;
    return (0) ;
  }
```

Die restlichen Listings leisten in etwa dasselbe, lassen das aber im Falle ALGOL, Version 1960 (eine deutsche Entwicklung) bzw. FORTRAN IV (zeitlich früher, ab 1954 von IBM) keineswegs so einfach erkennen, auch wenn z.B. die sog. FOR-Schleife in drei der Listings in vergleichbarer Weise auftritt.

```
10  REM : SUMME
20  S = 0
30  FOR L = 1 TO 6
40  INPUT A
50  S = S + A
60  NEXT L
70  PRINT "SUMME " ;  S
80  END
```
BASIC

```
"BEGIN"
"COMMENT" SUMME ;
"REAL" S, A ;
"INTEGER" L ;
S := 0 ;
"FOR" L := 1 "STEP" 1 "UNTIL" 6 "DO"
"BEGIN"
INPUT (60,"("")",A) ;
OUTPUT(61,"("/")", A) ;
S := S + A ;
"END" ;
OUTPUT(61,"("/"("SUMME ")"")",S)
"END"
```
ALGOL 60 [1]

```
C       SUMME
        S=0.
        DO 10 L = 1,6
        READ (5,20) A
20      FORMAT (F9.2)
        WRITE (6,30)
30      FORMAT (20X,F9.2)
        S=S+A
10      CONTINUE
        WRITE (6,40) S
40      FORMAT (15X,5HSUMME,F9.2)
        STOP
        END
```
FORTRAN IV

```
PROGRAM summe  (input, output) ;
VAR   i : integer ;  summe, a : real
BEGIN
        summe := 0 ;
        FOR i := 1 TO 6 DO BEGIN
                        readln (a) ;  summe := summe + a
                        END ;
        writeln ('Summe ... ', summe : 10 : 2)
END .
```
TURBO Pascal

Abb. 1.1 : Ein Listing in vier verschiedenen Programmiersprachen

---

[1] Entwickelt ab ca. 1957 von der sog. ALCOR-Gruppe (Algol Converter) an der TU München (F.L. Bauer), der Uni Mainz, der TU Darmstadt, der ETH Zürich u.a.

Die Programme in C++ und insb. in BASIC scheinen besonders einfach zu sein (das Beispiel täuscht aber hinsichtlich C++ gewaltig!), während ALGOL und FORTRAN vor allem wegen der komplizierten Formatierungen für die Ausgaben reichlich verwirrend aussehen. Pascal ähnelt in den Formulierungen BASIC, ist jedoch besser strukturiert, was im Beispiel ein wenig durchscheint. Während die Groß- bzw. Kleinschreibung der Anweisungen in Pascal für den Rechner ohne Bedeutung ist, werden in C++ (wie in C) alle Schlüsselwörter (wie *for* usw.) stets klein geschrieben!

Die Übersetzung eines Quelltextes in C++ erfolgt stets per Compiler. Enthält der Quelltext irgendwelche Syntaxfehler, also Verstöße gegen die Regeln der Sprache, oder sehr einfache logische Fehler (z.B. Nichtabschluß von Schleifen u.ä.), so ist kein Maschinencode generierbar. Ist die Übersetzung erfolgreich, so liegt ein Objektcode vor, der auch ohne Quelltext lauffähig ist. Kommerzielle Software wird meist im Objektcode geliefert: Bei der Entwicklung von Windows hat C Pate gestanden.

Die Sprachumgebung IDE (Integrated Developing Environment) von C++ besteht nicht nur aus einem solchen Compiler, sondern zusätzlich aus etlichen weiteren (und nützlichen) Komponenten, von denen der Anfänger zunächst nur den Editor zur Quelltextbearbeitung benötigt. Hierfür könnte man durchaus auch einen anderen externen Editor benutzen.

Das vorliegende Skript handelt von C++, eingebette in C. Ausgehend von einfachen Datentypen und Kontrollstrukturen werden wir soweit voranschreiten, daß auch recht komplizierte Aufgabenstellungen in C++ adäquat gelöst werden können. Ehe wir jedoch mit der eigentlichen Beschreibung der Sprache beginnen, geben wir einige allgemeine Hinweise, die vor allem für den Anfänger von Nutzen sind. Ansonsten sei wie schon erwähnt auf ein Kapitel in [M1] verwiesen.

Die **Informationseinheit 1 Bit** ist der Gewinn an Wissen nach Beantwortung einer direkten Frage mit einfachem Ja/Nein-Charakter. 1 Bit läßt sich schaltungstechnisch leicht realisieren, so z.B. mit einem Relais, das offen oder geschlossen ist, etwas allgemeiner mit jeder abfragbaren Schaltung, die genau zweier definierter elektrischer Zustände fähig ist. Genutzt werden heute für Bearbeitung unter Zeit Halbleiterelemente, und für dauerhaftes Speichern magnetische Eigenschaften von Schichtträgern (wie auf den verbreiteten 3.5"- Disketten bzw. Festplatten). Auch optische Schreib-Lese-Speicher sind bereits serienreif.

Die ersten Großrechner vor mehr als 50 Jahren arbeiteten jedoch nur mit mechanischen Relais und Elektronenröhren; sie waren deswegen sehr langsam und benötigten viel Energie, die sie vor allem in Wärme umsetzten ... Erst die Erfindung des Transistors (Nobelpreis 1956 für John Bardeen, Walter H. Brattain, serienreif ab etwa 1960) brachte den Durchbruch. Dessen Weiterentwicklung ergab schließlich raffinierte Halbleiterschaltungen, die bei steter Verkleinerung den unaufhaltsamen Siegeszug einleiteten.

Etwas Historie: Um 1623 baute Wilhelm Schickard (1592 - 1635) eine Rechenuhr, um 1673 Gottfried Wilhelm Leibniz (1646 - 1716) eine Maschine mit Staffelwalze, die sogar multiplizieren konnte. Ein um 1833 von Charles Babbage (1792 - 1871) ausgedachter, sogar programmierbarer Rechner wurde mangels technischer Möglichkeiten leider nie ausgeführt; die Idee geriet wieder in Vergessenheit.

Ab 1934 baute in Deutschland Konrad **Zuse** (1910 - 1996) die ersten Rechenautomaten, zunächst im eigenen Wohnzimmer die sehr mangelhafte Z1, ab 1941 im Auftrag der Deutschen Versuchsanstalt für Luftfahrt die voll funktionsfähige Z3, eine Maschine [1] mit über 2.600 Relais. Eine Multiplikation dauerte etwa 4 Sekunden. Eine ähnliche, weitgehend elektromechanische Konstruktion wurde 1944 an der Harvard University von Howard Aiken als Mark 1 vorgestellt. 1946 bauten, ausschließlich mit Röhren und ohne Relais, Eckert und Mauchly in Pennsylvania den 20 Tonnen schweren ENIAC [2]. Das Ungetüm zeichnete sich neben seinen Rechenkünsten vor allem durch erhebliche Produktion von Abwärme aus.

Nach dem zweiten Weltkrieg verlagerte sich die Entwicklung zunächst in die USA und nach Japan. Doch baute auch Zuse noch an seinen Rechnern weiter: Bis in die Mitte der siebziger Jahre lief am damaligen Polytechnikum in Schweinfurt eine Z 23: Der Autor erinnert sich noch deutlich des großen rotierenden Trommelspeichers dieser Maschine, deren Leistung heute freilich von jedem kleinen PC weit übertroffen wird ...

An sich ist die Idee der Steuerung von Automaten durch Programme recht alt: Schon im 18. Jahrhundert gab es Spielautomaten; Webstühle (Joseph-Marie Jacquard, um 1805 in Lyon) wurden durch gelochte Holzplättchen gesteuert, die man später durch zusammenhängende Kärtchen aus Karton ersetzte, die ersten Nur-Lese-Speicher ... Aus Anlaß einer Volkszählung 1890 in den USA konzipierte der dort eingewanderte Bergingenieur Hermann Hollerith (1860 - 1929) 1886 die noch heute gebräuchliche IBM-Lochkarte samt Stanz- und Sortierautomaten (zum Auszählen). Deren Format entspricht dem US-Dollar aus der damaligen Zeit, denn soviel sollte die Volkszählung pro Bürger höchstens kosten! Das war die erste moderne Datenverarbeitung, die bald Einzug in die Buchhaltung größerer Firmen hielt und zur heutigen EDV führte.

---

[1] Rekonstruktion im Deutschen Museum in München; Originale sind nicht mehr vorhanden. - Zuse legte unwissentlich die Ideen von Babbage zugrunde: Rechen-, Speicher- und Leitwerk, Ein- und Ausgabe waren getrennte Einheiten; ferner verknüpfte er das Dualsystem zur Zahlendarstellung mit der Theorie der BOOLE-schen Algebra zur linearen Programmerstellung, wobei Operations- und Adreßteil in den Befehlen getrennt auftraten. Aiken ging von einem ähnlichen Ansatz aus, baute aber „amerikanisch", d.h. 700.000 Einzelteile, 80 km Leitungen, unendlich viele Relais.

[2] Der ENIAC (Akronym für Electronical Numerical Integrator and Computer) enthielt über 180.000 Trioden-Röhren als Flip-Flops bzw. zur dekadischen Zahlendarstellung! Seither sind Akronyme in der EDV im alltäglichen Gebrauch ...

Prinzipiell sind nach ihrer Bauart wesentlich zwei Typen von Rechnern zu unterscheiden: **analoge** und **digitale.** „Urvater" der einen Linie ist der **Rechenstab** („Rechenschieber"), der mit der Erfindung der Taschenrechner fast ausgestorben ist; auf der anderen Generationslinie begann man schon im Altertum mit dem **Abakus**, den es in ganz verschiedenen Bauformen auch heute noch in weiten Teilen der Welt gibt. In China heißt ein solches Rechenbrett sehr sinnfällig *Suan Pan*, laut meinem Freund Zhou Yü etwa „Rechnen mit Teller".

Diese beiden Rechnertypen unterscheiden sich in der Art der **Zahlendarstellung:** Am Rechenstab wird prinzipiell durch Skalenvergleiche gerechnet, dies theoretisch also mit beliebiger Genauigkeit (beim Ablesen), während mit einer digitalen Maschine nur eine endliche Menge diskreter Zahlen dargestellt werden kann.

Moderne Bauformen elektronischer Analogrechner existieren durchaus für bestimmte Zwecke; sie realisieren das Rechnen z.B. mit Schwingkreisen, die problemgerecht verdrahtet (geschaltet, „programmiert") werden müssen. Unser PC hingegen ist ein echter Digitalrechner, der jüngste Urenkel des Abakus gegen Ende des 20. Jahrhunderts. Einen solchen wollen wir im folgenden programmieren, d.h. gesteuert arbeiten lassen. Für spezielle und diffizile Aufgaben gibt es beide Rechnertypen verbunden als **Hybridrechner**, die zum Datenaustausch sog. Digital- und Analogwandler für die Daten benötigen.

Von uns lesbare Texte, Daten und Programme werden mit einem standardisierten Code (fast ausschließlich der sog. ASCII der USA - Norm) in eine maschinenlesbare Form gebracht und dann vom Rechner **binär** (dual) codiert. 8 Bit werden dabei zur Einheit **1 Byte** zusammengefaßt, der kleinsten sog. **Wortlänge**. Ein solches Wort (oder ein längeres wie auf den jetzt üblichen 16-Bit bzw. 32-Bit-Maschinen) wird vom Betriebssystem unter einer „Adresse" (das ist wiederum ein Wort) gefunden, die auf einen Speicherplatz im schnellen Arbeitsspeicher des Rechners zeigt.

2^{10} Byte (= 1 024 Byte oder 8 192 Bit) ergeben ein **Kilobyte**, gut 1 000 Byte also. Ein älterer sog. 64-KByte-Rechner hatte demnach etwas mehr als 65 000 Speicherplätze (Adressen), zu deren mechanischer Verwirklichung über eine halbe Million Schalter notwendig wären. Die skizzierte Speicherungsform legt es nahe, Zahlen und Zeichen dual (0, 1, 10, 11, 100, ...) mit der **Basiszahl** 2 zu verschlüsseln und dann damit zu rechnen.

In der Praxis verwendet man allerdings die sog. **hexadezimale Codierung** zur Basiszahl 16, die mit der dualen Form eng verwandt ist. Da die Speicherplätze des Arbeitsspeichers im Rechner nur in eingeschaltetem Zustand aktiviert sind, gehen deren Informationen beim Ausschalten verloren, von kleinen Festspeichern (ROM, **Read Only Memory**) einmal abgesehen, die z.B. für Startroutinen (feste „Vorkenntnisse" des Rechners beim Einschalten, für das Ansprechen peripherer Speicher, das Einlesen des Betriebssystems DOS u. dgl.) erforderlich sind.

Diese Verwaltungsarbeiten laufen automatisch ab und interessieren den User im allgemeinen nicht. Er muß über diese internen Vorgänge also nichts wissen; er kommuniziert nur über eine allgemeine „Softwareschnittstelle" mit dem gesamten System, das ihn fortwährend und unbemerkt unterstützt, gelegentlich aber doch Meldungen absetzt wie vielleicht beim plötzlichen Systemhalt den folgenden Text: OUT OF MEMORY - Speicherplatz erschöpft.

Periphere Speicher wie Disketten, Festplatten oder bei Großrechnern oft auch Tonbandgeräten verwandte Bandmaschinen, sind notwendig, um Informationen (also Programme und Daten) dauerhaft verfügbar zu machen. Hierzu gehört heute stets auch das Betriebssystem, das beim Starten des PCs von einer sog. **System-Diskette** oder in Kopie von der Festplatte eingelesen („geladen"), d.h. in den Arbeitsspeicher gebracht werden muß: Dieser Vorgang heißt „Hochfahren" oder „Booten" (engl. die Stiefel anziehen).

An dieser Stelle soll eine sehr allgemein gehaltene Kurzbeschreibung eines digitalen Rechnersystems nicht fehlen: Im Zentrum steht die **CPU** (Zentraleinheit), ein Chip mit Fähigkeiten ganz elementaren Rechnens, die (über einen Steuerquarz) präzise getaktet ablaufen, vor Jahren noch mit 12 MHz oder 16 MHz, heute schon viel schneller, so bis gut 200 MHz bei High-end-PCs.

Diesem zentralen Baustein CPU (etwa 80486) direkt zugeordnet sind schnelle Speicherplätze (**Register**) für die Überwachung der jeweiligen Abläufe (temporärer Inhalt z.B. aktuelle Adressen, Zahlenwerte), ferner ein ROM für die Startroutinen bzw. bei sehr kleinen Rechnern sogar für eine einfache Sprachversion von BASIC. Über Datenleitungen (Bus) steht die CPU mit dem **Arbeitsspeicher** (Memory: schneller Zugriffsspeicher) in Verbindung, ferner mit wenigstens einer **Eingabeeinheit** (z.B. Keyboard = Tastatur) und einer **Ausgabeeinheit** wie dem Bildschirm (Monitor) oder einem Drucker (Line-Printer). Man denke aber auch an Lochkartenleser und Stanzer, an Scanner, Kameras, Sensoren für Daten und andere praktische Geräte. Periphere Speicher (Drive: Diskettenlaufwerk, oder Harddisk: Festplatte, u.a.) ergänzen praktisch jedes System.

Nach dem Booten meldet sich die sog. Kommandoebene des Betriebssystems und wartet auf die Eingaben des Benutzers. **Kommandos** (commands) sind direkte Befehle von der Kommandoebene aus an das System. Im Gegensatz zu den **Anweisungen** (statements) eines Programms werden sie im sog. „direkten" Modus sofort ausgeführt.

Kommandos (Buttons!) sind nicht Bestandteile irgendeiner Programmiersprache, sondern Bedienungskürzel der Betriebssystem-Software und werden daher im Manual z.B. von MS.DOS oder Windows erläutert. Anweisungen dagegen wirken unter Laufzeit und werden in den Handbüchern des Sprachentwicklers oder in einem Lehrbuch der Sprache erklärt, wie in der vorliegenden Einführung von C++. Beide Begriffe müssen streng unterschieden werden.

In BASIC gibt es Verwirrung, weil dort viele Kommandos auch als Anweisungen mit Zeilennummer verwendbar sind, eine in C++ ausgeschlossene Möglichkeit.

Während BASIC in vielen Betriebssystemen schon beim Start eingebunden wird, muß C++ wahlweise nachgeladen werden, wird also z.B. „unter dem Betriebssystem Windows gefahren", wie man so sagt. Unter MS.DOS oder Windows (das auf DOS „aufsetzt") erfolgen alle Sprachwechsel auf der Betriebssystemebene durch Nachladen der Sprachumgebung, also ohne Ausschalten des Rechners.

Auch das Betriebssystem DOS stellt schon Dienstleistungen zur Verfügung, die ohne Sprache nützlich sind (Kopieren von Disketten, Erstellung einfacher Programme mit einem Editor usw.); im wesentlichen werden aber seine Möglichkeiten von der Sprachebene her eingesetzt, d.h. sind vom Hersteller des C++ - Sprachpakets im Hintergrund der Anweisungen eingebaut. Insofern genügen zur effizienten Nutzung von C++ mindestens am Anfang durchaus recht bescheidene und allgemeine Kenntnisse über das Betriebssystem.

Wir haben weiter oben von dualer und hexadezimaler **Codierung** gesprochen. Während wir heutzutage im Dezimalsystem zu rechnen gewohnt sind (die alten Babylonier dagegen hatten 12-er bzw. 60-er Systeme; Zeiteinheiten Minute und Sekunde!), sind Computer aus o.g. technischen Gründen fast ausschließlich auf duale oder dazu eng verwandte hexadezimale Berechnungen fixiert, so daß es zur Kommunikation mit dem User passender Konvertierungsprogramme des Betriebs- systems bedarf.

Üblicherweise zählen wir

1   2   3   4   5   6   7   8   9   10   11 ...,

schreiben also die **Basiszahl zehn** als erste mit zwei Ziffern; die Null symbolisiert dabei einen Platzhalter für die Einer.

Dual (oder auch binär) sieht das Zählen zur Basiszahl zwei hingegen so aus:

1   10   11   100   101   110   111   1000   1001   1010   1011 ...,

Wie soll man das lesen? Schon die Zwei benötigt zwei Stellen, die Vier drei, die Acht vier usw. Acht ist 2^3, eine Eins mit drei Nullen. Dezimal 1.000 ist analog 10^3.

Ein Vorteil unseres Dezimalsystems ist, daß Zahlen üblicher Größenordnung relativ kurz sind. Dem stehen aber auch Nachteile gegenüber, weil die Zehn nur die Teiler 2 und 5 hat, also viele gängige Divisionen des Alltags nicht aufgehen. Die Babylonier benutzten daher die 12 als Basiszahl mit den Teilern 2, 3, 4 und 6; das war durchaus praxisnah, weil damit mehr Divisionen im Alltag „aufgehen", keine Restbetrachtungen erforderlich machen.

Im Zweiersystem besteht das ganze „Einmaleins" aus vier Sprüchlein

0*0 = 0
0*1 = 0
1*0 = 0
1*1 = 1 ,

ideal für „Grundschüler" wie unseren PC. Addition mit Übertrag ist auch leicht:

```
    110
 +   11
 =====
   1001      (dezimal: 6 + 3 = 9).
```

Man spricht (von rechts nach links) etwa: „1 + 0 ist 1, 1 an; 1 + 1 ist 10 (eins null), 0 an, 1 gemerkt, d.h. weiter; ..." Die Rückverwandlung des Ergebnisses ist unter Berücksichtigung der Stellenschreibweise sehr einfach: Man beginnt rechts (also hinten) und rechnet sich aus:

$$1 * 1 + 0 * 2 + 0 * 4 + 1 * 8 = 1 + 8 = 9 \, .$$

Dezimalzahlen werden mit dem am Beispiel der Zahl 11 sogleich vorgeführten Divisionsalgorithmus (der sich natürlich begründen läßt) in Dualzahlen verwandelt:

```
11 : 2 = 5   Rest 1
 5 : 2 = 2   Rest 1
 2 : 2 = 1   Rest 0
 1 : 2 = 0   Rest 1 .
```

Dieser Algorithmus bricht ab, wenn sich bei der Division erstmals ein Wert 0 ergibt; dann liest man die **Reste rückwärts** und findet für dezimal 11 so dual 1 011.

Im **Hexadezimalsystem** zur Basis 16 reichen unsere Ziffern zur Darstellung der Zahlen nicht aus, man fügt daher als weitere „Ziffern" die Buchstaben A ... F hinzu und zählt

1 2 3 4 5 6 7 8 9 A B C D E F 10 ... ,

wobei 10 („eins null") jetzt 16 bedeutet. Die größte zweistellige Zahl ist also FF, d.h. dezimal $15 * 16 + 15 = 255 = 16^2 - 1$ durch Berechnung gemäß Absprache zur Positionsbedeutung in der üblichen Stellenschreibweise. Hexadezimale Zahlen werden üblicherweise durch ein vorangestelltes Dollarzeichen $ gekennzeichnet, wir schreiben also $FF.

Wir stellen uns einmal vor, der Rechner könne direkt mit einer Wortlänge von einem Byte arbeiten, d.h. auf 8 Bit parallel zugreifen, die entsprechenden Schalter bzw. Speicherelemente „gleichzeitig" ansprechen und umschalten.

Tatsächlich beträgt von Haus aus die Wortlänge heute mindestens 2 Byte, also 16 Bit, die sog. „Busbreite". Die größte darstellbare Nummer ist dann

1111 1111

hexadezimal $FF, eine Zahl ohne Vorzeichen, z.B. eine Adresse. Addiert man hierzu 1, so ergibt sich dual 1.0000.0000, eine Eins mit acht Nullen. Also ist $FF dezimal $2^8 - 1$ oder 255. Das sind die 256 Adressen 0 ... 255. Soll ein solches Wort jetzt als Zahl mit Vorzeichen verstanden werden, sind zusätzliche Vereinbarungen nötig:

Wir zählen die Bits von rechts nach links mit den Positionen 0 bis 7. Das höchste Bit ganz links auf Platz 7 wird als **Vorzeichenbit** verwendet: Der Inhalt 0 signalisiert positive, der Inhalt 1 hingegen negative Zahlen. Die größte positive Zahl ist dann also dual

0111 1111   oder hexadezimal **$7F** ,

dezimal 127. Addiert man dual 1 hinzu, so ergibt sich dual 1000.0000 oder hexadezimal $80, was jetzt dezimal als -128 interpretiert wird. Diese acht Bit unseres Beispiels (oder Vielfache davon) werden parallel verwaltet, d.h. gelesen, gesetzt usw. Das Weiterzählen (also Addieren) erfolgt dann in der Form

1000 0001, 1000 0010, ...

und bedeutet nunmehr dezimal -127, -126 usw. Demnach ist 1111 1111 oder $FF offenbar die Dezimalzahl -1, aus der nach Addition von 1 wie erwartet 0 entsteht. Charakteristisch ist dabei, daß der Überlauf nach links vorne zum nicht vorhandenen Bit Nr. 8 (dem neunten sozusagen) ignoriert wird.

Dieses sehr seltsame zyklische Zählen (und damit Ganzzahlrechnen auf einer endlichen Menge) zeigt einen einfachen und zudem sehr praktischen Zusammenhang zwischen positiven und negativen Ganzzahlen in dualer Schreibweise. Jeder Prozessor nützt das beim Rechnen aus, wie wir gleich darstellen werden:

Die negative Zahl - a zu einer positiven Zahl a aus 0 ... 127 findet man in der Binärschreibweise nämlich leicht durch die sog. **Zweierkomplementbildung**. Man „kippt alle Bits um" und addiert dann eine 1.

Da sich dies mit Maschinen einfach realisieren läßt, arbeitet auch unser PC wie im folgenden Beispiel zur Negation für die Dezimalzahlen 1 bzw. 8:

0000 0001 → **1111 1110** → **1111 1111**   **(1 → - 1)**
0000 1000 → **1111 0111** → **1111 1000**   **(8 → - 8)** .

Dezimal 8 - 1 rechnet die Maschine rein dual addierend daher wie folgt:

0000 1000   (das ist 8)
1111 1111   (-1 durch Komplementbildung aus 0000 0001)

0000 0111   (von rechts nach links addieren, Überlauf vorne ignorieren)

Das Ergebnis ist erwartungsgemäß dezimal $4 + 2 + 1 = 7$.

Sofern die Maschine nicht Dezimalzahlen ausgibt (das ist auf der Oberfläche einer Hochsprache normalerweise über Konvertierungsroutinen der Fall), werden Zahlen kaum dual, sondern in der Regel hexadezimal aus den Speichern ausgelesen und dann angezeigt; der Zusammenhang zwischen beiden Schreibweisen ist oben schon mehrfach angedeutet worden. Gehen wir darauf noch etwas ein, auch wenn das für unseren Kurs anfangs weniger wichtig ist:

Man faßt ein Byte als Kombination zweier Bitmuster mit je vier Bit auf und interpretiert diese beiden Muster unabhängig voneinander hexadezimal:

0100 1001

ist die Dezimalzahl $2^6 + 2^3 + 2^0$, also 73. Die „niederwertige" (rechte) Gruppe hat den Dezimalwert 9, der auch hexadezimal so zu schreiben ist, d.h. $9. 1111 an dieser Position bedeutet dabei 15, also $F. Die linke Gruppe hat isoliert betrachtet den Dezimalwert 4, hexadezimal ebenfalls als $4 geschrieben. Daraus ergibt sich die Hexaform dieser Zahl sofort zu $49. Zur Kontrolle rechnen wir das nach:

$$4 * 16^1 + 9 * 16^0 = 64 + 9 = 73 \ldots$$

Nun gehen wir davon aus, daß die Prozessoren der 80-er Reihe tatsächlich mit einer Wortlänge von 2 Byte (oder mehr!) arbeiten.

Versteht man ein solches Wort als Adresse, so ist somit als größte Nummer

1111 1111 1111 1111

verwendbar, hexadezimal $FFFF geschrieben. Dezimal ist das die ominöse Zahl

$$2^{16} - 1 \quad \text{oder genau} \quad 65\,535.$$

Mit der kleinsten Adresse Null im Speicher sind das $2^{10} * 2^6 = 1\,024 * 64$ Adressen, eben 64 KByte. Über einen Datenbus der Breite 2 Byte könnten also so viele Adressen direkt angesprochen werden. Um den **Adressraum** bedarfsgerecht weiter auszubauen, sind zusätzliche Vereinbarungen nötig:

Der Speicher wird in Blöcke gleicher Länge eingeteilt, von deren jeweiligem Beginn an mit Relativadressen (Offset) gezählt wird.

Der begrenzten Anzahl „Hausnummern" werden sozusagen direkt Etagen und Wohnungen hinzugefügt, wie man das mit Anschriften in Österreich gerne tut. Für die Direktadressierung von Speicherplätzen muß man dazu mehr wissen.

Gehen wir jetzt zu Zahlendarstellungen mit dieser Vorzeichenvereinbarung über. Dann sind mit der Wortlänge 2 Byte offenbar Ganzzahlen im Bereich

$$-2^{15} = -32\,768 \ldots \quad \ldots 32\,767 = 2^{15} - 1$$

möglich. In C++ wird dieser spezielle Typ von Ganzzahlen *int* genannt. Unser Programmbeispiel von Seite 10 unten läßt eine solche Vereinbarung erkennen. In einem solchen zyklischen (und damit endlichen) Zahlenraum kann man besonders schnell rechnen, kann ihn aber nicht „verlassen". Man verwendet ihn daher recht gerne und oft, aber nur bei nicht zu großen Ganzzahlen.

Weitere Zahlentypen werden mit größeren Wortlängen realisiert; dies sind dann Ganzzahlen auf größeren Bereichen, oder aber Dezimalzahlen (in C++ *float*) mit mehr oder weniger Stellen, also unterschiedlicher Genauigkeit der Fließkommadarstellung.

In Büchern sind - wie hier - Hexazahlen meist in der Form $11, $ A0 usw. angegeben, manchmal auch mit nachgesetztem H, also 11H usw. Pascalprogramme verstehen die Form $nn. In C bzw. C++ werden Hexazahlen mit der Zeichenfolge 0x eingeleitet, also beginnend mit 0x00 (dezimal 0) bis z.B. 0xFF (dezimal 255). Ab S. 257 kommen einfache Beispiele vor.

Nach dieser eher allgemeinen Einleitung sind wir endlich soweit: Wir wollen unser erstes C++-Programm schreiben und erfolgreich zum Laufen bringen. Das folgende Kapitel geht auf die Sprachumgebung IDE von Borland soweit ein, daß nicht schon beim Schreiben, Starten und Laden oder Abspeichern allererster Beispiele Frust auftritt. Wenn Sie schon Erfahrungen im Umgang mit solchen Werkzeugen haben, können Sie gleich mit Kap. 3 fortfahren: Sie werden sehen, daß das Arbeiten mit C++ Spaß macht ...

Zur Notation in den folgenden Texten:

Komplette Listings oder eigenständige Anweisungsfolgen (Ausschnitte) werden in der Schrift **ARIAL 10 FETT** dargestellt, einzelne Anweisungen oder Hinweise auf vorkommende Variable unter Bezug auf ein Listing sind im Text *kursiv* hervorgehoben. Wichtige Begriffe, die meist auch im Inhaltsverzeichnis vorkommen, sind im laufenden Text **in fetter Schrift** hervorgehoben.

Für den Anfänger ist eine kleine Einführung in die Arbeitsumgebung von C++ nützlich; Umsteiger von z.B. Turbo Pascal können sofort mit Kapitel 3 beginnen.

Wir setzen voraus, daß Sie die IDE erfolgreich installiert und unter Windows bereits aktiviert haben. Dann sehen Sie jetzt ein leeres Editorfenster mit dem Kopfeintrag noname00.cpp. Dort können Sie Ihren Programmentwurf wie in einer heute üblichen Textverarbeitung eintippen, ausbessern usw. Die einzige Einschränkung gegenüber deren Standard ist, daß kein automatischer Zeilenumbruch gemacht wird, sondern eine neue Zeile beim Schreiben nur mit der Enter-Taste (<Return> oder ⏎) zu erreichen ist.

Im Beispiel der folgenden Abb. 2.1 ist ein kleines Listing zur Addition zweier Zahlen eingetragen. Ganz oben [1] sehen Sie die sog. Menüzeile: Durch Anklicken können Sie ein Pull-down-Menü öffnen und dort dann jeweils in verschiedene Optionen weiterschalten. Wenn Sie das nicht wollen (etwa bei versehentlichem Öffnen), genügt ein Mausklick außerhalb (aber nicht auf einer anderen Option) zum Schließen des Menüs. Das geht stets auch mit der Taste Esc (escape, engl. *sich davon machen*, auch *sitzenlassen*, sic!) ganz oben links auf der Tastatur.

Zum Compilieren allein ohne nachfolgenden Testlauf könnten Sie unter *Projekt* die Option *Compilieren* anklicken. Unter Debug wird bei *Ausführen* ebenfalls compiliert, aber im Erfolgsfalle geht das Programm mit einer Zwischenmeldung *okay* danach sofort in Runtime, d.h. es wird ausgeführt. Dies zeigt Abb. 2.2: Das unter Laufzeit aktive Fenster ist bereits abgeschlossen (inaktive ... File), d.h. das Programm ist erfolgreich beendet, alle Eingaben wurden gemacht.

Zur Rückkehr in den Editor klicken Sie das Ausführungsfenster oben links an. Beim Anklicken unter Laufzeit endet das Programm vorzeitig und kann später erst wieder gestartet werden, wenn Sie *Programm beenden* unter *Debug* schalten.

---

[1] In der Borland Version 4.52; spätere Versionen sind etwas umfangreicher.

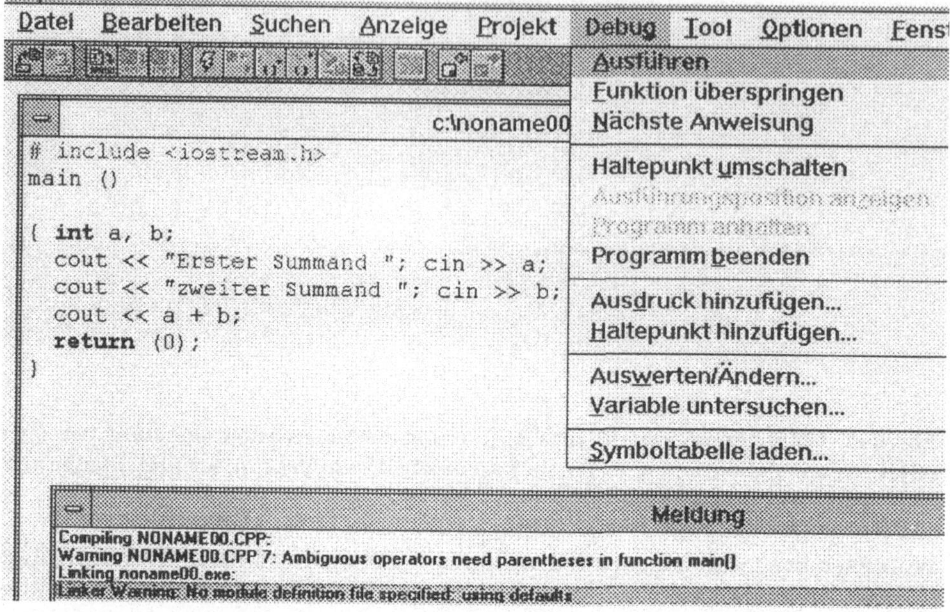

Abb. 2.1 : Editorfenster mit File noname00.cpp und Pull-down-Menü *Debug*

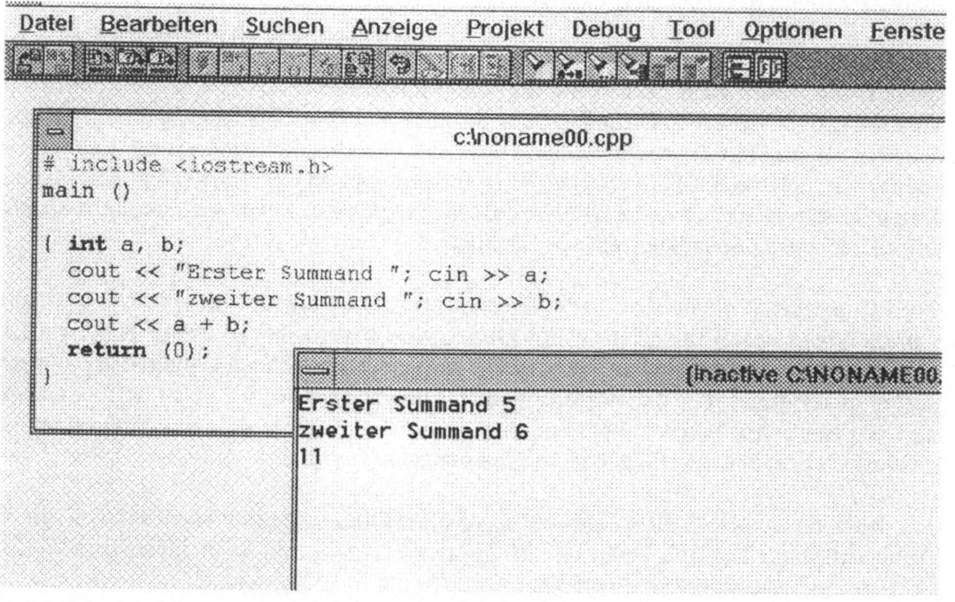

Abb. 2.2 : Ausführungsfenster nach Abschluß eines Programmlaufs, inaktiv.

Nun kann ein Programm zwar syntaktisch (d.h. grammatikalisch) richtig sein, ist also compilierbar. Gleichwohl „hängt" es später unter Laufzeit, z.B. wegen einer toten Schleife (dem häufigsten Fehler in C ++ bei Anfängern): **Vor jedem Start** ist daher ganz dringend anzuraten, den **Quelltext** zu **sichern**, also abzuspeichern:

In Abb. 2.3 wird das Pull-down-Menü *Datei* offen gezeigt: Dort können Sie beim allerersten Mal mit der Option *Speichern unter ...* das File noname00.cpp mit einem eigenen Namen ablegen. Geben Sie dabei eventuell auch den Pfad mit an, z.B. C:\add.cpp. Ohne Filename (unter DOS bis zu acht Buchstaben) wird der neue Text als noname00.cpp abgelegt. Das Suffix *.CCP wird notfalls automatisch angehängt; es steht für „CPlusPlus". Wählen Sie ausdrücklich eine andere Endung, geht das auch. Für spätere Speichervorgänge reicht dann die Option *Speichern*, sofern Sie nicht unter neuem Namen eine weitere Kopie anlegen wollen. Ganz unten führt das Menü *Datei* ein Protokoll der letzten Arbeitssitzungen:

Beim Neuanfang wird das erste dort aufgeführte File automatisch in den Editor geladen, u.U. auch mehrere gestaffelt. Wollen Sie ein anderes, schließen Sie das Editorfenster (einfach links oben anklicken) und wählen unter *Datei* entweder *neu* oder *Öffnen ...* oder ein File aus der Protokollübersicht unten.

Mit der Option *Beenden* unter *Datei* können Sie die Arbeitsumgebung geordnet verlassen. Haben Sie zwischenzeitlich den Quelltext (Listing) verändert, so fragt C++ sicherheitshalber nach, ob Sie den Text sichern wollen. Nach einer Antwort Ihrerseits wird die IDE verlassen.

Bleibt ein Programm einmal hängen, ist u.U. ein sog. Warmstart des Rechners unumgänglich. Hoffentlich haben Sie Ihr File vorher gespeichert ... Ansonsten geht nichts kaputt, auch nicht beim Ausschalten (oder bei Stromausfall) des Rechners in der Arbeitsumgebung. Die Systemeinstellungen werden unter Windows schon anfangs registriert und abgelegt. Beim Neustart kommen Sie also wieder bis in den Editor samt Anzeige des letzten Files, mit dem Sie abgestürzt sind: Überlegen Sie jetzt, warum das Programm nicht lief, und speichern Sie vor dem nächsten Start das veränderte File ab!

Gehen wir nun davon aus, daß beim Compilieren Fehlermeldungen aufgetreten sind. Die Abb. 2.3 zeigt einen solchen Fall des übrigens immer noch nicht gesicherten Files (denn es heißt nach wie vor noname00.cpp):

Die fünfte Programmzeile des Listings enthält einen Fehler, der mir anfangs öfter unterlaufen ist: Es muß zur Ausgabe am Bildschirm cout << ... anstelle von cout >> ... heißen: Der Ein- bzw. Ausgabeoperator weist in die falsche Richtung. Im Fenster *Meldung* steht in der zweiten Zeile ein entsprechender Hinweis. Die übrigen Meldungen (wie in Abb. 2.1, wo noname00.cpp fehlerfrei ist) können Sie im Beispiel ignorieren.

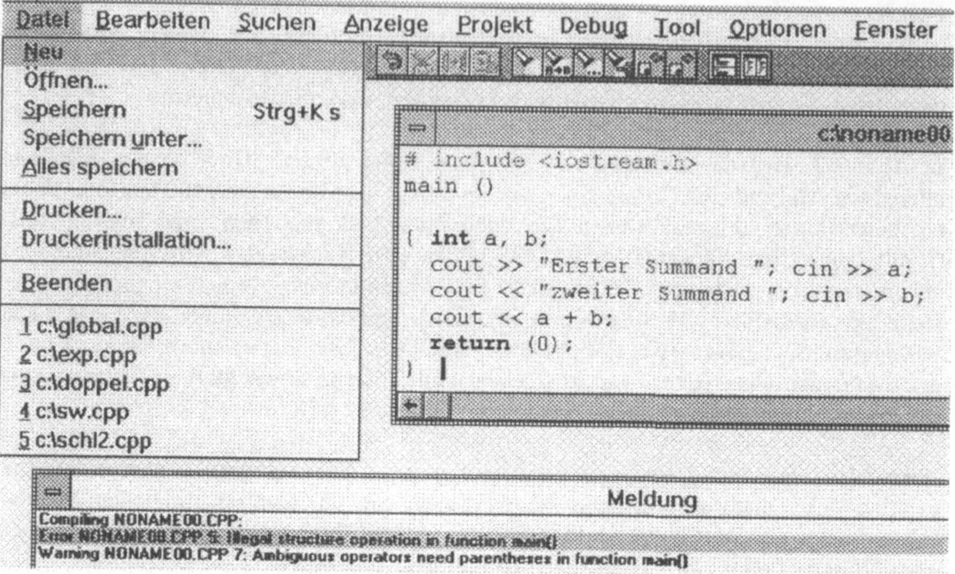

Abb. 2.3 : Fehlgeschlagener Versuch beim Compilieren [1]

Zeile   Listing

```
1        #include <iostream.h>
2        main ( )
3
4        {       int a, b;
5                cout >> "Erster Summand  " ; cin >> a ;     // Fehler !
6                cout << "Zweiter Summand "; cin >> b ;
7                cout << a + b ;
8                return (0) ;
9        }
```

Jede Fehlermeldung enthält anfangs die Zeilennummer des Listings, dann folgt ein entsprechender Text, in Abb. 2.3 *Illegal structure operation* ... Nach und nach werden Sie lernen, anfangs teils ziemlich unverständliche Meldungen richtig zu interpretieren. Am schnellsten begreifen Sie, wenn Sie die fehlerhafte Zeile studieren, einen Ausbesserungsversuch machen und neu compilieren.

---

[1] NB: Solche Bilder transportieren Sie in die Textverarbeitung (Winword), indem Sie unter C++ die Hardcopy-Taste PrtScr einmal betätigen, dann C++ verlassen und z.B. mit Paint in die Windows-Umgebung für *.BMP Bilder gehen. Dort können Sie den Ausschnitt aus dem Hintergrund mit *Einfügen* einkopieren und unter einem Namen *.BMP ablegen bzw. weiter verarbeiten.

Manche Meldungen wie z.B. *Haltepunkt vorhanden* können Sie ignorieren bzw. bei einem Programmlauf mit der Option *nächste Anweisung* unter *Debug* übergehen, jedenfalls bei Ihren ersten Versuchen mit kleinen Programmen, die außer *main ( )* keinen weiteren Block aufweisen.

Das Fenster *Meldung* können Sie wie alle anderen auch über den Button oben links schließen oder über die Kopfleiste verschieben. Ist die Fehlerliste länger, so können Sie eine der späteren Meldungen anklicken und die entsprechende Zeile im Editor wird farbig unterlegt.

Windows verwaltet etliche Fenster gleichzeitig, wie Sie schon beim Compilieren sehen. Das jeweils vorderste ist aktiv, also benutzbar für Einträge usw. Klicken Sie irgendeines der anderen, ebenfalls offenen, aber teilweise verdeckten Fenster an, so kommt jenes sofort in den Vordergrund.

Zum Schließen eines Fensters klicken Sie den Button links oben an; wenn Sie diese Schaltfläche nicht sehen, muß das Fenster erst in den Vordergrund geholt werden.

Die Windows-Kopfzeile ganz oben enthält auch eine Option *Fenster*, mit der Sie den „Schreibtisch" (Desktop) aufräumen und die Überdeckungsreihenfolge der vorliegenden „Arbeitsblätter" (Fenster) organisieren können ...

Diese parallele Fensterverwaltung kann man auf verschiedene Weise nutzen:

Wenn Sie an einem bestimmten File arbeiten und dabei an einer Konstruktion aus einem anderen File interessiert sind, laden Sie jenes ebenfalls und schieben das neue Fenster mit dem fraglichen Ausschnitt an den Rand des Bildschirms: Dann sehen Sie beide Teile gleichzeitig und können z.B. in das Arbeitsfile etwas abschreiben. Compilierbar ist jeweils das im Vordergrund befindliche File.

Unter *Hilfe* gibt es On-Line-Text, den Sie ebenfalls zu Rate ziehen können: Durch fortgesetztes Anklicken von unterstrichenen **Keywords** kommen Sie in dem angebotenen Hypertext (Textseiten mit mausaktiven Verweisen, sog. „Links") immer weiter in die Tiefe, bis Sie (hoffentlich!) das finden, was Sie suchen.

Sofern die Einträge mehr als nur listenmäßige Aufzählungen von Inhalten sind, hat man anfangs freilich etliche Mühe, die angebotenen Informationen direkt in eigenen Listings umzusetzen, denn sie verlangen Kenntnisse der Notation zur Syntax:

Klicken Sie als Beispiel Hilfe → Inhalt → Sprachreferenz → Schlüsselwörter → if an: Sie landen zuletzt bei einer Seite, die Ihnen Bedeutung (Semantik) und Struktur (Syntax) der if-else-Anweisung in C++ erklärt. Weiter vorkommende Begriffe wie z.B. Bedingung bzw. Anweisung zum konkreten Gebrauch in einem Listing müssen bereits bekannt sein oder können aus Beispielen erschlossen werden.

Ein anderes Beispiel wird im folgenden Kapitel bei der Bibliothek <math.h> kurz zitiert (Fußnote S. 37). Hier ist das „Endbild" zur Sinusfunktion:

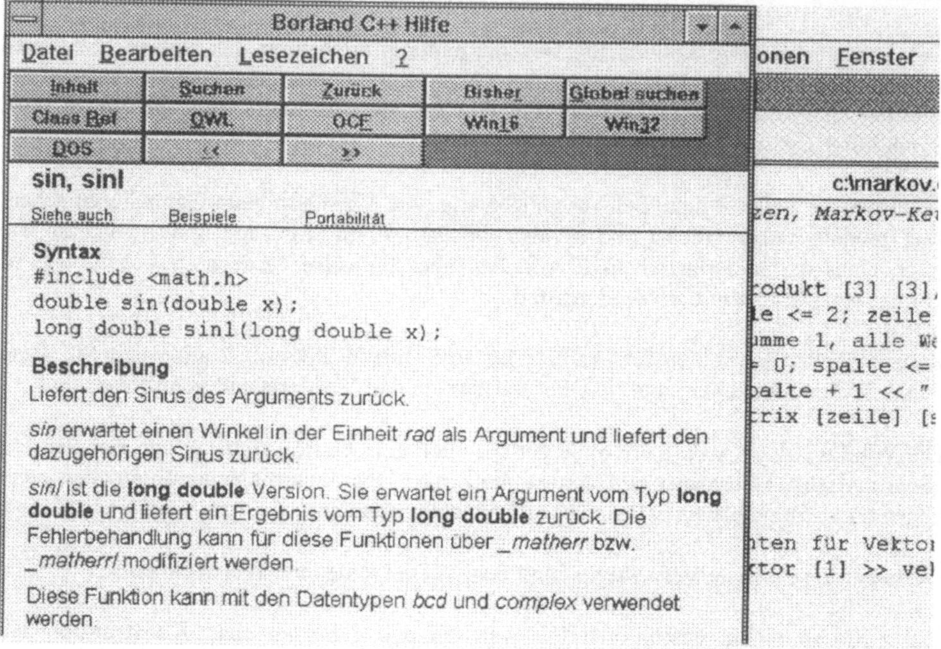

Abb. 2.4 : On-line-Hilfe zu Funktionen aus <math.h> unter C++

Fürs erste sollten diese allgemeinen Hinweise zum Erzeugen von Programmen unter Windows ausreichen. Im folgenden Kapitel werden die wichtigsten Schritte an einem weiteren Beispiel nochmals aufgeführt.

Die mit Debug erzeugten *.EXE-Files sind nur unter Windows lauffähig; wir werden daher im nächsten Kapitel an einem Beispiel zeigen, wie auch *.EXE-Files erzeugt werden können, die direkt unter DOS lauffähig sind ...

In späteren Kapiteln wird schließlich da und dort auf Besonderheiten der IDE eingegangen, die sich bei der Bearbeitung eines konkreten Listings als praktisch und nützlich erweisen.

Fangen wir also endlich mit dem ersten Programm an ...

In diesem Kapitel schreiben und testen wir unser allererstes Programm in C++. Wir setzen voraus, daß die IDE von Borland installiert ist und der Leser [1] zumindest elementar mit der Windows-Oberfläche umgehen kann.

Nach dem Aufrufen der IDE durch Anklicken des entsprechenden Buttons sehen Sie am unteren Rand des Bildschirms die sog. Statuszeile, oben die Menüzeile. Von dieser benötigen wir für die allerersten Versuche nur die Optionen *Datei* und *Debug*. Im Pull-down-Menü von *Datei* klicken wir *Neu* an: Jetzt öffnet sich ein weiteres Fenster mit dem Titel *noname00.cpp*, der Editor ist bereit.

Das Erstellen von Quelltexten im Editor entspricht dem gewohnten Umgang mit Textverarbeitungen, allerdings mit der Ausnahme, daß eine neue Zeile nicht durch automatischen Umbruch, sondern nur mit der Taste <Return> erreicht wird. So etwa könnte der erste Versuch (einmal nicht das sog. Hello-Programm!) aussehen:

```
/* eins.cpp  2  Unser erstes Programm zum Einstieg */
# include <iostream.h>        // Makro für Konsolenzugriffe „input-output"

main ( )
    {    cout << "Textausgabe am Bildschirm"  << endl ;
         cout << "Dies wird ohne Zeilenvorschub" ;
         cout << " fortlaufend geschrieben ..." ;
         return (0) ;
    }
```

---

[1] ... und natürlich ebenso die Leserin! - Die Installation der IDE unter Windows benötigt ein Rechnersystem mit Festplatte und erhebliche Speicherressourcen, ganz im Sinne der herstellerorientierten „Aufrüstungskampagnen". Standardmäßig mit *Debug* erzeugte C++-Programme können nur unter Windows gestartet werden ...

[2] Auf der Disk nach Buchkapiteln KAPnn und Filenamen geordnet.

Sie können das Programm zum Laufen bringen, indem Sie unter *Debug* die Option *Ausführen* anklicken: Während des Compilierens laufen Ausgaben in einem Fenster *Compilerstatus*, danach wird das Ausführungsfenster *File.exe* geöffnet und Sie können die Wirkung des Programms sehen. Durch Anklicken dieses Fensters links oben kommen Sie wieder in den Editor zurück.

Sollten sich im Quelltext Fehler befinden - im Beispiel können das nur einfache Schreibfehler sein - endet das Compilieren mit einem entsprechenden Hinweis; mit *okay* öffnen Sie dann ein Hinweisfenster *Meldung*. Nach dem Lesen der Hinweise können Sie dieses Fenster durch Anklicken links oben schließen und im Editor die Verbesserungen vornehmen, ehe Sie einen weiteren Start versuchen.

Quellprogramme in C++ werden compiliert. Vor dem eigentlichen Übersetzungslauf bearbeitet aber ein sog. **Präprozessor** den Quelltext. Mit dem Zeichen # eingeleitete Zeilen, sog. Makros, werden dabei expandiert, d.h. es werden weitere Prozessoranweisungen eingebettet, der Quelltext wird (unsichtbar) verlängert. Gleichzeitig werden die Kommentare entfernt. In gewissem Sinne entspricht die Arbeit dieses Präprozessors dem aus Turbo Pascal bekannten Einfügen von vorgefertigten Programmbausteinen mittels der Include-Compilerdirektive $IFile.typ.

Die Präprozessoranweisung **include** bindet vor dem Compilieren die Datei <iostream.h> ein, mit der Zugriffe auf die Konsole (cout = *console output*) geregelt werden. Das Hauptprogramm beginnt mit dem Schlüsselwort **main**. In den folgenden Klammern können später Informationen mitgegeben werden, im Beispiel sind sie noch leer. Dann folgt ein **Block** mit den geschweiften Klammern { und }. Da das Programm keinen Rückgabewert liefert, schließen wir mit *return (0);* ab.

Alle Anweisungen innerhalb des Blocks { ... } , auch die allerletzte, werden stets mit einem Semikolon abgeschlossen. Die erkennbaren Einrückungen sind optional, dienen nur der besseren Lesbarkeit. Eine Programmzeile kann übrigens auch mehr als eine Anweisung erhalten, damit also entsprechend viele Strichpunkte.

Die einleitend in spitze Klammern < > (d.h. Kleiner- bzw. Größer-Zeichen) gesetzte Datei iostream.h ist eine sog. **Headerdatei**, mit der vor dem Compilieren Ein- und Ausgabeanweisungen aus Bibliotheken der IDE eingebunden werden. Iostream.h ist in jedem Programm erforderlich, das Ausgaben am Monitor erzeugt bzw. Eingaben von der Tastatur erwartet. Ohne jede Wirkung nach außen wäre das absolut kürzeste „Programm" in C (wie in C++)

```
main ( )
  {
    return ;      // statt return (0) oder auch return 0
  }
```

Klartexte werden, wie ersichtlich, in oberen Gänsefüßchen geführt. Dieses Zeichen kann daher in Texten selber zunächst nicht vorkommen, es wäre ja das Signal für Textende. Eine Zeile unter Verwendung des sog. Backslash \

    cout << "Er sagte \"Hallo!\" und ging weiter ..." ;

erzeugt aber die Ausgabe *Er sagte "Hallo" und ging weiter* ..

Kommentare, die auch über mehrere Zeilen gehen dürfen, werden mit /* eingeleitet und mit */ abgeschlossen. Wird ein Kommentar mit // begonnen, so gilt dies ohne extra Abschlußsymbol nur bis zum Zeilenende, d.h. <Return>.

Um mehr als nur primitive Texte zu produzieren, müssen wir Daten manipulieren können. Für den Anfang reichen Datenstrukturen aus, mit denen einfache Variable definiert und besetzt werden können.

Deren Vereinbarung erfolgt spätestens vor erstmaliger Verwendung (also nicht unbedingt am Anfang eines Blocks, sondern durchaus erst später - anders als in Pascal!) mittels einer Liste, die anfangs den Typ angibt, auf den eine oder mehrere Bezeichner folgen, getrennt durch Komma, abgeschlossen durch ein Semikolon. Eine solche Liste auf zweierlei Art geschrieben ist z.B. für Ganzzahlen

    int laenge, breite ;
oder
    int laenge ;
    int breite ;

aber durchaus verschieden von

    int laenge, Breite ;

denn **C++ unterscheidet Klein- und Großschreibung!** Die beiden Bezeichner *Breite* und *breite* sprechen also verschiedene Speicherplätze an!

Solche Bezeichner werden mit angloamerikanischen Buchstaben, den Ziffern und dem Unterstrich gebildet, wobei am Anfang nur ein Buchstabe oder Unterstrich stehen darf. Irgendwelche Sonderzeichen (also auch die deutschen Umlaute) sind in Bezeichnern auf jeden Fall tabu.

C++ verwendet im Quellprogramm, wie viele andere Programmiersprachen, diverse Symbole (+, -, *, ...), **reservierte Wörter** (Keywords, Schlüsselwörter) und schließlich die eben eingeführten **Bezeichner** (Identifier). Vom Benutzer selber definierte Bezeichner dürfen natürlich nicht mit reservierten Wörtern kollidieren. Während reservierte Wörter den Algorithmus strukturieren, werden Bezeichner vor allem für die Namen von Variablen, Funktionen und Datenstrukturen benötigt.

Die Definition von Variablen (Deklaration) ist übrigens klar zu unterscheiden von deren Initialisierung, d.h. ersten Belegung mit konkreten Werten. Dies geschieht später im Programm durch Zuweisen oder Einlesen z.B. von der Konsole, kann aber mit z.B. *int laenge = 5 ;* auch schon bei der Definition erfolgen.

Eine Besonderheit von C++ ist, wie bereits erwähnt, daß Groß- und Kleinschreibung unterschieden wird: **Da alle reservierten Wörter** in C++ **klein** geschrieben werden müssen, werden *For* und *FOR* als durchaus zulässige Bezeichner voneinander wie auch vom Keyword *for* eindeutig unterschieden. Es versteht sich von selbst, daß zwischen zwei Wörtern stets mindestens ein Blank (auch die Tabulatortaste) oder ein Zeilenende stehen muß.

Ein schon etwas sinnvolleres Listing als unser erstes Beispiel sollte jetzt verständlich werden:

```
/* zwei.cpp   Eine Volumenberechnung */

# include <iostream.h>

main ( )
  {
        int laenge, breite, volumen ;
        int hoehe = 10 ;                   // Deklaration und Initialisierung!

        cout << "Volumenberechnung eines Quaders ..." ;
        cout << "\n" ;          // oder ... Quaders ... \n" ; in der Zeile vorher
        cout << "Eingabe Länge ... " ;
        cin >> laenge ;
        cout << "Eingabe Breite ... " ;
        cin >> breite ;
        volumen = laenge * breite * hoehe ;
        cout << "Das Volumen beträgt " << volumen ;
        cout << "n\Grundfläche ... " << laenge * breite ;
        return (0) ;
  }
```

Sie können das Programm durch Anfordern von *Neu* unter *Datei* im Editor schreiben und dann wie oben beschrieben ausprobieren, nachdem Sie es (siehe dazu die folgende Seite) abgespeichert haben.

```
int laenge, breite, volumen, hoehe = 10 ;
```

wäre ebenfalls als erste Zeile möglich. Es handelt sich um den Variablentyp int(eger), der die Werte der Variablen auf einen bestimmten zyklischen Bereich begrenzt, je nach Länge des entsprechenden Maschinenworts durch 2 Byte oder mehr. Auf DOS-Rechnern ist das unter DOS im „kleinsten Falle" der Bereich - 32 768 ... + 32 767. Im Einleitungskapitel wurde das näher dargestellt.

In der zweiten Zeile fordert der Text "\n" (*new line*) eine neue Zeile an. Damit steht die Überschrift am Bildschirm in einer eigenen Zeile.

Die beiden Eingaben für Länge und Breite erfolgen am Bildschirm jeweils in einer eigenen Zeile, da *cin >> laenge;* mit einem Return von der Konsole abgeschlossen wird. *cin* steht für *console* (oder *character*) *input*. Beachten Sie, daß danach der Doppelpfeil >> für den Datentransfer in den Rechner geschrieben wird, während << den Datenfluß nach außen hin zur Konsole (hier Bildschirm) signalisiert.

Achten Sie zu Ende des Programms auf die Produktbildung mit dem Operator * und dann die **Wertzuweisung** mit dem Gleichheitszeichen = (in Pascal :=) nach links auf die Variable *volumen*. Die letzte Anweisung des Programms zeigt schließlich, daß man *laenge * breite* auch direkt in die Ausgabe „hineinrechnen" kann, ohne das Ergebnis zwischenzuspeichern.

Wie weiter vorne erwähnt, könnte man im Listing ohne weiteres auch folgendes schreiben, also zwei Anweisungen in einer Zeile zusammenfassen:

```
cout << "Eingabe Länge ... " ; cin >> laenge ;
cout << "Eingabe Breite ... " ; cin >> breite ;
```

Bauen Sie in das Listing übungshalber kleine Schreibfehler ein und beobachten Sie dann Sie Reaktionen der IDE in verschiedenen Fenstern. Der Umgang mit diesen Fenstern folgt den bekannten Regeln unter Windows, d.h. Schließen, Verschieben oder Größe ändern usw. mit der Maus wie gewohnt. Sie können also auch mehrere Fenster gleichzeitig einsetzen ...

Beim Abspeichern des Listings mit *Datei* und *Speichern (unter ...)* sollten Sie vor dem Namen mit maximal acht Zeichen unter DOS (z.B. Volumen) einen Pfad angeben, etwa C:\Beispiele\Volumen. Automatisch wird von der IDE das Suffix *.CPP (für CPlusPlus) an Volumen angehängt. Compilieren Sie noch einmal:

Nun können Sie unter *Datei* mit *Programm beenden* die IDE verlassen und im Unterverzeichnis C:\Beispiele nachsehen: Sie erkennen vier Files:

```
VOLUMEN.CPP
VOLUMEN.BAK
VOLUMEN.OBJ
VOLUMEN.EXE
```

Das letztgenannte ist das fertige Maschinenprogramm, das Sie unter Windows starten können: entweder mit der Option *Datei ausführen* durch Eintippen von C:\Beispiele/Volumen.Exe, oder über den Programm-Manager (Verzeichnis C: und Unterverzeichnis) durch Doppelklick auf das dort ausgelistete *. Exe-File.

Ist das Programm abgearbeitet, so schließen Sie das Fenster durch Anklicken links oben. Sie können die laufende Anwendung analog auch jederzeit abbrechen.

Die ersten beiden Files sind die Quelltexte (Original und Sicherungskopie), die per TYPE unter DOS gelesen oder mit irgendeinem ASCII-Editor sogar verändert werden können. Auffallend ist im Vergleich mit dem ASCII-Text die ganz erhebliche Länge in KByte unseres so bescheidenen Programms, auch schon beim Zwischencode *.OBJ. Es ist eben ein Programm unter Windows!

Das unter Windows startfähige File ist mit der Option *Ausführen* unter *Debug* erzeugt worden. Sie haben ja in der Windows-Umgebung entwickelt und getestet. Die Borland-IDE gestattet aber auch die Generierung von **Exe-Files**, die auf der DOS-Oberfläche **ohne Windows** gestartet werden können.

Zu diesem Zweck muß das File als Projekt definiert und mit der Option *Compilieren* unter *Projekt* erzeugt werden. Wir zeigen an einem kleinen Beispiel beide Wege [1] auf:

Angenommen, im Editor stehe das Listing:

```
/* dos - Test */
# include <iostream.h>
main ( )
  { int a, b ;
      cout << "Erster Summand ... " ;  cin >> a ;
      cout << "Zweiter Summand ... " ; cin >> b ;
      cout << "Summe ... " << a + b ;
      return 0 ;
  }
```

Wenn Sie es unter *Debug* compilieren, liefert das auf der Peripherie die Files

DOSTEST.CPP	**202 Byte**
DOSTEST.OBJ	**12.652 Byte**
DOSTEST.EXE	**96.740 Byte**

von denen das letzte wie gehabt (nur!) unter Windows ausgeführt werden kann.

Öffen Sie nun das Menü *Projekt*, so zeigt sich das Fenster der folgenden Abb. 3.1, in dem Sie als Einstellung in der obersten Zeile den Pfad samt Filename (ohne Suffix) eintragen. Der Zielname wird automatisch mit eingetragen. Als *Zieltyp* wählen Sie Anwendung, als *Umgebung* den DOS-Standard, als *Zielmodell* Compact. Dann geben Sie per Mausklick okay ...

---

[1]   Exe-Files zum Starten auf der DOS-Ebene können **außerhalb** der IDE auch mit dem *Direktcompiler bcc* erzeugt werden: Hinweise dazu auf S. 157.

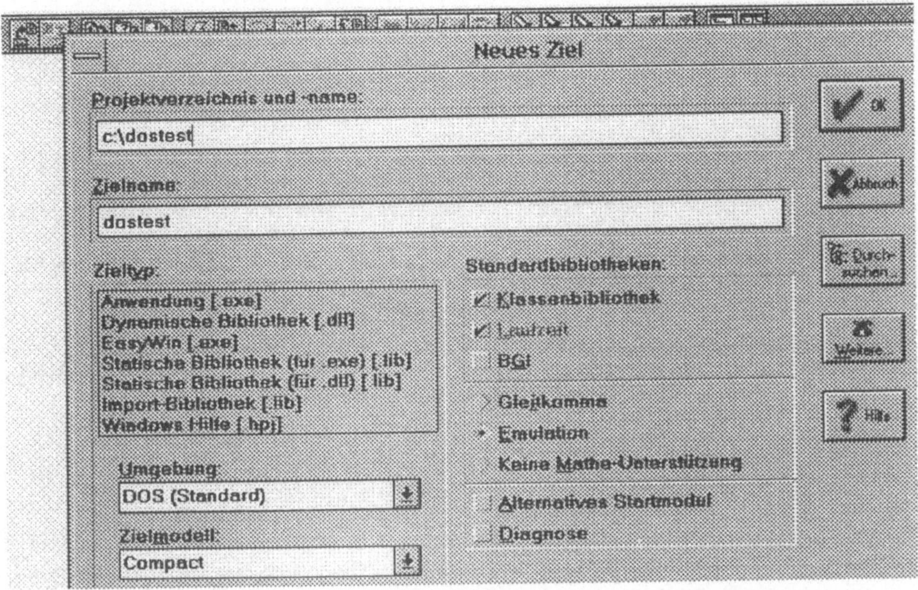

Abb. 3.1 : Generierung eines Exe-Files für die DOS-Umgebung

Unter Projekt müssen Sie nunmehr die Option *neu compilieren* anwählen. Damit wird das Zwischenfile DOSTEST.OBJ geringfügig verändert (es wird i.d.R. etwas kürzer), es entstehen aber weitere Files, die Sie nach Verlassen der IDE von der DOS-Kommandozeile aus per DIR ansehen können:

```
DOSTEST.IDE     44.456 Byte
DOSTEST.DSW        467 Byte
DOSTEST.CSM     90.654 Byte
DOSTEST.EXE     66.358 Byte     neu, kürzer!
```

Das letztgenannte Exe-File ist gegenüber früher ganz deutlich kürzer: Sie können es direkt von der DOS-Kommandozeile aus starten. - Falls das Programm hängt, müssen Sie den Rechner neu booten: Sie haben unter Projekt die Option *compilieren* statt *neu compilieren* verwendet und das alte File DOSTEST.OBJ aus der Option Debug eingebunden. Meist freilich endet dieser Versuch mit der Fehlermeldung, daß nicht gelinkt werden konnte.

Auf DOS-Rechnern hat der Ganzzahltyp *int* zwei Byte, ist jedoch auf Workstations ein 32-Bit-Maschinenwort, also vier Byte lang. Entsprechend größer ist dann der immer noch zyklische Zahlbereich. Die gesamte Palette an Ganzzahltypen ist einigermaßen verwirrend. Das folgende Listing gibt über Bezeichnungen und Bereiche aller acht Typen konkret Aufschluß; sofern der Typenbezeichner aus zwei Wörtern besteht, ist das in Klammern beigefügte Präfix optional:

```
        /* drei.cpp  Bereiche der einzelnen Typen ...  */
        # include <iostream.h>
        # include <limits.h>
        main ( )
          {
                cout << "Zahlenbereiche der verschiedenen Ganzzahltypen ... " ;
                cout << "\n\n" ;          // liefert Leerzeile nach Überschrift
                cout << "signed char    ... " << SCHAR_MIN << " ... " <<  SCHAR_MAX ;
                cout << "\nunsigned char  ... 0 ... " << UCHAR_MAX ;
                cout << "\n(signed) short  ... " << SHRT_MIN << " ... " << SHRT_MAX ;
                cout << "\nunsigned short ... 0 ..." << USHRT_MAX ;
                cout << "\n(signed) int   ... " << INT_MIN << " ... " << INT_MAX ;
                cout << "\nunsigned int ... 0 ... " << UINT_MAX ;
                cout << "\n(signed) long  ... " << LONG_MIN << " ... " << LONG_MAX ;
                cout << "\nunsigned long  ... 0 ... " << ULONG_MAX ;
                return (0) ;
          }
```

Die bei den Ausgaben eingetragenen Bezeichner in Großbuchstaben (!) sind in der Headerdatei <limits.h> festgelegte Konstanten für die jeweiligen Bereichsgrenzen.

Beachten Sie wieder das Weiterschalten auf eine neue Zeile durch Voranstellen von \n vor den unmittelbar folgenden Text. Das Programm zeigt, daß z.B. der Zahlentyp *long* oder auch *signed long* von - 2 147 483 648 bis + 2 147 483 647 reicht, also in Pascal dem Typ *longint* entspricht, analog wäre *(signed) short* der dortige Integer-Bereich. Die Definition von Ganzzahlen hinein bis in den Bereich der Milliarden sähe also in einem Programm so aus:

```
    long zahl ;
```

Während der Typ *char* mit Präfix Ganzzahlen umfaßt, ist *char* allein ein Zeichen der Tastatur, hat also den Wertebereich des ASCII-Zeichensatzes:

```
        /* vier. cpp  Interpretation von Zahlen */
        # include <iostream.h>
        main( )
          {     char zeichen ;
                int oktzahl = 0100 ;                    // Interpretation als Oktalzahl
                int hexzahl = 0XFF ;                    // Interpretation als Hexazahl
                cout << oktzahl ;
                cout << "\n" << hexzahl << "\n" ;
                cin >> zeichen ;
                cout << "\n" << zeichen ;
                cout << "\n" << int (zeichen) ;         // Typumwandlung  nach ASCII
                cout << "\n\nPROGRAMMENDE" ;
                return (0) ;
          }
```

Das Listing zeigt gleichzeitig die Typumwandlung von Zeichen zu ihrem ASCII-Code, d.h. *int (zeichen)* dient gleichzeitig als Funktion und liefert bei Eingabe von z.B. A für zeichen (*d.h. zeichen = 'A';*) den Wert 65. Die Zuweisung bzw. Initialisierung von Ganzzahlen kann auch direkt als Oktalzahl bzw. Hexazahl erfolgen, indem man eine Null bzw. die Zeichenfolge 0X voranstellt. Als Ausgaben kommen im Beispiel die Dezimalwerte $64 = 100_8$ bzw. $255 = FF_{16}$.

```cpp
/* fuenf.cpp  Einfache Arithmetik */
# include <iostream.h>
main ( )
   {    int a, b, c ;
        a = b = c = 5 ;
        cout << (3 * b + c) / a ;
        cout << "\n" << a / 3 ;           // Ganzzahldivision : 5/3 liefert 1.
        cout << "\n" << a % 3 ;           // Restrechnung 5 MOD 3 ist 2.
        c = 1 ;
        a = 5 + c++ ; cout << "\n" << a << " " << c ;  // Inkrementierung
        c = 1 ;
        a = 3 + -- c ; cout << "\n" << a << " " << c ;   // Dekrementierung
        c = 1; c += 5 ; cout << "\n" << c ;       // entspricht c = c + 5
        c = 2; c *= 6 ; cout << "\n" << c ;       // entspricht c = c * 6 usw.
        return (0) ;
   }
```

... illustriert Zuweisungen und Gebrauch arithmetischer Operatoren für die Grundrechenarten bei Ganzzahlen. Die zweite Programmzeile bedeutet zunächst eine Anfangssetzung für c, ist aber dann Termauswertung (c = 5) mit Zuweisung auf b usw., also eine Initialisierung der drei folgend benutzten Variablen mit dem einheitlichen Wert 5.

Bei den vier Grundrechenarten + - * / ist hinsichtlich der Division / zu beachten, daß es sich wegen der einleitenden Definitionen der Typen um Ganzzahlendivison handelt:

Die Ausgabe von (3 * b + c) / a liefert als Wert 4, da die Division von 20 durch 4 „aufgeht". a / 3 mit a = 5 liefert hingegen 1, nicht etwa 1.66... Der Operator / entspricht im Ganzzahlbereich also dem DIV in Pascal. Die Restberechnung MOD wird in C++ durch das Zeichen % symbolisiert.

Die nachherige **Inkrementierung** $c++$ in einer Zeile wie $a = 5 + c++$; ist gleichwertig mit der Anweisungsfolge

        a = 5 + c ; c = c + 1 ;

Die vorherige Inkrementierung erhöht zuerst und führt dann die Rechnung aus:

```
a = b + ++c ;
```

ist dasselbe wie die Anweisungsfolge

```
c = c + 1 ; a = b + c ;
```

Der ebenfalls einstellige Operator -- behandelt analog die **Dekrementierung**.

Diese einstelligen Operationen sind zugleich Ausdrücke, Anweisungen. Denn

```
c ++ ;  bzw.  c -- ;
```

bedeutet einfach $c = c \pm 1$, also weiterzählen vor- bzw. rückwärts. Hiervon leitet sich übrigens die Sprachbezeichnung C++ ab: „Weiterentwicklung" von C ...

In diesem Fall könnte man auch $++c$; bzw. $--c$; schreiben, d.h. es tritt bei der Aktion kein Seiteneffekt auf. Anders hingegen bei den folgenden Beispielen:

```
a = ++b - c ;    // gleichwertig mit  b = b + 1 ; erst dann a = b - c ;
a = b++ / c ;    // hingegen a = b / c ; danach erst b = b + 1 ;
```

Steht der Operator vor der Variablen, so wird diese Variable zuerst geändert und dann der weitere Ausdruck ausgewertet, ansonsten ist es umgekehrt.

Die fünf Operatoren +, - , * , / , und % für die Grundrechenarten können auch „verkürzt" verwendet werden und liefern dabei effektiveren Code: So ist

```
c += 5 ;  gleichwertig mit  c = c + 5 ;
```

und $c = a * c$; kann kürzer $c *= a$; geschrieben werden.

Gleitkommazahlen, die statt mit Komma mit Dezimalpunkt zu schreiben sind, gibt es natürlich auch. Hier stehen drei zur Auswahl, deren Bereich u.U. von den Angaben abweichend in der Datei <float.h> festgelegt ist:

Typ	*Größe*	*Stellen*	*Bereich*
float	4 Byte	7	$\pm\, 3.4 * 10^{38}$
double	8 Byte	15	$\pm\, 1.7 * 10^{308}$
long double	10 Byte	19	$\pm\, 1.1 * 10^{4932}$

Der erste Typ überstreicht also den real-Bereich aus TURBO Pascal, die beiden andern sind um „astronomische" Potenzen größer. Nicht deswegen, sondern vor allem wegen der erhöhten Genauigkeit (vermehrte Stellenzahl) sind sie interessant.

Die Operatoren für die Grundrechenarten sind wie bisher festgelegt, allerdings bedeutet / jetzt die Fließkommadivision, und % für die Modulorechnung fehlt.

Punktrechnung geht vor Strichrechnung, arithmetische Klammern sind wie zu erwarten von höchster Priorität.

Die Zuweisung bzw. Eingabe einer Dezimalzahl kann wie üblich als z.B. 123.55 oder 1.2355E+2 oder 12355E-4 usw. erfolgen, jeweils dann noch mit Vorzeichen. Im folgenden Programm können Sie das ausprobieren. Damit dieses nicht nur aus ein paar Zuweisungen besteht, sprechen wir an dieser Stelle zugleich die wichtigsten mathematischen Funktionen an. Sie werden über die Bibliothek math.h, ebenfalls als Headerdatei [1] einsetzbar, bereitgestellt:

```
/* sechs.cpp  Mathematische Funktionen */
# include <iostream.h>
# include <math.h>
main ( )
    {    float x = - 6.25, ergebnis ;
         cout << "\nWurzel aus Betrag " << sqrt (abs (x)) ;
         ergebnis = cos (x) * exp (x) ;
         cout << "\n" << ergebnis ;
         cout << "\n x eingeben ... " ; cin >> x ;
         cout << "\n" << log (x) ;
         return (0) ;
    }
```

Testen Sie die Fehlermeldung bei Eingabe nicht zulässiger Werte (negative Zahlen, Zeichen von der Tastatur) im Falle des Logarithmus. Wie üblich ist bei den Winkelfunktionen das Argument im Bogenmaß einzutragen. Einen Überblick über wichtige, in <math.h> implementierte **Standardfunktionen** der Borland-Version von C++ gibt das Listing auf der folgenden Seite. Der Ergebnistyp ist *double*.

Da beim Aufruf der Funktionen deren jeweiliger Definitionsbereich zu beachten ist, liefert die Eingabe irgendeines Wertes für x da und dort fast sicher einen Absturz. Einen einwandfreien Durchlauf erzielt man mit dem beim Listing vorgeschlagenen Eingabewert.

---

[1] Die Benutzung solcher Headerdateien ist schon in C üblich, dessen Arithmetik wir gerade behandeln. Über den Inhalt dieser Datei in C++ informiert die IDE, wenn Sie von der Menüzeile aus *Hilfe* aufrufen (s. S. 25) und per Mausklick dem Verzeichnispfad → Inhalt → Sprachreferenz → Headerdateien → math.h folgen. Zuletzt können Sie dort eine der angezeigten Funktionen anklicken und sich Informationen über deren Syntax zeigen lassen ... Mit *Zurück* geht es dann wieder zurück, zuletzt *Datei schließen*.

```cpp
/* sieben.cpp  Liste wichtiger Standardfunktionen */
# include <iostream.h>
# include <math.h>
main ( )
{
        double x ;                                      // Test z.B.  0.89
        cout << "Positives Argument eingeben ... " ;  cin >> x ;
        cout << "\nAufrunden        " << ceil (x) ;
        cout << "\nAbrunden         " << floor (x) ;
        cout << "\nSinus            " << sin (x) ;
        cout << "\nCosinus          " << cos (x) ;
        cout << "\nTangens          " << tan (x) ;
        cout << "\nArcuscosinus     " << acos (x) ;
        cout << "\nArcussinus       " << asin (x) ;
        cout << "\nArcustangens     " << atan (x) ;
        cout << "\nHyp. Cosinus     " << cosh (x) ;
        cout << "\nHyp. Sinus       " << sinh (x) ;
        cout << "\nHyp. Tangens     " << tanh (x) ;
        cout << "\ne-Funktion       " << exp (x) ;
        cout << "\nnat. Log.        " << log (x) ;
        cout << "\ndek. Log.        " << log10 (x) ;
        cout << "\nWurzel           " << sqrt (x) ;
        cout << "\ndritte Potenz    " << pow (x, 3) ;
        return (0) ;
}
```

Arithmetische Ausdrücke werden unter Benutzung der runden Klammern gegliedert, wobei die Rechenprioritäten entsprechend den Regeln aus der Mathematik gelten. Ausdrücke werden grundsätzlich von links nach rechts ausgewertet, sofern Klammern diese Reihenfolge nicht unterbrechen. Dabei ist Vorsicht geboten, wenn man verkürzte Operatoren wie von S. 36 benutzt: Unterlassen Sie das besser, denn dabei können schnell undefinierte Ausdrücke bzw. Variable entstehen!

Einen Überblick samt Anmerkungen zu den wichtigsten Operatoren in C++ finden Sie am Ende dieses Kapitels.

Ein Sonderfall ist der ebenfalls vorhandene **Zufallsgenerator**, der über die Datei <stdlib.h> installiert wird. Um ihn an dieser Stelle nicht-trivial vorführen zu können, benötigen wir aus dem nächsten Kapitel eine einfache for-Schleife zur Ausgabe von entsprechenden Zahlenfolgen: Diese Schleife entspricht der Pascal-Version

```
FOR i := 0 TO 199 DO  ... , (Pascal, nicht C++)
```

liefert also 200 Durchläufe. Wesentlich am folgenden Programm sind jetzt nur Installation, Start mit *randomize* und die Ausgabe der Werte dieses Generators: Um ganzzahlige Zufallszahlen im Bereich 0 ... m - 1 zu erhalten, erfolgt der Aufruf *random (m)* mit ganzzahligem Argument (wie in Turbo Pascal).

Reelle Werte im Intervall [0 ... 1) erhält man durch eine passende Division mit dem Modul s der Ganzzahlenfolge. Dabei ist interessant, daß s eine reelle Zahl *float* ist:

```
/* acht.cpp  Zufallsgenerator  : Infos dazu ab S. 296 */
# include <iostream.h>
# include <stdlib.h>              // Standardbibliothek mit random
main ( )
    {
        int m = 90 ; float s = 10000 ;
        randomize ( ) ;
        cout << "200 ganzzahlige Zufallszahlen 10 ... 99" << "\n\n" ;
        for ( int i = 0 ; i < 200 ; i++ )
            { cout << 10 + random (m) << " " ; }
        cout << "\n\n10 Zufallszahlen im Bereich 0 ... 1\n\n" ;
        for ( int k = 0 ; k < 10 ; k++ )
            { cout << random (s) / s << " " ; }
        return (0) ;
    }
```

Jeweils im Block { ... } hinter den beiden Schleifen ist der entsprechende Aufruf erkennbar. - Testen Sie das Programm mit s vom Typ *int* statt *float*! Dann wird die Division random (s) / s zur Ganzzahldivision ...

Damit die erste Tabelle ein gut lesbares Format erhält, ist über die Konstruktion

```
10 + random (90)
```

der Bereich [10 + 0 ... 10 + 89] erfaßt, also vorerst nur zweistellige Zahlen 10 ... 99. Mit zwei nachgeschobenen Blanks werden damit je Zeile genau 20 Zahlen ausgegeben, denn die Monitorzeile hat 80 = 20 * (2 + 2) Zeichenfelder. - Die for-Schleifen werden im nächsten Kapitel genau erklärt.

Das folgende Programm ([B], S. 17) berechnet die Summe dreier Zahlen a, b und c und liefert je nach Art der Berechnung unterschiedliche Ergebnisse:

```
/* neun.cpp  Numerische Auslöschung */
# include <iostream.h>
main ( )
    {   float a = 2.002E-7, b = 1.0, c = - b, u, v ;
        u = a + b ;
        cout << u ;                     // 1
        u = u + c ;
        cout << "\n" << u ;             // 2.38419e-07
        v = a + b + c ;
        cout << "\n" << v ;             // 2.002e-07
        return (0) ;            }
```

Das richtige Ergebnis ist offenbar a = 2.002e-07, das sich bei der sukzessiven Berechnung der Summe (erste Version) mit dem Zahlenyp *float* **nicht** ergibt, wohl aber mit dem Typ *double*! - Programme erfordern also gegebenenfalls Überlegungen zur Rechengenauigkeit.

In den bisherigen Beispielen wurden Variable durch Definition eingeführt und erst später durch Wertzuweisung initialisiert:

```
float r, s ;
...
r = 2.3 ;
```

oder definiert und sogleich initialisiert:

```
float r = 2.3, s ;
```

s ist in beiden Fällen noch unbestimmt. Man kann aber auch Konstanten einführen:

```
const char zeichen = 'A' ;
const float pi = 3.14159 ;
const int maxzahl = 1000 ;
const int grenze = maxzahl - 10 ;
```

Sie müssen schon bei der Definition instantiiert werden; eine Zuweisung (damit Veränderung) im Listing ist nicht mehr möglich, d.h. *pi = 3.14 ;* löst beim Compilieren eine Fehlermeldung aus. Das letzte Beispiel zeigt, daß in der Deklaration auch Arithmetik zulässig ist.

Öfter in einem Programm benötigte Festwerte wie π führt man schon deswegen als Konstanten ein, um Schreibfehler zu vermeiden.

Hinter *const* ist wie gewohnt der Typ zu spezifizieren: Der Fehler *const pi = 3.14 ;* initialisiert ohne Fehlermeldung (!) eine Konstante pi mit dem Wert 3 vom Typ *int*, wie man leicht ausprobieren kann, etwa mit den Zeilen:

```
# include <iostream.h>            // nicht auf Disk
main ( )
    {    const float pi = 3.14159 ;       // auch ohne float compilierbar!
         float radius ;
         cout << pi ;
         radius = 2 ;   float umfang = pi * radius ;
         cout << "\n" <<umfang ;
                                  // Hier können Sie weiterspielen ...
         return (0) ;
    }
```

Probieren Sie dieses Progrämmchen aus und lassen Sie *float* hinter *const* weg. Das Beispiel zeigt zugleich, daß eine neue Variable *umfang* mit Arithmetik rechts deklariert werden kann, unter Bezug auf bereits vorhandene Konstanten und Variablen, eine durchaus interessante Konstruktion! Der Typ von *umfang* richtet sich dabei nach der Arithmetik rechts: Da *pi* Dezimalzahl ist, muß *umfang* vom Typ *float* sein. Wären *pi* und *radius* vom Typ *int*, so würde *int* ausreichen ...

Ein Blick auf die folgende Übersicht 3.2 zeigt: Die Klammern haben höchste Priorität. Mit deren Hilfe kann man also stets dann Klarheit schaffen, wenn man selber hinsichtlich der Interpretation Zweifel hat:

Soll beispielsweise später geprüft werden, ob die Zahl x im Intervall [3 ... 5] liegt, so wäre als BOOLEscher Ausdruck

x >= 3 && x <= 5

ausreichend (in Pascal wäre dies mit AND anstelle von && falsch!), aber im Zweifel schreibt man eben

(x >= 3) && (x <= 5) ,

und ist „auf der richtigen Seite". Beachten Sie, daß in der Liste die Vergleiche vor den logischen Verknüpfungen kommen. Diese untereinander können Verwirrung schaffen: Da || in der Rangfolge nach && kommt, heißt

a || b && c || d

für Wahrheitswerte a, b, c, d genau a ODER (b UND c) ODER d. Der Ausdruck wird zwar von links nach rechts ausgewertet, aber zunächst b UND C, und dann der Reihe nach die ODER-Verknüpfungen. Schreiben Sie das besser mit Klammern wie in der „Übersetzung".

Überlegen Sie übungshalber, was mit

a && b || c && d

gemeint ist, und ob das der Absicht a UND (b ODER c) UND d entspricht! - Hier müßten Sie Klammern setzen!

Da der Zuweisungsoperator auf der Liste ganz unten steht, ist *a = a && b ;* eindeutig und weist den Wahrheitswert von a UND b nach Auswertung auf a zu. Wiederum wäre *a = (a && b) ;* die „sichere Seite". Bei Zweifeln: Klammern!

Da / und * und % vom selben Rang sind, und stets von links nach rechts ausgewertet wird, hat

13 / 2 % 3

den glatten Wert 0 : Bei Ganzzahldivision ist 13 / 2 = 6, und 6 MOD 3 liefert 0.

Rang	Operator	Bedeutung, Verwendung
1	( )	Klammern bei Arithmetik, Funktionsaufrufe
2	-	arithmetische Negation, d.h. negative Zahlen
	!	logische Negation
	++ --	Inkrement und Dekrement
3	* /	Multipikation und Division
	%	Modulo bei Ganzzahlen
4	+ -	Addition und Subtraktion
5	<< >>	Schiebeoperator (nicht Ein- und Ausgabe!)
6	< <= usw.	kleiner, kleiner-gleich usw. bei Vergleichen
7	== !=	Prüfung auf Gleichheit bzw. Ungleichheit
8	&	UND, bitweise
9	^	XOR, bitweise
10	|	ODER, bitweise
11	&&	logisches UND, in Pascal AND
12	||	logisches ODER, in Pascal OR
13	? :	verkürzte if-then-else Anweisung als Ausdruck
14	=	Zuweisungsoperator einschl. aller verkürzten Formen

Übers. 3.2 : Einige wichtige Operatoren in C++, keineswegs vollständig!

Einen Teil dieser Operatoren haben wir bereits kennengelernt ... Ein logisches XOR fehlt: s. S. 270. Die Bedeutung des in der Übersicht aufgeführten **Schiebeoperators** (eine spezielle Bit-Operation) können Sie aus dem folgenden kleinen Listing ableiten:

```cpp
# include <iostream.h>              // nicht auf Disk
main ( )
  { int a = 1024, b ;               // oder auch a = 1023 versuchen!
    cout << sizeof (a) << endl ;    // Operator für Speicherbedarf
    for ( int i = 0 ; i < 12 ; i++ )
     { b = a >> i ;  cout << b << " " ; } // Schieben nach rechts

    cout << endl ; a = 10 ;
    for ( i = 0; i < 10; i ++ )
     { b = a << i ; cout << b << " " ; } // Schieben nach links
    return 0 ;
  }
```

In der ersten for-Schleife wird a jeweils um ein Bit nach rechts geschoben, was einer fortlaufenden Division durch Zwei entspricht: 1024, 512, ...d.h. a >> 3 bedeutet eine Division durch acht. Beim Schieben nach links wird analog mit Zwei multipliziert, also erhält z.B. 11 << 2 den Wert 44 ...

Neben den normalen Zeichen wie 'A', 'B', ... kennt C++ auch sog. Escape-Sequenzen (nur dem Namen nach mit dem ASCII-Zeichen 27 verwandt): Sie bestehen aus dem Backslash \ und einem steuernden Folgezeichen, z.B. "\n" für neue Zeile.

In Zeichenketten spielt schließlich das Prozentzeichen % eine weitere Rolle bei der sog. **Formatierung** von Ausgaben mit der Funktion *printf* statt *cout* << ...

Zur Illustration geben wir wiederum mit der for-Schleife ein kleines Listing an, das vollständig in C geschrieben ist, aber - da C als harter Kern von C++ gilt - in C++ selbstverständlich compiliert werden kann und damit lauffähig ist:

```
/* zehn.cpp  Umrechnungstabelle für Leistungen */
# include <stdio.h>              // Standardein- und Ausgaben

# define faktor 0.736f

main ( )
   {     float ps ;
         printf ("Tabellenbeispiel ...\n") ;
         for ( ps = 50.0f ; ps <= 150.0f ; ps = ps + 5.0f )
         printf ("%6.2f PS = %6.2f kW\n", ps, ps * faktor) ;

         int g = 100 ; float a = 234.1 ;          // Demo weitere wichtige Formate
         printf ("\n") ;
         printf ("Int rechtsbündig        %6d\n", g) ;
         printf ("Hexadezimale Ausgabe    %x\n", g) ;
         printf ("Oktalformat             %o\n", g) ;
         printf ("Gleitkomma \"frei\"       %f\n", a) ;
         printf ("Gleitkomma mit Vorgabe %5.2f\n", a) ;
         printf ("Exponentialformat       %e\n", a) ;
         printf ("dito                    %5.2e\n", a) ;
         return 0 ;
   }
```

Mit *#define* ... wird für das gesamte Programm bequem eine Gleitkommakonstante (Verhältniszahl 1 PS = 736 Watt) eingeführt; das nachgestellte f bedeutet *float*.

Die for-Schleife führt mit der Schrittweite 5, beginnend mit dem PS-Wert 50, Umrechnungen von PS nach kW vor.

Die Ausgabeanweisung *printf* enthält in " ... " einen sog. **Format-String** mit zwei durch % eingeleiteten Formatierungen, denen nach dem ersten Komma zwei Werte *ps* und *ps * faktor* entsprechen. Diese beiden Werte werden wegen der Angabe 6.2f rechtsbündig und sechsstellig mit zwei Nachkommastellen ausgegeben. f bedeutet wieder *float*. Dies ergibt wegen \n im Formatstring auf sehr bequeme Weise die folgende Tabelle:

```
50.00 PS =  36.80 kW
...
150.00 PS = 110.40 kW
```

wobei das Blank zwischen f und PS = berücksichtigt wird. Führen Sie in *printf* entsprechende Veränderungen

```
printf ("%6.2f    PS = %6.2f    kW \n", ps, ps * faktor) ;
```

vor dem Compilieren durch und versuchen Sie, zwei Ausgaben pro Zeile zu erzeugen!

Dem Rest des Listings können Sie einige weitere Formatbefehle für ganze Zahlen bzw. Gleitkommazahlen entnehmen, die man hin und wieder brauchen kann.

asm	auto	break	case	catch
char	class	const	continue	default
delete	do	double	else	enum
extern	float	for	friend	goto
if	inline	int	long	new
operator	private	protected	public	register
return	short	signed	sizeof	static
struct	switch	template	this	throw
try	typedef	union	unsigned	virtual
void	volatile	while		

Übers. 3.3 : Keywords (Schlüsselwörter, reservierte Bezeichner) in C++

Die obige Liste aller 48 Schlüsselwörter in C++ enthält Typenbezeichner wie *int* oder *long*, Bestandteile von Anweisungen wie *for* oder *while*, aber auch Funktionen *sizeof* und Platzhalter *void*. Die meisten werden wir bald kennenlernen. Alle diese Keywords könnten bei geringfügiger Abweichung von der durchgängig verpflichtenden Kleinschreibung auch als Bezeichner eingesetzt werden, wie bereits erwähnt. Mit # eingeleitete Hinweise *include* auf Headerdateien oder *define* für Konstanten sind in der Liste aber nicht zu finden!

Dieses Kapitel führt in die Konstrollstrukturen von C++ ein; erst mit Schleifen und Verzweigungen lassen sich Algorithmen effektiv realisieren.

Die bisherigen Beispiele waren recht primitive, rein sequentielle Programme, gerade mal zur Demonstration von Datentypen mit einfachen Ein- und Ausgaben geeignet. Naheliegend - und in allen formalen Sprachen ähnlich realisiert - ist es, die Ausführung einer Anweisung oder Anweisungsfolge von einer Bedingung abhängig zu machen im Sinne von

> Wenn irgendetwas zutrifft,
>   dann mache dies [und sonst etwas anderes].

Im Blick auf die Programmstruktur spricht man von einer Auswahl, Selektion oder entspr. Abb 4. 1 auf S. 47 besonders einsichtig: **Vorwärtsverzweigung**.

Die Syntax für den allgemeinsten Fall lautet in C++ (wie in C)

```
if (Bedingung)
   { Anweisung_1;            // Das Semikolon ist Bestandteil
     ... ;                   // der Anweisung ...
     Anweisung_n;
   }
[ else                       // Alternative wahlweise
   { Anweisung_u;
     ... ;
     Anweisung_w;
   } ]
```

und weicht damit z.B. von der in Pascal neben dem Fehlen von THEN auch im Gebrauch der Strichpunkte etwas ab, wie Beispiele gleich deutlicher machen werden.

Zur Formulierung einfacher Bedingungen benötigen wir **Vergleichsoperatoren**

<	größer	<=	größer oder gleich
>	kleiner	>=	kleiner oder gleich
!=	ungleich	==	gleich (Doppelzeichen)

in z.B. Termen aus der Algebra, dann noch **logische Operatoren** zum Verküpfen von Termen und Aussagen, beide Doppelzeichen:

&&   für UND (AND)
|| für ODER (OR) .   (ganz links auf der Tastatur).

Vergleichen Sie zur Rangfolge die Übersicht S. 42 : Danach ist (nochmal!)

a < b && b < c

auch ohne Klammern richtig mit der Bedeutung (a < b) und (b < c), also b $\in$ (a, c), wenn a, b und c Zahlen sind. In Pascal müßte man Klammern schreiben, in C++ kann man dies der Klarheit halber natürlich auch. Nun ein Listing:

```cpp
/* eins.cpp  if - Verzweigungen */
# include <iostream.h>
main ( )
   {
       int a, b, c, d ;
       cout << "a, b, c getrennt eingeben ... " << "\n" ;
       cin >> a >> b >> c ;
       if ( a < b && b < c ) cout << "b liegt zwischen a und c" ;
         else cout << "b liegt nicht im Intervall (a, b)" ;
       cout << "\nd eingeben ... " ; cin >> d ;
       if ( a < b && b < c && c < d )
         cout << "\nd ist die größte der Zahlen a, b, c" ;
         else                              // Block mit zwei Anweisungen
       { if ( d == a || d == b || d == c )
          cout << "\nÜbereinstimmung mit a, b oder c" ;
         if ( d < 0 ) cout << "\nd ist negativ" ;
             else cout << "\nd ist >= 0" ;
       }
       if ( ! ( d == 0 ) ) cout << "\nd ist von Null verschieden" ;
       return (0) ;
   }
```

Die einfachste Form der if-Anweisung als Bedingung ohne folgenden else-Zweig (Alternative) kommt als letzte Anweisung vor:

Der Operator ! für die **logische Verneinung** NOT macht die Bedingung d != 0 gleichwertig mit !(d == 0). Da eine Bedingung nach *if* in Klammern zu setzen ist, steht die logische Verneinung in zweiter Version ebenfalls in Klammern!

Weiter oben sehen Sie nach *else* einen Block, der in die geschweiften Klammern { und } eingeschlossen ist. Es gibt also keine Klammerung mit BEGIN bzw. END wie z.B. in Pascal. **Alle** Anweisungen in einem Block werden mit Semikolon abgeschlossen, **auch die letzte.** Hinter einem Block findet sich an sich kein Strichpunkt; steht aber trotzdem einer, so ist das nicht falsch: Der Compiler nimmt eine „leere" Anweisung an.

Grober Fehler: Wird hinter) *if (Bedingung)* versehentlich ein Strichpunkt gesetzt, so wird die nachfolgende Anweisung stets ausgeführt:

if (a == b) ; cout << ... ;

cout << ... ; ist jetzt eine eigenständige Anweisung! Für Pascal-Programmierer ist

if (a = b) cout << ... ;

ein beliebter Schreibfehler im Vergleich: Er führt zur Ausgabe von ... genau dann, wenn b von Null verschieden ist: $a = b$ wirkt nämlich als Wertzuweisung, die sodann wegen $a = b$, $a \neq 0$ als logischer Ausdruck mit der Bewertung *true* interpretiert wird.

Auf teils mögliche verkürzte Schreibweisen soll hier nicht eingegangen werden.

Bei Programmentwürfen stellt man die entsprechenden Strukturen gerne mit Flußdiagrammen oder durch **Struktogramme** nach Nassi-Shneiderman dar. Letztere sind für C++ (oder Pascal) besser geeignet, da man sie i.a. direkt in entsprechende Programmbausteine übersetzen kann. Hier sind die bisherigen Strukturen:

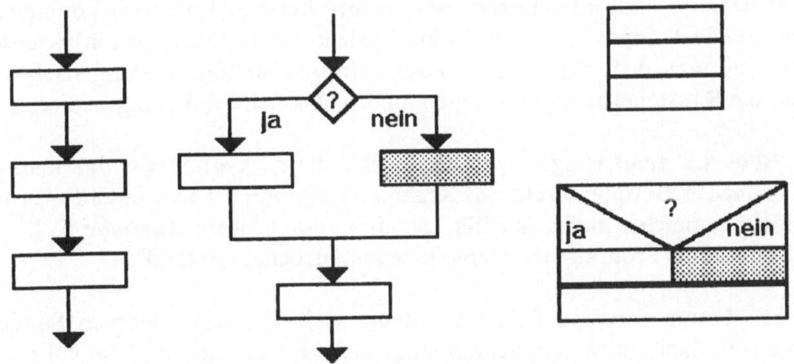

Abb. 4.1 : Flußdiagramme (links) und Struktogramme (rechts)
für Reihung bzw. Vorwärtsverzweigung

Eine **Reihung** (Sequenz) besteht aus einer Abfolge von einfachen Anweisungen, d.h. Wertzuweisungen, Funktionsaufrufen, Ein- oder Ausgaben, auch Definitionen von Variablen. Das entsprechende Struktogramm faßt diese Anweisungen wie ersichtlich zusammen.

Bei einer **Vorwärtsverzweigung** kann die Alternative (Abb. 4.1, grau unterlegt) entfallen; im Struktogramm bleibt das entsprechende Feld dann leer.

In Pascal oder C / C++ kann jedes Programm mit Hilfe dieser und weiterer Elemente für noch zu besprechende Kontrollstrukturen als Blockstruktur dargestellt werden, d.h. Modularisierung und zunehmende Verfeinerung eines Programms (durch differenzierte Ausgestaltung einzelner Blöcke) werden klar ersichtlich.

Als Beispiel wählen wir das Lösungsverfahren für quadratische Gleichungen

$$a * x^2 + b * x + c = 0$$

mit der im Falle $a \neq 0$ allgemeinen Lösungsformel

$$x_{1,2} = -b / 2 / a \ \pm \ \sqrt{b^2 - 4 * a * c} \ / 2 / a,$$

die je nach Diskriminante auf (konjugiert-) komplexe Lösungen führen kann.

Vor der Codierung des Programms ist eine **Problemanalyse** (Fallunterscheidung) zweckmäßig: Der Fall $a = b = 0$ beschreibt keine Gleichung und kann nicht weiter behandelt werden. Ist $b \neq 0$, aber $a = 0$, so haben wir in Wahrheit eine lineare Gleichung mit der einzigen Lösung $x = - c / b$.

Ist $a \neq 0$, so ist nach der Formel zu unterscheiden, ob der Ausdruck unter der Wurzel (der Radikand) negativ, Null oder positiv ist. Entsprechend gibt es zwei konjugiert-komplexe, eine reelle Doppel- oder zwei verschiedene reelle Lösungen. Mit diesen Überlegungen kann man den Algorithmus durch schrittweise Verfeinerung nach und nach ausbauen, die Bausteine zusammentragen und schließlich das Listing codieren.

Die folgende Abb. 4.2 zeigt einige Zwischenschritte dieses Verfahrens, das man im vorliegenden einfachen Beispiel direkt am Rechner durchführen kann, indem man die jeweiligen Blöcke zunächst nicht ausfüllt, sondern durch leere Klammern {   ;} compilierbar macht. Das Programm ist damit in jeder Ausbauphase lauffähig.

Zum endgültigen Testen verwendet man der Reihe nach die ausgewiesenen Sonder-fälle, also $a = b = 0$, dann nur $a = 0$, dann irgendwelche Kombinationen, die auf reelle Doppellösungen bzw. konjugiert-komplexe Lösungen führen, die man vorab kennt. Zur korrekten Verifizierung vgl. z.B. [M2].

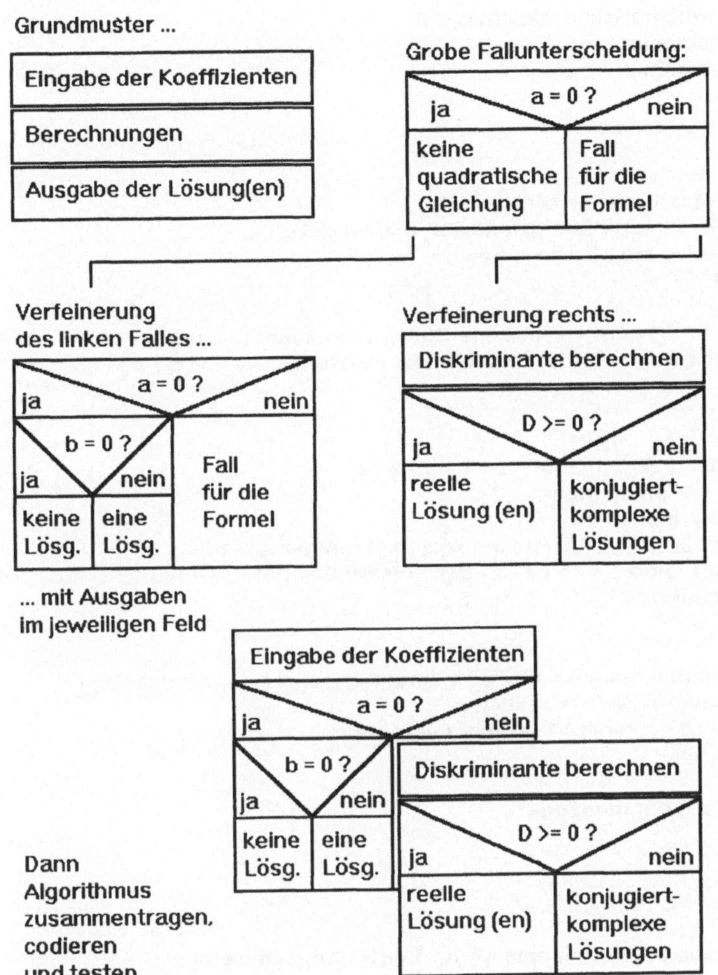

Abb. 4.2 : Schrittweise Verfeinerung des Algorithmus mit Modularisierung

So entsteht der Algorithmus zunehmend verfeinert, und stets modular, d.h. nach dem Baukastenprinzip: alle Teile übersichtlich, einzeln zu bearbeiten, jeweils gezielt zu testen ... Strukturierung und Modularisierung bedingen sich gegenseitig, sind aber nicht dasselbe!

Beachten Sie die Deklaration und fallweise Definition (Setzung) der benötigten Variablen und testen Sie das Programm zum obigen Struktogramm einmal für den Fall, daß Sie in den Bedingungen unter *if* versehentlich = statt == geschrieben haben!

```
/* zwei.cpp  quadratische Gleichung */
# include <iostream.h>
# include <math.h>

main ( )
 {
   double a, b, c ;
   cout << "Quadratische Gleichung" ;
   cout << "\nAlle drei Koeffizienten a, b, c eingeben ..." ;
   cout << "\n" ;  cin >> a >> b >> c ;
   if ( a == 0 )

     {   if ( b == 0 ) cout << "\nKeine Gleichung - keine Lösung" ;
           else cout << "\nGleichung linear : Lösung " << - c / b ;   }

    else

     {   double diskriminante = b * b - 4 * a * c ;
         cout << "\nLösungen ... " ;
         if ( diskriminante >= 0 )
           {   double x1 = - b / 2 / a + sqrt (diskriminante) / 2 / a ;
               double x2 = - b / 2 / a - sqrt (diskriminante) / 2 / a ;
               cout << x1 << "   " << x2 ;
           }
         else
           {   double realteil = - b / 2 / a, imagteil = sqrt (- diskriminante) ;
               cout << "\n " << realteil ;
               cout << " + - j * " << imagteil / 2 / a ;
           }
     }
   cout << "\nProgrammende" ;
   return (0) ;
 }
```

Die if-Alternative kann kürzer mit einem sog. **Bedingungsoperator**

Bedingung ? Ausdruck_eins : Ausdruck_zwei ;

geschrieben werden: Die übliche Schreibweise

if (a < b) min = a ; else min = b ;

zur Bestimmung des Minimums min zweier Zahlen a und b ist gleichbedeutend mit

min = a < b ? a : b ;

Das ist etwas kompakter, aber zunächst recht ungewohnt und daher schwerer lesbar. Ich merke es mir so: „Zuweisen = Bedingung ? ja dann ersten Term: sonst zweiten." Bei verschachtelten Anweisungen verliert man schnell den Durchblick!

Die if-Anweisung mit Alternative erlaubt die Behandlung zweier Fälle; durch „Verschachteln" kann man in die Tiefe gehen: Das Listing wird dadurch aber oft unübersichtlich und schwer ergänzbar. Für solche Fälle ist der **switch-Schalter** besser geeignet:

```
switch ( Ausdruck )
  { case const1 : Anweisung_1 ; break ;
    case const2 : Anweisung_2 ; break ;
                     ... ; break ;
    [ default : Alternativanweisung ; ]
}
```

Der Ausdruck wird ausgewertet und muß einen diskreten Ergebnistyp wie *char* oder *int* haben. Dieses Ergebnis wird dann mit den **Labels** (Schalterkonstanten) verglichen und führt gegebenenfalls zur Ausführung der entsprechenden Anweisung; jede Anweisung_n kann durch mehrere (oder einen Block { ... }) ersetzt werden.

Mit *break* wird der Programmschalter verlassen, wenn sich eine Übereinstimmung ergeben hat. Es geht auch ohne breaks, aber dann werden stets alle Vergleiche angesteuert, auch wenn ein Ausstieg schon vorher möglich ist. Tritt ein solcher Fall nicht ein, liefert das optionale *default* die Möglichkeit, eine passende Reaktion auszulösen. So kann man fehlerhafte Tastatureingaben abfangen und dgl. mehr.

Die Labels sind Ganzzahlen oder Zeichen der Tastatur. Break und default sollten stets vorgesehen werden. - Hier ist ein Beispiel:

```
/* drei.cpp  Der switch-Schalter */
# include <iostream.h>
main ( )
  {
        int zahl ;
        cout << "Zahl zwischen 1 ... 10 eingeben " ; cin  >> zahl ;
        switch (zahl)
        {
          case 1  : cout << "\nDie Zahl hat ein Quadrat < 10 \n" ;
          case 4  : cout << "\nDie Zahl hat ein Quadrat < 10 \n" ;
          case 9  : cout << "\nDie Zahl hat ein Quadrat < 10 \n" ; break ;
          default : cout << "\nDie Zahl ist zum Test zu groß \n" ;
        }
        return (0) ;
  }
```

Abb. 4.3 : Struktogramm des switch-Schalters

Als erster Schleifentyp von Wiederholungsschleifen sei die **for-Schleife** beschrieben; sie wird dann eingesetzt, wenn die Anzahl der Wiederholungen vorab feststeht, z.B. bei Tabellen, was wir schon benutzt haben.

Die Syntax lautet in C / C++

> **for (Initialisierung ; Bedingung ; Änderung) Anweisung ;**

wobei die Anweisung meistens aus einem Block { } besteht. Als Beispiel sei das Erstellen einer Tabelle der Quadrate von 0 bis 99 vorgeführt. Hierbei haben wir beim Ausgabeformat (bündige Spalten) noch keine Probleme:

```
/* vier.cpp  for - Schleife : Ganzzahlentabelle */
# include <iostream.h>
main ( )
   {      int i, breite = 7 ;
          cout << "Tabelle der Quadrate von 0 .. 99\n" ;
          cout << "-------------------------------\n\n" ;
          cout << "  " ;
          for ( i = 0 ; i < 10 ; i ++ )        // Kopfzeile per Schleife
             { cout.width (breite) ; cout << i ; }        // Spaltenbreite
          cout << "\n\n" ;

          for ( int zeile = 0 ; zeile <= 99 ; zeile = zeile + 10 )
             { cout.width (3) ; cout << zeile ;
               for ( int spalte = 0 ; spalte <= 9 ; spalte++ )
                  { cout.width (breite) ;
                    cout << (zeile + spalte) * (zeile + spalte) ;
                  }
               cout << "\n" ;                // Zeilenvorschub in äußerer Schleife
             }
          return (0) ;
   }
```

Um die Kopfzeile 0 ... 9 zu erzeugen, wird der Laufparameter i anfangs auf Null gesetzt und dann bis i = 9 inkrementiert. Da es sich durchwegs um einstellige Zahlen handelt, kann das Ausgabeformat *breite = 7* fest gewählt werden, i wird dann rechtsbündig eingetragen. Vor der Zeile befinden sich zwei Blanks.

Die eigentliche Tabelle wird mit den Parametern *zeile* und *spalte* aufgebaut, die im Beispiel demohalber erst im Block definiert werden, nicht schon anfangs: *zeile* läuft in Zehnerschritten von Null bis 90. Man erkennt, daß im Gegensatz etwa zu Pascal die Schrittweite von Eins verschieden sein kann! Vor der inneren Schleife wird *zeile* rechtsbündig als Vorspalte ausgegeben. - Daß alle Schleifen geschachtelt werden dürfen, versteht sich von selber!

Die innere Schleife arbeitet mit der Schrittweite Eins jeweils von Null bis 9 ; das Quadrat von *zeile * spalte* liefert wiederum rechtsbündig (*cout.width (...)*) die Ergebnisse auf dem Bildschirm ab. Ein Zeilenvorschub schließt diese Schleife ab, ehe die nächste Zeile angegangen wird. - Überzeugen Sie sich von der korrekten und bildschirmgerechten Darstellung der Tabelle!

Mit *breite = 7* wird wegen der insgesamt 11 Ausgaben pro Zeile das Zeilenende am Monitor noch nicht erreicht, es gibt also keinen Zeilenvorschub durch zu große Zahlenwerte. - Experimentieren Sie mit anderen Werten!

Wie in Pascal gilt, daß der Laufparameter im Block nicht verändert werden soll: Das liefert unkontrollierbare Fehler!

Die obigen Schleifen laufen mit ganzahligen Parametern (Kontrollvariablen); anders als z.B. in Pascal ist das aber nicht zwingend. Auch

```
# include <iostream.h>          // nicht auf Disk
main ( )
  {
    float k ;                   // Gleitkommazahl als Laufparameter!
    for ( k = 0 ; k < 10 ; k = k + 2.2 )
     { cout << k * k << " " ; }
    return (0) ;
  }
```

ist ein korrektes C++ -Programm! Nicht nur deswegen muß ausdrücklich darauf hingewiesen werden, daß Laufparameter, Schrittweite und Abbruchbedingung sehr sorgfältig aufeinander abgestimmt und vor dem Programmstart unbedingt überprüft werden müssen! - Schreibfehler wie z.B.

```
for ( k = 0 ; k < 10 ; k = k - 2.2)  { ... }
```

liefern u.U. **tote Schleifen**, die man nicht anhalten kann! - Rechnerwarmstart!

Komplizierter wird der Fall, wenn das **Ausgabeformat für Fließkommazahlen** eingestellt werden soll. - Auch hierzu ein Beispiel, das tabellarische Wurzelziehen.

In der folgenden Fassung werden die Funktionswerte wegen *cout.precision (4)* mit vier Nachkommastellen gerundet ausgegeben, wobei nachschüssige Nullen nicht zur Ausgabe gelangen: Verschieden lange Fließkommazahlen erscheinen daher nicht linksbündig am Komma orientiert, sondern werden u.U. eingerückt. Ansonsten ist das Listing weitgehend aus dem vorigen Beispiel übernommen. Zu beachten ist, daß *cout.width* wie *cout.precision* stets nur für die unmittelbar nachfolgende Ausgabe gelten, also **in der Schleife** stehen müssen, **nicht davor!**

```
/* fuenf.cpp  for - Schleife, Gleitkommazahlen */
# include <iostream.h>
# include <math.h>
main ( )
  {
        int breite = 7, i ;
        cout << "Tabelle der Wurzeln von 0 .. 99\n" ;
        cout << "------------------------------\n\n" ;
        cout << "   " ;
        for ( i = 0 ; i < 10 ; i ++ )          // Kopfzeile per Schleife
            { cout.width (breite) ; cout << i ; }
        cout << "\n\n" ;
        float ausgabe ;
        for ( int zeile = 0 ; zeile <= 99 ; zeile = zeile + 10 )
           { cout.width (3) ; cout << zeile << " " ;
             for ( int spalte = 0 ; spalte <= 9 ; spalte++ )
                {
                  cout << " " ;           // Abstand zwischen den Spalten
                  cout.width (breite - 2) ;     // Ausgabebreite insg.
                  cout.precision (breite - 3) ;// Ausgabeformat
                  ausgabe = sqrt (zeile + spalte) ;
                  cout << ausgabe ;
                }
             cout <<"\n" ;        // Zeilenvorschub in äußerer Schleife
           }
        return (0) ;
  }
```

Einfacher können Sie dieses Listing mit der C-Funktion *printf* realisieren, die wir auf S. 43 eingeführt haben.

Zur Wiederholung von Anweisungsfolgen gibt es, wie in anderen Sprachen auch, Schleifen mit Eintritts- bzw. Wiederholungsbedingung. Der erste Fall ist die sog. **abweisende Schleife**

```
while ( Eintrittsbedingung ) Anweisung ;
```

Der Block Anweisung wird nur dann ausgeführt, wenn die Eintrittsbedingung erfüllt ist, andernfalls wird die gesamte Anweisung übergangen.

Das ist genau die z.B. aus Pascal bekannte While-Schleife: Im auszuführenden Block muß irgendwann die immer wieder geprüfte Eintrittsbedingung „abgestellt" werden, damit keine tote Schleife entsteht.

Analoges gilt für die **nicht-abweisende** Schleife

```
do Anweisung ; while (Bedingung) ;
```

Hier wird die Anweisung (also ein entsprechender Block) wenigstens einmal ausgeführt und die Wiederholung abgebrochen, wenn die Bedingung **nicht** mehr erfüllt ist. Dies entspricht in etwa der REPEAT-Schleife z.B. in Pascal.

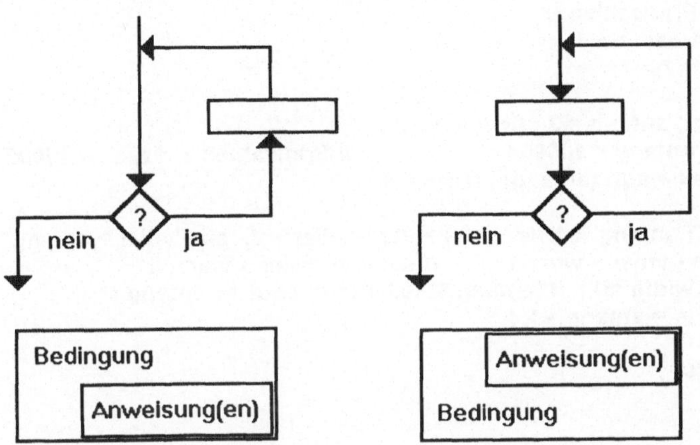

Abb. 4.4 : While-Schleife (links) und Do-while-Schleife (Repeat)

Hier ist ein kleines Listing zur Demonstration:

```
/* sechs.cpp  Demo für while bzw. do-while */

#include<iostream.h>
main ( )
  { int x = 0 , sum = 0 ;
    while ( x < 11 )  sum += x++ ;          // Summe der Zahlen 0 ... 10 = 55
    cout << sum ;  cout << "\n" ;
    x = sum = 0 ;
    do
      { x = x + 1 ; sum = sum + x ; }
    while ( x < 11 ) ;                       // solange x < 11 gilt  !!!
    cout << sum ;                            // dito, aber bis 11 ... liefert 66
    return (0) ;
  }
```

Der Block in der zweiten Schleife stellt die zunächst verkürzt formulierte Anweisungsfolge ausführlicher dar.

Nochmals: In beiden Fällen ist vor einem Programmstart unbedingt die Konsistenz (Stimmigkeit) von Bedingungen zum Abbruch der Durchläufe genau zu prüfen, um die **Terminiertheit** zu gewährleisten.

Eine Anwendung aller drei Kontrollstrukturen zeigt das folgende Listing zur **Bestimmung von Primzahlen** nach dem bekannten Divisionsalgorithmus, der als erste Primzahl 7 liefert: 2, 3 und 5 werden nicht erfaßt (warum?), dann aber alle ...

```
/* sieben.cpp  Primzahlen */
# include <iostream.h>
# include <math.h>
main ( )
    {   int teiler, anfang = 3 ; float wurzel ;
        while ( anfang < 10000 )                    // Primzahlen 7, 11,  ... < 10000
        { wurzel = sqrt (anfang) ; teiler = 3 ;
          do
            { if ( anfang % teiler != 0 ) teiler = teiler + 2;  else teiler = anfang ; }
            while ( teiler < wurzel ) ;     // solange teiler < wurzel!
            cout.width (8) ;  if (anfang % teiler != 0) cout << anfang ;
            anfang = anfang + 2 ;
            }
        return (0) ;
    }
```

Sie können zu diesem Programm übungshalber das Struktogramm erstellen; der Algorithmus beruht auf der Tatsache, daß eine Zahl, die keinerlei Teiler (außer Eins und sich selber) unterhalb ihrer Wurzel hat, zwangsläufig Primzahl ist.

Bis z.B. 101 (getestet werden nur ungerade Zahlen!) muß man daher nur die Teiler 3, 5, 7 und 9 ausprobieren, wobei der Test mit 9 an sich (als Vielfaches von 3) überflüssig ist, aber wegen des primitiven Weitersetzens *teiler = teiler + 2* nicht ausgeschlossen werden kann: Das Testverfahren ist also noch verbesserungsfähig!

Noch ein ganz anderer Test zur Performance: Wir setzen das Programm als sog. **Benchmark** (im wesentlichen für das Wurzelziehen) ein: Wenn es einwandfrei läuft, können Sie die Ausgaben per Kommentar // unterdrücken und das gesamte Programm mit einer äußeren Schleife z.B. 1000-mal wiederholen lassen:

```
# include <iostream.h>
# include <math.h>
main ( )
    {   int teiler, anfang ; float wurzel ;
        for ( int durchlauf = 0 ; durchlauf < 1000 ; durchlauf ++ )
            {   anfang = 7 ;
                while ( anfang < 10000 )
                { ...   anfang = anfang + 2 ; }
            }
        cout << "Fertig ... " ;
        return (0) ;
    }
```

Das Programm benötigte in dieser Fassung auf einem Pentium-133 in C++ und unter Windows für 1000 Durchläufe insg. 53 Sekunden. In Turbo Pascal 7.0 unter DOS brauchte genau dasselbe Programm [M1, S. 51] mit demselben Prozessor für ebenfalls 1000 Durchläufe immerhin rund 160 Sekunden, war also ganz deutlich langsamer. Das spricht jedenfalls für C++ ...

In der do-while-Schleife ist die nachgeschaltete Wiederholungsbedingung sprachlich im Sinne „mache ... solange gilt ...“ zu verstehen, etwas **anders als** in der Repeat-Schleife aus z.B. **Pascal**, die gemäß „wiederhole ... bis ... eingetreten ist“ mit Abbruchbedingung formuliert wird. Für Pascal-Programmierer ist das gewöhnungsbedürftig! Das wird auch im folgenden, sehr kompakten Beispiel zur e-Reihe deutlich:

```
/* acht.cpp  Iteration */
# include <iostream.h>
main ( )
   {
        double E = 1, x = 1 ; int n = 1 ;
        do { n += 1 ;  x /= n ;  E += x ; }
           while (x > 1.e-10) ;
        cout << E << " in " << n << " Schritten" ;  // 1.71828
        return (0) ;

   }
```

Der Block in der Schleife ist die Kurzfassung von

$$n = n + 1 ; x = x / n ; E = E + x ;$$

und berechnet die einzelnen Summanden $1 / n!$ iterativ unter Rückgriff auf den jeweiligen Vorgänger, beginnend mit $x = 1! = 1$. Kürzer geht's nicht ...

Da mit Kontrollstrukturen in Programmen fast selbstverständlich Blöcke entstehen, in denen neue Variablen erklär- und benutzbar sind, muß grundsätzlich auf **globale** und **lokale** Variable eingegangen werden, d.h. auf **Gültigkeitsbereiche** (scope) und die damit zusammenhängende **Sichtbarkeit** (visibility) von Variablen:

In einem inneren Block wird eine außerhalb, d.h. global erklärte Variable dann unsichtbar, wenn dort eine Variable gleichen Namens (aber mit anderen Speicherplatz!) lokal erklärt ist. Gleichwohl ist die globale Variable gültig, d.h. vorhanden. Sie tritt erst nach Verlassen des Blocks wieder in Erscheinung. Eine in einem inneren Block lokal erklärte Variable ist außen weder erklärt noch sichtbar.

Das Listing auf der folgenden Seite demonstriert dieses Verhalten mit ganz einfachen Anweisungen:

```
/* neun.cpp  Bereiche */
# include <iostream.h>

main ( )
  {
      int k = 1 ;                         // Ausgaben ...
      cout << k << "\n" ;                 // 1      global
      { k = k++ ;
        cout << k << "\n" ;               // 2      noch global
        int k = 4 , a = 7 ;
        cout << k << "\n" ;               // 4      jetzt lokal
        cout << a << "\n" ;               // 7      nur lokal
        k++ ;
        cout << k << "\n" ;               // 5      lokal
        cout << ::k << "\n" ;             // 2      global: Scope-Operator
      }
      cout << k << "\n" ;                 // 2      wieder global
      // cout << a << "\n" ;              // global nicht ansprechbar!
      return (0) ;
  }
```

Mit dem sog. **Scope-Operator** :: (zweimal Doppelpunkt) können Sie innerhalb eines Blocks eine dort unsichtbare Variable sichtbar machen.

Lassen Sie dieses Programm auch mit Änderungen und Erweiterungen laufen und überlegen Sie sich vor jedem Start die zu erwartenden Reaktionen!

Nun noch etwas Theorie:

In einer „Grammatik" von C oder C++ wird die abstrakte Sprachbeschreibung vor allem über **Syntaxdiagramme** erledigt. Deren grundsätzliche Symbolik benutzt neben Richtungspfeilen zur Reihenfolge des Aufbaus weiter Kreise oder Ovale, in denen Symbole bzw. Schlüsselwörter der Sprache eingetragen sind, und dann noch Rechtecke, die bereits früher erklärte Begriffe (Elemente der Sprache) enthalten.

Die Beschreibung beginnt dabei mit einer Definition des Aufbaus der in Programmen benutzten Zahlen (und Konstanten), dann folgen die Vereinbarungen von Konstanten und Variablen mittels Bezeichnern, schließlich werden Ausdrücke erklärt, wie man sie für Zuweisungen, BOOLEsche Vergleiche usw. benötigt.

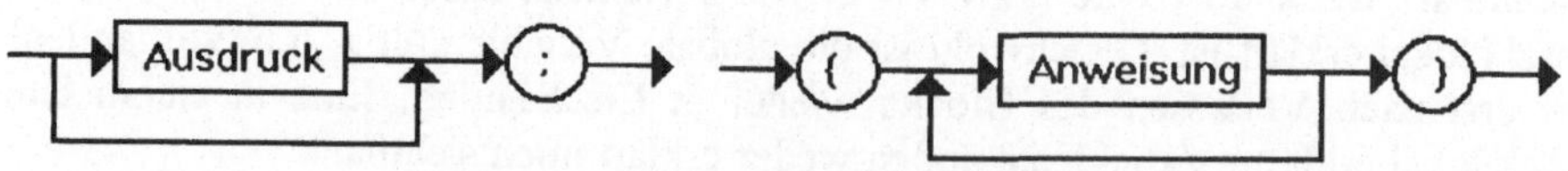

Abb 4.5 : Einfache Anweisung (links) und Block (rechts)

Wenn wir schon wissen, wie die bisher genannten Sprachkonstrukte regelgerecht aufgebaut werden, wird die einfachste Anweisung, die sog. Ausdrucksanweisung, entsprechend Abb. 4.5 links beschrieben. Danach endet jede Anweisung, auch die leere, mit einem Semikolon. Der rechte Teil der Abb. zeigt die Verbundanweisung, also einen Block von Anweisungen, der offenbar ebenfalls durch ein Semikolon vor der Klammer } abgeschlossen werden muß.

Die folgende Abb. stellt die Syntaxdiagramme für die bedingte Anweisung und die while-Schleife dar. Im Rückgriff auf Abb. 4.5 wird damit offenbar, daß vor *else* ein Semikolon stehen muß:

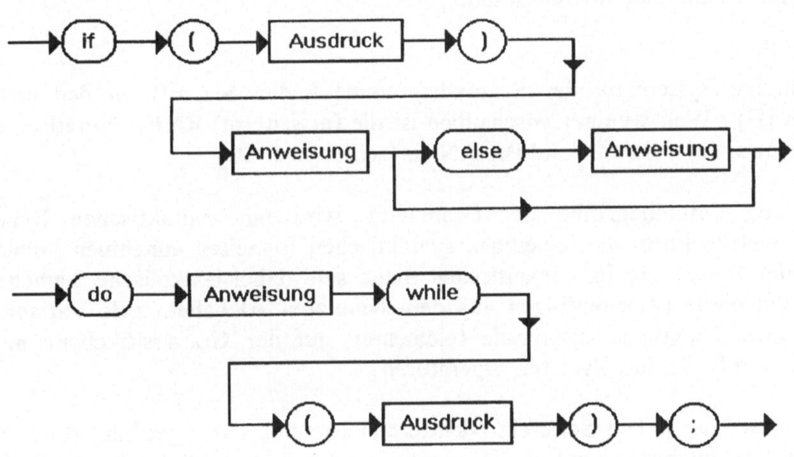

Abb. 4.6 : Bedingte Anweisung (oben) und do-Schleife (unten)

Ausdrücke gelten in diesen Darstellungen als bereits bekannt, erklärt. Im Blick auf die Ausdrucksanweisung von Abb. 4.5 links ist der einfachste Fall einer solchen Ausdrucks z.B. die Zuweisung *x = 14*, abgeschlossen durch einen Strichpunkt. In einer bedingten Anweisung nach *if* denkt man bei „Ausdruck" in erster Linie an Terme wie *x > 3 && x < 5*, die nach Vergleich mit dem konkreten Wert x im Programmlauf mit wahr oder falsch bewertet werden:

Da es aber im Syntaxdiagramm ganz allgemein Ausdruck heißt, müßte z.B. auch

if (1.1) cout << 1 ; else cout << 2 ;

sprachlich korrekt sein. Testen Sie: Jeder von Null verschiedene Wert in der Klammer ( ) liefert die Ausgabe 1, während nur der Wert 0 die Ausgabe 2 liefert. Also ist ein Wert 0 im BOOLEschen Sinne **falsch, jeder andere** hingegen **wahr**.

In dieser Bewertung von Termen liegt auch ein Fehler verborgen, der immer wieder vorkommt: Das Programmfragment

```
cin >> zahl ;
if ( zahl = 10 ) cout << "gefunden " ; else cout << "nicht gefunden" ;
```

führt stets zur Ausgabe von „gefunden", denn die Zuweisung *zahl = 10* anstelle der eigentlich gemeinten Abfrage *zahl == 10* wird ungleich Null bewertet, ist also im BOOLEschen Sinne richtig. Genau anders verhält sich das Programm aber mit der Zuweisung *(zahl = 0)*, die auch bei Eingabe von Null für *zahl* als falsch bewertet wird!

Wir werden das gelegentlich in einer while-Schleife ausnutzen, deren Schleifenkörper dann eine break-Bedingung aufweisen muß.

Eine vollständige Systematik der Syntaxdiagramme finden Sie z.B. in den ersten Kapiteln von [D]. Weit weniger anschaulich ist die (erweiterte) **BNF** - Notation, ein Formalismus nach John Backus und Peter Naur (seit etwa 1960).

Ausgehend von Grundbegriffen der Grammatik wird mit syntaktischen Regeln beschrieben, welche Form die jeweiligen syntaktischen Einheiten annehmen können. Die Träger der Bedeutung im semantischen Sinne sind dabei lexikalische Einheiten, d.h. Terminalsymbole (Zeichenfolgen aus dem benutzten Alphabet, z.B. Variablenbezeichner) oder Nichtterminalsymbole (elementar, auf der Grammatikebene nicht weiter definiert, z.B. Schlüsselwörter, Operatoren).

Regeln zeigen auf der linken Seite ein Nichtterminalsymbol, das - getrennt durch ein definierendes Gleichheitszeichen - auf der rechten Seite die sog. **Erzeugung** aus bereits erklärten Bausteinen beschreibt.

Unter Erzeugung versteht man dabei eine Folge von Alternativen (konkrete Realisationen), die durch | getrennt werden. Sog. Optionen (mögliche, aber nicht zwingende Erweiterungen) werden in eckigen Klammern hinzugefügt.

Für einen sehr einfachen deutschen Satz sieht das exemplarisch etwa so aus: Zunächst wird der Begriff Satz erklärt:

```
< Satz >        = < Subjekt > < Prädikat > [< Objekt >] „ . " .
```

Die rechts auftauchenden Begriffe wurden zuvor erläutert, z.B. bei weitem noch nicht vollständig als ...

```
< Subjekt >     = < Eigenname > | < Pronomen> | < Artikel > < Substantiv > .
< Prädikat >    = < Verb > .
< Objekt >      = < Eigenname> | < Artikel > < Substantiv > .
```

Um nun wirklich einen korrekten Satz bilden zu können, muß man zudem folgende Erklärungen kennen:

```
< Eigenname >              = „Susi" | „Hans" | ... .
< Personalpronomen >       = „ich" | „du" | ... .
< Artikel >                = „ein" | „der" | ... .
< Substantiv >             = „Baum" | „Mädchen" | ... .
< Verb >                   = „ist" | „geht" | „sieht" ... .
```

wobei im Falle des Verbs eine zusätzliche Differenzierung nach Zeitformen usw. später unerläßlich wäre. Jedenfalls sind jetzt korrekt formulierte Sätze etwa

Susi geht .
Hans sieht [ein(en) Baum] .
Hans ist ein Mädchen .

die u.U. semantisch ziemlich sinnlos oder gar falsch sein können, im umgangssprachlichen oder inhaltlichen Sinne jedenfalls. Grammatikalisch (syntaktisch) sind diese Sätze aber (weitgehend) richtig, d.h. regelgerecht.

Wenden wir diese Vorgehensweise auf eine Programmiersprache wie C++ an, so beginnen die Erklärungen z.B. mit

```
< Buchstabe >          = a | b | ... | z | A | B | ... | Z | _ .
< Ziffer >             = 0 | ... | 9 .
...
< Variable >           = ... .
< Term >               = ... .
...
< Bedingung>           = ... .
...
< ergibt-Anweisung > = < Variable > „=" < Term > „ ; " .
```

aus denen sich nach und nach eine vollständige Syntaxbeschreibung ergibt. Damit kann man schließlich anhand der letzten Definition Wertzuweisungen wie

volumen = laenge * breite * 100 ;
ergebnis = sin (x) + 3 * hoehe ;

in C ++ korrekt formulieren: Der Compiler versteht solche Zeilen, wird sie (eindeutig) übersetzen und damit lauffähig machen.

Ein Beispiel mit Nichtterminalsymbolen (hier *while*) wäre

< abweisende Schleife > = while (Bedingung) { Anweisung ; }

offenbar die while-Schleife: Die geschweiften Klammern stehen dabei für die Möglichkeit der Wiederholung. Unter Anweisung ist dabei irgendeine aus dem vorhandenen (bereits erklärten) Vorrat zu verstehen, also z.B. die ergibt-Anweisung von oben oder eine andere.

Für das praktische Programmieren ist diese Beschreibungsweise von eher geringem Interesse. Wohl aber ist sie bedeutungsvoll für das formale Studium der Sprache im Blick auf deren widerspruchsfreie Konstruktion und den Bau des Compilers. Die Bücher [St] und insb. [E] befassen sich in diesem Sinne ausführlich mit C++ .

Schließlich sei noch kurz auf den Begriff **Verifikation** eingegangen. Man versteht darunter eine Methode, mit allgemeinen Beschreibungsmitteln nachzuweisen, daß ein Algorithmus das Gewünschte (und nur das) leistet. Üblicherweise testet man Programme meistens nur durch Versuchsläufe mit geschickt ausgewählten Variablenbelegungen (repräsentative Wertanalyse) und hofft, auf diese Weise allen vorhandenen Fehlern auf die Schliche zu kommen: „Anwesende" Fehler werden so zwar aufgedeckt, aber „abwesende" wohl kaum gefunden.

Jedoch: Eine allerdings reichlich umständliche Methode wie

Vorbedingung(en)		*Listing*	*Nachbedingung(en)*
$x = a$,	$y = b$	$x = x + y$;	$x = a + b$, $y = b$
$x = a + b$,	$y = b$	$y = x - y$;	$x = a + b$, $y = a$
$x = a + b$,	$y = a$	$x = x - y$;	$x = b$, $y = a$

mittels Anschreiben sog. Vor- und Nachbedingungen klärt eindeutig, daß das vorstehende Programmfragment eine Vertauschungsroutine ist (die übrigens keine weitere Hilfsvariable benötigt). a und b sind dabei zulässige Wertbelegungen für die Speicher x und y, also z.B. im Falle *int* ganze Zahlen.

Sie können mittels der (vollständigen) Fallunterscheidung $a > 0$ bzw. $a \leq 0$ zur Übung leicht nachweisen, daß über

```
if ( a > 0 ) b = a ; else b = - a ;
```

b auf den Betrag $|a|$ gesetzt wird. Mehr Theorie und weitere Beispiele in [M2].

In diesem Kapitel werden die bisherigen Datentypen so ergänzt, daß wichtige Datenstrukturen aus der Praxis abgebildet werden können.

Die bisherigen Grunddatentypen lassen sich zu benutzerdefinierten Datentypen für sehr vielfältige Datenstrukturen verbinden, zusammenfassen.

Wir beginnen mit dem sog. **Aufzählungstyp**, der für nicht-numerische Wertebereiche interessant ist: Wochentage, Monate, Qualitätsbezeichnungen, Farben u. dgl. mehr. Ein solcher Enumerationstyp hat in C++ die Syntax

      enum [Typname] { Aufzählung der Begriffe } [Variablenliste] ;

wobei die Aufzählung eine Liste mit Kommata ist. Beispiele sind

      enum jahr { januar, februar, maerz, april, ..., dezember } ;

natürlich vollständig aufgeführt (ohne Auslassungspunkte), oder

      enum anzeige { rot, gruen, gelb, ein, aus } ;

für drei Farben und den Zustand einer Ampel und dgl. mehr.

Entsprechende Variablendeklarationen sind dann später

      jahr monat ;   (also monat vom Typ jahr),
      anzeige ampel = aus ;   (Definition einer Ampel und Initialisierung).

Aufzählungstypen werden intern mit 0, 1, 2, ... verschlüsselt. Auf sie sind nur Zuweisungen per Bezeichner oder zugeordnete Nummern erlaubt, direkte Abfragen über die Tastatur aber nicht möglich, ähnlich wie in Pascal. Das folgende, ansonsten nicht sehr sinnvolle Listing demonstriert diese Sachverhalte:

```cpp
/* eins.cpp  Demo Aufzähltypen */
# include <iostream.h>
main ( )
{
  enum tag { sonn, mont, dien, mitt, donn, frei, sams } ;
  tag lauftag ;
  for ( lauftag = sonn ; lauftag <= sams ; lauftag++ )  // <= 8 anstelle sams !
     cout << "\n" << lauftag ;

  // Definition und Initialisierung per Zahl, neue Variable heute:
  tag heute = 0 ; cout << "\n\n" << heute ;      // Ausgabe 0
  heute = dien ; cout << "\n\n" << heute ;       // Anderer Wert, Ausgabe 2

  int eingabe ;                                  // Eingabe wochentag nicht möglich!
  do
        { cout << "\n\nNr. des Tages eingeben ... " ; cin >> eingabe ; }
  while ( eingabe < 0 || eingabe > 6 ) ;
        // oder gleichwertig : while (! (eingabe >= 0 && eingabe < 7)) ;

  cout << "\nEingegeben wurde ... " << eingabe ;
  heute = tag ( (eingabe + 2) % 7 ) ;
  cout << "\nDer übernächste Tag ist ... " ;
  switch ( heute )                 // schalten über heute vom Typ tag
        {
          case 0  : cout << "Sonntag" ; break ;      // lassen Sie break weg
          case 6  : cout << "Samstag" ; break ;      // und geben Sie O ein!
          default : cout << "Arbeitstag Mo bis Fr" ;
        }
  return (0) ;
}
```

Probieren Sie als Schleife auch

```cpp
for  ( tag lauftag = 0 ; lauftag <= 6 ; lauftag++ )
cout ...
```

aus; geben Sie als Obergrenze einmal 8 oder mehr vor! Wird nach dem Abarbeiten der Schleife *cout << lauftag ;* geschrieben, so ergibt sich der nachfolgende Wert, also 7 (beim Lauf bis *sams*). Da *lauftag* Schleifenparameter ist, kann man diese Variable zwar in einer späteren Schleife wiederum als Kontrollparameter einsetzen, aber nicht mehr (wie in Pascal möglich) außerhalb verwenden, etwa abfragen oder setzen:

```cpp
cin >> lauftag ;
lauftag = 8 ;
```

Das impliziert in C++ Fehlermeldungen! Die neue Variable *heute*, die mit der Definition zugleich initialisiert wird, ist also aus Sparsamkeitsgründen nicht durch das „abgearbeitete" *lauftag* ersetzbar, sondern muß neu eingeführt werden.

Ferner zu beachten: *heute* ist eine Variable! Sie wird später mit *heute* = *dien* ; neu zugewiesen. - Hieße es im Listing nur

```
heute = 0 ; ...
heute = dien ;
```

so wäre die Folgezeile falsch: Eine Konstante kann nicht verändert werden! Das ist zwar wie in Pascal, aber doch verwirrend, weil die Definition von *heute* nicht vor dem Listing steht, sondern irgendwo in einem Block eingeführt werden kann. [1]

Im täglichen Leben werden immer wieder Tabellen benutzt, die sich in nahezu jeder Programmiersprache als **Felder** (Arrays) abbilden lassen. Sie fassen Daten gleichen Typs (also alle *int* oder *float*, auch spätere Strukturen) zu einer Einheit zusammen.

n * m - Matrizen aus der Mathematik sind analoge Konstruktionen, im speziellen Fall mit n = 1 oder m = 1 dann Zeilen- bzw. Spaltenvektoren. Die einzelnen Positionen (Indizes), im zweidimensionalen Fall gekennzeichnet durch Indexpaare, beginnen in C++ stets die **Zählung bei 0**.

Die Größe eines Feldes muß wie in Pascal fest vereinbart werden:

```
const Size = 5 ; float vektor [Size] ;
```

Zur Verfügung stehen damit *vektor [0] ... vektor [4]*. Wir könnten nun wie folgt auf zweierlei Art initialisieren:

```
for ( int i = 0 ; i < 5 ; i++ ) vektor [i] = 5.1 ;
vektor [Size] =   {5.1, 5.1, 5.1, 5.1, 5.1 } ;
```

(Zweidimensionale) Matrizen wie z.B.

```
int matrix [5] [6] ;       (ganzzahlige Matrix mit 5 Zeilen und 6 Spalten.)
```

werden stets zeilenweise initialisiert. Für die folgende Matrix mit zwei Zeilen sieht das also bei gleichzeitiger Deklaration z.B. so aus:

```
float feld [2] [3] = { (1.1, 1.2,  1.3) , (5.1, - 2.8, - 6.0) } ;
```

Dabei könnte man die Zeichen   ) , (innen auch weglassen; der Bereichstyp wäre wegen des Durchlaufs nach Zeilen trotzdem richtig initialisiert. Hier lauert eine Gefahr: Unvollständige Zeilen werden in C++ mit Nullen ausgefüllt, d.h.

---

[1] Nicht erst hier zeigt sich, daß C / C++ einigermaßen salopp entwickelt ist und als Anfangssprache leicht zur Schlamperei verführt ... Vielleicht ist C++ auch deswegen so beliebt, weil Strenge nicht eben Sache eines jeden Programmierers ist?

```
    feld [2] [3] = { ( 2.3 ) , ( 4.1, 3 ) } ;
```

liefert z.B. vollständig die Matrix

```
2.3     0     0
4.1     3     0 .
```

Beim erfolgreichen Compilieren kommt keine eigentliche Fehlermeldung, nur eine
Warnung auf Unvollständigkeit.

Das folgende Listing führt einen noch weitergehenden Fall vor: Hier wird der Rest der
zweiten Zeile mit Nullen ergänzt:

```
/* matrix.cpp   Ausgaberoutinen */
# include <iostream.h>

main ( )
    {      int feld [2] [3] = { 1, 6, 7, 4 } ;   // zweite Zeile wird aufgefüllt!
           for ( int zeile = 0 ; zeile < 2 ; zeile++ )
              { for ( int spalte = 0 ; spalte < 3 ; spalte ++ )
                         { cout.width (5) ; cout << feld [zeile] [spalte] ; }
                cout << endl ;
              } ;
           cout << endl ;

           int *platz = &feld [0] [0] ; int lauf = 0 ;
           do
             { if ( lauf % 3 == 0 ) cout << endl ;
               cout.width (5) ; cout << *platz ; platz++ ; lauf++ ; }
           while ( lauf < 6 ) ;
           return 0 ;
    }                          // siehe auch S. 122 im Kap. 8 : Zeiger
```

Beim Programmlauf zeigt sich als Matrix jetzt die zweite Zeile aufgefüllt:

```
1     6     7
4     0     0 .
```

Die zweite Ausgaberoutine mit einer einzigen Schleife wird erst mit Kap. 8 ab S. 103
verständlich; sie beweist die zeilenweise Ablage im Speicher unmittelbar.

Auf die Zeigervariable *platz* wird die erste Adresse des Feldes abgelegt, die Adresse
von feld [0] [0] also. In der Schleife wird diese Adresse sechsmal weitergeschaltet und
über *platz* der Reihe nach der Inhalt der Bezugsvariablen (die sog. Referenz) ausgegeben. Das ist die Matrix. Eine genauere Erklärung folgt im Kap. 8.

Nun einige Anwendungen:

Mit dem folgenden Programm werden 100 Zufallszahlen aus dem Bereich 10 ... 99 mittels **Bubblesort** sortiert:

```
/* zwei.cpp  Sortieren im Feld */
# include <iostream.h>
# include <stdlib.h>

main ( )
   {      randomize ( ) ;
          int folge [100] ;
          cout << "Liste von Zufallszahlen ... \n\n" ;
          for ( int nummer = 0 ; nummer <= 99 ; nummer ++ )
             { folge [nummer] = 10 + random (90) ;
               cout << folge [nummer] << " " ; }
          cout << "\nSortiert ... \n\n" ;
          int austausch, flag = 1 ;
          while ( flag == 1 )              // Algorithmus Bubblesort
             { flag = 0 ;
               for ( int lauf = 0 ; lauf < 99 ; lauf ++ )
                   { if ( folge [lauf + 1] < folge [lauf] )          //  !!!
                        { austausch = folge [lauf + 1] ;
                          folge [lauf + 1] = folge [lauf] ;
                          folge [lauf] = austausch ;  flag = 1 ;
                        }
                   }
             }

          for ( nummer = 0 ; nummer <= 99 ; nummer ++ )
          cout << folge [nummer] << " " ;
          return (0) ;
   }
```

Beachten Sie (!!!), daß der Vergleich zur Anordnung stets mit < oder beim Abwärts-sortieren mit > geschrieben werden muß, niemals mit <= bzw. >=. Mit bleibt das Programm im Falle zweier gleicher Elemente aus dem Feld unweigerlich hängen.

Die Schleife läuft von 0 bis 98 (nicht 99), da ansonsten auf ein Element lauf [100] zugegriffen werden würde. Das kann zu Schwierigkeiten führen, weil C++ **keine Bereichsüberprüfung** (Unter- oder Überschreitung des Feldbereichs) kennt!

Das folgende Beispiel führt eine **Matrizenmultiplikation** vor: Es beschreibt sog. **Markov-Ketten**, ein Teilgebiet der Statistik:

Quadratische Matrizen A , deren Elemente alle ≥ 0 sind, bei jeweiliger Zeilensumme Eins, stehen für Übergangswahrscheinlichkeiten in einem System, dessen Zustände durch Vektoren v dargestellt werden. Z.B. werden Lagerhaltungssysteme auf diese Weise untersucht.

Von einem Zustand a aus gelangt man über A * a = b in einen neuen Zustand b, der ebenfalls durch einen Vektor beschrieben wird. - Zum Beispiel ist

$$\begin{pmatrix} 0.1 & 0.2 & 0.7 \\ 0.2 & 0.3 & 0.5 \\ 0.3 & 0.4 & 0.3 \end{pmatrix} * \begin{pmatrix} 1 \\ 2 \\ 3 \end{pmatrix} = \begin{pmatrix} 2.6 \\ 2.3 \\ 2.0 \end{pmatrix}$$

eine solche Zustandsänderung. Die Matrix erfüllt die Voraussetzungen über die Zeilensumme; man kann sie sich für später leicht merken ... [1]

Frage: Gibt es zur Zustandsänderung A einen stabilen Zustand s, für den also

$$A * s = s$$

gilt? Und wie findet man ihn? Dieser Zustand müßte offenbar die Eigenschaft

$$A^n * s = s$$

für jedes natürliche n haben. Zur Lösung bestimmt man daher für größere n die Matrixpotenz A^n und wendet sie auf einen Vektor a an, z.B. den oben angegebenen. Das Ergebnis b stabilisiert sich dann beim stabilen Zustand s:

$$\begin{matrix} 2.2 \\ 2.2 \\ 2.2 \end{matrix}$$

ist dieser Zustand bei der o.a. Matrix. Für die Matrizenmultiplikation C = A * B gilt die im Programm eingesetzte Formel

$$c_{ik} = \Sigma\, a_{is} * b_{sk}\,, \text{ summiert über } s = 1 .. n\,.$$

Sie wird sinngemäß auch für das Produkt A * b eines Vektors b mit der Matrix A von links eingesetzt: Die Multiplikation von Matrizen ist schon wegen der **Verkettungsregel** (Spaltenzahl des linken Faktors = Zeilenzahl des rechten Faktors) nicht kommutativ, auch nicht bei quadratischen Matrizen. A^n allerdings kann man bei quadratischen Matrizen wegen des Assoziativgesetzes schrittweise als

$$A^{n-1} * A \quad \text{oder auch} \quad A * A^{n-1}$$

ausrechnen. Das folgende Listing führt diese Methode für 3 * 3 - Matrizen vor. Geben Sie die obige Matrix A samt Vektor a rechts ein und steigern Sie n systematisch, beginnend mit n = 1. - Sehr schnell sehen Sie die gewünschte Lösung s. Für diese gilt $A^n * s = s$ bereits mit n = 1, wie sie durch einen Neustart des Programms feststellen können. Sie müssen dann das bekannte A nochmal eintippen ...

---

[1] Mit OOP-Methoden kann das sehr elegant bearbeitet werden, siehe ab S. 195 ff

```cpp
/* drei.cpp  Multiplikation von Matrizen, Markov-Kette */
# include <iostream.h>
main ( )
{ float matrix [3] [3] , produkt [3] [3] , neu [3] [3] ;
  for ( int zeile = 0 ; zeile <= 2 ; zeile ++ )
     { cout << "Zeilensumme 1, alle Werte >= 0 ... " << zeile + 1 << " : \n" ;
        for ( int spalte = 0 ; spalte <= 2 ; spalte ++ )
           { cout << spalte + 1 << " :  " ; cin >> matrix [zeile] [spalte] ; }
       cout << "\n" ;
     }
  float vektor [3] ;
  cout << "\nDrei Komponenten für Vektor angeben: \n" ;
  cin >> vektor [0] >> vektor [1] >> vektor [2] ;
  int n, a ; float sum ;
  do
   { cout << "\n\n  Welche Matrix-Potenz ? (0 = Ende) " ;
     cin >> n ; a = n ; cout << "\n" ;
     for ( int zeile = 0 ; zeile <= 2 ; zeile ++ )            // kopieren
         { for ( int spalte = 0 ; spalte <= 2 ; spalte ++ )
            produkt [zeile] [spalte] = matrix [zeile] [spalte] ; }
          while ( a > 1 )
             { for ( int zeile = 0 ; zeile <= 2 ; zeile ++ )
                { for ( int spalte = 0 ; spalte <= 2 ; spalte ++ )
                   { sum = 0 ;
                     for ( int lauf = 0 ; lauf <= 2 ; lauf ++ )
                        { sum = sum +
                                matrix [zeile] [lauf] * produkt [lauf] [spalte] ;
                          neu [zeile] [spalte] = sum ;
                        }
                   }
                }
             a = a -- ;                          // d.h. a = a - 1 oder kurz a -- ;
             for ( zeile = 0 ; zeile <= 2 ; zeile ++ )
                 { for ( int spalte = 0 ; spalte <= 2 ; spalte ++ )
                   produkt [zeile] [spalte] = neu [zeile] [spalte] ; }
             }
     for ( zeile = 0 ; zeile <= 2 ; zeile ++ )                 // kein int !
        { for ( int spalte = 0 ; spalte <= 2 ; spalte ++ )  // int !
            cout << produkt [zeile] [spalte] << "  " ;
          if ( zeile == 1 ) cout << "   *   " ;
                  else cout << "       " ;
          cout << vektor [zeile] << "     " ;
          if ( zeile == 1 ) cout << "   =   " ;
                  else cout << "       " ;
          sum = 0 ;
          for ( int lauf = 0 ; lauf <= 2 ; lauf ++ )
              sum = sum + produkt [zeile] [lauf] * vektor [lauf] ;
          cout << sum ;
          cout << "\n" ;    }
     }                                            // Ende der do-Schleife
  while ( n > 0 ) ;
  return (0) ;
  }                                               // Ende drei.cpp
```

Die einzelnen Elemente eines zweidimensionalen Arrays werden z.B. mit

    produkt [zeile] [spalte]

angesprochen, nicht mit *produkt [zeile], [spalte]*. Auch *produkt [zeile, spalte]* wie in Pascal wäre in unserem Programm semantisch falsch, würde aber vom Compiler nicht bemerkt werden, da es syntaktisch vorkommen kann, eine Bedeutung hat.

Nicht möglich ist das verkürzte Umkopieren von Arrays, das im Programm mehrfach notwendig ist und elementweise über zwei Schleifen vonstatten geht: Ein Ausdruck *matrix = produkt ;* ist also leider nicht zulässig.

Alle Elemente eines Bereichs sind wie gesagt vom gleichen Typ; in den bisherigen Beispielen waren das Grunddatentypen *int* und *float*. Um auch selbst erstellte Datentypen einsetzen zu können, gibt es in C++ (ähnlich wie in Pascal Records) den Typ

    struct [Typname] {Ausführung} [Variablenliste] ;

Die Syntax entspricht jener der Aufzählungstypen. Wir haben ganz vorne allerdings nur einen Fall solcher Definitionen angewandt, nämlich wie in Pascal im Sinne einer echten Typendefinition

    struct person
            { int alter, nummer ; float zahlung ; }

    person mieter, untermieter ;

Die Definition der beiden Variablen *mieter* und *untermieter* erfolgt dann irgendwo später im Listing, auch getrennt voneinander. Die andere, ebenfalls syntaxgerechte Möglichkeit wäre direkt nachgesetzt

    struct { int alter, nummer ; float zahlung ; } mieter, untermieter ;

Da jetzt der Typenbezeichner fehlt, ist diese Version weniger universell: Denn später können Variablen dieses Typs nicht mehr „nachdeklariert" werden. Analoges gilt für den Aufzählungstyp von S. 63.

Der Zugriff auf die einzelnen Elemente oder Komponenten eines solchen Records erfolgt mit dem syntaktischen Trennpunkt:

    mieter.alter = 33 ; mieter.nummer = 1 ;
    untermieter.alter = untermieter.alter + 1 ; usw.

Diese Punktnotation hat noch vor den Klammern ( ) höchste Priorität.

Datenstrukturen vom Typ *struct* lassen sich schachteln; dann muß der Trennpunkt entsprechend oft gesetzt werden:

```
struct datum { int tag, monat, jahr } ;
struct person { datum  geburtstag ;
                int     nummer ;
                float   gehalt ; }

person barbara, hans ;

cout << "Geburtstag von Barbara ... " << barbara.geburtstag.tag ;
cout << "\n                        " << barbara.geburtstag.monat ;
...
```

Eine verkürzende With-Anweisung wie in Pascal gibt es leider nicht.

Nicht weiter eingegangen werden soll hier auf den verwandten Datenty *union*, weil er sehr selten vorkommt.

Records können natürlich auch über Arrays verwaltet werden, d.h. die neuen Datentypen sind als Elemente in einem Feld brauchbar:

```
person personal [99] ;
```

wäre also ein Feld von 100 Personen mit obiger Datenstruktur. Das Beschreiben würde vorerst mit einem Ausschnitt wie nachfolgend geschehen müssen:

```
for ( int lauf = 0 ; lauf < 100 ; lauf ++ )
      { cout << personal [lauf] . person. nummer ;
        cin >> personal [lauf]. person. nummer ;
        ... ;
      }
```

und ist zunächst ziemlich schreibaufwendig. Das wird später verbessert.

Das Primzahlprogramm von S. 56 können wir nunmehr optimieren: Seinerzeit hatten wir eine ungerade Zahl n durch alle Teiler 3, 5, 7, ... , d bis $d^2 \leq n$ geprüft, also insb. bei größeren n etliche überflüssige Divisionen durchgeführt. Ermitteln wir zunächst alle Primzahlen bis zu einer Obergrenze G, die wir für späteren Gebrauch in einem Array ablegen, so können anschließend alle Zahlen n bis G^2 durch Auslesen der Primteiler aus dem Feld untersucht werden, was das Programm erheblich schneller macht. Erweiterungen des folgenden Programms wie Suche von Primzahlzwillingen p, p + 2 oder Untersuchungen zur sog. Dichte der Primzahlen (diese nimmt gegen ∞ langsam ab) kann sich der Leser selber ausdenken.

```cpp
/* vier.cpp  Sehr große Primzahlen */
# include <iostream.h>
main ( )
  { long prim [701] , p, n ;
    int i, k ;
    prim [1] = 2 ; prim [2] = 3 ; n = 5 ; i = 2 ;
    while ( i < 701 )
        { p = prim [2] ; k = 2 ;
          while ( p * p <= n && p > 1 )
                if ( n % p == 0 ) p = 1 ; else { k++ ; p = prim [k] ; }
          if ( p != 1 ) { i++ ; prim [i] = n ; }
          n = n + 2 ;
        }
    for ( i = 1 ; i < 701 ; i++ )
        { cout.width (8) ; cout << prim [i] ; }
    cout << "\n\n Größte, noch zu prüfende Zahl ... " ;
    cout << prim [700] * prim [700] ;
    long anfang, ende ; int wieviel = 0 ;
    cout << "\n\n Geben Sie ein Intervall ein ... " ;
    cout << "\nAnfang ... " ; cin >> anfang ;
    cout << "Ende ..... " ; cin >> ende ;
    if ( anfang % 2 == 0 ) anfang++ ;
    for ( n = anfang ; n <= ende ; n = n + 2 )
        { k = 2 ; p = 3 ;
          while ( p * p <= n && p > 1 )
          if ( n % p == 0 ) p = 1 ; else { k = k++ ; p = prim [k] ; }
          if ( p != 1 ) { cout.width (10) ; cout << n ; wieviel++ ; }
        }
    cout << "\n\n Primzahlen im Intervall : " << wieviel ;
    return (0) ;
  }
```

Mit der eingestellten Feldgröße für die ersten 700 Primzahlen lassen sich Zahlen bis zur Größenordnung um 28 Millionen testen. Wer sich für das Thema Primzahlen stärker interessiert, vgl. z.B. [M1], S. 93 ff.

Mit Benutzung des Zufallsgenerators von S. 39 kann man folgende Aufgabe lösen:

Wie steht es um die Wette, daß in einer Gruppe von $g \approx 40$ Personen wenigstens zwei sind, die an demselben Tag des Jahres (Tag und Monat) Geburtstag haben? Um hierauf eine Antwort zu finden, simuliert man die Situation etwa wie folgt:

Die 365 Elemente eines Feldes (Tage eines normalen Jahres) werden mit dem Zufallsgenerator g-mal markiert. Wird ein Feld öfter als einmal getroffen, ist die Wette gewonnen. Im statistischen Sinne schärfer wird die Aussage, wenn man den Versuch z.B. 100-mal wiederholt und damit einen Näherungswert für die entsprechende Wahrscheinlichkeit erhält. - Dies leistet das folgende Programm:

```
/* fuenf.cpp  Simulation einer Wette */
# include <iostream.h>
# include <stdlib.h>
main ( )
  { int tag [365] ; int gruppe, versuch, zufall, sum = 0 ;
    cout << "Größe der Gruppe ... " ; cin >> gruppe ;
    randomize ( ) ;
    for ( versuch = 1 ; versuch <= 100 ; versuch ++ )
        { for ( int i = 0 ; i <= 364 ; i++ )
          tag [i] = 0 ; int nochmal = 0 ;
          do
             { nochmal++ ; zufall = random (365) ; tag [zufall] ++ ; }
          while ( tag [zufall] < 2 && nochmal <= gruppe ) ;
          if ( tag [zufall] > 1) sum++ ;
        }
    cout << "\n\n Von 100 Wetten waren " << sum << " erfolgreich." ;
    return (0) ;
  }
```

Bei 30 Personen beträgt die Gewinnwahrscheinlichkeit immerhin schon um 70 %, danach steigt sie sehr steil an. In der Praxis gewinnt man die Wette bei mehr als 35 Personen eigentlich immer: Das hätte man nicht gedacht!

In der Statistik kann man für diese Aufgabe durchaus eine formelmäßige Lösung finden: Aus kombinatorischen Überlegungen folgt dort

$$P (n) = 1 - \frac{365!}{(365 - n) ! \; 365^{n}} ,$$

für die Wahrscheinlichkeit P (n) in Abhängigkeit von der Gruppengröße n, was wegen der teils sehr großen Zahlen (Fakultäten!) allerdings nicht gerade leicht auszurechnen ist. Zur Simulation auf einem Rechner kommt es eher darauf an, ein geeignetes Modell für die Situation zu finden. Wir benutzten eine Art Roulette mit 365 Fächern, in das während des Laufs Kugeln hineingeworfen worden sind.

Die nachfolgende Berechnung von π mit dem Zufallsgenerator ist eigentlich eine Integration, und zwar mit einer sog. **Monte-Carlo-Methode**:

Dazu werden Kugeln per Zufall auf ein Quadrat der Fläche Eins gestreut, dem ein Viertelkreis einbeschrieben ist. Man zählt den Anteil jener Kugeln, die dabei in den Viertelkreis geraten. Aus der Tatsache, daß die Fläche des Viertelkreises $\pi / 4$ beträgt, ergibt sich dann ein Näherungswert für π . Man beachte, daß die Division am Ende des Programms nur dann eine Dezimalzahl liefert, wenn x *float* vereinbart wird. Sonst ergibt sich für π immer nur drei! Das Verfahren kann übrigens ohne weiteres für allgemeinere Integrationsaufgaben ausgebaut werden.

```
/* sechs.cpp  Kreiszahl pi mit Monte-Carlo-Methode */
# include <iostream.h>
# include <stdlib.h>
main ( )
  { float x, y, s = 10000 ;
    float sum = 0 ;
    randomize ( ) ;
    for ( int versuch = 0 ; versuch <= 1000 ; versuch ++ )
        { x = random (s) / s ; y = random (s) / s ;
          if ( x * x + y * y <= 1 ) sum ++ ;
        }
    cout << "Näherung für pi ... " << 4 * sum / 1000 ;
    return  (0) ;
  }
```

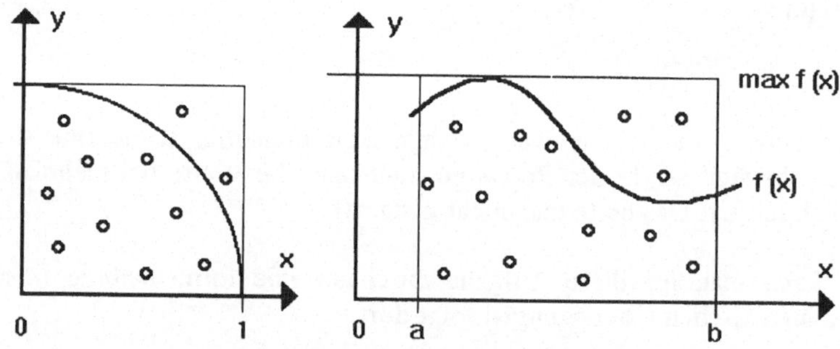

Abb. 5.1 : Integration mit der Monte-Carlo-Methode

Die Darstellung links mit elf Zufallspunkten entspricht dem Ergebnis $\pi = 4 * 9 / 11$; rechts ist angedeutet, wie zufällige Punkte (x, y) mit $a < x < b$ und $0 < y < \max f(x)$ dazu verwendet werden können, die Fläche unter der Kurve abzuschätzen, hier zum Anteil von 3 / 14 der umschriebenen Rechtecksfläche $(b - a) * \max f(x)$.

Den Datentyp String (Zeichenketten) übergehen wir zunächst; er kommt aber beispielhaft im nächsten Kapitel vor, weiter noch im Kap. 8 über Zeiger.

In diesem Kapitel behandeln wir nochmals Formatierungen bei der Ausgabe; Sie erfahren dann, wie man unter DOS den Drucker ansteuert; zuletzt erklären wir das Wichtigste zu Dateien auf der Peripherie.

Programme kommunizieren mit der Umgebung über sog. Ein- und Ausgabeströme, die für Tastatur bzw. Bildschirm über die in der Datei <iostream.h> vordefinierten Standardkanäle

```
cin   >> ...
cout << ...
```

gesteuert werden. Die Operatoren >> bzw. << sorgen über die Typendefinition für die nötigen Umformungen zwischen interner Darstellung und Ausgabetext. Hinter diesem Konzept steht die UNIX-Philosophie, die zuliebe der Unabhängigkeit von konkreten Maschinen die Ein- und Ausgaberoutinen in C bzw. C++ vollständig in Bibliotheken auslagert. Aufbauend auf sog. Basisroutinen (das sind systemnahe low-level-Funktionen zum direkten Zugriff auf die binären Daten bzw. Dateien) wurden bzw. werden dann Standardfunktionen wie die eben angegebenen entwickelt. Mit

```
cout.width (breite) ;
```

kann die Gesamtbreite der nachfolgenden Ausgabe eingestellt werden. Nicht benötigte Plätze werden mit Blanks als „Füllzeichen" bedient. Wollen Sie ein anderes Zeichen (z.B. bei Testläufen), so können Sie mit *cout.fill ('*') ;* z.B. den Stern einspeisen. Bei reellen Zahlen vom Typ *float* kann die Anzahl n der Nachkommastellen mit

```
cout.precision (n) ;
```

eingestellt werden. Wichtig ist, daß viele dieser Anweisungen nur für die unmittelbar folgende Ausgabe *cout <<* ... gelten.

Detaillierter erfolgt die Ausgabesteuerung über eine sog. Klasse *ios* mit **Flags**: Im gegenwärtigen Stadium der Kenntnisse sagen wir, es gibt eine interne Funktion, mit der allerhand Parameter eingestellt werden können. Da dies am ehesten in Tabellen vorkommt, ist das folgende Listing aufschlußreich:

```
/* eins.cpp  Ausgabeformate */
# include <iostream.h>
# include <math.h>
main ( )
    {
        cout << "Testtabelle für Formate ... \n" ;
        cout.setf ( ios :: showpoint | ios :: fixed ) ;
        const float pi = 3.14159 ; float arg ;          // wichtig: float pi !
        cout << "Grad    sin (x)    cos (x) \n\n" ;
        for ( float x = - 0.4 ; x <= 0.4 ; x += 0.05 )
            {   arg = x / 180 * pi ;              // Umrechnung Bogenmaß !
                cout.precision (2) ;                 // 2 Dezimalen
                cout.width (5) ; cout << x << " " ;  // 5 reicht: z.B. -0.35
                cout.precision (6) ;                 // 6 Dezimalen
                cout.width (10) ; cout << sin (arg) ;   // mindestens 10
                cout.width (10) ; cout << cos (arg) << "\n" ;
            }
        return (0) ;
    }
```

Die Flags (steuernde Parameter) werden mit

```
cout.setf ( ios :: ... | ios :: ... | ios :: ... usw. ) ;
```

gesetzt; im Beispiel bedeutet der Eintrag *showpoint* nach dem Scope Resolution Operator :: , daß nachfolgende Nullen ausgegeben werden, d.h. bei einer Einstellung *cout.precision (5)* für 5 Nachkommastellen wird im Rundungsfalle von z.B. 3.45 die Ausgabe 3.45000 erzeugt; *fixed* legt das Gleitkommaformat fest, also 3.45 bzw. 34.5 usw. je nach Größe des Wertes; *ios :: scientific* wäre bei der Ausgabe das bekannte Exponentialformat. Für 355.21 kommt dann 3.55210e+02.

Da x in Stufen zu fünf Hundersteln läuft, ist als Vorspalte der Tabelle (Argument noch in Grad) eine Ausgabe mit zwei Dezimalen geeignet, dies mit der Weite 5: Im angegebenen x-Bereich benötigt das Argument höchstens 5 Plätze mit Vorzeichen, z.B. - 0.35 (zweite Zeile der Tabelle).

Für die Werte der Winkelfunktionen sind 10 Plätze vorgesehen, was für 6 Nachkommastellen ebenfalls ausreicht und sogar schon einen Spaltenabstand ergibt. Verändern Sie in Testläufen die eingetragenen Formatierungen:

Die Ausgabe erfolgt rechtsbündig, wie Sie z.B. mit *cout << 10 * cos (arg)* an der Stelle arg = 0 überprüfen können: Die Dezimalpunkte sitzen genau untereinander, und zwar unabhängig von der Anzahl der Vorkommastellen (sofern *width* ausreichend groß eingestellt ist). - Vergleichen Sie dazu nochmals die Ausführungen auf S. 43 !

Standardmäßig ist die Ausgabe dezimal (*ios :: dec*), aber es ist auch oktale (*oct*) oder hexadezimale Ausgabe (*hex*) möglich. Diese Hinweise reichen in der Praxis fürs erste aus. Mehrere Einträge bei *cout.setf* werden wie im Beispiel ersichtlich durch den sog. Bit-Operator | getrennt, den Sie auf der Tastatur unten links finden.

Hier ist noch ein kleines Testprogramm, mit dem eine feste Zahl x mit etlichen Stellen unter ganz verschiedenen Formaten auf dem Bildschirm ausgegeben wird:

```
/* zwei.cpp  Test : verschiedene Ausgaben von x */
# include <iostream.h>
main ( )
    {     double x = 123456.7823456 ;                 // Testzahl ...
          for ( int i = 1 ; i <= 18 ; i++ )
             {  cout.width (2) ; cout << i << " " ;      // Format
                cout.precision (i) ; cout << x << "\n ; }
          return (0) ;
    }
```

Vergleichen Sie die jeweiligen Ausgaben am Bildschirm mit dem Laufparameter in der Schleife: Sie können das Ausgabefenster neben das Listing schieben und beides gleichzeitig sehen!

Wie bringen wir diese Ausgaben oder die Tabelle von S. 76 von unserem **PC** zum eigenen **Drucker**? Jeder Einzelplatzbenutzer ohne Netzwerk, Sie zuhause also, muß das unbedingt wissen.

Diese Frage hat bei der Entwicklung von C keine Rolle gespielt, da auf größeren Rechenanlagen die Ausgabe stets über Zwischendateien erfolgte. Für PCs wird das Problem daher nur sehr oberflächlich und eher am Rande behandelt: „Man leitet die Daten in eine Datei um, die man später zum Drucker senden kann." Konkreter wollten die von mir Befragten nicht werden; jenseits der Unix-Plattform waren die Antworten ausweichend: In Pascal ginge das ja auch nicht, außer natürlich in Turbo Pascal.

Tatsache ist: Etliche in der Literatur ([D], [H] u.a.) kommentarlos aufgeführten Beispiele waren einfach nicht zum Laufen zu bringen. - Des Rätsels (nirgends zitierte) Lösung: Man muß unterscheiden, ob das Programm später unter DOS oder aber unter Windows laufen soll!

Der Drucker erscheint ähnlich wie in Pascal als Ziel eines Datenstroms, d.h. er wird aus Sicht von C++ als File angesehen. Auch die andere Peripherie, insb. Festplatten und Laufwerke, wird mit Methoden der allgemeinen Fileverwaltung angesteuert.

Unter **DOS** hat der **Drucker** den Standardfilename *PRN*; in Turbo Pascal wird bei Ausgaben der Art *writeln (lst, var ...)* ; ganz ähnlich der Standardbezeicher *lst* für den entsprechenden Kanal verwendet.

Das folgende Listing ist daher als Projekt [1] zu behandeln, und das entstehende Exe-File läuft dann nur (!) ab DOS-Kommandozeile:

```cpp
/* drei.cpp  Druckertest  unter DOS  */
# include <fstream.h>

main ( )
 {
   ofstream drucker ("PRN") ;          // Name des Druckers unter DOS
   if (!drucker) cout << "Drucker nicht betriebsbereit" ;
            else cout << "Es kann gedruckt werden" ;
   drucker << "Drucke die folgenden Beispiele aus ... " ;
   drucker << "\n" ;                    // neue Zeile
   float x = 1 ; float y = 4.567 ;
   for ( int i = 1 ; i <= 5 ; i ++ )
       { drucker << i << "  " ; drucker << x << endl ; x = x * y ; }
   drucker.put ('\n') ;
   for ( i = 1 ; i <= 5 ; i ++ )
       { drucker << x ;
         drucker << "\n-----------------------" ; }
   drucker.put ('\n') ; drucker.put ('\n') ;
   int zeile, spalte ;
   for ( zeile = 1 ; zeile <= 9 ; zeile ++ )
      { for ( spalte = 1 ; spalte <= 9 ; spalte ++ )
          { drucker.width (5) ; drucker << zeile * spalte ; }
        drucker << "\n" ;
      }
   drucker << "\f" ;                    // neue Seite FF (Form Feed)
   return (0) ;
 }
```

Die erste Anweisung lenkt den folgenden Datenstrom auf den Drucker um, wobei die „Umlenkung" statt mit *cout* $<< ...$ mit *drucker* $<< ...$ erfolgt: Hingegen erscheint der Hinweis nach *if (!drucker) cout* $<< ...$ natürlich am Bildschirm!

---

[1] Also z.B. ein Projekt *drei* definieren und mittels Option *Projekt neu compilieren* zum Quelltext drei.cpp über die Files drei.obj, *.csm, *.ide, *.dsw und *.obr das File drei.exe mit der Umgebungseinstellung DOS-Standard erstellen. Dieses ist dann unter DOS lauffähig. - Vgl. ausführlich S. 32 ff !

Anweisungen wie

> **drucker << "\n" ; drucker << endl ; drucker << "\f" ;**

für „neue Zeile" bzw. „neue Seite" (Papierauswurf am Drucker) entsprechen vollständig *cout << ...* , nur eben mit neuem Ziel. Man sieht dies schon anfangs des Programms an der Zeile *drucker << "Drucke den Text aus ... "* ...

Gegen Ende des Programms wird beispielhaft eine kleine Tabelle ausgegeben, deren rechtsbündige Schreibweise am Drucker mit der zu *cout.width ( )* analogen Anweisung *drucker.width ( )* erzwungen wird. - Auf diese Weise könnten Sie das Programm von S. 76 leicht umschreiben!

Die für Zeichen (Typ *char*) mögliche Ausgabe mit z.B. *put ('A');* wird analog auf den Drucker mit *drucker.put ('A') ;* umgeleitet. Daher hat *drucker << "\n" ;* dieselbe Wirkung wie *drucker.put ('\n') ;* - Beachten Sie die unterschiedlichen Anführungszeichen, einmal für Textformate, das andere Mal für Zeichen!

Damit ist ein Teil des Geheimnisses gelöst, denn es sollte nun nicht schwer sein, bei allen bisherigen Listings die Ausgaben vom Bildschirm zum Drucker umzulenken, jedenfalls für Programme unter DOS.

Unter **Windows** gestaltet sich die Druckeransteuerung weit schwieriger. Dort ist die unter DOS sehr bequeme Hardcopytaste PrtScr leider abgeschaltet bzw. umgelenkt (vgl. dazu auch die Fußnote S. 24). Wenn Sie das obige Listung daher unter *Debug* compilieren bzw. starten, so kommen alle Ausgaben am Bildschirm, der Drucker wird als Ausgabeziel nicht erkannt! [1] Eine Lösung des Problems für Programme unter Windows ist daher erst mit Kap. 17 möglich, wenn das Klassenkonzept in C++ besprochen worden ist: Dieser Fall wird ab S. 256 behandelt.

Damit Programmbeispiele in den folgenden Kapiteln realitätsnah ausgebaut werden können, geben wir nun einige typische Beispiele für **periphere Dateien.**

Das folgende Listing gestattet das Ablegen einiger Dezimalzahlen auf der Peripherie; danach wird das erzeugte File testhalber wieder eingelesen.

---

[1] Das sog. „Überladen" des Operators cout << ... mittels

```
# include <fstream.h>   main ( )   {   ofstream drucker ("PRN" ) ;
                                       drucker << ("Dies ist Text") ;
                                       return 0 ; }
```

funktioniert beim Compilieren unter bzw. für Windows also nicht.

Um dem File einen externen Namen (den physikalischen Bezeichner unter DOS) zuzuordnen, wird ein Array ausreichender Länge aus Zeichen *char* zur Ablage des Namens definiert. Namensbestandteil kann dabei auch der Pfad "C:\... " sein; in unserem Fall fehlt eine solche Angabe; dann gilt das aktuelle Laufwerk.

```cpp
/* vier.cpp  Demo für periphere Datei */
# include <iostream.h>
# include <fstream.h>              // für Datenströme
main ( )
  {     float zahl ;
        ofstream zieldatei ;            // Definieren der Ausgabedatei
        char dateiname [20] ;           // DOS-Name
        cout << "Name der Datei? " ;
        cin >> dateiname ;              // Angabe gflls. mit Pfad C:\ ...
        zieldatei.open ( dateiname, ios :: binary ) ;
        for ( int schleife = 1 ; schleife <= 10 ; schleife ++ )
           { cout << "Zahl Nr. " << schleife << " eingeben: " ; cin >> zahl ;
             zieldatei.write ( (char*) & zahl , sizeof (zahl) ) ;
           }
        zieldatei.close ( ) ;

        float was ;                     // oder zahl weiterverwenden ...
        int nummer = 1 ; float summe = 0 ;
        ifstream quelldatei ;           // Definieren der zu lesenden Datei
        cout << "\nDatei jetzt wieder einlesen ... " ;
        do
          { cout << "Name der Datei? " ; cin >> dateiname ;
            quelldatei.open ( dateiname, ios :: nocreate | ios :: binary ) ;
            if ( !quelldatei )
              { cerr << dateiname << " kann nicht geöffnet werden!\n" ;
                cout << "Entweder nicht existent oder falscher Namen!\n" ;
              }
          }                             // Wiederholen, bis Name okay
        while ( !quelldatei ) ;
        cout << "\n\nDatei wird eingelesen ... \n\n" ;
        while ( quelldatei.read ( (char*) & was, sizeof (was)) )
           { cout.width (2) ; cout << nummer++ << ": " ;
             cout.width (6) ; cout << was << "     " ; summe = summe + was ;
           }
        quelldatei.close ( ) ;
        cout << "\nSumme ... " << summe ;
        cout << "\n\n Programm : Ende " ;
        return (0) ;
  }
```

Mit *open ( )* bzw. *close ( )* wird der Datenstrom eingeleitet bzw. abgeschlossen. Close bewirkt eine Leerung des Datenpuffers auch vor Programmende und wird von diesem notfalls übernommen. Close aktualisiert auch die Einträge unter DOS: Länge des Files, sein Name etc.

Zunächst aber müssen entsprechende Objekte (d.h. Files) definiert werden, die je nach Richtung des Datentransfers als Typen *ifstream* oder *ofstream* (Abkürzungen für input file bzw. output file) eingerichtet werden.

Während des Einlesens wird demonstriert, daß die eingelesenen Werte Zahlen sind, also z.B. zu einer Summe verrechnet werden können.

Beim Öffnen der Ausgabedatei wird durch den zweiten Parameter *ios::binary* signalisiert, daß die Ausgabe binär erfolgen soll. Andernfalls sind nur Textdateien generierbar. Das Hinausschreiben der Variablen *zahl* geschieht positionsweise unter Berücksichtigung der Stellenzahl: Die Funktion *sizeof (var)* (eigentlich ein Operator) ermittelt den Platzbedarf jedes einzelnen Satzes in Byte.

Analoges geschieht beim späteren Einlesen auf die Variable *was*. Sie ist natürlich ebenfalls *float* vereinbart, denn wir wissen ja, was wir einlesen wollen.

Beim Öffnen der Quelldatei ist als zusätzlicher Parameter *ios::nocreate* angegeben, denn wir gehen davon aus, daß die einzulesende Datei existiert. Deren Namen muß in einer Wiederholungsschleife solange angegeben werden, bis die Datei gefunden ist. *cerr* ist eine Standardausgabe und gehört zu den Routinen der Fehlerbehandlung. Beachten Sie die zugehörige Konstruktion der Abfragebedingung als Wahrheitswert mittels *(!quelldatei)*, was bei Vorhandensein eben **true** bedeutet.

Als kleines Beispiel seien Schreiben und Wiedereinlesen einer Textdatei vorgeführt. Die Genererierung erfolgt über einzelne Zeilen der willkürlichen Länge 40 (mit max. 39 Zeichen), die als Strings aufzufassen sind. Diese Zeilen werden zeichenweise hinausgeschrieben, sofern die Zeile wirklich Zeichen enthält, d.h. nicht nur ein <Return> eingegeben wird: Damit endet die Erstellung der Datei.

Zum Einlesen wird ein Puffer *lesen [z]* bereitgestellt, dessen Größe wiederum z ist: Es kann aber per Direkteintrag auch jeder andere Wert $z \geq 2$ genommen werden (also jedenfalls ein Array, nicht dagegen *char*). Das Herausschreiben am Bildschirm erfolgt fortlaufend ohne Zwischenräume oder Zeilenvorschübe. Blanks bei der Eingabe werden jedoch berücksichtigt, wie Sie ausprobieren können. Innerhalb des vorgegebenen Wertes von z können diese auch am Ende einer Eingabezeile angefügt werden. Führende und innere Blanks sind von Haus aus Bestandteil der Eingabezeile, da sie als Zeichen interpretiert werden:

Der lesende Teil des Programms ist nicht auf den erzeugenden zugeschnitten, d.h. Sie können mit einer entsprechenden Routine jede andere ASCII-Datei lesen, die standardmäßig mit irgendeinem Programm (auch in Pascal o. dgl.) erzeugt worden ist. Die Abfrage zur Existenz von CCC.XXX überhaupt kann aus dem vorigen Programm sinngemäß übernommen werden. Wir haben der Bequemlichkeit halber den Namen direkt eingetragen.

```cpp
/* fuenf.cpp  Textdatei generieren */
# include <fstream.h>
# include <string.h>   // wegen strlen
# include <stdio.h>    // gets, d.h. getstring als Eingabe statt cin >> !!!

main ( )
  { fstream ziel ( "CCC.XXX", ios :: out ) ;
    const int z = 40 ;              // maximale Zeichenzahl je Eingabezeile
    char zeile [z] ;                // definiert String der max. Länge 39
    do
      { cout << "\nTextzeile ... :" ; gets (zeile) ;
        if ( strlen (zeile) != 0 )
          { for ( int k = 0 ; k < strlen (zeile) ; k++ )  ziel.put (zeile [k]) ; }
      }
    while ( strlen (zeile) > 0 ) ; // Ende mit <Return>
    ziel.close ( ) ;

    cout << "\nAusgabe aus der Datei ... " << endl << endl ;

    fstream quelle ;
    quelle.open ( "CCC.XXX", ios :: in | ios :: nocreate ) ;
    char lesen [z] ;               // Puffer mit jedem z >= 2 möglich
    while ( quelle.getline (lesen, z) )
    cout << lesen ;                // schreibt fortlaufend ohne Carriage return
    quelle.close ( ) ;
    return 0 ;
  }
```

Natürlich kann auf einzelne Sätze einer bereits bestehenden Datei positionsgenau zum Lesen oder Schreiben zugegriffen werden: **Random access**.

Für diese Zwecke gibt es einen **Dateizeiger**, mit dem auf einer peripheren Datei die jeweils gesuchte **Byte-Position** (!) direkt angesteuert werden kann: Man muß zur Positionierung also die Länge (Größe) eines einzelnen Satzes kennen.

Im folgenden Listing werden zur Demonstration einhundert ganze Zahlen 1... 100 abgelegt, von denen jede zwei Byte benötigt. Das Ergebnis wird zunächst mit sequentiellem Lesen vorgezeigt. Da die Datei 100 Zahlen enthält, kann der Zeiger zum Lesen mit random access genau die Werte 0 (Dateianfang) ... 198 (Aktion auf dem letzten Satz) annehmen, denn 99 * 2 = 198 steuert die letzte Zahl an. Wird diese dann gelesen oder überschrieben, bewegt sich der Zeiger um einen Satz weiter. Er steht dann am Ende der Datei, hinter dem letzten Satz also: Jetzt könnte eine weitere Zahl schreibend angehängt werden.

Zum Test geben Sie irgendeine innere Position (= angezeigte Zahl) an: Diese Zahl wird mit dem von Ihnen angegebenen Wert *was* überschrieben, der folgende mit dem Wert *was* + *1*. Auf Position 100 (also **nach** der letzten Zahl) wird schließlich eine weitere Zahl 999 angehängt, die Datei also um einen Satz verlängert:

```cpp
/* sechs.cpp  Random Access auf externe Datei */
# include <iostream.h>
# include <fstream.h>          // Dateibehandlung
# include <conio.h>            // gotoxy  u.a.

main ( )
  { cout << "Datei der Zahlen 1 ... 100 anlegen ... " ;
    ofstream zieldatei ;
    zieldatei.open ( "ZAHLEN.DAT", ios :: binary ) ;
    for ( int schleife = 1 ; schleife <= 100 ; schleife ++ )
         { zieldatei.write ((char*) & schleife, sizeof (schleife) ) ; }
    zieldatei.close ( ) ;                       // Testdatei generiert

    int was ;  cout << "... und Datei testhalber einlesen:\n\n" ;
    ifstream quelldatei ;
    quelldatei.open ( "ZAHLEN.DAT", ios :: nocreate | ios :: binary ) ;
    while ( quelldatei.read ( (char*) & was, sizeof (was)) )
                { cout.width (8) ; cout << was ; }
    quelldatei.close ( ) ;
    cout << "\n... Originaldatei eingelesen. \n\n" ;

    cout << "Datei nunmehr auf Peripherie manipulieren:\n" ;
    fstream datei ( "ZAHLEN.DAT", ios :: in | ios :: out ) ;
    int pos ;
    cout << "Welche Position (1 ... 100) ändern? " ; cin >> pos ;
    cout << "Welchen Wert dorthin schreiben?     " ; cin >> was ;
    datei.seekp ( (pos - 1) * 2 ) ;             // pos = 1 ... 100
    datei.write ( (char*) & was, sizeof (was) ) ;
    was++ ; datei.write ( (char*) & was, sizeof (was) ) ;
    datei.seekp (200) ;
    was = 999 ; datei.write ( (char*) & was, 2 ) ; // sizeof (was) = 2 !
    datei.close ( ) ;                           // externe Datei manipuliert

    gotoxy (1, 3) ;                             // Testhalber jetzt vorzeigen
    quelldatei.open ( "ZAHLEN.DAT", ios :: nocreate | ios :: binary ) ;
    while ( quelldatei.read ( (char*) & was, sizeof (was)) )
         { cout.width (8) ; cout << was ; }
    quelldatei.close ( ) ;
    gotoxy (1, 20) ;
    cout << "\n\n Programm : Ende " ;
    return 0 ;
  }
```

Die folgende Abb. erklärt nochmals den Umgang mit dem Dateizeiger *seekp (pos)*:
Pos = 0 ist der Anfang der Datei; pos = 99 * 2 zeigt auf den letzten Satz: Wird dieser
z.B. mit *read* gelesen und danach mit *write* geschrieben, so ist die Datei um einen Satz
verlängert worden, denn beim Lesen rückt der Dateizeiger voran!

Die Methode *ofstream* dient wie eingangs dargestellt nur zum Schreiben, *ifstream* nur
zum Lesen. Mit *fstream* ist beides möglich.

Position des Dateizeigers

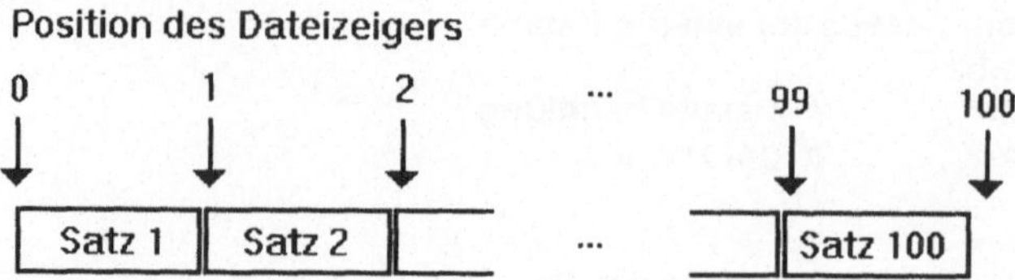

Abb. 6.1 : Dateizeiger bei Random Access, im Listing jeweils mal 2!

Im Kap. 9 (Beispiele) werden wir weitaus komplexere Datensätze behandeln und auf die bisherigen Routinen zurückkommen.

Nachfolgend noch ein Überblick zu den bisher und in den Folgekapiteln benutzten Headerdateien. Zuvor dient ein Beispiel zur Datei <string.h> der Vorbereitung des Einsortierens kurzer Texte in Kap. 8 (S. 118 unten):

```
/* sieben.cpp  String-Funktionen */
# include <iostream.h>
# include <string.h>          // strcmp, strcpy u.a.
# include <stdio.h>           // gets, puts für Strings
# include <conio.h>           // gotoxy, window, clreol u.a.

main ( )
  { char string1 [10] , string2 [10] , kopie [10] ;
    gotoxy ( 5, 1) ; cout << "Erstes Wort ... " ; gets (string1) ;
    gotoxy (30, 1); cout << "Zweites Wort ... "; gets (string2) ;
    cout << endl ;
    if ( strcmp (string1, string2) == 0 )
      { cout << "Die beiden Wörter sind gleich." ; }
    else
      { cout << "Lexikografisch geordnet : " << endl ;
        if (strcmp  (string1, string2) < 0)
          { puts (string1) ; puts (string2) ; }
        else { puts (string2) ; puts (string1) ; }
      }
    cout << endl << endl ;
    strcpy (kopie, string2) ;
    cout << kopie ;
    return 0 ;
  }
```

Die in Turbo Pascal mögliche direkte Abfrage *if (string1 < string2) then ...* zur lexikografischen Anordnung muß demnach in C++ mit einer vergleichenden Funktion *strcmp* abgewickelt werden, die Zahlenwerte auswirft und genau dann gleich Null ist, wenn die beiden Zeichenketten gleich sind.

Datei	Verwendung bzw. Zielsetzung, typische Inhalte
conio.h	Routinen ähnlich wie in Turbo Pascal zur Konsolensteuerung: clrscr; gotoxy u.a.
dos.h	Datentypen und Funktionen zum Betriebssystem: delay, sound, nosound u. dgl. - Teils nur unter DOS!
fstream.h	ist die Klasse der Dateiströme, notwendig für Aktionen auf der Peripherie: ofstream, ifstream, fstream, ...
graphics.h	Nur unter DOS, Grafikroutinen, ähnlich Turbo Pascal: initgraph, putpixel usw.
iostream.h	Definition der Klassen für die Ein- und Ausgabeströme: cin >>... , cout << ...
limits.h	Umgebungsparameter und Begrenzungen der Datentypen: In Hintergrund stehen vordefinierte Konstanten
math.h	Prototypen der mathematischen Funktionen: sin (x), cos (x) usw.
stdio.h	diverse Standards für Ein- und Ausgabe: get, put, gets, puts
stdlib.h	Standard-Bibliothek etlicher allgemeiner Funktionen: Zufallsgenerator, Konvertieren, Suchen ...
string.h	Funktionen zur Manipulation von Zeichenketten (Strings): strcmp, strncpy u.a.

Tab. 6.2 : Einige Header-Dateien   # include <datei.h> von C bzw. C++

Auf dem schon mehrfach angegebenen Weg innerhalb der Hilfedateien können Sie sich genauere Informationen verschaffen und auch Beispiele ansehen. Zu beachten ist, daß einige bis alle Routinen aus Dateien wie <graphics.h>, <dos.h> u.a. nur dann arbeiten, wenn das Listing unter DOS compiliert wird, d.h. als Projekt entsprechend den Hinweisen von S. 32 ff behandelt wird.

Wir zeigen dies am Beispiel der Datei <dos.h>, die u.a. Routinen zur **Tonerzeugung**, zum Warten u.a. enthält:

```cpp
/* acht.cpp  Eine Tonleiter nur unter DOS */
# include <iostream.h>
# include <math.h>              // exp, log, floor
# include <dos.h>              // delay, sound, nosound

main ( )
  { float zahl ;
    cout << "Zahl eingeben ... " ; cin >> zahl ;
    cout << "\nAntwort kommt erst in zwei Sekunden: " ;
    delay (2000) ;
    cout << zahl * zahl << endl << endl ;
    cout << "Tonleiter ... " ;
    int ton ;
    for ( float i = 1 ; i <= 13 ; i = i + 1 )
    {   ton = 440 * exp ( ( i - 1 ) / 12 * log (2) ) ;
        sound (floor (ton)) ;
        delay (500) ;    }
    nosound ( ) ;
    // Naheliegender Fehler: nosound ohne ( ) : Ton bleibt!  Booten!
    return 0 ;
  }
```

Dieses Listing ist als Projekt unter DOS zu compilieren. Unter *Debug* erhalten Sie Fehlermeldungen.

Ausgehend vom Kammerton a mit 440 Hz werden alle 13 Halbtöne einer Tonleiter bis zur Oktave 880 Hz vorgespielt. Die exakt berechnete Frequenz *ton* wird mit der Funktion *floor* gerundet, damit das Argument von *sound* ganzzahlig wird.

Die Tonabstände liegen im Frequenzverhältnis der zwölften Wurzel aus 2, so daß sich für i = 13 die doppelte Frequenz ergibt. Der Algorithmus entspricht der chromatischen Tonleiter des sog. „wohltemperierten Klaviers" seit J. S. Bach (1685 - 1750).

Teilaufgaben werden zur besseren Strukturierung von Listings gerne in Unterprogrammen abgewickelt: In C ++ sind das stets Funktionen.

In Pascal gehört zum Deklarationsteil eines Programmes neben der Vereinbarung von Konstanten und Variablen vor allem das Definieren von compilierbaren Bausteinen, die unter Laufzeit später als Unterprogramme (Function oder Procedure) aufgerufen werden. In C++ sind Unterprogramme in ähnlicher Weise implementiert, aber nur als Funktionen verfügbar.

Ein ganz wesentlicher Unterschied ist dabei, daß mangels isoliertem Deklarationsteil die Definition und Beschreibung von Funktionen an keinen „starren" Platz gebunden ist: Ansonsten funktionieren die Mechanismen der Parameterübergabe nach Mustern, wie sie ähnlich auch in anderen Programmiersprachen vorhanden sind.

Eine komplette **Funktionsdefinition** folgt der Syntax

Rückgabetyp Funktionsname (Liste der Parameter) Funktionsblock

und wird damit innerhalb des Blocks der auszuführenden Anweisungen mit einem Semikolon abgeschlossen. Ist die Liste leer, so muß gleichwohl das Klammerpaar gesetzt werden, das der Deutlichkeit halber das Wort *void* enthalten kann.

Es ist aber auch möglich, eine Funktion nur **prototypisch** in der Form

Rückgabetyp Funktionsname (Liste der Parameter) ;

einzuführen und die Beschreibung des Funktionsrumpfes später entsprechend der Syntax der ersten Definition nachzuholen. Als Rückgabetyp kommen alle Grunddatentypen in Frage, aber keine Arrays und keine Funktionen selber. Das folgende Listing demonstriert einige dieser Möglichkeiten:

```cpp
/* eins.cpp  Einrichtung verschiedener Funktionen */
# include <iostream.h>
# include <stdlib.h>                        // für Zufallsgenerator, S. 39

float maximum (float a, float b)            // (komplette) Implementation
   { float max ;
     if (a > b) max = a ; else max = b ;
     return (max) ;   }

float minimum (float a, float b) ;          // nur Deklaration, vor erstem Aufruf!

float zufall (void)
   { const float z = 1000 ;
     return (random (z) / z) ;
   }

void ausgabe ( )
   { cout << "Funktionsaufruf ohne Rückgabewert" ; }
                                            // kein return; aber Block in { ... } !

float mittel ( int feld [11], int a, int b)
   { float s = 0 ;
     for ( int k = a ; k <= b ; k ++ ) s += feld [k] ;
     s = s / 10 ;
     return (s) ;
   }

main (void)

   {     float x, y ;
         cout << " x ... " ; cin >> x ;
         cout << " y ... " ; cin >> y ;
         cout << "Maximum ... " << maximum (x, y) ;
         cout << "\nMinimum ... " << minimum (x, y) ;
         cout << "\n\n" ;
         randomize ( ) ;                    // nicht in der Funktion!
         for ( int k = 1 ; k <=10 ; k ++ ) cout << zufall () << " " ;

         cout << "\n" ;
         ausgabe ( ) ;                      // Vergessen Sie einmal () !
         cout << "\n" ;

         int feld [11] ;
         for ( k = 0 ; k <= 11 ; k ++ ) feld [k] = k ;
         cout << "\n" << mittel (feld,1,10) ;   // Mittelwert von 1 bis 10
         return 0 ;                         // Zulässig wie return (0);
   }

float minimum (float a, float b)           // (nachträgliche) Definition
   { float min ;
     if ( a > b ) min = b ; else min = a ;
     return (min) ;
   }                                        // Ende eins.cpp
```

Die Funktion Maximum ist komplett implementiert, also deklariert und definiert. Dies ist wie bei der Deklaration von Variablen: *int i;* bedeutet dort nur die Deklaration, dagegen *int i = 4 ;* die gleichzeitige Wertsetzung, Initialisierung. Das Minimum jedoch ist zunächst nur deklariert und wird erst später definiert: Damit ist beim Compilieren des main-Textes am Ort des Aufrufs die Syntax der Schnittstelle im Blick auf Name und Parametertypen vergleichbar. Im Falle eines solchen Funktionsprototyps wird der Code erst nach *main ( )* erzeugt sowie der notwendige Speicherplatz bereitgestellt.

Der abgewandelte Zufallsgenerator hat keinen Übergabeparameter; gleichwohl muß der Aufruf mit ( ) erfolgen. Um dies deutlicher zu machen, kann beim Aufruf wie auch bei der Deklaration in die Klammern das Wort *void* (engl. *leer, sinnlos, nichtig*) gesetzt werden. Dieses Füllwort wird auch benutzt, um den nicht vorhandenen Rückgabetyp bei der Funktion *ausgabe ( )* zu symbolisieren. Beachten Sie, daß der Funktionsblock (also die Definition) auch dann in { } zu setzen ist, wenn die dortigen Aktionen nur aus einer einzigen Anweisung bestehen.

Die Berechnung des arithmetischen Mittels erfolgt mit drei Übergabeparametern, so daß auch nur Teile des Feldes überstrichen werden können, z.B. von 2 bis 8. Hier ist zu beachten, daß in der Parameterliste der Deklaration, der Schnittstelle also, das (?) Array komplett anzugeben ist als *feld [11]*, während beim Aufruf nur der Name ohne Bereichsangabe mitgeteilt wird, also wie im Beispiel *mittel (feld, ...)*.

Nur zufällig ist in Hauptprogramm und Funktion derselbe Bezeichner *feld* für den Bereich gewählt worden: Es handelt sich um verschiedene Speicherbereiche, die folglich auch verschieden benannt werden können: Wäre im Hauptprogramm noch ein anderes Array *int bereich [...]* vorhanden, so könnte die Funktion *mittel (...)* gleichwohl mit *mittel (bereich, ...)* darauf angewendet werden.

Eine Funktion kann auch mehrere „returns“ [1] haben:

```
float minimum (float a, float b)
   { if ( a > b ) return (b) ; else return (a) ; }
```

Im Listing eines C-Programms erscheint das **Hauptprogramm main ( )** ebenfalls in Gestalt einer Funktion, die wir bisher durch *return (0)* abgeschlossen haben. *Main ( )* oder auch *main (void)* hat aber insofern eine Sonderstellung, als es nur ein einziges Mal vorkommen darf und der Start eines Programms stets aus main ( ) heraus erfolgt. Es ist eben dem Namen nach das Hauptprogramm mit vollständiger Definition, weswegen auf *main* auch kein Semikolon folgt ... Ein Programm in C oder C++ ist in diesem Sinne demnach nichts anderes als eine Abfolge von Funktionen.

---

1 ... und wie eine Prozedur in Pascal auch mehrere Werte verändern: Beispiel S. 172. In der Mathematik wirft eine Funktion üblicherweise nur einen Wert aus.

Für die Gültigkeit und Sichtbarkeit der Variablen in Funktionen gilt, daß die im Funktionsblock eingesetzten Variablen ausschließlich **lokal** sind, also im Hauptprogramm nicht in Erscheinung treten. Nach dem Abarbeiten der Funktion wird deren Speicherplatz wieder freigegeben, die Werte sind „vergessen".

Die in der Schnittstelle genannten formalen Übergabeparameter sind in der Funktion ebenfalls als lokal anzusehen; im Hauptprogramm ist nur der über *return* zurückgegebene **Wert** verfügbar, zur Ausgabe oder für Zuweisungen.

Funktionen können ihrerseits andere Funktionen aufrufen, insbesondere sich selber: Einen solchen Fall von **Rekursion** zeigt das folgende Beispiel. Für n > 2 gehorchen die sog. **Fibonacci-Zahlen** der bekannten Formel

$$a_n = a_{n-1} + a_{n-2} \quad \text{mit Startwerten} \quad a_1 = a_2 = 1 \; .$$

Die mathematische Definition kann unmittelbar in ein Programm umgesetzt werden, das freilich wegen Stacküberlaufs (zur temporären Speicherung der Zwischenwerte) nur für nicht zu große n (etwa bis 30 wie im Listing) lauffähig ist.

```
/* zwei.cpp   Fibonacci - Zahlen, Rekursion  */
# include <iostream.h>

long int fibonacci (int n)
   { long int r ;
     if ( n > 2 )  r = fibonacci (n - 1) + fibonacci (n-2) ; else r = 1 ;
     return (r) ;  }
main ( )
   { cout << "Die ersten Fibonacci - Zahlen ... ";
     for ( int n = 1 ; n <= 30 ; n ++ )
         { cout << "\n" ; cout.width (3) ; cout << n ;
           cout.width (10) ; cout << fibonacci (n) ;
         }
     return (0) ;  }
```

Ganz besonders ist darauf zu achten, daß die Aufrufkette terminiert, also die Schachtelung ein definiertes Ende findet. Sonst stürzt das Programm bei jedem n durch Stacküberlauf ab. - Die Funktion könnte man kürzer formulieren:

```
{ if ( n > 2 ) return ( fibonacci (n - 1) + fibonacci (n - 2) ) ; else return (1) ; }
```

Die Frage, wie oft für gewisses n aus dem Hauptprogramm die Funktion überhaupt aufgerufen wird, ist nicht so leicht zu beantworten. In Pascal könnte man eine globale Variable aus dem Hauptprogramm in der Funktion weiterzählen lassen und deren Endstand im Hauptprogramm dann ausgeben ...

```
FUNCTION fibonacci (n : int) ;
BEGIN
zaehler := zaehler + 1 ;
IF n > 2 THEN  fibonacci := ...
END ;

... zaehler := 0 ;  write (fibonacci (n)) ;  writeln ('     ', zaehler) ;
```

aber diese sehr einfache Konstruktion ist wegen der Gültigkeitsbereiche der Variablen in C++ offenbar unmöglich. Es gibt allerdings **statische Variable**, die ihren aktuellen Wert zwischen zwei Funktionsaufrufen nicht verlieren, also z.B. bei wiederholten Aufrufen weitergesetzt werden können. Sie werden nur ein einziges Mal bei Programmstart initialisiert, z.B. beim allerersten Aufruf auf Null gesetzt. Zu deren Verständnis zunächst ein kleines Testprogramm ...

```
# include <iostream.h>

void test (void )                 // kurz test ( ) ;
   { static int anz = 1 ; cout << "\n" << anz ++ ; }

main ( )
   { for ( int i = 1 ; i <= 10 ; i ++ )  test ( ) ;  return 0 ; }
```

... das die Ausgaben 1, 2, 3, 4, ... usw. liefert, also zeigt, daß die Zählfunktion *test* die Variable *anz* beginnend mit dem Wert Eins und der ersten Ausgabe Eins wegen der hinteren Inkrementierung *anz* ++ jedesmal um Eins weitersetzt. Die Initialisierung erfolgt also tatsächlich nur beim allerersten Aufruf.

Als lokale Variable kann *anz* aus dem Hauptprogramm heraus nicht direkt angesprochen werden, man muß daher trickreich vorgehen, und zwar durch Auslagern des Zählers aus jener Funktion, deren Aufrufe gezählt werden sollen.

In der nachfolgenden Lösung zum Programm der vorigen Seite kann die Zählfunktion *anzahl* zunächst einmal vom Unterprogramm *fibonacci* angesprochen werden, wobei der Übergabeparameter in *anzahl (n)* von dort aus ohne jede Bedeutung ist: *n* bzw. die lokale Schnittstellenübersetzung *trans* hat keinen Einfluß auf das Weiterzählen.

Vom Hauptprogramm aus wird nach Berechnung der Fibonacci-Zahl durch den Aufruf *anzahl (- 1)* die Ausgabe des Zählerstandes *im Unterprogramm* angestoßen, wobei jetzt der Übergabewert - 1, der von der Fibonacci-Berechnung her niemals auftaucht, die Ausgabe auslöst: Da dieser Aufruf den Zähler ebenfalls um Eins weitersetzt, muß bei der Ausgabe der Zählerstand um Eins erniedrigt werden.

Zu beachten ist, daß nach jeder Ausgabe die Variable *wieoft* wieder auf Null zurückgesetzt werden muß!

```
/* drei.cpp  Rekursion : Version 2 mit statischer Variabler */
# include <iostream.h>

anzahl (int trans)                                    // Das ist der Zähler!
  { static long int wieviel = 0 ;
     wieviel = wieviel + 1 ;
     if ( trans == - 1 )                              // Aufrufsteuerung
       { cout << "  " << (wieviel - 1)  ;
          wieviel = 0 ; }
     return (0) ;  }

long int fibonacci (int n)
  { long int r ;
     anzahl (n) ;                                     // Wert n ohne Bedeutung!
     if ( n > 2 ) r = fibonacci (n - 1) + fibonacci (n-2) ; else r = 1 ;
     return (r) ;  }

main ( )
   {    int n ;
        cout << " Fibonaccizahl : " ;
        cout << "\n" ;  cout.width (2) ; cout << n ;
        cout.width (20) ; cout << fibonacci (n) ;
        cout << "    Aufrufe insg. : " ;
        anzahl (-1) ;                                 // -1 steuert die Ausgabe an!
        return (0) ;
   }
```

Ruft eine Funktion eine andere auf, gilt logischerweise, daß die dabei benötigte
Funktion vorher mindestens deklariert ist; unser Beispiel eben zeigt das bereits. Auf
wechselseitige Aufrufe (indirekte Rekursion) kommen wir gegen Ende dieses Kapitels
zu sprechen.

Der vorgestellte Unterprogrammtyp in C++ entspricht durchaus dem Begriff
FUNCTION in Pascal: Es ist der Mechanismus **Call by Value**, wie er in Pascal auch
bei Prozeduren vorkommt (C++ kennt aber nur Funktionen).

Sofern bisher eine Funktion in C an das Hauptprogramm einen Wert zurückliefert,
kann dieser dort nur durch Zuweisung an eine Variable von *main ( )* zu Wirkungen
führen, wie das Beispiel der Fibonacci-Funktion im Falle *return (r)* zeigt. Außer

```
cout << fibonacci (n) ;
```

wäre mit einer Variablen *wert* im Hauptprogramm auch möglich

```
wert = fibonacci (n) ;
```

Damit lassen sich durch Auswerten spezieller Rückgabewerte auch prozedurale Wirkungen im Hauptprogramm auslösen, oder eben keine, wie die Steueraufrufe *anzahl (n)* bzw. *anzahl (-1)* zeigen. Das Unterprogramm schließt in diesem Fall mit *return (0) ;* ab. Der bekannte Algorithmus

```
PROCEDURE tauschen (Var a, b : type) ;
Var merk : type ;
BEGIN
merk := a ; a := b ; b := merk
END ;
```

oder jener von S. 62 ohne Zwischenspeicher mit **Call by Reference** aus Pascal läßt sich vorerst noch nicht nach C++ abbilden. [1]

Nochmals zurück zur Rekursion bei den Fibonacci-Zahlen: Die „Übersetzung“ einer mathematischen Rekursionsformel in einen Algorithmus ist zwar einfach und sehr elegant, aber wegen des Speicherbedarfs (Stack) meist nur bis zu sehr bescheidenen n ausführbar. Man wird daher nach „direkten“ Lösungen suchen, also danach, das Problem zu „entrekursivieren“:

Entweder kennt man eine explizite Formel, die jedes f (n) direkt zu berechnen gestattet, ohne daß man die früheren Werte kennt. Bei den Fibonaccizahlen ist das der Fall, vgl. das einschlägige Kapitel in [M 1]. Oder man sieht sich nach einer anderen Rechenmethode um:

Die folgende Lösung erzeugt keinen rekursiven Code mehr, entspricht aber rechentechnisch gesehen einem iterativen Vorgehen von unten nach oben mit der sog. „Verschiebetechnik“, dies direkt gemäß der Formel von S. 91:

```
/* vier.cpp  Fibonacci direkt */
# include <iostream.h>
main ( )
    {    long int c, a = 1, b = 1 ;
         int n = 3 ;
         for ( n = 3 ; n <= 47 ; n++ )
         {  c = a + b ;
            cout << "\n" ;
            cout.width (3) ; cout << n ;
            cout.width (15) ; cout << c ;
            a = b ; b = c ;                    // „Verschieben“
         }
         return 0 ; }              // Ende vier.cpp
```

---

[1] Dazu benötigt man Zeigervariablen, d.h. Hinweise auf Adressen im Speicher bzw. Referenzen. Der Fall wird auf S. 103 behandelt. Ein weiteres Beispiel auf S. 176 zeigt, wie Call by Reference mehrere Werte gleichzeitig verändern kann.

Sehr leicht lassen sich auch die **Binomialkoeffizienten** berechnen, für die es neben der direkten Definition über Fakultäten auch eine rekursive Definition gibt:

$$\binom{n}{k} = \frac{n * (n-1) * \ldots * (n-k+1)}{1 * 2 * \ldots * k} \quad \text{bzw.} \quad \binom{n}{k} = \binom{n-1}{k-1} + \binom{n-1}{k} \quad \text{mit} \quad \binom{n}{0} = 1.$$

Das kann man unmittelbar in ein C++-Programm umsetzen:

```
/* fuenf.cpp  Binomialkoeffizienten */
# include <iostream.h>

unsigned long biko (int n, int k)
   {   if ( k == 0 || k == n ) return (1) ;
                else return ( biko (n - 1, k - 1) + biko ( n - 1, k ) ) ;
   }

main ( )
   {     int n, k ;
         cout << "Binomialkoeffizienten n über k ... " << endl ;
         cout << " n ... " ; cin >> n ;
         cout << " k ... " ; cin >> k ;
         cout << n << " über " << k << " = " << biko (n, k) ;
         return 0 ;
   }
```

Beachten Sie in der Funktion die alternative Rückgabe sowie den Eintrag eines Terms im Rückgabemechanismus; auch das geht! Dabei bewirkt *return (1);* den Abbruch der Rekursion für die Fälle k = 0 bzw. k = n.

Es kann notwendig werden, daß sich zwei (oder mehr) Funktionen einige Takte lang gegenseitig u.U. sogar auf „Umwegen" aufrufen. Man nennt das **indirekte Rekursion**; dabei muß die Abbruchbedingung besonders sorgfältig geprüft werden.

Betrachten Sie dazu das folgende merkwürdige Beispiel:

Das Listing enthält zwei Funktionen, deren Reihenfolge willkürlich gewählt ist; da aber jede die jeweils andere aufruft, muß im Falle der vollständigen Definition von z.B. *dividiere* die Funktion *bigger* vorher deklariert, darf aber noch **nicht** definiert werden (oder umgekehrt).

Der Compiler muß beim Übersetzen der Funktion *dividiere* in der Lage sein, die Zeile *... else if (a > 1) bigger (a)* syntaktisch zu überprüfen. Wäre *bigger* vorher vollständig definiert, so käme dort die Zeile *if (...) dividiere (a);* vor, und das wäre unbekannt. In Pascal wird dieses Problem durch die sog. forward-Deklaration gelöst.

```
/* sechs.cpp  indirekte Rekursion */
# include <iostream.h>

bigger (int a) ;                     // besser überall vielleicht long int !

dividiere (int a)
    {    a = a / 2 ;  cout.width (8) ; cout << a ;
         if ( a % 2 == 0 && a > 1 ) dividiere (a) ;
                 else if ( a > 1 ) bigger (a) ;
         return (0) ;     }

bigger (int a)
    {    a = 3 * a + 1 ; cout.width (8) ; cout << a ;
         if ( a % 2 == 0 && a > 1 ) dividiere (a) ;
                 else if ( a > 1 ) bigger (a) ;
         return (0) ;     }

main ( )
    {    int a ;
         cout << "Ganze positive Zahl eingeben ... " ; cin >> a ;
         cout << "\n" ;
         if ( a % 2 == 0 ) dividiere (a) ; else bigger (a) ;
         return (0) ;        }
```

Das Beispiel ist weit einfacher abzuwickeln. Hier ist dieselbe Aufgabe in Kurzfassung:

```
/* sieben.cpp  drei-a-Algorithmus ? */
# include <iostream.h>
main ( )
    {    long int a ;
         cin >> a ;                          //  nur positive a eingeben!
         do
          { if ( a % 2 == 0 ) a = a / 2 ; else a = 3 * a + 1 ;
            cout.width (10) ; cout << a ;
          }
         while ( a > 1 ) ;                    // „Irgendwann" wird a = 1 !!!
         return (0) ;
    }
```

Auch diesem Listing sieht man nicht an, ob es wirklich terminiert; es ist also unklar, ob der Endwert a = 1 wirklich immer erreicht wird. Die Frage ist bisher hauptsächlich experimentell gelöst, d.h. für Startwerte a bis in den Millionenbereich durch Probieren entschieden worden. Erstmals untersucht wurde diese Aufgabe um 1930 von dem Mathematiker Lothar Collatz. Sie hängt mit dem sog. Halteproblem der Informatik zusammen (s. [M2]). Ohne Ende in der Zeit handelt es sich bei der wiederholten Rechenvorschrift um keinen Algorithmus im Sinne der Informatik!

Auf S. 89 unten hatten wir erwähnt, daß auch das Hauptprogramm als Funktion aufzufassen ist: Man kann ihm folglich beim Start **Kommandozeilenparameter** übergeben, die beim späteren Lauf ausgewertet werden können. Die Zählung der Liste der
Parameter beginnt dabei bei Null: dort steht der Name des Programms, danach folgen
die eventuell hinzugefügten Parameter, die als Strings in einem Array aufgefaßt
werden. - Hier ist ein entsprechendes Listing:

```cpp
/* acht.cpp  Kommandozeilenmodus */
# include <iostream.h>
# include <string.h>

main ( int argc, char *argv[ ] , char *env[ ] )    // Zeiger auf ..., siehe später
   {
        int i = 0 ;
        if ( argc > 1 ) cout << "argc = " << argc << endl ;
        for ( i = 0 ; i < argc ; i++ )
            cout << "\n" << "argv [" << i << "] = " << argv [i] ;
        cout << "\n" ;
        i = 1 ; while ( argv [i] ) cout << argv [i++] << endl ;
        cout << "Umgebungsvariable ... \n" ;
        i = 1 ; while ( env [i] ) cout << env [i++] << endl ;

        cout << "\nAnsteuerung zum Test ... \n" ;
        if ( strcmp (argv [1], "xxx") == 0 )
            for ( i = 1 ; i <= 5 ; i ++ ) cout << "\n" << i * i ;

        if ( strcmp (argv [2], "yyy") == 0 )
            cout << "\nDer zweite Parameter war 'yyy' " ;
        return 0 ;
   }
```

Nehmen wir einmal an, Sie haben dieses Programm mit dem DOS-Namen haupt.exe
compiliert. Dann können Sie es unter Windows *mit Datei ausführen* z.B. mit der
Eingabezeile

haupt xxx Dies ist ein Versuch

starten. Sie erfahren dann zunächst, wieviele Parameter Sie eingegeben haben; anschließend wird die Kommandozeile stückweise wiederholt, beginnend mit dem
vollständigen Namen z.B. c:\haupt.exe des Programms, der in argv [0] abgelegt ist.

Dann wird die Kommandozeile nochmals mit einer anderen Schleifenkonstruktion
wiederholt, diesmal beginnend mit argv [1]. Zuletzt werden noch die sog.
Umgebungsvariablen angezeigt, einige Zeilen aus dem Autoexex-File entsprechend
Ihren Rechnereinstellungen. Sie können diese interne Parameterliste an dritter Stelle in
main ( ) im Listing natürlich auch weglassen.

Nun wird nachgeschaut, ob die Kommandozeile nach dem Programmnamen die Zeichenkette "xxx" enthalten hat. Ist dies wie im Muster der Fall, werden testhalber fünf Quadratzahlen ausgegeben. Die andere Testabfrage reagiert z.B. mit

haupt Nur yyy steuert die zweite Reaktion an

o. dgl. Andere Kommandos lösen beides aus oder eben nichts.

Will man einen bestimmte Zeichenkette aus der Eingabe herausgreifen und mit einer Vorgabe im Hauptprogramm zu Steuerungszwecken vergleichen, so muß die Funktion *strcmp* (d.h. stringcompare) aus der Bibliothek <string.h> eingesetzt werden: Eine aus Pascal naheliegende Abfrage

if (argv [1] == "xxx") ...

würde nicht im erwünschten Sinne verzweigen, da sich hinter der Definition der Stringarrays Pointer verstecken, also Hinweise auf Adressen. Nur die Syntax

if (strcmp (erster String, zweiter String) == 0) ...

testet auf Gleichheit der Zeichenketten und liefert Null zurück, wenn bei gleicher Länge die einzelnen Positionen mit jeweils gleichen Zeichen besetzt sind:

```
/* neun.cpp  Test : Stringvergleich */
# include <iostream.h>
# include <string.h>

main ( )
   {     char name1 [10] ; char name2 [10] ;   // maximal zehn Zeichen
         cout << "Erster String ... " ; cin.getline (name1, 10) ;
         cout << "und zweiter ..... " ; cin.getline (name2, 10) ;
         if ( strcmp (name1, name2) == 0 )
            cout << "Die Strings sind gleich." << endl ;
         cout << name1 << endl ;
         cout << name2 ;
         return (0) ;
   }
```

Schreiben Sie testhalber auch einmal

if (strcmp (name1, name2) != 0) ...

Unter Hilfe: Inhalt → Sprachreferenz→ Headerdateien → string.h → strcmp finden Sie durch Mausklick mehr Details: Siehe auch Fußnote S. 37.

Im vorigen Kapitel hatten wir Dateioperationen in C++ vorgestellt; C als echte Untermenge von C++ gestattet natürlich ebenfalls schon das Handling von Dateien;
entsprechende Listings sind auch in der Borland IDE compilierbar. Hier ist als Beispiel
ein einfacher **Filekopierer**, zusätzlich mit Kommandozeilenparametern:

```
/* zehn.cpp  Dateibehandlung ausschließlich mit C-Routinen */

# include <stdio.h>
# include <stdlib.h>
# include <string.h>

# define lesen "-l"
# define schreiben "-c"

char       *inputfile , *outputfile ;      // Pointer : nächstes Kapitel
FILE       *ein, *aus ;                     // File in Großschrift!

unsigned char z ;       // damit kann jede Datei gelesen werden

void Fehler (char *param)
  { fprintf (stderr , "Aufruf nicht korrekt!\n\n") ;
    fprintf (stderr, "Syntax:\n\n  %s OPTION ", param) ;
    fprintf (stderr, " QUELLDATEI OPTION ZIELDATEI\n\nOPTIONEN\n") ;
    fprintf (stderr, "%s: lesen\n  %s: schreiben\n", lesen, schreiben) ;
  }

main ( int paramcount, char *paramstr [ ] )

  {   if ( paramcount != 5 ) { Fehler (paramstr [0]) ; exit (1) ; }
      else
        { if ( (strcmp (paramstr [1], lesen) == 0) &&
                          (strcmp (paramstr [3], schreiben) == 0) )
        { inputfile = paramstr [2] ; outputfile = paramstr [4] ;
          if ( (fi = fopen (inputfile,"r+b")) == NULL )
              { fprintf (stderr, "Quelldatei %s fehlt!", inputfile) ; exit (1) ; }
          if ( ! (fo = fopen (outputfile, "r+b")) == NULL )
              { fprintf (stderr, "Zieldatei %s bereits vorhanden!", outputfile) ;
                exit (1) ; }
        }
        else  { fprintf (stderr, "Optionen verwechselt!\n") ;
                   Fehler ( paramstr [0] ) ; exit (1) ; }
      }

      fo = fopen (outputfile, "w+b") ;   // Datei zum Beschreiben öffnen
      while ( !feof ( ein ) )
        { z = fgetc ( ein ) ;
            if ( !feof ( ein ) )  fputc (z, aus) ; }
      fclose ( ein ) ;
      fclose ( aus ) ;
      return 0 ;
  }                                          // Ende des Listings
```

Das Programm wird unter Windows mit dem Kommando

```
c:\dateiname.exe -l quelle -c ziel
```

aufgerufen und kopiert das File Quelle auf das File Ziel. Die beiden peripheren Dateien werden über Zeiger angesprochen. In der Kommandozeile ist der Name des Listings selber als String mit der Positionsnummer Null am Parameterzähler zu verstehen; an zweiter bzw. vierter Stelle müssen die Strings -l („lesen") bzw. -c („copy") stehen. Wird die Quelle nicht gefunden oder existiert das Ziel bereits, so kommt eine Fehlermeldung. Damit wird verhindert, daß ein bestehendes Ziel versehentlich überschrieben wird. - Wenn Sie das Programm unkorrekt oder gar ohne Parameter aufrufen, erläutert eine Ausgabe die gewählte Eingabesyntax.

Beachten Sie die Konstruktion der Formatstrings in *fprintf* mit den Einträgen für die Namen der Konstanten bzw. Files mittels %s, den Platzhaltern für Stringkonstanten bzw. Variablen.

Die Einträge"r", "b" und "w" in *fopen* bedeuten „read", „write" bzw. „binary". "a" würde „append" bedeuten, d.h. Anhängen von weiteren Daten.

In der Schleife

```
while ( ! feof ( fi ) )   { z = fgetc ( fi ) ; if ( ! feof ( fi ) ) fputc (z, fo) ; }
```

wird bei Weglassen von *if (! feof (fi))* auch das Endesignal der Quelldatei kopiert, die Kopie also um ein Zeichen länger als das Original. *feof* ist eine Funktion, mit der das Fileende festgestellt wird.

Bisher waren Programme gegen nicht typgerechte Eingaben von der Konsole instabil, auf keine Weise abgesichert. Wird z.B. *auf int a ;* mit *cin >> a ;* der Dezimalwert 2.35 eingegeben, so steht a nachher auf 2, und das ist vermutlich nicht im Sinne des Programms dann, wenn exakt eine Ganzzahl eingegeben werden soll. Sie können sogar ein Zeichen eingeben, ohne daß das Programm abstürzt: Der entsprechende Wert auf a ist nachher eher zufällig. Ist hingegen die Variable *float* vereinbart, so können wir alle Zahlentypen akzeptieren.

Abhilfe bringt die in <stdio.h> (und damit schon in C) erklärte Funktion

```
scanf (Formatstring, Pointer auf Variable) ;
```

zur formatgesteuerten Eingabe von der Konsole. Sie liefert den richtigen Wert an das aufrufende Programm ab. Die wichtigsten Formatstrings sind

```
"%f"    "%d"    "%lf"    "%ld"
```

für Variablen vom Typ *float, int, double* bzw. *long*.

```cpp
/* elf.cpp  Eingaberoutinen zur Sicherung */

# include <stdio.h>          // Standardein- und Ausgabe, u.a. getchar
# include <iostream.h>       // für cout << ...
# include <math.h>

float eingabe ( )
  { float x ; int n ;
     do
       { n = scanf ("%f", &x) ;
          while ( getchar ( ) != '\n' ) ;
          if ( n != 1 )
            { printf ("Fehler : Nochmals eingeben!   : ") ; }
       }
    while ( n != 1 ) ;
    return x ;
  }

main ( )
  { int a ; float r ;
     cout << "Ganzzahl eingeben : " << endl; cin >> a ;
     cout << endl << a << endl ;
     printf ("Geben Sie eine Dezimalzahl ein : ") ;
     r = eingabe ( ) ;
     cout << r * r << endl ;
     a = r ;
     cout << a << endl ;
     cout << "Ganze Zahl > 200 eingeben ... "; cin >> a ;
     cout << (long) a * a ;              // sog. casting, Typumwandlung
     return 0 ;
  }
```

Sie können testen, daß die Eingabe eines Zeichens auf *a* durchaus akzeptiert wird.
Danach zeigt ein Unterprogramm, wie verhindert wird, daß anstelle einer Zahl eine
Zeichenkette eingegeben werden kann. Eingaben wie *345.4aaa* sind noch möglich und
werden mit nachherigem Löschen des Tastaturpuffers richtig interpretiert. Beginnt die
Eingabe aber mit Zeichen, so wird zur Wiederholung aufgefordert.

Zuletzt wird eine sog. Typumwandlung mittels sog. „casting" (engl. *formen, gestalten,
eine Rolle besetzen*) vorgeführt: Ohne die Operation (long) würde mit a = 200 ein
Wert a * a = - 25 536   ausgegeben, entsprechend dem zyklischen Zahlbereich. Das
Programm hingegen liefert richtig 40 000. Man kann dies in Zuweisungen ausnutzen,
also auf diese Weise zielgerichtet eine Typumwandlung vornehmen.

Bei einem Funktionsaufruf in der bisherigen Form werden die aktuellen Parameter den
formalen Parametern an der Schnittstelle zugewiesen: Die Werte werden auf einem
Zwischenspeicher abgelegt, dann wird zur Ausführung an die Stelle der Funktionsdefinition gesprungen usw. Dies bedeutet einen gewissen Verwaltungsaufwand:

In C++ kann man den Compiler veranlassen, den Code der aufgerufenen Funktion an die Aufrufstelle zu kopieren und damit die Funktion als ein sog. **Makro** zu behandeln.

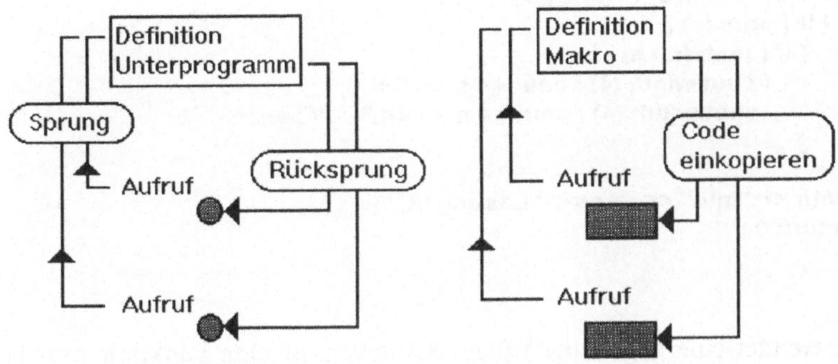

Abb 7.1 : Unterprogramm (links) bzw. Makrotechnik

Das folgende kleine Beispiel verwendet diese sog. **inline**-Version von Funktionen:

```
# include <iostream.h>

inline float mittel (int a, int b)   { return ( (float) (a + b) / 2 ) ; }  // sog. casting

main ( )
   { int a = 10 ; int b = 7 ; cout << mittel (a, b) ; return 0 ;  }
```

Nebenbei ist nochmals Typenumwandlung mit sog. casting eingesetzt worden, damit in der Funktion das arithmetische Mittel zu 8.5 (und nicht 8) angegeben wird.

Enthält die Funktion Schleifen mit *do, while, for*, weiter noch *goto, switch* oder *case*, so wird die inline-Aufforderung vom C++ Compiler ignoriert. Das folgende Programm kann also auf diese Weise nicht beschleunigt werden:

```
/* zwoelf.cpp Goldbach - Problem */
# include <iostream.h>

int prim (int zahl)
   {   if ( (zahl == 3) || (zahl == 5) ) return (1) ;
      else
         { int t = 1 ;
            while ( t <= zahl / 2 ) { t = t + 2 ; if ( zahl % t == 0 )  t = zahl ; }
            if ( t == zahl ) return (0) ; else return (1) ; }
         } ;
```

```
main ( )
  {   int n, anz = 0 ;
      cout << "Goldbachproblem : Gerade Zahl eingeben ... " ;
      cin >> n ; cout << endl ;
      for ( int s = 3 ; s <= n / 2 ; s = s + 2 )
        { if ( prim (s) )
          { if ( prim (n - s) )
              { cout.width (4) ; cout << s << " + " ;
                cout.width (4) ; cout << n - s << "    " ; anz++ ; }
          }
        }
      cout << "\n\n" << anz << " Lösungen." ;
      return 0 ;
  }
```

Das Listing verwendet eine gegenüber früher etwas vereinfachte Funktion zum Feststellen der Primeigenschaft und instruiert zum sog. **Goldbachproblem**, wonach jede gerade Zahl ≥ 6 als Summe zweier ungerader Primzahlen darstellbar ist, für größere n mit vielen Lösungen. Diese bis heute unbewiesene Tatsache formulierte der Hobby-Mathematiker Christian Goldbach (Sekretär der Petersburger Akademie der Wissenschaften) im Juni 1742 in einem Brief an Leonhard Euler (der viele Jahre wissenschaftlicher Arbeit in St. Petersburg - zeitweise Leningrad - zugebracht hat und auch dort begraben ist).

Funktionen werden noch schlagkräftiger, wenn als Übergabeparameter Adressen gewählt werden: Wir benötigen aber dazu Kenntnisse aus dem nächsten Kapitel ...

Zeigervariablen enthalten Adressen. Mit ihnen kann man dynamische Datenstrukturen aufbauen und Call by Reference realisieren.

In einem Programm deklarierte Variable wie z.B. *int a;* werden unter Laufzeit auf gewissen Speicherplätzen abgelegt, die der Benutzer normalerweise nicht kennt, sondern nur mit den symbolischen Namen (hier a) anspricht. An der dortigen Adresse ist der über *a = ...;* definierte Inhalt von *a* konkret als Eintrag in Byteform zu finden. Variablen zur Verwaltung von solchen Adressen heißen **Zeiger** (Pointer); sie werden in C++ in der Form

        Typ *Bezeichner ;

vereinbart und sind anfangs „irgendwohin" gerichtet, da auf dem Speicherplatz natürlich ein als Adresse zu interpretierender Byte-Eintrag vorliegt:

        int *zahleins, *zahlzwei ;

sind zwei solche Zeigervariablen: Die auf *zahleins* bzw. *zahlzwei* abgelegten Adressen weisen auf Speicherplätze, die unter Laufzeit Zahlen des Typs *int* enthalten werden.

        *zahleins = 100 ;

setzt den Inhalt der **Referenz** (Bezugsvariable) „hinter" der Adresse *zahleins* auf den Wert 100; * ist der sog. **Dereferenzierungsoperator** (Inhaltsoperator). Die Adresse ist in *zahleins* abgelegt und wird erst durch eine Anweisung wie

        zahleins = zahlzwei ;

verändert: Jetzt zeigen beide Zeiger auf denselben Speicherplatz mit einem gewissen Inhalt vom Typ int. Der Verweis auf den Speicherinhalt „hinter" *zahleins* ist damit verloren! Die entsprechende Adresse *zahleins* müßte man vorher gegebenenfalls also irgendwo ablegen.

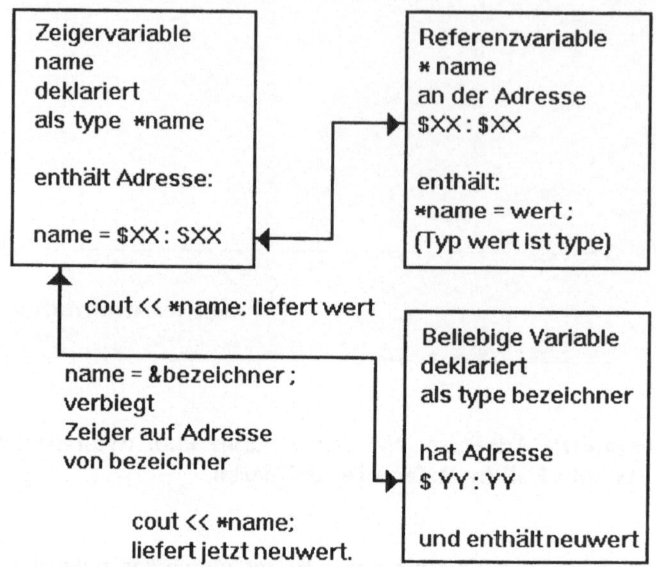

Abb. 8.1 : Verbiegen des Zeigers auf eine neue Referenz

Im folgenden Listing kommt auch der **Adressoperator** & vor:

```
/* eins.cpp  Direktzugriff auf Speicher über Adresse */
# include <iostream.h>
main ( )
  {     float *zahl ; float inhalt ;
        cout << "Inhalt undefiniert  ... " << inhalt << endl ;
        zahl = &inhalt ;                        // Adresse kopieren
        cout << "Ausgabe über Zeiger ... " << *zahl << endl ;
        *zahl = 1.2345 ;                        // Pointerziel ansprechen
        cout << "Instanz *zahl = 1.2345 setzen und ... " << endl ;
        cout << "Inhalt ausgeben ... " << inhalt << endl ;
        return 0 ;
  }
```

Durch Kopieren der Adresse von *inhalt* auf den Pointer *zahl* kann durch sog. **Dereferenzierung** *zahl = 1.2345 ;* die Variable *inhalt* verändert werden, ohne daß eine direkte Zuweisung *inhalt = ...;* im Listing vorkommt. Erst ab der dritten Zeile des Hauptprogramms ist *zahl* initialisiert, und *inhalt* erst ab der fünften!

Wichtig ist, daß der Zeiger *zahl* auf eine bekannte Adresse *&inhalt* eingestellt wird, eine konkrete Referenz erhält. Erst danach kann mit *zahl = ...;* ein Wert eingetragen werden (sofern *inhalt* noch nicht definiert ist oder verändert werden soll).

Da der Zeiger *zahl* anfangs zufällig irgendwohin zeigt, wäre eine Anweisungsfolge

```
type *zeiger ; *zeiger = wert ;
```

u.U. fatal, da ein nicht näher definierter Speicherplatz mit der in *zeiger* abgelegten Adresse mit *wert* überschrieben werden würde. Das kann zum Systemabsturz führen, wenn es sich z.B. um eine Systemadresse handelt.

Im vorigen Kapitel hatten wir auf S. 93 Call by Reference in Turbo Pascal erwähnt und die in C analoge Lösung des Vertauschens zweier Variablenwerte noch aufgeschoben. Diese Aktion (auf S. 220 für Strings) kann auf zweierlei Weise abgewickelt werden:

```
/* tausch.cpp  Austausch über Zeiger bzw. Referenzen */
# include <iostream.h>

void zeigertausch (int *a, int *b)           // Bezug auf die Instanzen
    { int merk ;
      merk = *a ; *a = *b ; *b = merk ; return ; }

void adresstausch (int &a, int &b)           // Bezug auf deren Adressen
    { int merk ;
      merk = a ; a = b ; b = merk ; return ; }

main ( )
    { int x = 1 ; int y = 2 ;
      cout << x << " " << y << endl ;
      zeigertausch (&x, &y) ;                // Übergabe von Adressen
      cout << x << " " << y << endl ;

      adresstausch (x, y) ;                  // Übergabe von Variablen
      cout << x << " " << y ;
      return 0 ;
    }                                        // analog für Zeichenketten (Strings, s.S. 122)
```

Im ersten Fall werden an der Schnittstelle die beiden Adressen von *x* und *y* übergeben. Der im Funktionskopf von *zeigertausch* mit *int *a* deklarierte Pointer a zeigt damit auf den Speicher x, d.h. a enthält die Adresse des Speichers x .

*merk = *a ;* merkt sich den Inhalt der Bezugsvariablen zu a, also den Inhalt von x. Danach wird der Inhalt von y auf x umkopiert und zuletzt auf y der Wert merk eingetragen. Dies wird hernach im Hauptprogramm sichtbar: Die Funktion hat die Inhalte hinter zwei ihr übergebenen (aber unveränderten) Adressen ausgetauscht.

Im zweiten Fall werden an der Schnittstelle zwei Variable x und y übergeben. Die im Funktionskopf von *adresstausch* mit *int &a* deklarierte Variable a enthält damit den Wert von x.

merk = a ; merkt sich diesen Wert x, der anschließend gegen den Wert von y über dessen ebenfalls übergebene und damit bekannte Adresse ausgetauscht wird. Die angesprochenen Adressen bleiben unverändert, aber die Werte dahinter werden ausgewechselt: Das ist die im Programm erwünschte und auch sichtbare Wirkung.

Dieser **Call by Reference** genannte Mechanismus ist in C++ also auf doppelte Weise realisierbar; er benutzt Referenzen, d.h. Verweise auf Adressen.

Erläutern wir die etwas komplizierten Sachverhalte nochmals auf andere Weise:

```
/* zwei.cpp Zeiger und Adressen */
# include <iostream.h>
main ( )
{
int *a, *b, *c, A = 100, B = 200 ;
cout << "Inhalte von A und B ... " << endl ;
cout << A << "         " << B << endl ;
cout << "und Adressen der Speicherplätze A und B ... " << endl ;
cout << &A << "   " << &B << endl << endl ;
cout << "Die Adressen in a und b sind noch irgendwelche .. " << endl ;
cout << a << "   " << b << endl << endl ;
cout << "und werden jetzt auf A und B gerichtet ... " << endl ;
a = &A ;  b = &B ;
cout << a << "    " << b << endl << endl ;
cout << "Nun geben wir *a und *b aus ... " << endl ;
cout << *a << "         " << *b << endl << endl ;
cout << " ... und richten beide Zeiger mit b = a auf A:" << endl ;
c = b ; b = a ;
cout << *a << "         " << *b << endl << endl ;
cout << "Da vorher mit c = b die Adresse für B gerettet wurde," << endl ;
cout << "zeigt jetzt *c auf den Inhalt von B:" << endl ;
cout << "*c ... " << *c << endl << endl ;
cout << "Wir verändern jetzt A und B und geben dann *a, *b und *c aus:" ;
cout << endl ; A = 111 ; B = 222 ;
cout << *a << "  " << *b << "  " << *c << endl ;
return (0) ;  }
```

Bei allen bisherigen Datentypen wird der Speicherbedarf bereits beim Compilieren berechnet und im Programm (dem Exe-File also) eingeplant. Auch eine Variable vom Pointertyp, die eine Adresse enthält, gehört zu dieser Kategorie.

In C++ gibt es den Operator **new**, mit dem erst unter Laufzeit eines Programms ein Speicher am Heap entsprechend der Typenangabe beim Zeiger bereitgestellt, d.h. eingerichtet wird. Damit läßt sich der Speicher entsprechend dem aktuellen Bedarf an Speicherplatz verwalten, der vor dem Start möglicherweise nicht näher bekannt ist. In der Folge geschieht der Zugriff auf solche dynamisch eingerichteten Objekte ausschließlich über Zeiger.

```
float *p ;
```

z.B. deklariert eine Variable zum Ablegen einer Adresse, unter der eine Gleitkommazahl abgespeichert sein kann. Mit

```
p = new float ;
```

läßt sich dann ein solcher Speicherplatz erzeugen, der hernach mit

```
*p = 123.456 ;
```

oder *cin* >> *p* ; zugewiesen wird. Den Wert kann man natürlich mit *cout* << *p* ; wie gewohnt auf den Monitor bringen. p selber enthält die Speicheradresse des mit *new float* erzeugten Objekts. Gegenüber S. 100 ff ist das insofern anders, als der durch *new float* erzeugte Speicherplatz wirklich frei ist, während

```
float *p ; *p = 123.456 ;
```

als Anweisungsfolge einen Speicherinhalt (der zufällig hinter p steht) unkontrolliert zerstören kann.

Durch fortlaufende Anwendung des Operators *new* auf eine passende Struktur läßt sich durch Verketten ein zusammenhängender Speicherbereich am Heap derart aufbauen, daß jedes Objekt (mindestens) einen Zeiger z.B. auf ein gleichartiges Objekt enthält, das entsprechend der Eingabereihenfolge später angelegt worden ist bzw. noch wird. - Eine sehr einfache Struktur (Verbund) besteht aus einem einzigen Wert samt jeweiligem Zeiger, etwa

```
struct test
    {   typ  inhalt ;
        test *zeiger ;
    } ;
```

Speicherplatz am Heap erhält man dann mit der Anweisung

```
test *weiter = new test ;
```

die ein Objekt generiert, das neben einem Wert des vorgesehenen Typs auch Speicherplatz für einen Adressverweis zu einem weiteren Speicherplatz gleichartiger Struktur *test* enthält.

Das Besetzen von *inhalt* bei *weiter* wird mit dem **Pfeiloperator** -> (zwei Zeichen)

```
weiter -> inhalt = 12 ;
```

erledigt. Im Beispiel ist *inhalt* vom Typ *int*.

Dem Zeiger *weiter* kann mit

```
weiter -> zeiger = new test ;
```

ein weiteres Objekt zugewiesen, „angehängt" werden. Dessen Inhalt wird mit

```
weiter -> zeiger -> wert = 22 ;
```

ein konkreter Inhalt eingeschrieben usw. Damit liefert z.B.

```
test.*weiter  = new test ;
weiter -> inhalt = 12 ;
weiter -> zeiger = new test ;
weiter -> zeiger -> inhalt = 22 ;
weiter -> zeiger -> zeiger = new test ;
weiter -> zeiger -> zeiger -> inhalt = 42 ;
```

auf noch sehr umständliche Weise die Möglichkeit, drei ganze Zahlen der Reihe nach abzulegen und über

```
cout << weiter -> inhalt ;
cout << weiter -> zeiger -> inhalt ;
cout << weiter -> zeiger -> zeiger -> inhalt ;
```

entsprechend der Eingabereihenfolge wieder anzusehen. Eine weitere cout-Zeile zeigte dann irgendwohin ins Leere:

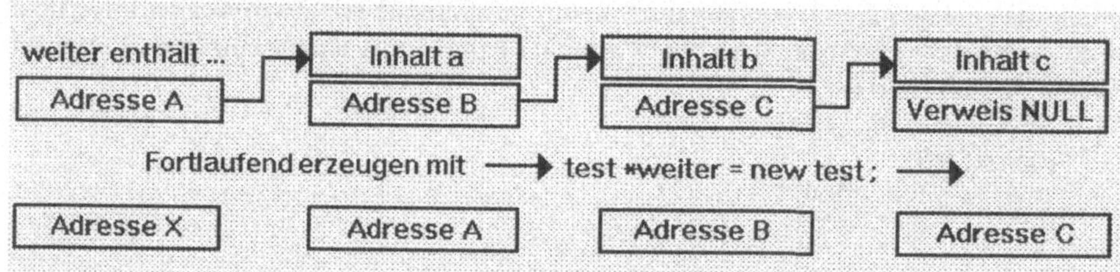

Abb. 8.2 : Verkettung bei einer dynamischen Speicherstruktur

Die Adresse X des Zeigers *weiter* ist nicht interessant; er selber enthält die Adresse A des ersten mit *new* erzeugten Speicherplatzes, wo der Inhalt a und später die Folgeadresse B des nächsten Speicherplatzes abgelegt wird.

Der letzte auf der Adresse C erzeugte Speicherplatz hat keinen Verweis, was man mit dem dezidierten Eintrag NULL markieren könnte.

```
weiter -> zeiger -> zeiger -> zeiger = NULL ;
```

Im folgenden Listing wird die bisherige, sehr umständliche Schreibweise für die fortlaufende Verkettung nun naheliegend vereinfacht:

```
/* drei.cpp  Heap-Aufbau mit Zeigern bei Vorwärtsverkettung  */
# include <iostream.h>
# include <stddef.h>              // eventuell für NULL-Zeiger


main ( )
   {    struct speicher
          { float wert ;
            speicher *chain ;
          } ;

        speicher *weiter = new speicher ;
        speicher *start ; start = weiter ;   // Zeiger für Ausgabe merken
        float eingabe ;
        int zahl = 0 ;              // Als Vorsichtsmaßnahme, falls int eingabe ...
        do
        { cout << "Eingabe ... " ; cin >> eingabe ;
          weiter -> wert = eingabe ;
          weiter -> chain = new speicher ;
          weiter = (weiter -> chain) ;   //  Dies verlängert die Kette ...
          zahl++ ;                       //  schrittweise.
        }
        while ( eingabe > 0 && zahl < 20 ) ;
        cout << "\n\ninsg. " << zahl << "  Eingaben ..." <<endl ;
        weiter = start ;
        float stop ;
        zahl = 0 ;
        do
        { cout.width (20) ; cout.precision (8) ;
          cout << weiter -> wert ;
          stop = weiter -> wert ;
          weiter = (weiter -> chain) ;
          zahl++ ;
        }
        while ( stop > 0 && zahl < 20 ) ;
        return (0) ;
   }
```

Zum späteren Auslesen (d.h. Anzeigen) der Eingaben wird die Startadresse von *weiter* auf *start* gemerkt. Die Eingabefolge endet mit einer Zahl ≤ 0. Dann wird der Zeiger wieder an den Anfang gesetzt und die Verkettung mit jeweiliger Ausgabe der Inhalte bis zum letzten Eintrag vorgelesen. Die Variable *stop* dient als Flag zum Abbruch der Leseschleife, denn danach findet sich keine Eingabe mehr; das Programm würde u.U. ins Leere laufen und hängenbleiben.

Das läßt sich mittels eines Eintrags NULL verbessern:

Fügen Sie nach der ersten Schleife hinter *while (eingabe > 0 && zahl < 20);*

```
weiter -> chain = NULL ;
```

hinzu und verändern Sie die Abbruchbedingung der letzten Schleife zu

```
while ( weiter -> chain != NULL && zahl < 20 ) ;
```

Dann wird die Variable *stop* entbehrlich. *Zahl* ist nur eingefügt für den Fall, daß die Eingaben *int* vereinbart sind. Bei einer versehentlichen Eingabe einer Kommazahl liefe das Programm endlos, was *zahl* nach 20 Durchläufen sicher verhindert ...

Wenn größere Programme viel Speicher auf dem Heap erzeugen, kann es knapp werden. Nicht mehr benötigter Speicherplatz kann dann mit

```
delete Zeigervariable ;
```

wieder freigegeben werden, im Beispiel also mit *delete weiter*. Danach ist *weiter* undefiniert, nicht NULL. Das nicht mehr zugängliche Objekt nennt man **memory leak** (Leck im Speicher), deutsch meist „verwitwet". Vor *delete* kann man den Inhalt natürlich irgendwo ablegen: *(int) rettung = weiter -> inhalt.*

Was passiert, wenn kein Speicherplatz am Heap mehr frei ist? Testen Sie das folgende Listing: Es endet nach einigen hunderttausend Einträgen mit einer Fehlermeldung *Allgemeine Schutzverletzung* in der IDE ...

```
/* vier.cpp  Heaptest */
# include <iostream.h>

main ( )
  {
        struct speicher
          { float wert ; speicher *chain ; } ;

        speicher *weiter = new speicher ;
        long int wieviel = 0 ;
        do
          { weiter -> wert = 1234.5678 ;
            weiter -> chain = new speicher ;
            weiter = (weiter -> chain) ;
            wieviel ++ ;
            if ( wieviel % 1000 == 0 ) cout << " " << wieviel ;
          }
        while ( wieviel > 0 ) ;
        return (0) ;
  }                              // Ende von vier.cpp
```

Auch auf Funktionen können Zeiger gesetzt werden; dieses sog. **dynamische Binden** (*late binding*) ist Grundlage des in C++ realisierten Polymorphismus. Die Auswahl einer bestimmten Funktion geschieht erst zur Laufzeit des Programms, ist also beim Compilieren nicht bekannt.

Als einfaches Beispiel sei die Entscheidung zwischen den zwei Funktionen *maximum* und *minimum* von S. 88 vorgeführt, die bei klassischer Programmierung mit einer Abfrage

```
int was ;
cout << „Maxium (1) oder Minimum (2) ?" ; cin >> was ;
if ( was == 1 ) ... ; else ... ;
```

erledigt werden würde, wobei anstelle der Pünktchen dann explizit die jeweilige Funktion aufgerufen wird. Mit einem Funktionszeiger konstruiert man das etwa wie folgt:

```
/* fuenf.cpp  Funktionszeiger */
# include <iostream.h>

int maximum (int x, int y)     { if (x > y) return (x) ; else return (y) ; }

int minimum (int x, int y)     { if (x < y) return (x) ; else return (y) ; }
                                 // ebenso ... return x; return y; }
int main ( )                     // oder nur  main ( )
   {     int x, y ;
         cin >> x ; cin >> y ;
         int (* fzeig) (int x, int y) ;    // oder verkürzt ... (int, int)
         while ( 1 )                       // versuchsweise while (2) ...
         { char c ;
           cout << "Maximum (1) oder Minimum (2) ausgeben ? " ;
           cin >> c ;
           if ( c == '1' ) fzeig = maximum ;
               else if ( c == '2' ) fzeig = minimum ;
                   else  { cout << "Nichts ausgewählt ..." ; break ; }
           cout << (*fzeig) (x, y) << endl ;
         }
         return (0) ;
   }
```

Beachten Sie die while-Schleifenkonstruktion mit dem Ausstieg über *break*, falls keine Auswahl zur Funktion getroffen wird.

Mit Hilfe solcher Funktionszeiger können Funktionen der Standardbibliotheken auf selbstgeschriebene Funktionen übergeben werden, um z.B. eine Funktionstabelle wie auf S. 76 zu erzeugen, wobei wir erst während des Programmlaufs entscheiden wollen, welche Funktion genommen werden soll. Zum Beispiel:

```
/* sechs.cpp Standardfunktionen einspielen */
# include <iostream.h>
# include <math.h>

main ( )
  {      char a ; const pi = 3.14159 ;
         double (*pointer) (double) ;
         cout << "Tabelle sin (s) oder cos (c) von Grad zu Grad ... ?  "  ;
         cin >> a ; cout << endl ;
          if ( a == 's' ) pointer = sin ;  else if ( a == 'c' ) pointer = cos ;
         for ( float x = 0 ; x < 90 ; x = x + 1 )
            {      cout.setf ( ios :: showpoint | ios :: right | ios :: fixed ) ;
                   cout.width (16) ; cout.precision (10) ;
                   cout << pointer (x * pi / 180) ;          }
         return 0 ;       }
```

Das liefert eine Tabelle von 0° bis 89° für Sinus oder Cosinus. Gibt man a ≠ s, c ein, so kommt das Fehlerfenster „Nicht behandelte Exception", das wie im Beispiel der vorigen Seite vermieden werden könnte.

Nicht zu große **Dateien**, die vollständig im Rechner gehalten werden können, werden bequem **mit einfacher Vorwärtsverkettung** A → Z verwaltet. Wir zeigen beispielhaft, wie eine (lineare) Liste solcher Zeichen in alphabetischer Ordnung aufgebaut und durchmustert werden kann. Da größere Programme wegen besserer Übersichtlichkeit Routinen aus main ( ) auslagern müssen, ergibt sich das Problem, auf Variablen von main ( ) auch außerhalb zugreifen zu können: Erinnern wir uns, daß Variable zunächst nur innerhalb eines Blocks gültig sind!

Damit wir keine komplizierten Schnittstellen entwickeln müssen, werden wir Variable durch das Präfix *extern* global deklarieren, überall sichtbar. Auf die damit verbundene **Gefahr beliebiger Veränderbarkeit** von überall aus sei ausdrücklich hingewiesen!

Als Vorübung testet das folgende Listing Schaltfunktionen zum Einordnen und Vorzeigen einer einfachen Liste und demonstriert, wie schrittweise am Anfang ein neues Objekt eingefügt wird. Das Ende der Liste signalisieren wir dabei mit einem Zeigerverweis NULL, der als Breakpoint beim späteren Vorlesen benutzt wird.

Die Zeigervariablen *start*, *ende* und *zwischen* werden als *extern* definiert, damit sie außerhalb von main ( ) in den Funktionen eingesetzt werden können. Geschieht dies nicht, ergeben sich Compilier- oder spätestens Link-Fehler: Es kann also sein, daß das Listing beim Compilieren unter *Projekt* zwar in Ordnung ist, aber beim Start unter *Debug* trotzdem mit einem Fehler abgebrochen wird. Letzteres ist z.B. der Fall, wenn Sie anstelle von *extern speicher *zwischen = new;* nur *extern speicher zwischen;* schreiben (als direkte Zeigervariable ohne Objekt), und erst in main das zugehörige Objekt mit *new* anfordern.

Bei eigenen Versuchen mit dem abgeänderten Listing ist sehr zu empfehlen, in der Ausgabe eine „Bremse" einzubauen und *while (!listenende && bremse < 20) ...* mit *bremse ++;* nach *zeigerweiter ();* als „dead loop" zu retten!

```
/* sieben.cpp  Insertvorn in Liste mit Zeigerschaltung */
# include <iostream.h>

struct speicher { int nummer ; speicher *chain ; } ;
extern speicher *start = new speicher ;
extern speicher *ende = new speicher ;
extern speicher *zwischen = new speicher ;

init ( )
   { start = ende ; ende -> chain = NULL ; return 0 ; } ;

zeigerweiter ( )
   { start = start -> chain ; return 0 ; } ;

listenende ( )
   { if (start -> chain != NULL) return 0 ; else return 1 ; } ;

insertvorn ( ) ;

main ( )
   {    init ( ) ;
        for ( int k = -10 ; k <= 20 ; k++ )
           {    zwischen = new speicher ;
                zwischen -> nummer = k * k ;
                insertvorn ( ) ;
           } ;

        cout << endl << "Anzeige von vorne nach hinten ... " << endl ;
                // Hier u.U. int bremse = 0 ; ...
        while ( !listenende ( ) )
           {    cout.width (8) ; cout << start -> nummer ;
                zeigerweiter ( ) ; }
        return (0) ;
   }

insertvorn ( )
{ zwischen -> chain = start ; start = zwischen ; return 0 ; } ;
```

Überlegen Sie sich die Steuerungsfunktion von *zeigerweiter* und *listenende* genau, am besten anhand einer kleinen Skizze ähnlich Abb. 8.2. *Init* ist der Anfangszeiger der noch leeren Liste. *Insertvorn* übernimmt zuerst den Nachfolger des eben mit k*k beschriebenen Objekts, der beim ersten Schritt leer (NULL) ist, und wird dann als neuer Anfang mit dem Inhalt k * k in *start* einkopiert. Also kann man später mit dem Zeiger *start* das Vorzeigen beginnen und mit *zeigerweiter* die Liste bis an das Ende (chain = NULL) durchlaufen.

Nun zu unserem „echten" Programm: Für die Probeläufe tragen wir nur Zeichen *char* des Alphabets ein, damit wir ohne viel Schreibarbeit immer wieder neu starten können. Später wird das ausgebaut.

Üblicherweise erfolgt das Einsortieren neuer Einträge bereits nach der Eingabe, nicht bei späteren Sortierläufen. Also muß die bereits bestehende Verkettung an der richtigen Stelle nach dem Muster der Abb. 8.1 aufgebrochen werden. Beispiel mit Namen statt Buchstaben:

Folgt z.B. Doris nach Barbara, d.h. gilt Barbara → Doris, so muß die neu aufzunehmende Cornelia wie folgt eingeordnet werden: Der Zeiger, der bei Barbara ursprünglich Barbara → Doris anzeigt, wird umgelenkt, durch Barbara → Cornelia ersetzt (überschrieben), nachdem **zuvor** der Zeigereintrag Barbara → Doris auf Cornelia übertragen worden ist: Cornelia → Doris.

Dabei muß unterschieden werden, ob das neue Element irgendwo in der Mitte (oder am Ende) bzw. ganz am Anfang eingefügt werden soll. Wir erledigen diese Adressenmanipulationen durch eine Funktion *insertvorn* wie eben, zusätzlich dann noch durch die neue Routine *insertmitte*. Ob im letzteren Falle die richtige Verkettungsposition gefunden ist, wird außer durch *listenende* noch durch *erreicht* signalisiert. Dem Listing folgt eine erklärende Abbildung.

Ein Hinweis noch: Ein theoretischer Beweis, daß unser Algorithmus das Richtige tut und keine Fehler aufweist (**Verifikation**), scheint nicht gerade einfach. Einige allgemeine Hinweise, auch auf entsprechende Verfahren an einfachen Beispielen, finden Sie z.B. in [M2]. Im vorliegenden Fall wird man wie üblich Testläufe machen, um eventuellen Fehlern auf die Spur zu kommen. Man stellt also die Anwesenheit gewisser (durch spezielle Eingaben provozierter) Fehler fest, aber leider niemals die Abwesenheit von anderen (nicht vermuteten).

Trotzdem kann man sich aber Sicherheit verschaffen: Sequentielle Eingabefolgen vorwärts bzw. rückwärts wie

    a, b, c, f, g, x
    x, r, m, b, a, A

zeigen zunächst, ob das Programm im Teil *insertmitte* (jedesmal am Ende) oder *insertvorn* (immer vorne) richtig einordnet. Dann nimmt man einige beliebige Reihenfolgen (also Permutationen davon), ganz zuletzt testet man schließlich Wiederholungen a, x, b, a, a u.ä. Mit diesem Verfahren der „repäsentativen Wertanalyse" kann man empirisch zeigen, daß das Programm keine logischen Fehler enthält. Diese und ähnliche Eingabefolgen unterstützen auch das „ablaufbezogene" Testen: Denn alle im Programm abzuwickelnden Fälle kommen während eines Testlaufs wenigstens einmal vor.

```cpp
/* acht.cpp   Dateiaufbau mit Vorwärtsverkettung */
# include <iostream.h>

struct speicher { char inhalt ; speicher *chain ; } ;

extern speicher *start = new speicher ;        // Startzeiger
extern speicher *ende = new speicher ;         // Endesignal
extern speicher *nachlauf = new speicher ;     // Hilfszeiger
extern speicher *lauf = new speicher ;         // Laufzeiger
extern speicher *ablage = new speicher ;       // Eingabefeld


eingabe ( ) ;
ausgabe ( ) ;


einfuegen (char zeichen) ;
insertvorn ( ) ;
insertmitte ( ) ;
listenende ( ) ;                               // Signalfunktion
zeigerweiter ( ) ;                             // Schalten
erreicht (char zeichen) ;                      // Positionsbestimmung


main ( )
  { int wahl ;
    start = ende ;
    ende -> chain = NULL ;                      // Def. des Listenendes
    do                                          // Hauptmenü
        { cout << "\nMenü ... \n" ;
          cout << "Eingabe ...   1" << endl ;
          cout << "Anzeige ...   2" << endl ;
          cout << "Programmende  0" << endl ;
          cout << "Wahl ........ " ; cin >> wahl ;
          if ( wahl == 1 ) eingabe ( ) ;
          if ( wahl == 2 ) ausgabe ( ) ;
        }
    while ( wahl != 0 ) ;
    return 0 ;
  }                         // Ende main

eingabe ( )
  { char zeichen ;
    cout << endl << ">> Zeichen : " ; cin >> zeichen ;
    einfuegen (zeichen) ;
    return 0 ;
  }

ausgabe ( )
  { cout << endl << "Zustand der Liste :   " ;
    lauf = start ;
    while ( !listenende ( ) )
              {cout << lauf -> inhalt << " " ; zeigerweiter ( ) ; } ;
    cout << endl << endl ;
    return 0 ;
  }
```

```
einfuegen (char zeichen)
  { ablage = new speicher ;
    ablage -> inhalt = zeichen ; nachlauf = start ; lauf = start ;
    if ( (start -> chain) == NULL ) insertvorn ( ) ;
    else if ( (start -> inhalt) > (ablage -> inhalt) ) insertvorn ( ) ;
      else   {
                 while ( ! listenende ( ) && (! erreicht (zeichen) ) )
                 { zeigerweiter ( ) ;
                   if ( erreicht (zeichen) ) insertmitte ( ) ;
                 } ;
                 if ( listenende ( ) ) insertmitte ( ) ;
             } ;
    return 0 ;
  }


insertvorn ( )
  { ablage -> chain = start ; start = ablage ; return 0 ; }

insertmitte ( )
  { ablage -> chain = lauf ; nachlauf -> chain = ablage ; return 0 ; }

zeigerweiter ( )
  { nachlauf = lauf ; lauf = (lauf -> chain) ; return 0 ; }

listenende ( )
  { if ( lauf -> chain != NULL ) return 0 ; else return 1 ; }

erreicht (char zeichen)
  { if ( lauf -> inhalt < zeichen ) return 0 ; else return 1; }
```

// Ende des Listings in der ersten Ausbaustufe

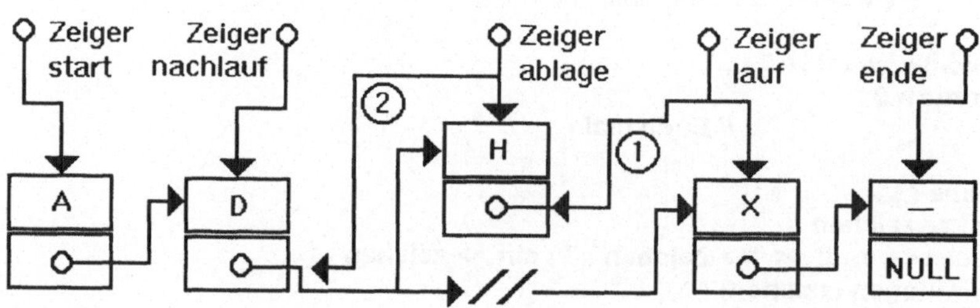

Abb. 8.3 : Einbau eines neuen Satzes *char* in die bestehende Liste,
hier Einordnen von H zwischen D und X ...

Das Verkettungskriterium in der Liste, in unserem Fall nur ein einziges Zeichen, heißt
Schlüssel. In der Praxis ist der Schlüssel z.B. der Familienname oder ein ähnliches,
alphabetisch anzuordnendes Sortierkriterium.

Seinen rechten Sinn erhält unser Programmentwurf natürlich erst, wenn wir einige weitere Optionen (wie Löschen) vorsehen und die generierte Datei abgespeichert und später wieder einmal geladen werden kann. Dabei werden nur die Inhalte der Datensätze (hier also die Namen) in der Verkettungsreihenfolge abgelegt, keinesfalls die Adressen (Zeiger): Das gäbe schon deswegen keinen Sinn, weil die auf jeder Maschine und bei jedem Programmlauf anders sind. Beim Laden der bereits existierenden Datei wird die richtige Verkettung automatisch entstehen, denn die periphere Datei wird der Reihe nach eingelesen und ist sortiert! Der entsprechende Ausbau des Programms wird im nächsten Kapitel systematisch fortgesetzt.

Wir schließen das Kapitel noch mit einem anderen interessanten Fall ab, einer sog. **Ringliste**.

Als Beispiel kann man sich das Modell einer Rechnervernetzung vorstellen, bei der Nachrichten solange weitergereicht werden, bis sie den richtigen Empfänger erreichen. Bei einer solchen kreisförmigen Verkettung ist irgendein „letztes" Objekt wieder mit einem „ersten" derart verknüpft, daß man in einer oder auch beiden Richtungen das Netz durchlaufen kann. In unserem Beispiel sei eine lexikografische Verknüpfung im Uhrzeigersinn gewählt. Neue Objekte erhalten einen passenden Namen und werden an der richtigen Stelle eingefügt. Vorhandene Objekte kann man aus dem Netz wieder entfernen, löschen.

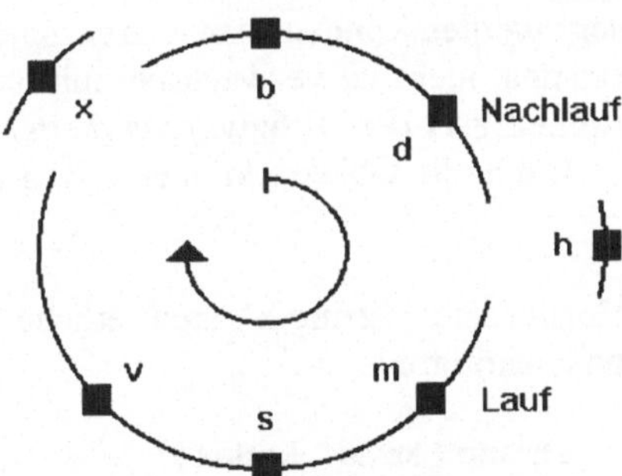

Abb. 8.4 : Prototyp einer Ringliste

Seien nunmehr z.B. wie skizziert bereits fünf Objekte b, d, m, s, v im Netz, wobei v zuletzt wieder mit b verknüpft ist:

Um ein neues Objekt h einzufügen, wird mittels zweier Zeiger Nachlauf und Lauf beginnend am Anfang „b" zunächst die erforderliche Position zwischen d und m bestimmt und dann die Verkettung aufgebrochen: Für h gilt h > d, aber h < m im lexikografischen Sinn.

Dieser Suchalgorithmus versagt am Ende der Liste, z.B. beim Anhängen von x nach v, welches mit b verknüpft ist. Denn hier gilt x > v, aber auch x > b, d.h. das Suchen der Position begänne wieder von vorne. Das Ende der Liste unterscheidet sich aber von allen anderen Verkettungen dadurch, daß dem letzten Element kein „späteres" mehr folgt, sondern ein „früheres": b < d < m < s < v ... > a ! Nachlauf zeigt vor dem Einfügen auf v, Lauf auf a ...

Diese Abweichung wird in der Funktion *aufbau* des folgenden Listings zum Einbau neuer Objekte ausgenutzt.

Ist ein Objekt a an den Anfang der Liste zu setzen, so wird dieses zwischen letztem und erstem Objekt eingehängt, in der Abb. also zwischen v und b. Der Suchalgorithmus stellt in diesem Fall die Zeiger Nachlauf auf v und Lauf auf b.

Der Algorithmus beginnt mit einem einzigen Objekt, das anfangs mit sich selbst verknüpft wird, d.h. der Zeiger von z.B. b weist anfangs wieder auf b.

Die Namen der Objekte im folgenden Listings sind kleine Strings, Zeichenketten, die gemäß

```
char kette [n] ;
```

als Arrays aus Zeichen aufgefaßt werden, wobei ab kette [0] insgesamt n - 1 Zeichen abgelegt werden können. Am letzten Speicherplatz kette [n - 1] ist ein Endesignal ' \0' eingetragen, nicht zu verwechseln mit der Null selber. Solche Strings werden mit den Funktionen *gets (kette)* bzw. *puts (kette)* direkt ein- bzw. ausgegeben. In unserem Fall ist n = 3, d.h. die Objekte können z.B. a.1 ... x.9 heißen.

Die Headerdatei <string.h> stellt etliche Funktionen zur Verfügung, darunter insb. die von uns benötigten

```
strcmp ( kette1, kette2 )
strncpy ( wohin, wen, wieviel Zeichen )
```

zum lexikografischen Vergleich (compare) bzw. zum Kopieren (copy):

Die erste Funktion liefert einen Zahlenwert zurück, und zwar für den Fall der Gleichheit der beiden Zeichenketten den Wert Null, für kette1 < kette2 (im Sinne von lexikografisch früher) einen negativen, sonst einen positiven Wert. *Strncpy* wird zum Umkopieren benutzt, nicht etwa eine Zuweisung *wohin = wen*, was zwar naheliegend, aber unbrauchbar ist. - Wir haben schon früher darauf hingewiesen.

Hier nun ist unser bisher längstes Listing:

```cpp
/* neun.cpp  Demo für eine Ringliste */
# include <iostream.h>                    // cout << etc.
# include <string.h>                       // Stringroutinen
# include <stdio.h>                         // puts, gets
# include <conio.h>                         // "console input output" : clrscr

struct speicher { char name [4] ; char nachricht [15] ; speicher *chain ; } ;

extern speicher *rechner = new speicher ;       // Neueintrag
extern speicher *nachlauf = new speicher ;      // Zeiger
extern speicher *lauf = new speicher ;

zeigen ( ) ;
aufbau ( ) ;
streichen ( ) ;
senden ( ) ;


main ( )
  { char wahl ;
    cout << "Wie soll der erste Rechner heißen (z.B. a.1) ? " ;
    gets (rechner -> name) ;
    rechner -> chain = rechner ;
    strncpy (rechner -> nachricht, "Leitrechner", 15) ;
    clrscr ( ) ;
    lauf = rechner ;
    cout << "Rechner in einem Ring ... " << endl ;
    puts (rechner -> nachricht) ; puts (rechner -> name) ;
    cout << endl << endl ;
    do
    { cout << endl ;                  // Menü
      cout << "Netz zeigen                        ... z" << endl ;
      cout << "Neuen Teilnehmer einbauen    ... n" << endl ;
      cout << "Teilnehmer entfernen             ... e" << endl ;
      cout << "E-mail versenden                  ... s" << endl ;
      cout << "Programm verlassen             ... q" << endl ;
      cout << "Wahl ...                               ... "; cin >> wahl ;
      clrscr ( ) ;
      switch (wahl)
         { case 'z' : zeigen ( ) ; break ;
           case 'n' : aufbau ( ) ; break ;
           case 'e' : streichen ( ) ; break ;
           case 's' : senden ( ) ; break ; }
      }
    while ( wahl != 'q' ) ;
    cout << endl << "Ende" ;
    return (0) ;
  }                                                         // Ende main


zeigen ( )
  { cout << "Bestehendes Netz .. " << endl ;
    while ( strcmp (lauf -> name, lauf -> chain -> name) < 0 )
    { lauf = lauf -> chain ; }
    lauf = lauf -> chain ; nachlauf = lauf ;
```

```cpp
      do
      { puts (lauf -> name) ; cout << " -> " ; puts (lauf -> nachricht) ;
        lauf = lauf -> chain ; }
        while ( lauf != nachlauf ) ;
      return (0) ;
    }


  aufbau ( )
    { while ( strcmp (lauf -> name, lauf -> chain -> name) < 0 )
      lauf = lauf -> chain ;
      nachlauf = lauf ; lauf = lauf -> chain ;
         //  cout << "Start" ; puts (lauf -> name) ;
      rechner = new speicher ;
      char neu [4] ;
      cout << endl << "Name des neuen Teilnehmers, z.B. x.5 ... " ;
      gets (neu) ;
      while ( strcmp (neu, lauf -> name) > 0
                   &&  strcmp (lauf -> name, lauf -> chain -> name) < 0 )
        { nachlauf = lauf ; lauf = lauf -> chain ; }
      if ( strcmp (neu, lauf -> name) > 0 )
          { nachlauf = lauf ; lauf = lauf -> chain ; }

      strncpy (rechner -> name, neu, 4) ;        // Ziel, Quelle, wieviele Zeichen
      strncpy (rechner -> nachricht, "", 4) ;        // keine Nachricht eingetragen
      rechner -> chain = lauf ; nachlauf -> chain = rechner ;
      return 0 ;
    }


  streichen ( )
    { char aus [4] ;
      int b = 0 ;              // damit Programm bei Falscheingabe nicht hängt
      zeigen ( ) ;
      cout << endl << "Wer soll entfernt werden ? " ; gets (aus) ;
      nachlauf = lauf ; lauf = lauf -> chain ;
      while ( strcmp (lauf -> name, aus) != 0 && b < 20 )
        { nachlauf = lauf ; lauf = lauf -> chain ; b++ ; }
      nachlauf -> chain = lauf -> chain ;
      delete (lauf) ;              // Freigabe des Speichers
      return 0 ;
    }


  senden ( )              // muß ausgebaut werden
   { zeigen ( ) ;
     cout << "An wen möchten Sie ein E-mail verschicken?  " ;
     char ziel [4] ; gets (ziel) ;
     int b = 0 ;
     while ( strcmp (lauf -> name, ziel)!= 0 && b < 20 )
       { lauf = lauf -> chain ; b++ ; }
     cout < "Tippen Sie die Nachricht ein ... " ;
     char brief [15] ; gets (brief) ;
     strncpy (lauf -> nachricht, brief, 15) ;
     return 0 ;
   }                                          // Ende des Listings
```

In den Funktionen *zeigen* wie *aufbau* wird anfangs der Zeiger auf das früheste Objekt der Verkettung gesetzt. Dabei wird ausgenutzt, daß

```
strcmp (lauf -> name, lauf -> chain -< name) < 0
```

gilt, solange man sich innerhalb der Ringliste befindet. *Lauf* (Abb. 8.4) bleibt also auf v stehen und wird daher anschließend noch um eine Position weitergerückt.

Die einfache Funktion *streichen* entspricht einem einfachen Suchlauf, der irgendwo beginnen kann. Wird ein Objekt angegeben, das überhaupt nicht existiert, so hat das Suchen kein Ende, daher die Bremse b (max. 20). Beachten Sie die Freigabe des nicht mehr benötigten Heap mit *delete*.

Senden ist noch ausbauwürdig; es ist nur als Platzhalter eingebaut.

Unsere Ringliste hat eine Verkettung im Uhrzeigersinn. Wäre der Ring sehr groß, so könnte man durchaus zwei lexikografische Bewegungsrichtungen (vorwärts und rückwärts) vorsehen, um z.B. die Nachrichtenübermittlung je nach Länge der Wegstrecke zu optimieren.

Im Beispiel der einfachen Datei weiter vorne könnte ein zweiter Schlüssel vorgesehen werden, neben dem Namen z.B. noch die Postleitzahl als weiteres Such- bzw. Sortierkriterium.

In einem solchen Fall sähe die Deklaration für zwei Typen von Verkettungen und damit Suchläufen etwa wie folgt aus:

```
struct speicher { ... Inhalte ... ; speicher *one_way ; speicher *other_way ; }
```

Zum Abschluß des Kapitels sei noch ergänzt, daß eine (übrigens vorzeichenlose!) Variable vom Typ Pointer stets auf den Anfang jenes Speicherbereichs zeigt, der vom entsprechenden Datenobjekt belegt wird:

Eine Inkrementierung des Zeigers schaltet daher nicht einfach auf das nächste Byte im Speicher, sondern auf den nächsten Speicherplatz, erkennt also den Typ des Datenobjekts. Auf die momentane Bezugsvariable kann natürlich durch Dereferenzieren direkt zugegriffen werden.

Das folgende Listing führt dieses Weiterschalten auf einem zweidimensionalen Array nochmals (s.S. 66) anschaulich vor. Bekanntlich sind dessen Inhalte zeilenweise der Reihe nach (dicht) abgelegt, wobei die Numerierung stets bei [0] [0] beginnt.

Die vorzuführende Matrix wird deklariert und zugleich initialisiert, wobei die Schreibweise im Listing anschaulich die Struktur der Matrix darstellt.

```
/* zehn.cpp  Pointer auf Arrays */
# include <stdio.h>
# include <iostream.h>

main ( )
  {    int matrix [3][2] = {     1, 2,                      // 3 Zeilen, 2 Spalten
                               3, 4,
                               5, 6 } ;

       cout << "Ausgabe über Schleifen ... " << endl << endl ;
       for ( int zeile = 0 ; zeile < 3 ; zeile ++ )         // erste Position [0] [0]
              { for ( int spalte = 0 ; spalte < 2 ; spalte ++ )
                  cout << matrix [zeile] [spalte] << " " ;
                  cout << endl ; }
       cout << endl << "Ausgabe über Pointer ... " << endl << endl ;
       int *zeiger = &matrix [0] [0] ;
       int anzeige = 1 ;
       while ( anzeige < 7)
              { cout << *zeiger << " " ; zeiger++ ;
                if ( anzeige % 2 == 0 ) cout << endl ;
                anzeige++ ; }
       return 0 ;
  }
```

Wir kommen auf diese Vorgehensweise nochmals am Ende von Kap. 12 zurück. Da auch Strings Arrays im obigen Sinne sind, kann der **Austausch zweier Wörter** im Sinne von S. 105 wie folgt vorgenommen werden:

```
# include <iostream.h>              // elf.cpp  Austausch von Wörtern über Pointer
# include <stdio.h>     // für puts
# include <string.h>    // für strncpy

void tauschen (char *eins, char *zwei)
    {    char merk [6] ;
         strcpy (merk, eins) ; strcpy (eins, zwei) ; strcpy (zwei, merk) ; }

main ( )
    {    char name1 [6] = { 'S', 'U', 'S', 'I' } ;  char name2 [6] = { 'H', 'A', 'N', 'S' } ;
         puts (name1); puts (name2) ;
         tauschen ( &name2 [0], &name1 [0]) ;// Anfangsadressen!
         puts (name1) ; puts (name2) ;
         return 0 ;    }
```

Die bisher dargestellten Sprachkonstrukte von C bzw. C++ waren für Kenner einer imperativen Sprache wie Pascal relativ einfach zu erlernen. In den folgenden drei Kapiteln sollen diese Kenntnisse an Beispielen eingesetzt, weniger erweitert werden. Wer es sehr eilig hat, kann gleich zu Kap. 12 weitergehen. Dort werden wir mit spezifischen Konstrukten zu OOP in C++ beginnen.

Aus bisherigen Routinen entwickeln wir schrittweise eine kleine Verwaltung von Adressen, zunächst als Direktdatei, dann über Indizes.

Bei längeren Quellprogrammen fragt sich der Leser mit wenig Programmiererfahrung oft, wie sie entstanden sind. Wir wollen daher beispielhaft vom Listing auf S. 115 ausgehen und mit den bisherigen Kenntnissen nach und nach eine kleine, aber durchaus brauchbare Dateiverwaltung erstellen.

Damit das sich ständig erweiternde Listing stets lauffähig bleibt, gehen wir in mehreren Stufen einigermaßen systematisch vor:

- Ersetzen des Zeichens durch einen kleinen Datensatz (Adressen)
- Erweiterte Funktionalität: Suchen Einzelsatz, Anzeigen, Löschen
- Peripheriebehandlung der Datei: Schreiben und Lesen
- Abschließende Feinarbeiten: Erweitern des Datensatzes, Anzeigedetails usw.

Erster Schritt: Das angesprochene Programm sortiert Zeichen in eine Verkettung ein: Als erstes ersetzen wir daher dort *char inhalt* durch einige Strings für Namen, Vornamen, Straße und Ort. Die Eingabe erfolgt jetzt mit *gets*. Hier kann man einiges aus dem Listing S. 115 übernehmen.

Sofern in den Schnittstellen der Funktionen zum Einsortieren Übergabeparameter genannt sind, muß eine entsprechende Änderung vorgenommen werden. Die Funktion *eingabe*, mit der bisher nur ein Zeichen eingelesen worden ist, wird zur Eingabe eines kompletten Datensatzes ausgebaut; entsprechendes gilt für die Anzeige mit der Funktion *ausgabe*. Hier reicht für erste Testläufe mit wenigen Datensätzen einstweilen die komplette Liste; wir koppeln aber die Anzeige eines einzelnen Datensatzes bereits in eine eigene Funktion aus, so daß später auch Suchläufe für einzelne Datensätze sinnvoll konzipiert werden können.

Schließlich muß bei den Funktionen zum Einfügen und Weiterschalten die einfache Abfrage zur lexikografischen Anordnung wie z.B.

```
(start -> inhalt) > (ablage -> inhalt)
```

und analoges durch Funktionen *strcmp* bzw. *strncpy* ersetzt werden, was auf S. 84 vorbereitend für die Ringliste (S. 119 ff) behandelt worden ist.

Ehe wir den Stand des Listings dokumentieren, wird als **zweiter Schritt** die Suche eines Einzelsatzes mit eventuellem Löschen gleich mit eingebaut. Dies kann in einer einzigen Zusatzfunktion *datfind* abgewickelt werden, die am Ende des Listings angefügt ist und eine primitive Ergänzung des Hauptmenüs erfordert. Das Hauptmenü lassen wir einstweilen in der einfachen Rohfassung.

Damit ist (ich benötigte dazu eine gute Stunde) die folgende Fassung des Listings entstanden, die mit der Ausgangsversion von S. 115 ff leicht zu vergleichen ist.

```
/* eins.cpp  Datei mit Vorwärtsverkettung, erste Stufe */

# include <iostream.h>
# include <string.h>                 // Stringvergleiche
# include <stdio.h>                   // Ein- und Ausgabe mit gets, puts

struct satz                           // neue Struktur des Datensatzes
    {     char fname [15] ;
          char vname [15] ;
          char stret [25] ;
          char pzort [20] ;           // hier erweiterbar: Telefon, ...
    } ;

struct speicher                       // Einbindung in die Zeiger zum Heap
    { satz person ; speicher *chain ; } ;

extern speicher *start = new speicher ;
extern speicher *ende = new speicher ;
extern speicher *nachlauf = new speicher ;
extern speicher *lauf = new speicher ;
extern speicher *ablage = new speicher ;

eingabe ( ) ;
ausgabe ( ) ;
datfind ( ) ;                         // neu: Suchen, Löschen

einfuegen (satz wer) ;                // neue Schnittstellen
erreicht (satz wer) ;
insertvorn ( ) ;
insertmitte ( ) ;
listenende ( ) ;
```

```
zeigerweiter ( ) ;
erreicht (satz wer) ;

main ( )
 { int wahl ; start = ende ;
   ende -> chain = NULL ;
   do                                        // Hauptmenü
       { cout << "\nHauptmenü ... \n" ;
         cout << "Eingabe ...          1" << endl ;
         cout << "Anzeige ...          2" << endl ;
         cout << "Suchen Satz ...      3" << endl ;
         cout << "Programmende         0" << endl ;
         cout << "Wahl .........       " ; cin >> wahl ;
         if ( wahl == 1 ) eingabe ( ) ;
         if ( wahl == 2 ) ausgabe ( ) ;
         if ( wahl == 3 ) datfind ( ) ;
       }
   while ( wahl != 0 ) ;
   return 0 ;
 }                                           // Ende von main

eingabe ( )
   {       satz wer ;                         // Eingabemaske
           cout << endl ;
           cout << "Familienname ... " ; gets (wer.fname) ;
           cout << "Vorname ........ " ; gets (wer.vname) ;
           cout << "Straße, Nr. ... " ; gets (wer.stret) ;
           cout << "PLZ und Ort .... " ; gets (wer.pzort) ;
           einfuegen (wer) ;
           return 0 ;
   }

anzeige ( )
   {       puts (lauf -> person.fname) ; puts (lauf -> person.vname) ;
           puts (lauf -> person.stret) ; puts (lauf -> person.pzort) ;
           return 0 ;  }

ausgabe ( )
   {       cout << endl << "Adressenliste :" << endl << endl ;
           lauf = start ;
           while ( ! listenende ( ) )  {anzeige ( ) ; zeigerweiter ( ) ; cout << endl ; } ;
           cout << endl ;
           return 0 ;
   }

einfuegen (satz wer)
   {       ablage = new speicher ;            // Eingabe umkopieren !
           strncpy (ablage -> person.fname, wer.fname, 15) ;
           strncpy (ablage -> person.vname, wer.vname, 15) ;
           strncpy (ablage -> person.stret, wer.stret, 25) ;
           strncpy (ablage -> person.pzort, wer.pzort, 20) ;

           nachlauf = start ;
```

```
            lauf = start ;
            if ( (start -> chain) == NULL ) insertvorn ( ) ;
            else if ( strcmp(start -> person.fname, ablage -> person.fname) > 0 )
                            insertvorn ( ) ;
         else  {      while ( ! listenende ( ) && (! erreicht (wer)) )
                      { zeigerweiter ( ) ;
                        if ( erreicht (wer) ) insertmitte ( ) ;
                      } ;
                      if ( listenende ( ) ) insertmitte ( ) ;
                } ;
         return 0 ;
   }

insertvorn ( )
   {      ablage -> chain = start ; start = ablage; return 0 ; }

insertmitte ( )
   {      ablage -> chain = lauf ; nachlauf -> chain = ablage ; return 0 ; }

zeigerweiter ( )
   {      nachlauf = lauf ; lauf = (lauf -> chain) ; return 0 ; }

listenende ( )
   {      if ( lauf -> chain != NULL ) return 0 ; else return 1 ; }

erreicht (satz wer)
   {      if ( strcmp (lauf -> person.fname, wer.fname) < 0 ) return 0 ;
          else return 1 ; }

datfind ( )                               // Suchen und eventuell löschen
   {      char name [15] ; int exist = 0 ; char antw ;
          cout << endl << "Gesuchter Familienname ... " ;
          gets (name) ; lauf = start ;
          do
          { if ( strcmp (name, lauf -> person.fname) == 0 )
                   { anzeige ( ) ; exist = 1; }                 // gefunden
            lauf = lauf -> chain ; }
          while ( ! listenende ( ) ) ;
          if ( exist == 0 ) cout << "Datensatz nicht vorhanden." ;
          else  { cout << "Datensatz löschen ? (j) " ; cin >> antw ;
                  if ( antw == 'j' )
                    { nachlauf = start ; lauf = start ;
                      if ( strcmp (name, lauf -> person.fname) == 0 )  // Anfang
                      start = lauf -> chain ;                          // neuer Start
                      else                                             // sonst
                      { while ( strcmp (name, lauf -> person.fname) > 0 )
                        zeigerweiter ( ) ;
                        (nachlauf -> chain) = (lauf -> chain) ;
                      }
                    }
                  }
          return 0 ;
   }                                       // Ende des Listings, erste Ausbaustufe
```

Mit wenigen Datensätzen kann man nun wiederholt testen:

Richtiges Einsortieren, Anzeige der (wegen des Rollens kurzen) Liste, Fehlanzeige bei nicht vorhandenem Satz, Löschen eines Satzes. Nicht vorsehen werden wir einstweilen Änderungen, also Korrekturen in bestehenden Sätzen: Das erledigen wir einfach durch Löschen und Neueintrag, denn die Datensätze sind sehr klein. Für eine professionelle Lösung würde man das ziemlich aufwendige Teilüberschreiben eines bestehenden Satzes natürlich anbieten: Dabei wäre der Sonderfall zu beachten, daß bei einer Namensänderung (das ist der Schlüssel, das Sortierkriterium) ein erneutes Einsortieren erforderlich wird, nach Löschen des alten Satzes!

Wir wenden uns nun der Peripherie zu, **dritter Schritt** der Entwicklung. Für eine erste Fassung (auch zum Testen) entscheiden wir uns für einen festen Dateinamen; verschiedene Dateien können dann nach dem Abfragemuster von S. 80 leicht eingebracht werden.

Daher wurde zuerst die Routine zum Hinausschreiben entworfen; ob diese richtig arbeitet, wird durch direktes Anschauen der Datei ADRESSEN.DAT im Editor der IDE geprüft. Entsprechend den Feldlängen wurden dazu Namen usw. auf volle Länge ausgeschrieben; beachten Sie die vorherige Leerung der Zeile mit Blanks! Auf diese Weise entsteht eine fortlaufende (!) Textdatei ohne Satzlängenkennung: Jeder Satz hat eine feste Länge, so daß beim späteren Einlesen die Zeilenvorschübe vom Programm geregelt werden können und irgendwelche Steuerzeichen überflüssig sind. Zum Hinausschreiben benutzen wir den Laufzeiger und legen die Datensätze in der Verkettungsreihenfolge ab.

Wird das Programm zum ersten Mal gestartet, gibt es keine Datei. Eine solche ist aber nach dem ersten Lauf entstanden und kann in Zukunft eingeladen werden.

Beim Einlesen der auf der Peripherie sortierten Datei benutzen wir indirekt dieselben Routinen zum Speicheraufbau wie beim Erstellen, d.h. die Verkettung wird satzweise mit *einfuegen* abgewickelt. Man beachte die unterschiedlichen Zeilenlängen beim Einlesen, entsprechend der Satzstruktur.

Im **vierten Schritt** werden einige Schönheitsreparaturen angebracht, hauptsächlich mit *clrscr* aus der Datei <conio.h>. Außerdem wird die Ausgabe der Liste, die zunächst rollt, mit *gotoxy* über den Schirm so verteilt, daß wenigstens neun Datensätze gleichzeitig sichtbar werden. Zuletzt wird die Steuerung im Hauptmenü von Nummern auf übliche Buchstabenkürzel mit einem switch-Schalter umgestellt.

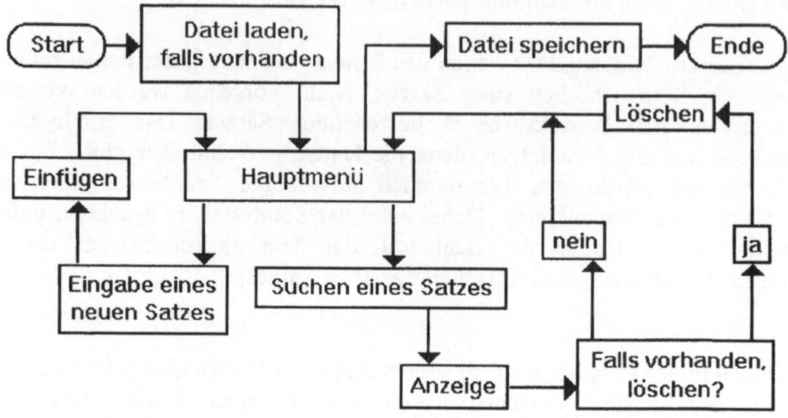

Abb. 9.1 : Struktur einer einfachen Adressenverwaltung

Die Abb. zeigt die Struktur des derzeitigen Programmzustands als Flußdiagramm. Und hier ist die nun entstandene Lösung:

```cpp
/* zwei.cpp  Datei: Endgültige Fassung mit Fileverwaltung */

# include <iostream.h>
# include <stdio.h>              // Ein- und Ausgabe mit gets, puts
# include <fstream.h>            // Datenströme
# include <string.h>            // Stringvergleiche, Kopieren
# include <conio.h>             // clrscr, gotoxy

extern char datname [13] = "ADRESSEN.DAT" ;   // Länge 12 !
           // auch per Eingabe gets ( ) am Anfang von main variabel möglich

struct satz                    // Struktur des Datensatzes
   {      char fname [16] ;
          char vname [16] ;
          char stret [26] ;
          char pzort [21] ;      // hier erweiterbar: Telefon, ...
   } ;

struct speicher                // Einbindung in die Zeiger zum Heap
   { satz person ; speicher *chain ; } ;

extern speicher *start = new speicher ;        // Startzeiger
extern speicher *ende = new speicher ;         // Endesignal
extern speicher *nachlauf = new speicher ;     // Hilfszeiger
extern speicher *lauf = new speicher ;         // Laufzeiger
extern speicher *ablage = new speicher ;       // Eingabefeld
```

```cpp
eingabe ( ) ;                                    // Liste der Funktionen
ausgabe ( ) ;
datfind ( ) ;
datlies ( ) ;
fertigp ( ) ;

einfuegen (satz wer) ;
insertvorn ( ) ;
insertmitte ( ) ;
listenende ( ) ;                                 // Signalfunktion
zeigerweiter ( ) ;                               // Schalten
erreicht (satz wer) ;                            // Positionsbestimmung

main ( )
   {    char wahl ;
        start = ende ;
        ende -> chain = NULL ;                   // Def. des Listenendes
        datlies ( ) ;
        do                                       // Hauptmenü
        { cout << endl ;
          cout << "   |  Neuer Satz            ... n" << endl ;
          cout << "   |  Anzeige Liste         ... a" << endl ;
          cout << "   |  Suchen / Löschen      ... s" << endl ;
          cout << "   |  Programmende          ... q" << endl ;
          cout << "   |  Wahl .............     >> " ; cin >> wahl ;
          switch (wahl)
            {case 'n' : eingabe ( ) ; break ;
                case 'a' : ausgabe ( ) ; break ;
                case 's' : datfind ( ) ; break ;
                case 'q' : fertigp ( ) ; break ;
                default : cout << "Keine Option!" ; }
        }
        while ( ! (wahl == 'q') ) ;
        return 0 ;
   }                                             // Ende main

eingabe ( )
  {  satz wer ;
     clrscr ( ) ;                                // Eingabemaske
     cout << "   Eingabe eines neuen Satzes ... " << endl ;
     cout << "                                 --------------" << endl ;
     cout << "   Familienname ...              " ; gets (wer.fname) ;
     cout << "   Vorname ........              " ; gets (wer.vname) ;
     cout << "                                 ---------------------" << endl ;
     cout << "   Straße, Nr. ...      " ; gets (wer.stret) ;
     cout << "                                 -------------------" << endl ;
     cout << "   PLZ und Ort ....              " ; gets (wer.pzort) ;
     einfuegen (wer) ;
     return 0 ;
  }
```

// Bei der Eingabemaske müssen die Positionen genau dargestellt werden!
// Auf der Diskette ist dies der Fall!

```cpp
anzeige (int a, int b)
  { gotoxy (a, b) ;      puts (lauf -> person.fname) ;
    gotoxy (a, b + 1) ; puts (lauf -> person.vname) ;
    gotoxy (a, b + 2) ; puts (lauf -> person.stret) ;
    gotoxy (a, b + 3) ; puts (lauf -> person.pzort) ;
    return 0 ;  }

ausgabe ( )
 { clrscr ( ) ;
   cout << "Adressenliste :" << endl << endl ;
   int a = 1 ; int b = 3 ;
   lauf = start ;
   while ( !listenende ( ) )
              { anzeige (a, b) ;
                a = a + 27 ; if (a == 82) { a = 1; b = b + 5 ; }
                zeigerweiter ( ) ;
              } ;
   return 0 ;
 }


einfuegen (satz wer)
  { ablage = new speicher ;                   // satz auf new umkopieren!
    strncpy (ablage -> person.fname, wer.fname, 15) ;
    strncpy (ablage -> person.vname, wer.vname, 15) ;
    strncpy (ablage -> person.stret, wer.stret, 25) ;
    strncpy (ablage -> person.pzort, wer.pzort, 20) ;
    nachlauf = start ; lauf = start ;
    if ( (start -> chain) == NULL )  insertvorn ( ) ;
        else if ( strcmp(start -> person.fname, ablage -> person.fname) > 0)
                        insertvorn ( ) ;
              else { while (! listenende () && (! erreicht (wer)) )
                      { zeigerweiter ( ) ;
                        if (erreicht (wer)) insertmitte ( ) ; };
                        if (listenende ()) insertmitte ( ) ;
                      } ;
    return 0 ;
  }

insertvorn ( )
  { ablage -> chain = start ; start = ablage ; return 0 ; }

insertmitte ( )
  { ablage -> chain = lauf ; nachlauf -> chain = ablage ; return 0 ; }

zeigerweiter ( )
  { nachlauf = lauf ; lauf = (lauf -> chain) ; return 0 ; }

listenende ( )
  { if ( lauf -> chain != NULL ) return 0 ; else return 1 ; }

erreicht (satz wer)
  { if ( strcmp (lauf -> person.fname, wer.fname) < 0 ) return 0 ;
        else return 1 ; }
```

```
datfind ( )                  // Suchen und eventuell Löschen eines Satzes
  { char name [15] ; int exist = 0 ; char antw ;
    clrscr ( ) ;
    cout << endl << "Gesuchter Familienname ... " ;
    gets (name) ;
    lauf = start ;
    do
    {  if ( strcmp (name, lauf -> person.fname) == 0 )
         { anzeige (1, 4) ; exist = 1 ; }   // gefunden
       lauf = lauf -> chain ;
    }
    while ( ! listenende ( ) ) ;
    if ( exist == 0 ) cout << "Datensatz nicht vorhanden." ;
    else
     { cout << endl << "Datensatz löschen ? (j) " ; cin >> antw ;
      if ( antw == 'j' )
        { nachlauf = start ; lauf = start ;
          if ( strcmp (name, lauf -> person.fname) == 0 )      // Anfang
          start = lauf -> chain ;                              // neuer Start
          else                                                 // sonst
          { while (strcmp (name, lauf -> person.fname) > 0)
            zeigerweiter ( ) ;
            (nachlauf -> chain) = (lauf -> chain) ;
          }
        }
     }
   }
   return 0 ;
 }


// Die folgenden Routinen wurden zuletzt konzipiert, und zwar diejenige
// zum Ausschreiben zuerst ...

datlies ( )                                            // liest die Datei ein
  { fstream quelle ;
    satz wer ;
    cout << "Datei einlesen ..." << endl ;
    quelle.open (datname, ios :: in | ios :: nocreate) ;
    const int z = 26 ;       // z-Wert > 15, 20, 25 entsprechend Satzstruktur
    char zeile [z] ;
    while ( quelle.getline (zeile, 16) )  // immer genau um Eins mehr!
      {  strcpy (wer.fname, zeile) ;
         quelle.getline (zeile, 16) ;
         strcpy (wer.vname, zeile) ;
         quelle.getline (zeile, 26) ;
         strcpy (wer.stret, zeile) ;
         quelle.getline (zeile, 21) ;
         strcpy (wer.pzort, zeile) ;
         einfuegen (wer) ;
      } ;
    quelle.close ( ) ;
    cout << "Datei eingelesen. " << endl ;
    return 0 ;
  }
```

```
    fertigp ( )                                          // Verlassen mit Abspeichern
    { fstream ziel (datname, ios :: out) ;
      const int z = 25 ; char zeile [z] ; int i, k ;
      lauf = start ; nachlauf = start ;
      do
      { for ( i = 0 ; i < 15 ; i++ ) zeile [i] = ' ' ;   // Dies wiederholt sich dreimal
        strcpy (zeile, lauf -> person.fname) ;           // entsprechende Funktion
        for ( k = 0 ; k < 15 ; k++ ) ziel.put (zeile [k]) ;    // wäre möglich

        for ( i = 0 ; i < 15 ; i++ ) zeile [i] = ' ' ;   // Anfang bei Null (!),
        strcpy (zeile, lauf -> person.vname) ;           // Anzahl der Schritte = ...
        for ( k = 0 ; k < 15 ; k++ ) ziel.put (zeile [k]) ;     // ... = Satzlänge
        for ( i = 0 ; i < 25 ; i++ ) zeile [i] = ' ' ;
        strcpy (zeile, lauf -> person.stret) ;
        for ( k = 0 ; k < 25 ; k++ ) ziel.put (zeile [k]) ;
        for ( i = 0 ; i < 20 ; i++ ) zeile [i] = ' ' ;
        strcpy (zeile, lauf -> person.pzort) ;
        for ( k = 0 ; k < 20 ; k++ ) ziel.put (zeile [k]) ;
        zeigerweiter ( ) ;
      }
      while ( !( lauf -> chain == NULL) ) ;
      ziel.close ( ) ;
      return 0 ;
    }
```

Das Programm kann jetzt einfach ausgebaut werden: Erweitern des Datensatzes um z.B. die Telefonnummer, Behandeln verschiedener Dateien mit Namensabfrage am Anfang u. dgl. mehr. Was noch fehlt, sind einige Routinen zum Ausdrucken von Listen oder Adressen (siehe dazu das Ende von Kap. 17).

Damit nicht nach jedem Programmlauf abgespeichert wird, könnte man eine externe Variable *flag* einbauen, die in *main ( )* mit dem Wert 0 startet und auf 1 umgestellt wird, wenn das Programm die Optionen Neueintrag oder Löschen einsetzt. Das Abspeichern erfolgt dann nur noch, falls flag = 1 gilt.

Die Datei auf der Peripherie ist stets sortiert. Zur Suche eines Datensatzes ohne sonstiges Bearbeiten der Datei wäre daher ein eigenes Programm denkbar, das nach dem Verfahren der sog. **Binärsuche** direkt auf der Peripherie liest:

Die vom Programm erzeugte Datei ist an sich eine unstrukturierte Textdatei, in der jeder Datensatz - wie wir allerdings wissen - eine Länge von 75 Zeichen hat. Aus der gesamten Dateilänge kann daher die Anzahl der Datensätze bestimmt werden. Der erste Datensatz beginnt dabei an der Byteposition Null: Hat ein Satz die Nummer Lage mit einem Wert 1 ... Länge, so errechnet sich die Byteposition seines Anfangs zum Eintrag in die Funktion *seekp* aus

```
(lage - 1) * Satzlänge .
```

Damit kann das Schlüsselwort jedes einzelnen Satzes ohne weiteres durch Random access gelesen werden.

Die Suche eines Namens beginnt in der Mitte der sortierten (!) Datei mit dem Vergleich von Suchbegriff und dort ausgelesenem Schlüssel; im Erfolgsfalle endet das Verfahren bereits jetzt. Andernfalls wird durch systematische Fortsetzung der Suche auf dem Teilintervall weiter vorne oder weiter hinten festgestellt, ob der Suchbegriff vorkommt oder nicht. Die Binärsuche endet spätestens dann, wenn das betrachtete Teilintervall nur noch einen Satz enthält.

Wegen z.B. $2^{10} = 1024$ ist leicht einzusehen, daß bei rd. 1000 Datensätzen höchstens zehn Suchschritte notwendig sind, ehe ein Satz gefunden wird oder aber feststeht, daß es diesen nicht gibt. Allgemein benötigt das Verfahren also höchstens

$\log_2$ (Satzlänge) Suchschritte .

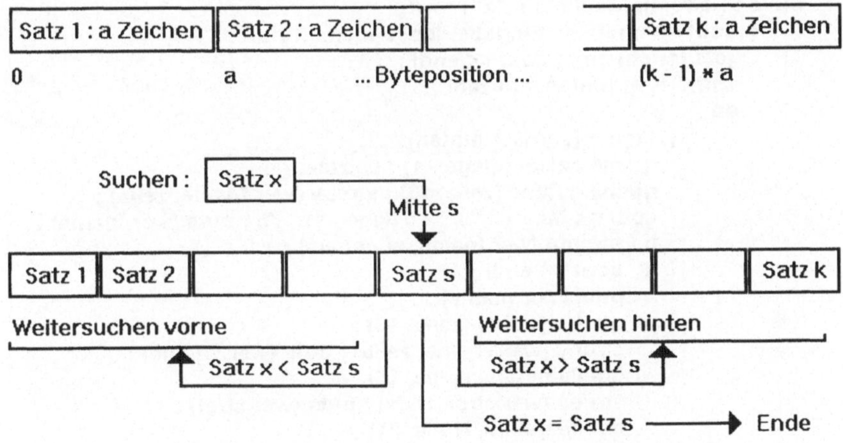

Abb. 9.2 : Ermitteln eines Satzanfangs (oben) und Binärsuche auf Textdatei

Die in der Abb. dargestellten Algorithmen werden im folgenden Programm direkt, d.h. ohne ausgelagerte Funktionen, codiert:

```
/* drei.cpp  Binärsuche auf der Datei von Programm zwei.cpp */
# include <iostream.h>
# include <stdio.h>          // Ein- und Ausgabe mit gets, puts
# include <fstream.h>        // Datenströme
# include <string.h>         // Stringvergleiche, Kopieren
```

```cpp
main ( )                    // Testdatei adressen.dat Abele .. Zuse auf Disk
{  struct satz
   { char fname [16] ; char vname [16] ;
     char stret [26] ;    char pzort [21] ; } ;

   int satzlaenge = 75 ; char datname [13] = "ADRESSEN.DAT" ;
   cout << "Binärsuche auf der Datei " ; puts (datname) ;
   fstream quelle ;
   quelle.open (datname, ios :: in | ios :: nocreate) ;
   char c ; int anzahl ; int nr = 0 ;
   while ( quelle.get (c) ) nr ++ ;        // Bestimmung der Dateilänge
   anzahl = nr / satzlaenge ;
   cout << "Die Datei enthält " << anzahl << " Sätze." << endl ;
   quelle.close ( ) ;

   quelle.open (datname, ios::in | ios::nocreate) ;
   int vorne, hinten, lage ;
   satz wer ;
   const int z = 26 ; char zeile [z] ;
   char suchnam [16] = "Y" ;
   while ( ! strcmp (suchnam, "X") == 0 )
       { cout << endl << "Eingabe des Namens (Ende : X) ... " ;
         gets (suchnam) ; cout << endl ;
         vorne = 1 ; hinten = anzahl ;
         do
              { lage = (vorne + hinten) / 2 ;
                quelle.seekp ( (lage - 1) * satzlaenge ) ;
                quelle.getline (zeile, 16) ; strcpy (wer.fname, zeile) ;
                cout << lage << " / " << (lage - 1) * 75 ; puts (wer.fname) ;
                if ( strcmp (wer.fname, suchnam) == 0 )
                { cout << endl ;
                  puts (wer.fname) ;
                  quelle.getline (zeile, 16) ;
                  strcpy (wer.vname, zeile) ; puts (wer.vname) ;
                  quelle.getline (zeile, 26) ;
                  strcpy (wer.stret, zeile) ; puts (wer.stret) ;
                  quelle.getline (zeile, 21) ;
                  strcpy (wer.pzort, zeile) ; puts (wer.pzort) ;
                }
                if ( strcmp (suchnam, wer.fname) > 0 ) vorne = lage + 1 ;
                if ( strcmp (suchnam, wer.fname) < 0 ) hinten = lage - 1 ;
              }
         while ( vorne <= hinten && ! strcmp (wer.fname, suchnam) == 0 ) ;
         if (! strcmp (wer.fname, suchnam) == 0) cout << "Satz fehlt ...!" ;
       }
   quelle.close ( ) ; cout << endl << "Programmende ..." ;
   return 0 ;
}
                                                              // Ende
```

Das vorstehende Programm hält alle verfügbaren Adressen im Speicher; damit ist die Anzahl der zu verwaltenden Adressen je nach Größe relativ beschränkt.

Für größere Dateien bieten sich andere Strukturmodelle an (siehe [M1], S. 413 ff),
z.B. die Verwaltung über sog. B-Bäume oder einfacher über **Indexdateien**:

Im zweiten Fall werden die Datensätze in der Reihenfolge der Eingabe sogleich auf der
Peripherie abgelegt (Hauptdatei), im Arbeitsspeicher aber nur über die Schlüsselwörter
samt Positionsverweis in einer Indexdatei verwaltet. Diese Indexdatei wird bei
Programmende abgelegt und später wieder eingeladen. Sie könnte im Verlustfall aus
der Hauptdatei durch Einlesen aller Schlüssel übrigens sehr leicht wieder hergestellt
werden.

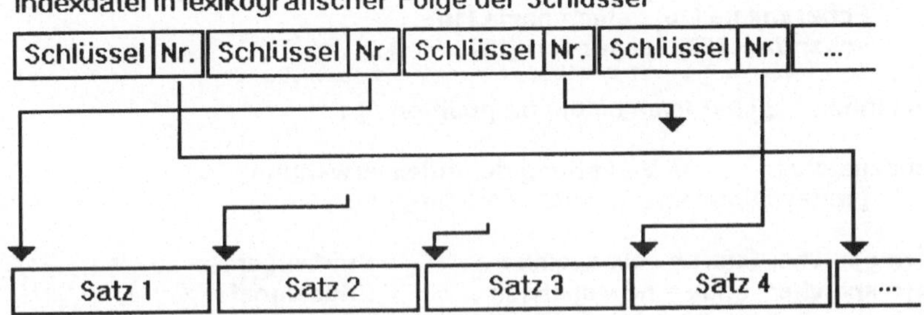

Abb. 9.3 : Suche in der Hauptdatei über eine Indexdatei

Die Suche beginnt in der nach Schlüsseln sortierten (verketteten) Indexdatei, wo sich
der Hinweis zur Lage des Datensatzes in der Hauptdatei findet. Von dort wird der
Datensatz in den Speicher eingelesen. Die Indexdatei wird im folgenden Beispiel durch
Vorwärtsverkettung der Schlüssel aufgebaut, es wäre aber z.B. auch ein sog.
Binärbaum mit links/rechts-Verkettung (Kap. 10, S. 141) möglich.

Das nachfolgende Listing ist in zwei Schritten entstanden: Zunächst wurde das
Programm von S. 124 [1] an einigen Stellen leicht verändert, um das Abspeichern der
Namen mit den Positionsnummern der Hauptdatei (das ist die Eingabereihenfolge!) zu
testen. Die Indexdatei tritt dabei an die Stelle der früheren Datei Adressen.dat. Im
zweiten Schritt wurden die Ergänzungen zum Ausschreiben des jeweiligen Datensatzes
in die Hauptdatei hinzugefügt: Hierbei wurden Routinen von S. 129 auf das neue Programm übertragen. - Damit konnte das folgende Listing in recht kurzer Zeit zum
Laufen gebracht werden, so etwa in gerade mal zwei bis drei Stunden:

---

[1] In den Editor laden, unter neuem Namen abspeichern und dann mit den Änderungen
beginnen sowie die erste Entwicklungsstufe testen. Diese Zwischenlösung findet sich
aus methodischen Gründen auf der Disk als stufe.cpp ...

```cpp
/* vier.cpp  Datei: Endgültige Fassung mit File */

# include <iostream.h>
# include <stdio.h>              // Ein- und Ausgabe mit gets, puts
# include <fstream.h>            // Datenströme
# include <string.h>            // Stringvergleiche, Kopieren
 include <conio.h>              // clrscr, gotoxy


extern char datname [13] = "HAUPTDAT.DAT" ;   // Länge 12 !
extern char indname [13] = "INDEXDAT.DAT" ;
extern int nummer = 0 ;         // Initialisierung extern!


struct satz                     // Struktur des Datensatzes Hauptdatei
      { char fname [16] ; char vname [16] ;
        char stret [26] ; char pzort [21] ;      } ;


struct index    { char fname [16] ; int position ; } ;


struct speicher         // Verkettung der Indexverwaltung
      { index suchname ; speicher *chain ; } ;


extern speicher *start = new speicher ;        // Startzeiger
extern speicher *ende = new speicher ;         // Endesignal
extern speicher *nachlauf = new speicher ;     // Hilfszeiger
extern speicher *lauf = new speicher ;         // Laufzeiger
extern speicher *ablage = new speicher ;       // Eingabefeld


eingabe ( ) ;    ausgabe ( ) ;                  // Liste der Funktionen
datfind ( ) ;     datlies ( ) ;      fertigp ( ) ;     einfuegen (index wer) ;
insertvorn ( ) ; insertmitte ( ) ; listenende ( ) ;        zeigerweiter ( ) ;
      erreicht (index wer) ;


main ( )
   {      char wahl ;
        start = ende ;
        ende -> chain = NULL ;               // Def. des Listenendes
        datlies ( ) ;
        do { cout << endl ;                                  // Hauptmenü
              cout << "   |  Neuer Satz      ...      n" << endl ;
              cout << "   |  Anzeige Liste   ...      a" << endl ;   // Indexdatei!
              cout << "   |  Suchen / Löschen ... s" << endl ;   // Einzelsatz
              cout << "   |  Programmende    ... q" << endl ;
              cout << "   |  Wahl .............         >>" ; cin >> wahl ;
              switch ( wahl )
              { case 'n' : eingabe ( ) ; break ;
                case 'a' : ausgabe ( ) ; break ;
                case 's' : datfind ( ) ; break ;
                case 'q' : fertigp ( ) ; break ;
                default  : cout << "Keine Option!" ; }
              }
        while ( ! (wahl == 'q') ) ;
        return 0 ;
   }                                                       // Ende main
```

```cpp
eingabe ( )
  {                 // Datensatz auf Indexdatei und Hauptdatei
    index wer ;  satz adresse ;
    nummer ++ ;
    clrscr ( ) ;                    // Eingabemaske
    cout << "  Eingabe eines neuen Satzes Nr. " << nummer << endl ;
    cout << "                 ---------------" << endl ;
    cout << "  Familienname ... " ; gets (adresse.fname) ;
    strcpy (wer.fname, adresse.fname) ;
    wer.position = nummer ;
    cout << "  Vorname ........ " ; gets (adresse.vname) ;
    cout << "                 ------------------------" << endl ;
    cout << "  Straße, Nr.  ... " ; gets (adresse.stret) ;
    cout << "                 --------------------" << endl ;
    cout << "  PLZ und Ort .... " ; gets (adresse.pzort) ;

    fstream ziel (datname, ios :: in | ios :: out) ;
    // Zum Auskopieren über Zeiger seekp ios::in|ios::out !!! nicht nur in
    cout << "  Datensatz auskopieren Nr. "  << nummer << endl ;
    ziel.seekp ((nummer - 1) * 75) ;  // Bei Hauptdatei anhängen
    const int z = 25 ; char zeile [z] ; int i, k ;
    for ( i = 0 ; i < 15 ; i++) zeile [i] = ' ' ;
    strcpy (zeile, adresse.fname) ;
    for ( k = 0 ; k < 15 ; k++ ) ziel.put (zeile [k]) ;
    for ( i = 0 ; i < 15 ; i++ ) zeile [i] = ' ' ;
    strcpy (zeile, adresse.vname) ;
    for ( k = 0 ; k < 15 ; k++ ) ziel.put (zeile [k]) ;
    for ( i = 0 ; i < 25 ; i++ ) zeile [i] = ' ' ;
    strcpy (zeile, adresse.stret) ;
    for ( k = 0 ; k < 25 ; k++ ) ziel.put (zeile [k]) ;
    for ( i = 0 ; i < 20 ; i++ ) zeile [i] = ' ' ;
    strcpy (zeile, adresse.pzort) ;
    for ( k = 0 ; k < 20 ; k++ ) ziel.put (zeile [k]) ;
    ziel.close ( ) ;
    einfuegen (wer) ;
    return 0 ;
  }

anzeige ( )
  { char zeile [16] ; cout.width (3) ; cout << (lauf -> suchname.position) ;
    strcpy (zeile,lauf -> suchname.fname) ;    // Testhalber zur Kontrolle
    cout.width (17) ; cout << zeile ;
    return 0 ;
  }

ausgabe ( )          // nur in der Testphase zum Anzeigen der Namen
  { clrscr ( ) ;
    cout << "Komplette Indexliste :" << endl << endl; lauf = start ;
    while ( !listenende ( ) )
              {anzeige ( ) ; zeigerweiter ( ) ; } ;
    cout << endl << endl ;
    return 0 ;
  }
```

```
einfuegen (index wer)
  { ablage = new speicher ;                        // satz auf new umkopieren!
   strncpy (ablage -> suchname.fname, wer.fname, 15) ;
   ablage -> suchname.position = wer.position ;
   nachlauf = start; lauf = start ;
   if ( (start -> chain) == NULL ) insertvorn ( ) ;
   else
   if ( strcmp(start -> suchname.fname, ablage -> suchname.fname) >= 0 )
       // Abfrage >= , damit alle !delete-Indizes eingelesen werden!
       insertvorn ( ) ;
       else { while ( ! listenende ( ) && (! erreicht (wer))  )
               { zeigerweiter ( ) ;  if ( erreicht (wer) ) insertmitte ( ) ;  } ;
           if ( listenende ( ) ) insertmitte ( ) ;
                } ;
   return 0 ;
  }


insertvorn ( )
  { ablage -> chain = start ; start = ablage ; return 0 ; }

insertmitte ( )
  { ablage -> chain = lauf ; nachlauf -> chain = ablage ; return 0 ; }

zeigerweiter ( )
  { nachlauf = lauf ; lauf = (lauf -> chain) ; return 0 ; }

listenende ( )
  { if ( lauf -> chain != NULL ) return 0 ; else return 1 ; }

erreicht (index wer)
  { if ( strcmp (lauf -> suchname.fname, wer.fname) < 0 ) return 0 ;
   else return 1 ; }

datfind ( )                 // Suchen und eventuell Löschen eines Satzes
  { char name [15] ; int exist = 0 ; char antw ;
   int wo ; const int z = 26 ; char zeile [z] ;
   clrscr ( ) ;  cout << endl << "Gesuchter Familienname ... " ;
   gets (name) ;  lauf = start ;
   do
   { if ( strcmp (name, lauf -> suchname.fname) == 0 )
       { exist = 1 ;    // gefunden
        wo = lauf -> suchname.position ;
        cout << endl << "Hauptdatei einlesen Nr. ... " << wo << endl ;
        fstream quelle ; quelle.open (datname, ios :: in | ios :: nocreate) ;
        quelle.seekp ( (wo - 1) * 75 ) ;
        quelle.getline (zeile, 16) ; puts (zeile) ;
        quelle.getline (zeile, 16) ; puts (zeile) ;
        quelle.getline (zeile, 26) ; puts (zeile) ;
        quelle.getline (zeile, 21) ; puts (zeile) ;
        cout << endl; quelle.close ( ) ;        } ;
     lauf = lauf -> chain ;
   }
   while ( ! listenende ( ) ) ;
```

```cpp
    if ( exist == 0 ) cout << "Datensatz nicht vorhanden." << endl ;
       else
       { cout << endl << "Datensatz löschen ? (j) " ; cin >> antw ;
        if ( antw == 'j' )
           { nachlauf = start ; lauf = start ;
            if ( strcmp (name, lauf -> suchname.fname) == 0 )  // Anfang
                    // start = lauf -> chain ;                 // neuer Start
            strcpy (lauf -> suchname.fname, "!deleted") ;
               else                             // sonst
               { while ( strcmp (name, lauf -> suchname.fname) > 0 )
                zeigerweiter ( ) ;
                    // (nachlauf -> chain) = (lauf -> chain) ;
                strcpy (lauf -> suchname.fname, "!deleted") ;
               }
           }
       }
    return 0 ;
  }


datlies ( )                             // liest die Indexdatei ein
  { fstream quelle ; index wer ;
    cout << "Indexdatei einlesen ..." << endl ;
    quelle.open (indname, ios :: in | ios :: nocreate) ;
    const int z = 16 ; char zeile [z] ;
    while ( quelle.getline (zeile,16) )
    { strcpy (wer.fname, zeile) ;
       // cout << zeile ;  // Test, ob alles eingelesen wird
       quelle.read ( (char*) &wer.position, 3) ; // 3 : wie beim Auslesen unten
       nummer ++ ;
       einfuegen (wer) ;
    } ;
    quelle.close ( ) ;
    cout << "Datei eingelesen ... " << nummer << " Sätze." << endl ;
    return 0 ;   }

fertigp ( )                             // Verlassen, Abspeichern Indexdatei
  { fstream ziel (indname, ios :: out) ;
    const int z = 25 ;
    char zeile [z] ; int i, k ;
    lauf = start ; nachlauf = start ;
    do
    { for ( i = 0 ; i < 15 ; i++ ) zeile [i] = ' ' ;
       strcpy (zeile, lauf -> suchname.fname) ;
       for ( k = 0 ; k < 15 ; k++ ) ziel.put (zeile [k]) ;
       // cout << zeile ;  Zum Testen, ob alle Indizes gespeichert werden
       ziel.write ( (char*) &lauf -> suchname.position, 3) ;   // 3 : max. 999 Sätze
       zeigerweiter ( ) ;
    }
    while ( ! (lauf -> chain == NULL) ) ;
    ziel.close ( ) ;
    return 0 ;
  }                             // Ende des Listings
```

Einige Hinweise: Der Verbund *satz* mit vier Komponenten wird ausschließlich in der Hauptdatei benötigt; die Struktur *index* hat nur noch zwei Komponenten und dient der Verkettung: *fname* ist der Suchschlüssel.

Die Option *Anzeige Liste* im Hauptprogramm dient in der Testphase nur der Kontrolle der Verkettung und kann später entfernt werden.

In der Funktion *datfind* zum Suchen und Löschen von Sätzen wird das Löschen wie folgt erledigt:

Soll ein Datensatz entfernt werden, wird in der Indexdatei der Schlüssel mit dem Eintrag *!delete* überschrieben. Dieser Schlüssel wird beim Abspeichern der Indexdatei mit abgelegt und später auch wieder eingeladen. Man beachte, daß alle diese Schlüssel bei Programmstart wegen „!d" und dem ... >= 0 in der Funktion *einfuegen* vor allen Großbuchstaben ganz an den Anfang einsortiert werden, aber die entsprechenden Datensätze der Hauptdatei **nicht** verlorengehen! Beim Einfügen eines neuen Datensatzes unter Laufzeit beginnt der Schlüssel stets mit einem Großbuchstaben, wird also dann beim Einsortieren jedes *!delete* überlaufen und somit an der richtigen Stelle „echter" Schlüssel verkettet!

Diese Konstruktion ist u.a. vorerst erforderlich, weil beim Einlesen der Indexdatei die Anzahl der Datensätze über die externe Variable *nummer* festgestellt wird und somit neue Datensätze wirklich an das Ende der Hauptdatei angefügt werden, ihre Position zum Suchen also mit der Nummer in der Indexdatei stets übereinstimmt. Würde das Löschen durch Neuverketten (die beiden „alten" Zeilen finden Sie hinter // noch im Listing auf S. 139 oben!) der Indexdatei erledigt, so würden beim späteren Wiedereinlesen der Indexdatei weniger Datensätze der Hauptdatei vermerkt und damit der Zugriff über die Schlüssel nach Neustart in Verwirrung geraten. „Späte", aber noch gültige Datensätze der Hauptdatei gingen durch Überschreiben verloren!

Die gelöschten Datensätze sind also nur unzugänglich, aber nicht verloren. Sie können alle diese Adressen jederzeit dadurch sichtbar machen, daß als Suchbegriff unter Laufzeit *!delete* eingegeben wird! - Die Hauptdatei wird also bei jeder Neueingabe länger, auch wenn zwischenzeitlich gelöscht wird.

Man kann beim weiteren Ausbau des Programms im Falle von Neueinträgen wie folgt vorgehen: Befindet sich in der Verkettung kein gelöschter Datensatz, so wird die neue Adresse an die Hauptdatei angehängt. Ansonsten aber kann der erste Datensatz mit dem an der Programmoberfläche unsichtbaren Schlüssel *!delete* gesucht und mit dem Neueintrag überschrieben werden, **ohne daß** *nummer* weitergesetzt wird. Die Indexdatei muß dann neu sortiert werden. Dies würde Speicherplatz in der Hauptdatei sparen und den früher gelöschten Datensatz, der sich bis dahin hinter *!delete* verbirgt, endgültig vernichten. Im Blick auf den Datenschutz wirft diese Tatsache übrigens die Frage auf, wie das Löschen von beanstandeten Datensätzen in z.B. Kriminaldateien realiter bewerkstelligt wird ...

Wir setzen das vorige Kapitel mit Anwendungen fort, zunächst mit einem Binär-baum, der für Indexdateien eingesetzt werden kann.

Indexdateien aus dem letzten Kapitel haben den Vorteil, daß unabhängig von der tatsächlichen Größe der einzelnen Datensätze eine ganz erhebliche Anzahl von Sätzen aus dem Speicher der Maschine heraus verwaltet werden kann, denn dieser enthält ja unter Laufzeit nur die Schlüssel samt den Positionsverweisen.

Es kommt hinzu, daß zu einer einzigen (unsortierten) Hauptdatei mehrere Index-dateien gleichzeitig verfügbar sein können, z.B. nach Namen und Telefonnummern. Nachteilig kann allerdings werden, daß die Suche über eine Indexdatei nach dem bisherigen Muster (sequentielle Suche in der „linearen Liste") im Mittel n / 2 Such-schritte bei insgesamt n Datensätzen benötigt: Zur Beschleunigung (und auch im Hinblick auf die methodische Entwicklung sehr komplexer Suchalgorithmen) bietet sich ein sog. **Binärbaum** mit links/rechts-Verkettung an.

Ein solcher Baum besteht aus der sog. **Wurzel**, dem mit Beginn des Aufbaus ein-gegebenen allerersten Schlüssel (bzw. Datensatz). Alle späteren Eingaben werden von dort aus entweder nach „links" oder aber nach „rechts" verkettet, entsprechend ihrer lexikografischen Rangordnung. Auf diese Weise entstehen **Knoten** und schließlich **Blätter** (Endeknoten), die jeweils einen Schlüssel, die beiden Verkettungshinweise und als Suchinformation die Position des kompletten Datensatzes in der Hauptdatei enthalten. Diese Positionsnummer ist identisch mit der Eingabereihenfolge der Sätze, denn so wird die Hauptdatei aufgebaut.

Im folgenden Beispiel wird lediglich die Struktur einer solch speziellen Indexdatei vorgeführt; der vollständige Ausbau mit Zugriff auf eine entsprechende Hauptdatei wie im vorigen Kapitel ist nach dem Muster von S. 136 ff. leicht zu ergänzen und außerdem als Übungsaufgabe lehrreich. Wir werden dies später noch tun ...

Mit der Eingabe kleiner Wörter in der Reihenfolge

> **mit - dor - ein - pit - abi - cas - xyz - ...**

oder auch

> **mit - pit - dor - abi - cas - xyz - ein - ...**

(und noch anders) ergäbe sich z.B. die Verkettungsstruktur:

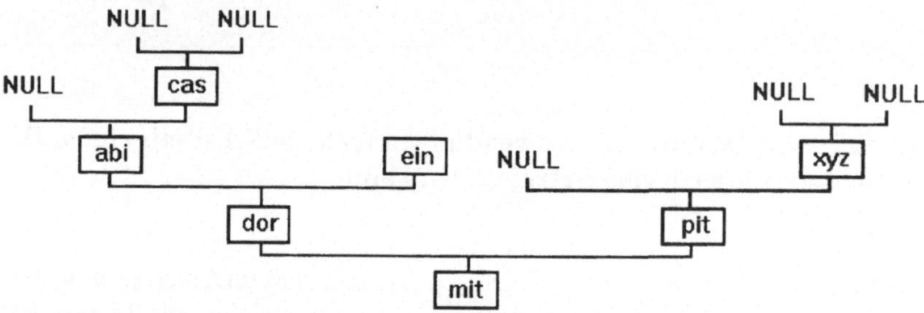

Abb. 10.1 : Binärbaum (vier Stufen) mit Links-Rechts-Verkettung

wobei die Kurznamen an den Knoten jeweils durch den Hinweis zur Position des kompletten Datensatzes in der Hauptdatei zu ergänzen wären.

„cas" (Stufe vier) und „xyz" (Stufe drei) sind zwei Knoten, denen keine weiteren folgen, also Blätter. Als Verkettung ist dort NULL eingetragen. Liegen alle Blätter auf derselben Stufe n, so heißt der Baum vollständig **ausgeglichen**. Er enthält dann insgesamt $2^n - 1$ Schlüssel. Der Wurzel ist dabei die Stufe eins zugeordnet.

Ist der Baum wenigstens einigermaßen „ausgeglichen" und mit etwa k Schlüsseln besetzt, so beträgt die Anzahl der Suchschritte demnach höchstens $\log_2 k$, das ist die Anzahl der Stufen in diesem Baum.

Ziemlich einfach ist die Funktion zum Aufbau eines solchen Baums, also das Einfügen neuer Schlüssel an der richtigen Stelle; naheliegenderweise ist eine solche Funktion eng verwandt mit dem späteren Suchen.

Deutlich aufwendiger als bei einer linearen Liste ist aber das Löschen von Schlüsseln. Zum Abspeichern aller Schlüssel bei Programmende (mit den in der Abb. fehlenden Positionsangaben, aber ohne Verkettung: Pointer werden nicht abgelegt!) ist ein **Traversierungsmechanismus** erforderlich, der keine Schlüssel ausläßt. Wir geben ein erstes Listing zum Aufbauen eines solchen Baums und zum Suchen an.

```cpp
/* eins.cpp  Binärbaum für Indexdatei */

# include <iostream.h>
# include <stdio.h>
# include <string.h>

struct satz      { char name [15] ; int position ; } ;
struct knoten  { satz wer ; knoten* links ; knoten* rechts ; } ;

extern knoten* start = new knoten ;
extern knoten* neu = new knoten ;
extern  knoten* lauf = new knoten ;
extern knoten* nachlauf = new knoten ;
extern knoten* rekuzeig = new knoten ;
extern int indexpos = 1 ;

eingabe ( ) ;
suchen  ( ) ;
infuegen (char name [15]) ;
zeigen (knoten* zeiger) ;

main ( )
  { char wahl ;
    strcpy (start -> wer.name, "Wurzel_leer") ; // kein Baum vorhanden
    do
        { cout << endl ;                            // Hauptmenü
          cout << " | Eingabe ...        e" << endl ;
          cout << " | Suchen ...         s" << endl ;
          cout << " | Alle zeigen ..     z" << endl ;
          cout << " | Ende ...           q" << endl ;
          cout << " | Wahl               " ; cin >> wahl ;
          switch ( wahl )
          { case 'e' : eingabe ( ) ; break ;
            case 's' : suchen ( ) ; break ;
            case 'z' : lauf = start ; cout << endl ;
                       zeigen (lauf) ; break ;
            default : cout << "Keine Option!" ; } }
        }
    while ( ! (wahl == 'q') ) ;
    return 0 ;
  }


einfuegen (char name [15])
  { nachlauf = lauf ;
    if ( strcmp (name, lauf -> wer.name) < 0 )
          { lauf = lauf -> links ;
            if ( lauf == NULL ) nachlauf -> links = neu ; else einfuegen (name) ; }
    else
          { lauf = lauf -> rechts ;
            if ( lauf == NULL ) nachlauf -> rechts = neu ; else einfuegen (name) ;
            }
    return 0 ;
  }
```

```
eingabe ( )
  { char key [15] ;
    cout << endl << "Namen eingeben ... " ; gets(key) ;
    if ( strcmp (start -> wer.name, "Wurzel_leer") == 0 )
        { strcpy (start -> wer.name, key) ;
          start -> wer.position = indexpos ;
          start -> links = NULL ; start -> rechts = NULL ; }
    else {  neu = new knoten ;
            strcpy (neu -> wer.name, key) ;
            neu -> wer.position = indexpos ;
            neu -> links = NULL ; neu -> rechts = NULL ;
            lauf = start ; einfuegen (key) ;  }
    indexpos++ ;
    return 0 ;
  }


eintrag (char key [15])
  { if ( strcmp (key, lauf -> wer.name) == 0 )
        { cout << lauf -> wer.name ;
          cout << " " << lauf -> wer.position << endl ; }
    else
        { if ( strcmp (key, lauf -> wer.name) < 0 )
            {  lauf = lauf -> links ; cout << "Links / " ; }
          else
            { lauf = lauf -> rechts ; cout << "Rechts / " ; }
          if ( lauf == NULL ) cout << "Nicht vorhanden!" ;
            else eintrag (key) ;
        }
    return 0 ;
  }


suchen ( )
  { char key [15] ; cout << endl << "Namen eingeben ... " ; gets (key) ;
    lauf = start ; eintrag (key) ; return 0 ; }


zeigen (knoten* zeiger)
  { cout << zeiger -> wer.name << " " << zeiger -> wer.position << endl ;
    if ( ! zeiger -> links == NULL )
      { rekuzeig = new knoten ;
        rekuzeig = zeiger -> links ; zeigen (rekuzeig) ;  }

    if ( ! zeiger -> rechts == NULL )
      { rekuzeig = new knoten ;
        rekuzeig = zeiger -> rechts ; zeigen (rekuzeig) ;
      }
    return 0 ;
  }
```

Beachten Sie die Definition der Schnittstelle von *zeigen* für die Übergabe von Zeigern!
Die Algorithmen zum Löschen finden Sie bei Interesse in [M1, S. 377 ff.], dort
allerdings in Turbo Pascal.

Werden die einzelnen Schlüssel in lexikografischer Reihenfolge (abwärts oder aufwärts) eingegeben, so entartet der Baum zu einer linearen Liste und die Vorteile beim Suchen gehen natürlich verloren.

Die ganz zuletzt aufgeführte (rekursive!) Funktion *zeigen* traversiert den Baum zwar vollständig, aber nicht lexikografisch. Diese Funktion könnte jedenfalls schon zum Abspeichern der Schlüssel eingesetzt werden.

Als Aufgabe können Sie einen Traversierungsmechanismus konstruieren, der in alphabetischer Reihenfolge ausgibt. Die Ausgaben müssen zur rechten Zeit an den richtigen Knotenstellen veranlaßt werden. Hier ist die Lösung:

```
zeigen (knoten* zeiger)                    // vollständig lexikografisch
  {
    if ( zeiger -> links == NULL )
    cout << zeiger -> wer.name << " " << zeiger -> wer.position << endl ;
    else
    { rekuzeig = new knoten ;
      rekuzeig = zeiger -> links ; zeigen (rekuzeig) ; }        // früher!

    if ( !zeiger -> links == NULL )          // alles links davon ausgegeben
    cout << zeiger -> wer.name << " " << zeiger -> wer.position << endl ;

    if ( ! zeiger -> rechts == NULL )
      { rekuzeig = new knoten ;
        rekuzeig = zeiger -> rechts ; zeigen (rekuzeig) ; }
    return 0 ;    }
```

Warum das klappt, können Sie an der Abb. 10.1 ergründen: Ein Schlüssel ohne weiteren Nachfolger „links" ist lexikografisch der früheste. Vorher sind alle eventuell früheren rekursiv bereits angesprochen worden. Ist links von einem Knoten alles abgearbeitet, dann kann der Knoten selber ausgegeben werden, denn alle Schlüssel rechts davon liegen lexikografisch später.

Im Kap. 17 kommen wir unter dem Gesichtspunkt OOP auf unseren Binärbaum zurück, obwohl ein solcher für wirklich große Datenbestände nicht ausreicht: Denn dann können nicht mehr alle Schlüssel gleichzeitig im Rechner gehalten werden. In solchen Fällen werden z.B. sog. Bayer-Bäume eingesetzt; mehr dazu in [M1].

Auf S. 66 hatten wir den Sortieralgorithmus Bubblesort vorgestellt; für größere Felder ist dieses Verfahren wegen des schnell wachsenden Zeitbedarfs nicht mehr geeignet, weil der Zeitaufwand bei allen elementaren Algorithmen zum Sortieren mit dem Quadrat der Feldlänge zunimmt. Erst hochgradig rekursive Vorgehensweisen bringen Abhilfe. Der derzeit immer noch schnellste Algorithmus **Quicksort** von Hoare wird mit dem folgenden Listing realisiert:

```
/* zwei.cpp  Quicksort nach Hoare */

# include <iostream.h>
# include <stdlib.h>

extern const k = 200 ;   // Demo mit 200 Ganzzahlen

quicksort (int folge [k], int links, int rechts)
  { int i, j, x, y ;
    i = links ; j = rechts ; x = folge [ (links + rechts) / 2 ] ;
    while ( i <= j )
        { while ( folge [i] < x ) i++ ;
          while ( x < folge [j] ) j-- ;
          if ( i <= j )
            { y = folge [i] ; folge [i] = folge [j] ; folge [j] = y ;
              i ++ ; j-- ;
            }
          if ( links < j )  quicksort (folge, links, j) ;
          if ( i < rechts ) quicksort (folge, i, rechts) ;
        }
    return 0 ;
  }


main ( )
  {      int nummer ;
         int folge [k] ;
         randomize ( ) ;
         cout << "Liste von Zufallszahlen:" << endl << endl ;
         for ( nummer = 0 ; nummer <= k - 1 ; nummer++ )
             { folge [nummer] = random (900) ;
               cout.width (4) ; cout << folge [nummer] ;
             }
         cout << endl << "Jetzt wird sortiert ..." << endl ;
         quicksort (folge, 0, k - 1) ;

         for ( nummer = 0 ; nummer <= k - 1 ; nummer++ )
             { cout.width (4) ; cout << folge [nummer] ;  }
         return 0 ;
  }
```

Das Verfahren beruht auf sog. **Partitionierung**: Das Feld wird etwa in der Mitte geteilt; nun durchläuft man die linke Partition von unten nach oben und die rechte von oben nach unten solange, bis ein Element aus der linken Partition größer, und ein Element aus der rechten Partition kleiner ist als das trennende Element x aus der „Mitte". Diese beiden werden Elemente ausgetauscht.

Die Vergleiche werden fortgesetzt, bis der linke Laufindex (steigend) den rechten (fallend) überschreitet. Jetzt sind die großen Elemente des Feldes alle in die rechte, die kleinen Elemente alle in die linke Partition gewechselt. Die folgende Abb. zeigt die erste Partitionierung.

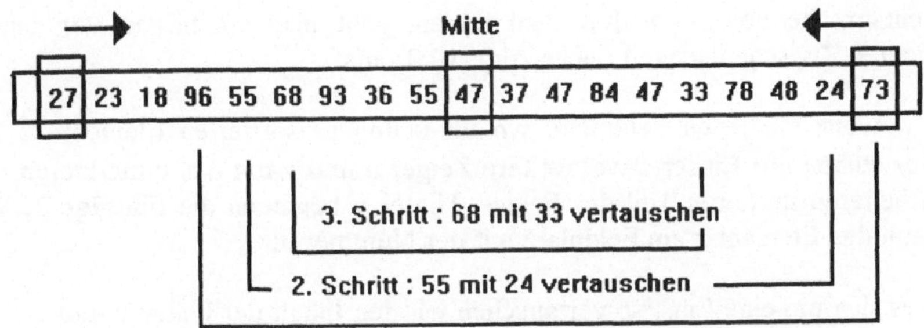

Abb. 10.2 : Start von Quicksort: Teilen des Feldes in zwei Partitionen

Das Verfahren wird nun rekursiv auf den immer kleiner werdenden Partitionen solange fortgesetzt, bis diese nur noch aus einem einzigen Element bestehen. In [M2] finden Sie ein Demo, mit dem das Verfahren schrittweise vorgeführt wird.

Der i.a. sehr schnelle Erfolg beim Sortieren nach Hoare ist darauf zurückzuführen, daß anders als bei den elementaren Verfahren Feldelemente gegeneinander ausgetauscht werden, die nicht unmittelbar hintereinander liegen. Mit der Feldlänge k ist der Zeitbedarf bei Quicksort nur noch etwa $\approx k * \log k$, und nicht mehr $\approx k^2$.

Sind hinsichtlich der zu sortierenden Feldelemente Größenbeschränkungen bekannt, so kann das Tempo noch gesteigert werden:

E.W. Dijkstra formulierte dazu folgende Aufgabe: N ungeordnete Elemente in einem Feld gehören jeweils einer von drei Klassen an, z.B. rot, weiß oder blau (Fahne der Niederlande), oder bequemer 1, 2 oder 3. Ein Programm mit einer einzigen (!) Schleife soll dann die natürliche Reihenfolge erzeugen:

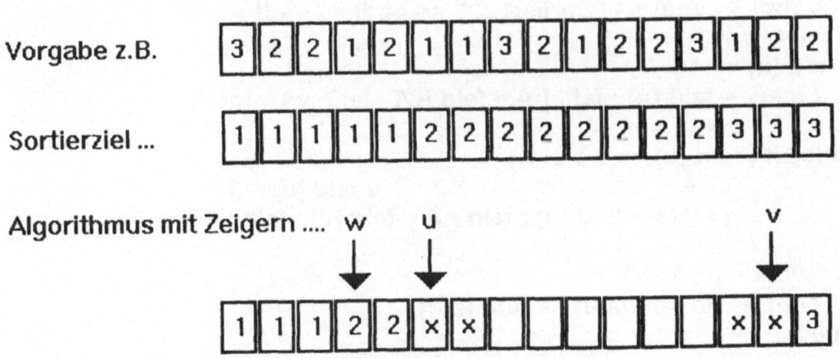

Abb. 10.3 : Spezialfall zum Sortieren nach Dijkstra

Um einen entsprechenden Algorithmus zu finden, geht man am besten von einem bereits erreichten Zwischenzustand (siehe Abb. 10.3) aus:

Ein Zeiger w weist auf jenen Feldplatz, wo die schon umsortierten Elemente 2 beginnen, davor stehen nur Einser; zwei weitere Zeiger u und v mit u $\leq$ v markieren den noch unbearbeiteten mittleren Teil des Feldes. Hinter v beginnen die Einträge 3. Wir betrachten nun das Element x am Feldplatz mit der Nummer u:

- Handelt es sich um eine Eins, so vertauschen wir den Inhalt der Plätze u und w und setzen die beiden Zähler u und w je um eins höher.

- Handelt es sich um eine Zwei, so setzen wir einfach u um eins höher.

- Handelt es sich um eine Drei, so vertauschen wir den Inhalt der Plätze u und v und setzen v um eins herunter.

Man erkennt, daß damit wiederum ein Zwischenzustand erreicht ist, aber schon verbessert. Solange u $\leq$ v gilt (while ...), sind diese Schritte zu wiederholen.

```
/* drei.cpp   Sortieren nach Dijkstra */
# include <iostream.h>
# include <stdlib.h>

extern const g = 100 ;

main ( )
{ int feld [g] ;    // Feldindizes laufen von Null bis g - 1 !!!
  int merk ; int u = 0 , w = 0 , v = g - 1 ;
  randomize ( ) ;
  cout << "Spezialfall nach Dijkstra:" << endl << endl ;
  for ( int k = 0 ; k < g ; k++ )
       { feld [k] = 1 + random (3) ;
         cout.width (4) ; cout << feld [k] ; }

  cout << endl << endl << "Sortiert ... " << endl << endl ;
  while ( u <= v )
   { if ( feld [u] == 1 )
        { merk = feld [u] ; feld [u] = feld [w] ; feld [w] = merk ;
             w++ ; u++ ; }
      else if ( feld [u] == 2 ) u++ ;
            else                          // feld [u] = 3
            { merk = feld [u] ; feld [u] = feld [v] ; feld [v] = merk ; v-- ; }
   }
  for ( k = 0 ; k < g ; k++ )
       { cout.width (4) ; cout << feld [k] ;}
  return 0 ;
}                                          // Ende drei.cpp
```

Der Algorithmus von Dijkstra beginnt mit der Initialisierung der totalen Unordnung: Offenbar ist w = u = 1 und weiter noch v = N ($\geq$ 1) zu setzen: Die angebenen Indizes sind die anschaulichen Feldindizes, die in C++ jeweils um Eins kleiner anzusetzen sind!

Dem Programm ist leicht anzusehen, daß es auf jeden Fall terminiert: Die drei Vorschriften, von denen bei jedem Programmschritt genau eine ausgeführt werden muß, setzen entweder u um eins höher oder aber v um eins nach unten. Der Abstand von u nach v wird also um genau eins geringer, die while-Schleife endet wegen der Anfangswerte von u und v nach exakt N Schritten. Damit ist der Algorithmus praktisch verifiziert.

Diese einfachen Überlegungen entwickeln den Algorithmus konstruktiv (wie geht man ingenieurmäßig vor), nicht analytisch (mit welchen Elementen unserer Sprache läßt sich das Problem lösen).

Noch ein wichtiger Hinweis: Die drei Anweisungen in der while-Schleife schließen sich gegenseitig aus. Ein Listing nach dem Muster

```
while ( u <= v )
{   if ( feld [u] = 1 )  ... ;
    if ( feld [u] = 2 )  ... ;
    if ( feld [u] = 3 )  ... ;   }
```

wäre grob falsch! - Beachten Sie noch, daß die Zeiger u, w und v - wie schon weiter vorne erwähnt - anfangs richtig auf Feldanfang (Index Null) bzw. Feldende (g - 1) gesetzt werden.

Themenwechsel: Mit den Kenntnissen über Dateien aus Kapitel 6 läßt sich sofort ein ganz einfacher **Lister** erstellen, den wir später mit individuellen Ergänzungen (Überschrift, Seitenzähler, ...) zum Drucker umleiten können:

```
/* einfaches Listerprogramm */

# include <iostream.h>
# include <fstream.h>
# include <stdio.h>

main ( )
  {     char c ;  char name [14] ;
        gets (name) ;
        ifstream quelle ;
        quelle.open (name, ios :: nocreate | ios :: binary) ;
        while (quelle.get (c))  cout << c ;
        quelle.close ( ) ;
        return 0 ;
  }                                   // Ende des Listers
```

Analog kann man EXE-Files einlesen und passend anzeigen; wir schreiben uns ein einfaches sog. **Hexdump**-Programm, das links den Hexa-Code, rechts die Umsetzung in lesbare Zeichen anzeigt:

```cpp
/* vier.cpp  Ein Hexdump-Programm */

# include <fstream.h>
# include <stdio.h>
# include <conio.h>            // für die Funktion  getch ( )

hexausgabe (unsigned char c)
   {     int a = int (c) % 16 ; int b = int (c) / 16 ;
         if ( b < 10 ) cout << b ; else cout << char (55 + b) ;
         if ( a < 10 ) cout << a ; else cout << char (55 + a) ;
         return 0 ;  }

long filesize (char name [14]) ;                   // Liefert die Filelänge

main ( )
{ unsigned char c ; long int pos = 0 ;
  int weiter ; char name [14] ;
  fstream quelle ;
  cout << "Filename : " ; gets (name) ;
  cout << "   Byte : " ;
  cout << filesize (name) / 1000 << " " << filesize (name) % 1000 ;
  while ( pos >= 0 )
       { quelle.open (name, ios :: nocreate | ios :: binary) ;
         gotoxy ( 50, 2) ; clreol ( ) ; cout << "Byte-Zeiger : " << pos ;
         quelle.seekp (pos) ;
         int zeile = 5 ; int spalte = 1 ; int z ;
         for ( z = 1 ; z <= 256 ; z++ )
               { quelle.get (c) ;
                 gotoxy (3* spalte, zeile) ; hexausgabe (c) ;
                 gotoxy (spalte + 58, zeile) ; cout << c ;
                 spalte++ ;
                 if ( z % 8 == 0 ) spalte++ ;
                 if ( z % 16 == 0 )
                    { cout << endl ; spalte = 1 ; zeile++ ; }
               }
         gotoxy (10, 22) ;
         cout << "Vorwärts +  rückwärts -  Ende ESC  >>> " ;
         weiter = getch ( ) ;
         switch ( weiter )
           { case 43 : pos = pos + 256 ; break ;
             case 45 : if (pos > 0) pos = pos - 256 ; break ;
             case 27 : pos = - 111 ; break ;
             default  : cout << "Unzulässige Eingabe!" ; }
         quelle.close ( ) ;
       }
  return 0 ;
  }                  // Ende von main, es folgt die Funktion filesize
```

```
long filesize (char name [14]) ;            // Liefert die Filelänge
   { fstream quelle ;
     quelle.open (name, ios :: nocreate | ios :: binary) ;
     quelle.seekp (0, ios :: end) ;         // Zeiger auf Dateiende
     long length = quelle.tellp ( ) ;       // aktuelle Position
     quelle.close ( ) ;
     return length ;
   }
```

Die Funktion *getch* erlaubt die Eingabe eines Zeichens *weiter* ohne **Echo**, d.h. ohne
<Return> (wie readkey in Turbo Pascal). Das Zeichen ist *int* vereinbart, so daß auch
die Escape-Taste mit dem Wert 27 abgefragt werden kann. Mit der Vereinbarung *char*
hieße es im Schalter ansonsten *case '+' : ... usw.*

Beachten Sie in der Funktion *hexausgabe* die Umschreibung eines ASCII-Index n zum
entsprechenden Buchstaben mit *char (n)* .

```
┌──────────────────────── C:\VIER.EXE ────────────────────────┐
Filename : vier.exe
   Byte : 112 407                            Byte-Zeiger : 0

   4D 5A 50 00 02 00 00 00    04 00 0F 00 FF FF 00 00    MZP█████ ████  ██
   B8 00 00 00 00 00 00 00    40 00 00 00 00 00 00 00    .███████ @███████
   00 00 00 00 00 00 00 00    00 00 00 00 00 00 00 00    ████████ ████████
   00 00 00 00 90 00 00 00    00 00 00 00 90 00 00 00    ████████ ████████
   BA 10 00 0E 1F B4 09 CD    21 B8 01 4C CD 21 90 90    º█████´ Í !.█LÍ!██
   54 68 69 73 20 70 72 6F    67 72 61 6D 20 6D 75 73    This pro gram mus
   74 20 62 65 20 72 75 6E    20 75 6E 64 65 72 20 4D    t be run  under M
   69 63 72 6F 73 6F 66 74    20 57 69 6E 64 6F 77 73    icrosoft  Windows
   2E 0A 24 00 00 00 00 00    00 00 00 00 00 00 00 4E    . $██████ ███████N
   45 06 01 C4 00 0A 00 00    00 00 00 0A 00 06 00 00    E██Ä█ ██ ███ ████
   10 00 14 00 00 01 00 00    00 06 00 06 00 05 00 0C    ████████ ████████
   00 40 00 70 00 70 00 98    00 A2 00 5E 01 00 00 01    █@█p█p██ █¢█^████
   00 09 00 00 00 02 00 00    00 00 00 00 00 00 03 01    █ ███████ ████████
   00 49 61 50 1D 49 61 3B    00 91 06 50 1D 91 06 40    █IaP█Ia; █'█P█'█@
   00 30 37 50 1D 30 37 5E    00 C7 43 50 1D C7 43 87    █07P█07^ █ÇCP█ÇC█
   00 38 0C 50 1D 38 0C 8F    00 5E 12 51 5E 12 04 56    █8█P█8██ █^█Q^██U

         Vorwärts +    rückwärts -    Ende ESC    >>> _
```

Abb. 10.4 : Der Anfang des Programms vier.exe

Die Abb. zeigt die Anwendung des Listings auf sich selber: Jedes solche File beginnt
mit der Kennung $4D $5A oder MZ, den Anfangskürzeln von Mark Zbikowski, einem
der DOS-Entwickler von Microsoft. Später folgt der Text *This program must be run
under Microsoft Windows.* ... und erst sehr viel später beginnt der eigentliche Code.

Schon auf der zweiten Seite (mit jeweils 256 Byte) der Anzeige finden Sie jede Menge Nullen. Diese Teile des Exe-Files können für verschiedene interessante Zwecke genutzt werden:

Compilieren und starten Sie das folgende Listing mit *Debug*: Es wird als Effekt nur die Meldung *Datei kann nicht mehr ausgeführt werden ...* liefern. Dies liegt daran, daß auf Byte-Position 401 (und in der Umgebung) nur Nullen stehen, wie Sie mit dem Hexdump-Programm für *fuenf.exe* auf der zweiten Seite sofort sehen.

```
/* fuenf.cpp  Eintrag einer Laufcodierung */

# include <iostream.h>
# include <fstream.h>

unsigned char codierung ( )             // Startroutine
   {      unsigned char code ;
          fstream datei ;
          datei.open ("fuenf.exe", ios :: in | ios :: out) ;
          datei.seekg (401) ;           // Nummer mit Hexdump suchen!
          datei.get (code) ;            // liest später 4, 3, 2, ... ein!
          if ( code > 0 )
            { datei.seekp (401) ; code = code-- ; datei.put (code) ; }
          datei.close ( ) ;
          return (code) ;
   }

main ( )
   {      if ( codierung ( ) )          // geht bei jedem anderen File ...
            {
                                        // Das zu schützende Programm
             for ( int k = 1 ; k <= 10 ; k++ )
             cout << k * k << " " ; }

          else cout << "Datei kann nicht mehr ausgeführt werden ... " ;
   return 0 ;
   }
```

Führen Sie nunmehr in der IDE das kleine Hilfsprogramm

```
/* sechs.cpp  Code eintragen */

# include <fstream.h>        # include <iostream.h>
main ( )
  { unsigned char c = 4 ;        // oder einen größeren Bytewert ...
    fstream datei ("fuenf.exe", ios :: in | ios :: out) ;
    datei.seekp (401) ; datei.put (c) ; datei.close ( ) ; return 0 ;
  }                              // Ende des Hilfsprogramms sechs.cpp
```

einmal aus und starten Sie dann *fuenf.exe* nur noch mit dem Programm-Manager, also **nicht** in der IDE: Das Programm kann genau dreimal ausgeführt werden, nicht öfter ... Das Hilfsprogramm schreibt nämlich auf Position 401 des Exe-Files den Wert 4, der anschließend auf 3 heruntergesetzt wird, für den nächsten Start ... Für eigene Demoprogramme wählen Sie natürlich eine weiter hinten liegende Position oder überschreiben eine zusätzliche Variable des eigentlichen Programms, die in Wahrheit aber nirgends gebraucht wird. Diese müssen Sie dann mit dem Hexdump-Programm im fertigen Exe-File suchen. Auch ein versierter Hacker wird diesen Schutzmechanismus ohne Quelltext nicht aufbrechen können. - Übrigens: Da das File seinen Namen braucht, darf es unter DOS nicht umbekannt werden!

Noch raffinierter ist es, ein File so auszuliefern, daß es beim ersten Lauf irgendein Kennwort so einträgt, daß in Zukunft Starts nur noch mit dieser individuellen Kennung möglich sind. Im folgenden Beispiel wird als Kennung eine Zeichenkette mit maximal acht Zeichen benutzt, die wir zu Testzwecken wiederum ab Position 401 ff im File eintragen. Im einmal compilierten Programm können Sie aber viel weiter hinten eine Stelle suchen, die wiederum etliche Nulleinträge aufweist, und dann die obige Byte-Position entsprechend verändern. (Etwa in File-Mitte finden sich in der Umgebung des Borland-Copyright-Eintrags passende Sequenzen!)

```cpp
/* sieben.cpp  Ein Programm mit frei wählbarer Kennung */

# include <iostream.h>
# include <fstream.h>
# include <string.h>        # include <stdio.h>

int codierung ( )
{ char kennung [9] ; char eingabe [9] ; unsigned char c ;
  fstream datei ;
  datei.open ("sieben.exe", ios :: in | ios :: out) ;
  datei.seekp (401) ; datei.get (c) ;
  if ( c == 0 )
     { cout << "Erster Programmlauf >> Kennung (max. 8 Zeichen) >> " ;
       gets (kennung) ;               // hier u.U. Abbruch in der IDE !!!
       datei.seekp (401) ; c = 255 ;      // Umsetzen von 0 auf FF
       datei.put (c)  ;
       for ( int k = 0 ; k < 9 ; k++ ) datei.put (kennung [k]) ;
       return 1 ; }
  else
    { datei.getline (kennung, 9) ;
      cout << "Kennwort eingeben ... " ; gets (eingabe) ;
      if ( strcmp ( kennung, eingabe) == 0 ) return 1 ;
         else
         { cout << "Falsches Kennwort, Zugang verweigert!" ; return 0 ; }
    }
  datei.close ( ) ;
}                                      // Ende codierung ...
```

```
main ( )
{       if ( codierung ( ) )
                { // Hier kommt das geschützte Programm ...
                    for ( int k = 1 ; k <= 10 ; k++ ) cout << k * k << " " ;
                }
            return 0 ;
}
```

<table>
<tr><td colspan="2">Filepointer p auf Wert setzen, wo im Neuzustand des Exe-Files eine längere Sequenz 00 00 00 ... existiert.</td></tr>
<tr><td colspan="2">Wert f (p) aus File einlesen ...</td></tr>
<tr><td>Ja</td><td>Ist f (p) = 0 ?   Nein</td></tr>
<tr><td>(Programm unbenutzt)</td><td>(Programm benutzt)</td></tr>
<tr><td>Kennung angeben</td><td>Kennung abfragen</td></tr>
<tr><td>File bei p verändern:
f(p) z.B. = FF (255)</td><td>Mit Eintrag ab p+1
vergleichen ...</td></tr>
<tr><td>ab p+1 (oder anderswo)
Kennung eintragen,
Programm starten.</td><td>Bei Gleichheit
Programm starten,
sonst abbrechen!</td></tr>
</table>

Abb. 10.5 : Struktogramm des File-Schutzes

Zum Testen des Programms müssen Sie die IDE nicht verlassen: Beim ersten erfolgreichen Aufruf unter *Debug* wird das Programm nämlich zunächst auf der Peripherie gespeichert, ehe es anläuft. Dann wird die Eingabe der anzulegenden Kennung angefordert und diese Zeichenkette hinausgeschrieben. Wenn Sie anschließend erneut mit *Debug* starten, arbeitet das Programm aber aus dem Speicher (!) der Maschine heraus und fragt die zuvor eingegebene Kennung ab, die mit dem Eintrag auf der Peripherie verglichen wird. Bei falschem Kennwort reagiert das Programm also auch in der IDE mit Verweigerung. Erst wenn Sie im Editor irgendeine Änderung vornehmen, wird unter *Debug* neu compiliert und das Exe-File wieder auf die Peripherie geschrieben. Beim folgenden Lauf ist es damit im Neuzustand, erfragt also wieder das Kennwort zur Ablage!

Wenn Sie das Exe-File später mit dem Programm-Manager starten, ist es in jenem Zustand, in dem Sie es in der IDE verlassen haben. Zur professionellen Verteilung des Neuprogramms müssen Sie daher das Exe-File in der IDE nach irgendeiner kleinen Änderung (Zwischenzeile einfügen und sogleich wieder entfernen!) mit *Debug* neu compilieren und nach dem Start vor Eingabe des Kennworts abbrechen.

Dann bleibt das Exe-File auf der Peripherie im Neuzustand und kann somit als Kopie per *copy* *.* unter DOS so verteilt werden, daß jeder Benutzer beim ersten Start sein eigenes Kennwort wählt ...

Ein Ausbau zum Ändern eines bereits existierenden Kennworts kann übrigens in der Funktion etwa wie folgt leicht eingefügt werden:

```
    ...
    if ( strcmp (kennung, eingabe) == 0 )
      {  char ant ; cout <<  "Neues Kennwort?  ( J / N )  " ; cin >> antw ;
         if ( ant == 'J' )
           { gets (kennung) ; datei.seekp (402) ;
              for ( int k = 0 ; k < 9 ; k++ ) datei.put (kennung [k]) ;
           }
         return 1 ;
      }
    else ...
```

Das vorstehende Programm ist natürlich unter DOS mit dem Kommando *copy* beliebig kopierbar; es nimmt bei dieser Gelegenheit das Kennwort mit, bleibt also lauffähig. Es darf aber nicht umbenannt werden, da ja sein Name im Exe-File verwendet wird.

Die Frage nach einem **Kopierschutz** fertiger Programme ist weit komplexer: Da ein unter DOS per *copy* kopiertes Programm eine identische Kopie der Bitfolge des Quellfiles ist, bleibt es lauffähig.

Nun hat aber jeder Datenträger (Diskette) eine sog. **Datenträgernummer**, die beim Formatieren einmalig festgelegt wird. Wird diese Nummer im Programm verankert und beim Start von der Disk abgefragt, so kann die Kopie eines Exe-Files gegen Startversuche resistent gemacht werden. Denn beim Kopieren wird diese (bisherige) Nummer im Exe-File mitgenommen und kann mit der dann anderen Nummer des neuen Datenträgers verglichen und ausgewertet werden.

Dabei ist wichtig, daß auch eine mit *diskcopy* physikalisch komplett kopierte Diskette die Datenträgernummer nicht mitnimmt!

Macht also ein Programm auf einer Diskette (1) den Start eines Programms von deren Datenträgernummer abhängig, so ist eine Kopie auf einer Diskette (2) nicht mehr lauffähig, egal wie dorthin kopiert worden ist.

Demnach muß man auf jeden Fall von einer Disk unter Angabe von **Spur und Sektor** bytegenau **lesen** können. Auf den Hilfeseiten finden Sie zur Headerdatei <bios.h> unter <u>bios disk</u> ein kleines Beispielprogramm: Sie können Ihre bisherigen Fähigkeiten nun testen, indem Sie mit den dortigen Informationen ein einigermaßen komfortables Listing erstellen, das auf einer Diskette im Laufwerk A: direkt lesen kann:

```cpp
/* acht.cpp  Direktes Lesen auf Datenträger (in Laufwerk A:) */

# include <bios.h>
# include <stdio.h>
# include <iostream.h>
# include <conio.h>

hexausgabe (unsigned char c)                    // übernommen aus vier.cpp
  {  int a = int (c) % 16 ; int b = int (c) / 16 ;
     if ( b < 10 ) cout << b ; else cout << char (55 + b) ;
     if ( a < 10 ) cout << a ; else cout << char (55 + a) ;   return 0 ; }

main ( )
{ struct diskinfo_t dinfo ; int result ;
  unsigned char dbuf [512] ;
  dinfo.drive = 0 ;                      // Laufwerk A:
  dinfo.head = 0 ;                       // Kopf (bei Platten)
  dinfo.track = 0 ;                      // Spuren 0 ...
  dinfo.sector = 1 ;                     // Sektoren 1 .. 18 (bei Disketten)
  dinfo.nsectors = 1 ;                   // Sektorzähler
  dinfo.buffer = dbuf ;                  // Datenpuffer für kompletten Sektor

  clrscr ( ) ;
  cout << "Es wird von Laufwerk A: gelesen ... \n" ;
  cout << "Spur (0 ... )     " ; cin >> dinfo.track ;
  cout << "Sektor (1 ... 18) " ; cin >> dinfo.sector ;
  result = _bios_disk (_DISK_READ, &dinfo) ;
  if ( (result & 0xff00) == 0 )
        { clrscr ( ) ; int zeile = 4 ; int spalte = 0 ; int k ; char weiter ;
          for ( k = 0 ; k < 512 ; k++ )
          {  if ( k % 8 == 0 ) spalte ++ ;
             if ( k % 16 == 0 ) { cout << endl ; spalte = 2 ; zeile++ ; }
             gotoxy (3 * spalte, zeile) ; hexausgabe (dbuf [k]) ;
             gotoxy (spalte + 58, zeile) ;
             if (dbuf [k] > 27) cout << dbuf [k] ; else cout << " " ;
             spalte++ ;
             if ( k == 255 )
             { gotoxy (5, 23) ; cout << endl << "Weiter zweiter Halbsektor ..." ;
               weiter = getch ( ) ; clrscr ( ) ; zeile = 4 ; spalte = 2 ; }
          }
          gotoxy (5, 23) ; cout << "Spur ... " << dinfo.track ;
          cout << "  Sektor ... " << dinfo.sector ;
        }
  else cout << "Es konnte nicht gelesen werden ..." ; return 0 ;
}
```

Beachten Sie beim Compilieren, daß dies **in der IDE** wegen der Datei <bios.h> nur als
DOS-Projekt entsprechend den Bemerkungen von S. 32 möglich ist. Das fertige
Compilat wird dann aus DOS heraus gestartet. Existiert jedoch acht.exe bereits, so
wird bei versehentlichem Benutzen von *Debug* acht.exe ebenfalls ausgeführt, und zwar

in einem Fenster der IDE: Vorher ist die Frage *als 16-Bit-Anwendung trotzdem starten?* positiv zu beantworten.

Das Borland-Paket C++ enthält auch einen **Direktcompiler**, der unter DOS benutzt werden kann: Im Unterverzeichnis / bin / finden Sie ein rd. 800 kByte großes File BCC.EXE, das beim Aufruf ohne Parameter einige Hinweise zu seiner Benutzung gibt: Üblicherweise ist davon auszugehen, daß das Autoexec-File die Pfade derart eingestellt hat, daß der Compiler BCC auch von C: aus aufgerufen werden kann. Befindet sich dann das File acht.cpp ebenfalls auf C:, so genügt

```
bcc acht.cpp  <Return>
```

auf der Kommandozeile von DOS, um eine Version von acht.exe (ebenfalls auf C:) zu compilieren, die gegenüber der Projektversion mit einigen 70 kByte nur mehr um 45 kByte lang ist.

Zurück zum Programm acht: Nach jedem Lesen eines Sektors müssen Sie es neu starten; es ist leicht dahingehend zu verbessern, daß eine äußere Schleife fortlaufend steuert:

```
dinfo.track = 0 ; dinfo.sektor = 1; weiter = 12 ;
while ( ! weiter == 27 )
    {   weiter = getch ( ) ; clrscr ( ) ;
        ... altes Listing fast unverändert ...
        dinfo.sector++ ;
        if ( dinfo.sector == 19 )   { dinfo.sector = 1; dinfo.track ++ ; }
        weiter = getch ( ) ;
    }
```

Auf der Disk zu diesem Buch ist die Lösung entsprechend komplettiert.

Nehmen Sie jetzt zwei verschiedene, von Ihnen **selber neu formatierte** Disketten zum Testen mit unserem Programm: Vorformatierte Disks aus handelsüblichen Packungen haben innerhalb einer Serie meist dieselbe Datenträgernummer, sind also zum Aufkopieren kopiergeschützter Programme nur bedingt geeignet!

Auf Sektor 1 der Spur 0 finden Sie in der dritten Zeile nach den Nullen ... 00 an fünf Bytes unterschiedliche Einträge: Aus dem Sektorpuffer *dbuf* unseres Programms sind das die Werte *dbuf [39]* bis *dbuf [42]*. Das ist die beim Formatieren mitgeteilte Datenträgernummer, die dort ohne Bindestrich rückwärts geschrieben steht. Ich fand nach $29 (stets gleich) z.B. 21 1C - 16 02.

```
00 00 00 00 00 00 29 02   16 1C 21 .. ..
```

Jetzt ist alles klar: Sie vertreiben ein Programm (auf Disk) und wollen verhindern, daß der Empfänger weitere Kopien zieht und verteilt. Er soll dieses Programm nur vom Laufwerk A: aus mit der Originaldiskette starten können ...

Ergänzen Sie das Quellfile durch eine Funktion, mit der die Positionen 39 ... 42 (also ab dem 40. Byte) von Spur 0 / Sektor 1 der Disk beim ersten Start des Programms eingelesen und auf einen freien Platz im Exe-File geschrieben werden. Beim zweiten Start wird festgestellt, daß im Exe-File ein Eintrag vorhanden ist; wiederum wird die Datenträgernummer von der Disk eingelesen und jetzt mit dem Eintrag verglichen, um gegebenfalls abzubrechen. Abb. 10.6 stellt die Abläufe dar.

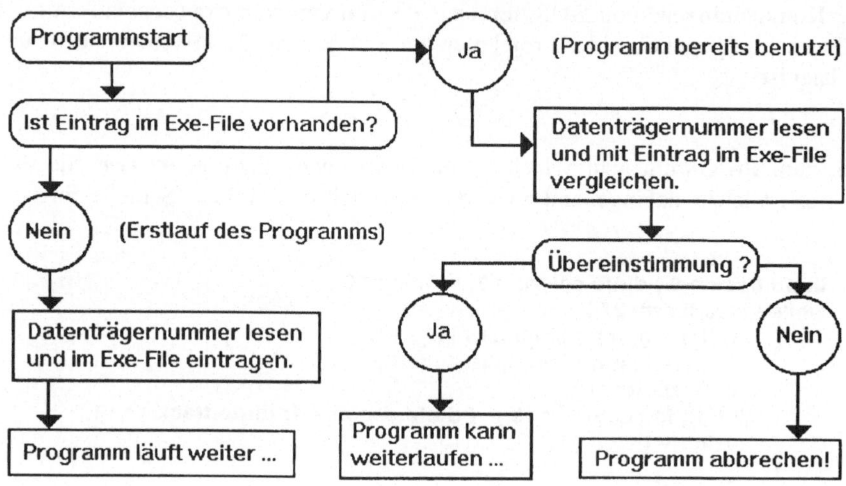

Abb. 10.6 : Ablaufplan zum Kopierschutz einzelner Programme

Zum Vertrieb compilieren Sie dieses Programm, brechen aber die Ausführung ab, damit das Exe-File keinen Eintrag erhält. Diese Fassung können Sie beliebig kopieren. Jede Kopie starten Sie dann vor dem Versand einmal, um die individuelle Datenträgernummer der jeweiligen Diskette im File zu verankern.

Diese Kopien laufen nur am Laufwerk A: mit der Originaldisk, niemals auf weiteren Kopien; Sicherungskopien sind für den Besitzer wertlos, da sie nie mehr die Originalnummer antreffen werden, außer auf der Quelldisk. Ein nützliches Verfahren also für Testversionen, wenn man es noch mit der Laufbegrenzung aus dem Programm fuenf.cpp dieses Kapitels kombiniert ... Es ist praktisch unmöglich, die einmal eingetragene Kennung auf dem Exe-File zu patchen, wenn man nicht gerade den Anfang des Exe-Files für die Verankerung wählt!

Zuletzt ein kleiner Ausflug in die Headerdatei <time.h>, die schon in (ANSI) C erklärt
ist, aber natürlich unter C++ eingesetzt werden kann. Schauen Sie einmal hinein: Sie
enthält allerhand Routinen zu Datum und Uhrzeit, z.B.

```
/* neun.cpp  Zeitabfrage */
# include <time.h>
# include <iostream.h>
# include <math.h>     // nur für die Funktion sin

main ( )
  {      time_t  gmzeit, uhrzeit ;
         struct tm  *tblock ;
         clock_t  start, ende ;

         uhrzeit = time (NULL) ;
         start = clock ( ) ;
         cout << "Zeit in Sekunden seit 1.1.1970 : " << gmzeit << endl << endl ;
         tblock = localtime (&uhrzeit) ;
         cout << "Tag Monat Datum Uhrzeit Jahr : " << asctime (tblock) << endl ;
         for ( int i = 0 ; i <= 10 ; i++ )
                 { cout.width (10) ; cout << i * sin (i) << endl ; }
         cout << endl << endl ;
         ende = clock ( ) ;
         cout << "Programmlaufzeit in Sekunden " << (ende - start) / CLK_TCK ;
         return 0 ;
  }
```

Die vom Programm zuerst ausgeworfene Zeit ist die seit 1.1.1970 verflossene sog.
Greenwich Mean Time, wohl ein Spaß der Entwickler von C, denn etwa seinerzeit
begann sich die Sprache zu etablieren ...

Aus der intern definierten Struktur *tm* geben wir über einen Pointer *tblock* eine in
einen String konvertierte Zahlenfolge aus, die alle Informationen zum Zustand der
Rechneruhr enthält. Dazu wird die Funktion *localtime* mit Aufruf der Adresse von
uhrzeit eingesetzt.

Schließlich entnimmt man dem Listing die Möglichkeit, Programmlaufzeiten mit der
ebenfalls vorhandenen Funktion *clock* anzuzeigen. Die in der Zeitdifferenz auftretende
Konstante CLK_TCK ist die Anzahl der Schläge pro Sekunde, d.h. die Rechneruhr
zählt von Haus aus nicht Sekunden, sondern Takte.

Mit den oben vorkommenden Routinen können Sie auf einfache Weise eine **laufende
Uhr** programmieren, die durch Tastendruck (if keypressed ...) angehalten werden
kann. Es gibt dazu in der Headerdatei <conio.h> eine Funktion *kbhit* (hit keyboard),
die im folgenden Listing verwendet wird:

```
/* zehn.cpp  eine laufende Uhr */
# include <time.h>
# include <iostream.h>
# include <conio.h>    // clrscr ( ), gotoxy (n, n) u.a.


main ( )
{ time_t uhrzeit ;
  struct tm *tblock ;
  char merk [19] ;

  gotoxy (5, 5) ;  cout << "Uhrzeit : " ;
  do
       { gotoxy (15 , 5) ;
         uhrzeit = time (NULL) ;
         tblock = localtime (&uhrzeit) ;
         for ( int k = 11 ; k <= 18 ; k++ )
         { if ( !(merk [k] == asctime (tblock) [k]) )
              { for ( int m = 11 ; m <= 18 ; m ++ )
                   { merk [m] = asctime (tblock) [m] ; cout << merk [m] ; }
              }
         }                                 // Ausgabe im Sekundentakt
       }
  while ( !kbhit ( ) ) ;    // das ist die Funktion keypressed
  cout << endl << endl << "    Halt ... " ;
  return 0 ;
}
```

Die Anzeige der Uhrzeit über ein Feld bewirkt eine Neuausgabe der **Zeit** nur dann, wenn sich eine Ziffer verändert hat, also wenigstens eine Sekunde verstrichen ist, und verhindert damit ein Flimmern der Uhr.

Die bisherigen Listings sind teils in C++, teils in C programmiert, berücksichtigen also auf keine Weise all jene Konzepte, die C++ als objektorientierte Erweiterung von C erscheinen lassen. Das folgende Kapitel bringt kaum Ergänzungen zum Anweisungsvorrat, sondern dient dem Einüben des Erlernten, kann also auch überschlagen werden. Allerdings führt es thematisch in ein sehr interessantes Gebiet ein ...

11 Kryptologie

Seit der Mensch schreiben kann, befaßt er sich mit Geheimschriften: Computer haben solche Möglichkeiten auf enorme Weise erweitert. Wir machen daher vor OOP einen kleinen Ausflug in dieses sehr spannende Gebiet.

Schon Julius Cäsar hatte das Problem, Nachrichten verschlüsselt weiterzugeben. Er benutzte dazu angeblich eine einfache Verschiebemethode, die jedem Buchstaben eines Textes einen neuen zuordnete. In heutiger Schreibweise:

ASCII-Code (Neuzeichen) = 65 + (ASCII-Code (Altzeichen) + x) mod 26 .

Für den Schlüssel x gibt es dabei offenbar soviele Möglichkeiten, wie das Alphabet Buchstaben enthält. Ein derart verfaßter Geheimtext ist allerdings sehr leicht zu entschlüsseln. Auch alle in der Folgezeit im Rahmen der sich entwickelnden Kryptologie [1] erfundenen Verfahren waren zunächst **symmetrisch**, d.h. Absender und Empfänger mußten im Besitz des gemeinsamen Schlüssels sein, dessen Übertragung stets eine Schwachstelle gewesen ist: Der Schlüssel wird vorher verabredet und auf irgendeine Weise vertraulich übermittelt. Die meisten symmetrischen Verfahren sind übrigens mit heutigen Methoden (wenn auch teilweise ganz erheblichem Aufwand) mehr oder weniger leicht aufzubrechen.

Erst mit dem Einsatz leistungsfähiger Rechenanlagen ist es gelungen, **asymmetrische** Verfahren für praktisch nutzbare Zwecke zu entwickeln und auszubauen:

---

[1] Siehe auch das Glossar zu diesem Buch. Eine Menge von Basisinformationen findet man z.B. in Heft 4/97 des PC Magazin DOS in mehreren Artikeln ab S. 228. Die beiden Bücher [M] behandeln Beispiele, so z.B. [M1] das RSA-Verfahren. Im Zeitalter der Netze und digitalen Telefone ist das Thema wieder besonders aktuell geworden und wird öffentlich diskutiert; der Staat meldete zur Bekämpfung sog. organisierter Kriminalität wiederholt Ansprüche auf Offenlegung im Nachrichtenverkehr an. Seit Juni 1997 ist das in der Bundesrepublik gesetzlich geregelt.

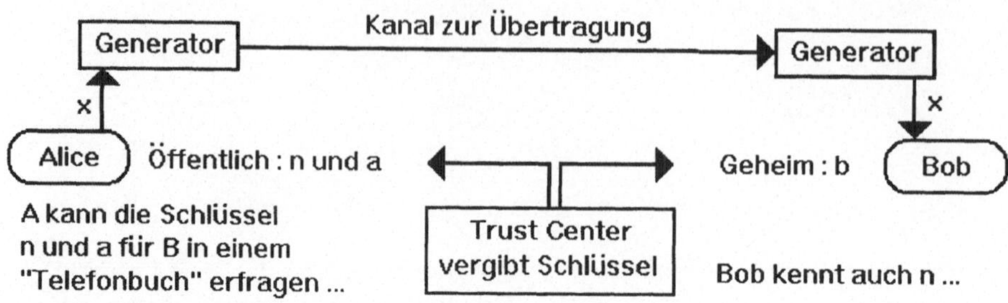

Abb. 11.1 : Nachrichtenübertragung

Das nach seinen Erfindern Ronald Rivest, Adi Shamir und Leonhard Adleman benannte **RSA-Verfahren** benutzt zwei öffentlich bekannte Schlüssel n und a (*public keys*), mit dem jeder Absender „Alice" eine Nachricht an einen bestimmten Empfänger „Bob" verschlüsseln kann. Nur Bob allein kann die Nachricht mit einem ihm bekannten privaten Schlüssel b (*private key*) decodieren.

Das Verfahren beruht vor dem Hintergrund der zahlentheoretischen φ - Funktion von EULER auf sehr großen (wenigstens hundertstelligen) Primzahlen p und q, aus denen gemäß $n = p * q > 10^{200}$ der erste öffentliche Schlüssel gebildet wird. Die Faktorisierung von n ist in vertretbarer Zeit auch mit sehr leistungsfähigen Rechnern nach dem derzeitigen Stand praktisch unmöglich:

Dem Empfänger Bob einer Nachricht wird von einer Zertifizierungsstelle (sog. Trust Center, u.U. der Internet-Provider) eine Primzahl b zugeteilt, die sowohl größer ist als p wie auch größer als q. Dieses b ist sein geheimer Schlüssel. Aus b kann vom Trust Center über die Beziehung

$$(b * a) \text{ MOD } (p - 1) * (q - 1) = 1$$

ein sog. öffentlicher Schlüssel a für Bob berechnet werden: n und a werden nunmehr für Nachrichten an Bob wie in einem „Telefonbuch" veröffentlicht. Will jemand eine Nachricht an Bob senden, so codiert er die Zeichen x seines Textes mit der Formel

$$y = x^a \text{ MOD } n$$

zum übertragenen Code y, der vom Empfänger Bob über

$$x = y^b \text{ MOD } n$$

wieder in das Zeichen x decodiert werden kann. Das Verfahren heißt asymmetrisch, weil die Schlüssel a und b verschieden sind. Die entsprechenden Algorithmen zum Konvertieren sind einigermaßen kompliziert, aber keineswegs geheim.

Damit wird signalisiert, daß der Algorithmus „fest" ist: Geheime Algorithmen insb. bei symmetrischen Verfahren haben oftmals Schwachstellen und werden genau deswegen natürlich nicht publiziert: Auch ohne Kenntnis des Schlüssels wäre ein Aufbrechen eines abgefangenen Codes heute vielleicht recht einfach. [1]

Das folgende exemplarisch dargestellte Verschlüsselungsverfahren, ebenfalls mit Primzahlen, ist jedoch ein symmetrisches: Sender und Empfänger müssen dasselbe Programm haben und gemeinsame Schlüssel vereinbaren. Nach Eingabe zweier Schlüsselzahlen a und b werden insgesamt a Primzahlen p ab p_b berechnet, wobei als erste Primzahl p_1 die Zwei gilt. a kann dabei jeder Wert mit $1 \leq a \leq 300$ sein, d.h. die Liste enthält maximal 300 aufeinanderfolgende Primzahlen, die erste beim Feldindex Null! Das möglichst große b kann maximal etwa 3000 gewählt werden, denn die 3300.ste Primzahl liegt noch unterhalb rd. 32.000, was wegen der Typenvereinbarung *int* (statt ansonsten *long*) in unserem Programm berücksichtigt werden muß.

Der mit einem beliebigen Editor (z.B. DOS-EDIT) erstellte Text wird als File URTEXT.TXT zeichenweise eingelesen. Das erste Zeichen wird nun mit der ersten Primzahl p_0, das zweite Zeichen mit der zweiten Zahl p_1 usw. nach dem Muster

geheimzeichen = (zeichen + p_b) mod 256

verschlüsselt, also jedes Zeichen anders. Ist die Primzahlliste sequentiell durchlaufen, beginnt man wieder mit der kleinsten Primzahl p_0 aus der Liste.

Da bei insbesondere weit größerem b die Primzahlen unregelmäßig aufeinanderfolgen, ist ein Entschlüsseln dieser **polyalphabetischen** Verschiebemethode selbst bei Kenntnis des grundsätzlichen Algorithmus eingermaßen schwierig. Immerhin kann man systematisch alle denkbaren Möglichkeiten (im „Pullacher" Fachjargon: Brute Force Attack) ausprobieren und so die Schlüssel finden. Das „Knacken" wird erschwert, wenn das Weiterschalten auf der Liste nicht einfach sequentiell, sondern nach einem Algorithmus über die Feldindizes erfolgt. Diesen wie auch die Schlüssel muß man natürlich geheimhalten. Mit weiterem Aufwand wäre es möglich, auch die Schlüssel mit dem Geheimtext zu übertragen, diese also hue und da zu verändern.

Eine Decodierung ist naheliegenderweise nur möglich, wenn Ausgangstext und codierter Text exakt dieselbe Länge haben. Einzelne falsch übertragene Zeichen werden falsch decodiert. Hinge die Auswahl der nächsten Primzahl jedoch vom eben codierten Zeichen ab, so müßte der Geheimtext vollständig und zeichenweise richtig übertragen werden. - Hier ist das Listing:

---

[1]   In [M1] wird RSA mit den für praktische Zwecke allerdings viel zu kleinen Beispielzahlen n = 17 * 23 mit g = 29 und a = 85 vorgeführt: Sie können nachprüfen, daß die Beziehung 29 * 85 MOD (16 * 22) = 1 erfüllt ist: 2465 MOD 352 = 1.

```cpp
/* eins.cpp   Codieren mit einem Feld von Primzahlen */

# include <iostream.h>
# include <math.h>
# include <fstream.h>

main ( )
 {  int wieviel ; int key ; int feld [300] ;
    cout << "Wieviele Primzahlen (max 300) ... " ; cin >> wieviel ;
    cout << "kleinste Nummer (max. 3000)   ... " ; cin >> key ;
    int teiler, anfang ; float wurzel ; int anzahl = 3 ; anfang = 3 ;
    while ( anfang < 32000 )
        { wurzel = sqrt (anfang) ; teiler = 3 ;
          do  { if (anfang % teiler != 0) teiler = teiler + 2 ; else teiler = anfang ; }
          while ( teiler < wurzel ) ;
          if ( anfang % teiler != 0 )
             { anzahl++ ;
                if ( anzahl >= key && anzahl - key < wieviel )
                   feld [anzahl - key] = anfang ;  }
          anfang = anfang + 2 ;
        }
    cout << endl << "Filter aktiviert von " << feld [0] ;
    cout << " bis " << feld [wieviel - 1] << endl << endl ;

    char ein_name [11] = "URTEXT.TXT" ;
    char out_name [11] = "GEHEIM.TXT" ;
    char wahl ;
    fstream take, give ;
    cout << "Codieren (c) oder decodieren (d) ... " ; cin >> wahl ; cout << endl ;
    if ( wahl == 'c' )
        { take.open (ein_name, ios :: in | ios :: binary | ios :: nocreate) ;
          give.open (out_name, ios :: out | ios :: binary) ; }
    if ( wahl == 'd' )
        { take.open (out_name, ios :: in | ios :: binary | ios :: nocreate) ;
          // give.open (ein_name, ios :: out | ios :: binary) ;
        }
    unsigned char zeichen ; int neu ; int was = 0 ; int zeichenzahl = 0 ;
    while ( take.get (zeichen) )
        { if ( wahl == 'c' )
                { neu = (zeichen + feld [was]) % 256 ;
                  zeichen = neu;  give.put (zeichen) ;
                  neu = (zeichen - feld [was]) % 256 ;
                  cout <<  char (neu) ; }
          if ( wahl == 'd' )
                { neu = (zeichen - feld [was]) % 256 ; cout << char (neu) ;
                  // give.put (char (neu)) ;
                }
          zeichenzahl++ ; was++ ; if (was == wieviel) was = 0 ;
        }
    take.close ( ) ;  if ( wahl == 'c' ) give.close ( ) ;
    cout << "ENDE ... " << zeichenzahl << " Zeichen." ;
    return (0) ;
 }                          // Ende, siehe dazu noch Listing auf S. 173
```

Auf eine Besonderheit von Textdateien ist hinzuweisen: Die codierte (Text-) Datei (d.h. Wahl *d*) muß beim Einlesen mit

```
take.open (out_name, ios :: in | ios :: binary | ios :: nocreate) ; ...
```

unbedingt als Binärdatei angesprochen werden! Vergißt man *ios::binary*, so bricht das Einlesen ab, sobald das Zeichen 26 (Controll-Z, ^Z) für Dateiende gefunden wird. Beim Verschlüsseln des Ausgangstextes kommt ein solches Zeichen mit sehr großer Wahrscheinlichkeit auch vor! Verhindern ließe sich das z.B. mit

```
neu = 27 + (zeichen + feld [was]) % 225 ;
neu = (zeichen - 27 - feld [was]) % 225 ;
```

beim Codieren bzw. Decodieren (27 + 225 < 256 !) : Jetzt kommt das Steuerzeichen im Geheimtext auf keinen Fall mehr vor!

Texte lassen sich auch in anderen Texten oder gar **in Bildern** verstecken und auf diese Weise **steganographisch** (siehe Glossar) unauffällig übertragen. Bei konkretem Verdacht auf solche diskrete Kommunikation gibt es in vielen Fällen durchaus noch Möglichkeiten, die angereicherten Daten herauszufiltern. Ein einfaches symmetrisches Verfahren, bei dem Sender und Empfänger wieder einen absolut geheimzuhaltenden Algorithmus (vorerst ohne jeden Schlüssel) benutzen, wird im folgenden demonstriert.

Für Übungszwecke wird dazu ein Bild GEHEIM.BMP mitgeliefert: Das File kann unter Windows / Paint direkt betrachtet werden. Es hat die Länge 614.454 KByte, bei einer Größe von 640 * 480 = 307.200 Pixeln. Multipliziert man das mit 2 (mehr als 256 Farben benötigen je Pixel 2 Byte), so bleiben noch 154 Byte übrig. Diese ersten Byte enthalten Header-Infos, u.a. Angaben zur Farbpalette. Der Rest des Bildfiles kann beliebig verändert werden, wobei wegen der Anzahl der dargestellten Farben (was im Header festgeschrieben ist) allerdings nur Werte 0 ... 127 eingetragen werden dürfen.

Stellen Sie sich für eigene Versuche zunächst eine Kopie von GEHEIM.BMP mit dem Namen QUELLE.BMP her; beide Bilder enthalten dann dieselbe verdeckte Information. Wenn Sie kein eigenes Bild haben, können Sie QUELLE dann in Zukunft mit der Option *codieren* für eigene Versuche zum Verstecken von Information verwenden, wobei das zu versendende Zielfile laut Programm dann ebenfalls immer GEHEIM heißt. Mit *decodieren* können Sie sich bei einem allerersten Start (*decodieren*, also nicht überschreiben!) zunächst den von mir mitgelieferten Inhalt von GEHEIM anschauen, eine richtig kriminelle Nachricht an Sie ...

Logischerweise muß man zum Versenden von geheimen Nachrichten jedesmal ein neues Bild verwenden, damit der Geheimdienst keine Chance hat, durch Vergleich zweier nur in winzigen Details veränderter Bilder derselben Quelle seine Methoden punktgenau anzusetzen!

```cpp
/* zwei.cpp   Steganographie */
# include <iostream.h>
# include <fstream.h>
# include <stdio.h>
# include <string.h>

main ( )
{ char wahl ;
  cout << "Steganographisches Programm für Textdaten via Bild\n\n" ;
  cout << "Wollen Sie codieren     c" << endl ;
  cout << "... oder decodieren     d" << endl ;
  cout << "            Wahl     " ; cin >> wahl ;
  cout << endl << endl ;

  char bildname [11] = "QUELLE.BMP" ;        // andere Files *.* ebenfalls!
  char codename [10] = "GEHEIM.BMP" ;
  unsigned char zeichen ;

  fstream inbild, outbild ;
  char nachricht [120] ; long bytezahl = 0 ;

  if ( wahl == 'c' )
        { cout << "(Kurze) Nachricht zum Verschlüsseln eingeben ... \n" ;
          gets (nachricht) ;
          int wielang = strlen (nachricht) ;
          int start = 1 ;
          inbild.open  (bildname, ios :: in | ios :: nocreate | ios :: binary) ;
          outbild.open (codename, ios :: out | ios :: binary) ;
          while ( inbild.get (zeichen) )
           { bytezahl++ ;
             if ( bytezahl > 154 && bytezahl % 5000 == 0 && start < wielang )
             { zeichen = nachricht [start] ;
               cout << zeichen ;
               outbild.put (zeichen) ;
               if (start <= wielang) start ++ ;
             }
             else outbild.put (zeichen) ;
           }
          inbild.close ( ) ; outbild.close ( ) ;
        }

  if ( wahl == 'd' )
        { cout << "Die Nachricht lautet ... \n\n" ;
          outbild.open (codename, ios :: in | ios :: nocreate | ios :: binary) ;
          while ( outbild.get (zeichen) )
          { bytezahl++ ;
            if ( bytezahl % 5000 == 0 ) cout << zeichen ;
          }
          outbild.close ( ) ;
        }
  cout << "\n\nBild(de)codierung beendet ..." ;
  return 0 ;
}                                          // Ende des Listings
```

Wenn Sie die beiden Bilder unter Windows sehr sorgfältig miteinander vergleichen, werden Sie freilich ganz geringe Unterschiede (einige Pünktchen im Himmel oben links) erkennen; hat man aber nur ein einziges Bild, so fällt das überhaupt nicht ins Auge, erscheint bestenfalls als zufälliger Bildfehler.

Abb 11.2 : Bild eines Hotels   mit geheimer Nachricht

Natürlich funktioniert das Verfahren mit anderen hinreichend großen Bildern ohne auffällig einheitliche Farbflächen (wie z.B. blauem Himmel) ebenso; sie müssen lediglich durch Weiterschalten (hier mod 5000) sicherstellen, daß der gesamte Text im Bild möglichst weitläufig untergebracht wird. Mit verfeinerten Methoden ließe sich dieser Modul sogar als Variable in Abhängigkeit von jeweiliger Bildgröße (zur Filegröße siehe S. 150) und Textlänge im Bild selber unterbringen.

---

[1] Das beste Hotel „am Platze" in Wangdiphodrang (Zentral-Bhutan) in der typischen Fachwerk-Bauweise des kleinen Himalaya-Königreichs. Aus einem SVHS-Video des Autors, Original auf Disk in Farbe. Die im Bild untergebrachte fiktive Nachricht lautet: *Afghane kostet leider 20.000 Piepen; Treff dienstags 11:30 am Terminal C bei DRAGON AIR; Kohle mitbringen !!! ...*

Der Codierungsteil des Programms kann übrigens dazu verwendet werden, alle Bytes ab Position 154 des Bildfiles mehr oder weniger systematisch auf Werte 0 ... 127 derart zu setzen, daß die Farbcodierungen unter Windows erkennbar werden: Probieren Sie z.B. ohne Nachrichteneingabe

```
inbild.open  (bildname, ios :: in | ios :: nocreate | ios :: binary) ;
outbild.open (codename, ios :: out | ios :: binary) ;
while ( inbild.get (zeichen) )
{ bytezahl++ ;
  if ( bytezahl > 154 )
      { zeichen = bytezahl % 128 ;           // oder zeichen = 12; ...
        outbild.put (zeichen) ;
      }
}
   ...
```

aus und schauen Sie sich das entstehende Bild, das nur den Header der Quelle übernimmt, in der Paint-Umgebung an!

Durch einfache Verschiebeverfahren verschlüsselte Texte bilden die **Häufigkeit der Zeichen** aus dem Urtext mehr oder weniger in den Geheimtext ab und können daher bei Kenntnis der Sprache sehr einfach durch ein Auszählen der Häufigkeit der Zeichen im Geheimtext entschlüsselt werden. In den meisten indogermanischen Sprachen ist das mit Abstand häufigste Zeichen das e, in charakteristischer Weise gefolgt vom n. Danach kommen i, r und s.

Um Hinweise auf die Sprache zu unterdrücken, in welcher der Geheimtext verfaßt ist, kann man in einem längeren Text zunächst die häufigsten Buchstaben ermitteln und dann durch ein statistisches Verfahren von diesen soviele (über dem ganzen Text verteilt) entfernen, daß die Häufigkeiten der „ersten Buchstaben" in etwa gleich werden, aber der Text trotzdem (infolge der Redundanz jeder Sprache) immer noch einwandfrei lesbar bleibt.

Der erst danach verschlüsselte Text kann über Häufigkeitstabellen zum Buchstabenspektrum dann nicht mehr aufgebrochen werden. Ein solches Verfahren wird in [M2], S. 50 ff in Pascal vorgeführt.

Das folgende Listing ist noch die Vorstufe: Es dient lediglich zum Bestimmen von Buchstabenhäufigkeiten und kann zwei verschiedene ASCII-Texte miteinander vergleichen; eine Anwendung folgt auf S. 171.

Beachten Sie im Programm die sinnreiche Konstruktion beim Sortieren mit Bubblesort entsprechend S. 66 : Werden Häufigkeiten in eine neue Reihenfolge gebracht, so werden gleichzeitig auch die entsprechenden Zeichenfelder ausgetauscht, aus denen sich hernach die richtige Buchstabenzuordnung bei der auszugebenden Liste ergibt!

```cpp
/* drei.cpp  Statistik von Textzeichen */
# include <iostream.h>
# include <fstream.h>
main ( )
{   fstream dostext ;
    cout << "Zeichenstatistik in Prozent / Textvergleich ..." << endl << endl ;
    for ( int fall = 1 ; fall <=2 ; fall++ )
    {
        if ( fall == 1 ) dostext.open ("TEXT1.TXT", ios :: in | ios :: nocreate) ;
        if ( fall == 2 ) dostext.open ("TEXT2.TXT", ios :: in | ios :: nocreate) ;

        float feld [26] ;  for ( int f = 0 ; f < 26 ; f++ ) feld [f] = 0 ;
        unsigned char z ;
        while ( dostext.get (z) )
        {
            if ( z > 64 && z <  91 )    feld [z - 65]++ ;
            if ( z > 96 && z < 123 )    feld [z - 97]++ ;
            if ( z == 225 )             feld [18]++ ;         // ß → S
            if ( z == 129 || z == 154 ) feld [20]++ ;         // Ü, ü → U
            if ( z == 132 || z == 142 ) feld [0]++ ;          // Ä, Ä → A
            if ( z == 148 || z == 153 ) feld [14]++ ;         // Ö, ö → O
        }
        dostext.close ( ) ;
        int letter [26] ;
        for ( f = 0 ; f < 26 ; f++ ) letter [f] = 65 + f ; // Zeichenliste
        int tausch = 0 ; float feldinhalt ; int buchstabe ;

        while ( tausch == 0 )   // Bubblesort, doppelter Austausch!
        { tausch = 1 ;
          for ( int f = 0 ; f < 25 ; f++ )
                { if ( feld [f + 1] > feld [f] )
                    { feldinhalt = feld [f] ; feld [f] = feld [f + 1] ;
                    feld [f + 1] = feldinhalt ;
                    buchstabe = letter [f] ; letter [f] = letter [f + 1] ;
                    letter [f + 1] = buchstabe ;
                    tausch = 0 ;          }
                }
        }                       // Ende der while-Schleife
        float anzahl = 0 ;
        for ( int k = 0 ; k < 26 ; k++ ) anzahl = anzahl + feld [k] ;
        cout.setf (ios :: showpoint | ios :: fixed) ;
        for ( k = 0 ; k < 26 ; k++ )
                { z = k + 65 ;
                  cout << char (letter [k]) << " : " ;
                  cout.width (5) ; cout.precision (1) ;
                  cout << 100 * feld [k] / anzahl << "   " ;
                  if ( (k + 1) % 6 == 0 ) cout << endl ; }
        cout << endl << endl ; cout.precision(0) ;
        cout << anzahl << " Zeichen" ; cout << endl << endl ;
    }                           // Abschluß des einzelnen Falls
    return 0 ;
}                               // Ende des Listings
```

Längere (unverschlüsselte, insb. literarische) Texte unbekannter Herkunft können
durch vergleichendes Auszählen nach Wortlängen und anderen Merkmalen wie z.B.
Gebrauch der Tempi, Präpositionen und anderen linguistischen Eigenheiten u.U. einem
Autor zugeordnet werden, von dem andere Texte bekannt sind.

Daher noch ein Listing zum **Bestimmen der Wortlänge** in ASCII-Texten:

```
/* vier.cpp  Statistik der Wortlängen */
# include <iostream.h>
# include <fstream.h>

main ( )
{  fstream dostext ;
   cout << "Textstatistik / Wortlängen im Vergleich ..." << endl << endl ;
   for ( int fall = 1 ; fall <= 2 ; fall++ )
   {
       if ( fall == 1 ) dostext.open ("TEXT1.TXT", ios :: in | ios :: nocreate) ;
       if ( fall == 2 ) dostext.open ("TEXT2.TXT", ios :: in | ios :: nocreate) ;

       float feld [26] ;
       for ( int f = 0 ; f < 26 ; f++ ) feld [f] = 0 ;
       unsigned char z ;
       int lang = 0 ;
       while ( dostext.get (z) )
       { if ( z > 64 && z < 91 ) lang++ ;
          else if ( (z > 96) && (z < 123) ) lang++ ;
             else if ( z == 129 || z == 132 || z == 148 ) lang ++ ;
                else if ( z== 142 || z == 153 || z == 154 ) lang++ ;
                   else if ( z == 225 ) lang++ ;
                      else
                         { if ( lang > 0 ) feld [lang]++ ;  // Wörter
                             else feld [0] = feld [0] + 3 ;// Zwischenräume
                           if ( lang == 1 ) feld [0] ++ ;
                           lang = 0 ; }
       }                                          // Ende while
       dostext.close ( ) ;
       int summe = 0 ;
       for ( int k = 1 ; k < 26 ; k++ ) summe = summe + feld [k] ;
       float gesamt = 0 ;
       for ( k = 1 ; k < 26 ; k++ ) gesamt = gesamt + k * feld [k] ;

       for ( k = 1 ; k < 26 ; k++ )
       {  cout.width (2) ; cout << k << " : " ;
          cout.width (4) ; cout << feld [k] << "        " ; }
       cout << endl << endl << summe << " Wörter, " ;
       cout << "Mittlere Wortlänge " << gesamt / summe ;
       cout << "\n\n\n" ;
   }                                          // Abschluß des einzelnen Falls
   return 0 ;
}                                          // Ende des Listings
```

Beide Programme zählen Zeichen bzw. Wörter in ASCII-Texten aus: Diese müssen also z.B. mit dem Editor von DOS lesbar sein und dürfen keine Formatierungen wie unter Windows enthalten:

Die Kapitel 1 und 10 dieses Buches im Format *.DOC wurden testhalber mit der Option *Speichern unter* in Windows/Winword entsprechend konvertiert und als Files *.TXT auskopiert. Dasselbe habe ich noch mit zwei von mir irgendwann verfaßten Briefen allgemeinen Inhalts gemacht:

Während in den Briefen mit jeweils um 8.000 Zeichen die mittlere Wortlänge bei etwa 5.9 ... 6.5 lag, hatten die beiden eher technischen Texte (12.000 bis 25.000 Zeichen), bedingt durch die Listings, als mittlere Wortlänge weniger als 5.5. Die mit Abstand häufigsten Wörter sind solche mit drei oder vier Zeichen.

Für die Häufigkeiten der wichtigsten Buchstaben (Umlaute und ß wie im Listing ersichtlich mit berücksichtigt) ergaben sich bei „Mittelbach" die folgendem Werte in Prozent aller Zeichen:

Buchstabe	E	N	I	R	S	H	A
Brief eins	16.7	9.9	8.0	7.9	5.8	5.7	5.7
Brief zwei	16.5	10.7	7.8	7.1	5.8	4.3	6.1
Kapitel eins	16.4	9.5	7.9	7.7	6.6	4.0	6.4
Kapitel zehn	16.6	9.9	8.1	6.5	6.0	3.4	5.6

deutsche Sprache (nach H. Zemantek) generell ..

E : 15.1   N : 8.8   R : 6.9   I : 6.3   S : 5.4   T : 4.7   D, H : 4.4   A : 4.3 ...

Übers. 11.2 : Häufigkeit von Buchstaben in deutschen Texten in Prozent

Auffallend ist der stärkere Gebrauch von E und N, und von allem von I ... Testen Sie mit den beiden Listings eigene Texte auf „typisches" Deutsch!

Noch eine Zwischenbemerkung zum zahlentheoretischen Hintergrund: Schon der alte EUKLID hatte einen trickreichen Beweis, daß es unendlich viele Primzahlen gibt. Ihr Anteil an den natürlichen Zahlen nimmt mit wachsendem n aber langsam ab, sie werden also immer seltener:

Das folgende Listing berechnet die sog. **Primzahldichte** n / p_n, die mit über 10 % beginnend langsam gegen Null geht. Bei Bedarf können die Zahlen ausgegeben werden; das Programm ist zum Auszählen der sog. **Primzahlzwillinge** p, p + 2 leicht zu ergänzen. Drillinge kommen (außer 3, 5, 7) nicht vor, denn von drei aufeinanderfolgenden ungeraden Zahlen ist stets eine durch drei teilbar.

```cpp
/* fuenf.cpp  Abnehmende Primzahldichte */
# include <iostream.h>

main ( )
{  cout << "Primzahldichte bis ..." << endl ;
   cout << Primzahl   Index  Dichte" << endl ;

   long z, d ; float dichte, korr = 100 ; long n = 5 ;    // n ungerade !
   long anzahl = 2 ;
   // cout << "     2      3" ;
   while (anzahl < 10000)
    {    d = 3 ;
         do
         { if ( n % d == 0 ) d = 1 ; else d+= 2 ;
           z = d * d ;
         }
         while ( (z < n) && (d != 1) || (z == n) ) ;
         if ( d != 1 )
         { // cout.width (8) ; cout << n ;   Ausgabe aller Primzahlen
           anzahl++ ;
           if ( anzahl % 1000 == 0 )
            { cout.width (8) ; cout << n ; cout.width (8) ; cout << anzahl ;
              dichte = korr * anzahl / n ;
              cout.width (8) ; cout.precision (3) ; cout << dichte << endl ; }
            }
         n += 2 ;
    }
    return 0 ;
}
```

Beachten Sie die Multiplikation mit *korr* vom Typ *float*, um Dezimalen bei der Ausgabe der Dichte zu erhalten.

Auf S. 71 ist ein Algorithmus angegeben, mit dem recht große Primzahlen wirklich optimal berechnet werden können, d.h. alle überflüssigen Divisionen entfallen. Damit läßt sich das Geheimtextprogramm leicht ausbauen und mit weit größeren Schlüsseln und längeren Listen ziemlich „fest" machen. Sie können mit jenem Algorithmus auch Dichteuntersuchungen in weit größeren Zahlenbereichen durchführen, als sie das obige Programm berücksichtigt.

Kehren wir nochmals zur Abb. 11.1 zurück. Zwar ist die Nachrichtenübermittlung als z.B. Fax hinsichtlich des Textinhaltes (Integrität) bei asymmetrischen Verfahren sicher, aber es wäre leicht möglich, unter falschem Namen (fehlende Authentizität) eine Nachricht an Bob zu senden. Woher weiß also Bob, daß die Nachricht wirklich von Alice stammt? Die Lösung dieses Problems ist schon wichtig beim elektronischen Bestellen: Es fehlt sozusagen noch eine einschlägige Unterschrift, die **elektronische Signatur**.

Alice und Bob müssen einen beiden Seiten bekannten, aber sonst geheimen Schlüssel (eine Art PIN : *personal integrity number*) vereinbaren, der zusammen mit dem Dokument übertragen wird, und zwar mit einem unsymmetrischen Verfahren. Nach dem Entschlüsseln ist die Urheberschaft von Alice mit Erkennen des Pins durch Bob erstens zweifelsfrei und zweitens außerdem klar, daß der Text nicht verändert worden ist.

Wird ein Text symmetrisch verschlüsselt oder gar offen übertragen, so ist neben der Frage nach dem Autor die Gefahr einer Textmanipulation sehr naheliegend. Beides läßt sich durch zusätzliche (am besten gleichzeitige) assymetrische Übertragung eines Autoren-Pins zusammen mit einigen Merkmalen zum Text (z.B. Zeichen-Statistik) absichern. Der Vorteil dieses Verfahrens kann darin bestehen, daß die komplette Verschlüsselung des eigentlichen Textes zum Transfer sehr aufwendig ist, während die Zusatzinformationen schnell erzeugt und mit übertragen werden können.

Unser letztes Listing ist eine kommandozeilenorientierte Version des Programms von S. 164, komplett in C geschrieben, aber auch unter C++ lauffähig. Es entstammt meinem EDV-Praktikum und ist selbsterklärend ...

```c
/* sechs.cpp  Krypto-Programm von J. Fischer, SS 1997 an der FHM */
/* KEY ist die Nummer irgendeiner größeren Primzahl */

# include <stdlib.h>
# include <stdio.h>
# include <io.h>
# include <conio.h>
# include <string.h>

# define  FIRSTPRIM 2

long  nextprim ( ) ;
void  encrypt (char* srcfile, char* destfile) ;
void  decrypt (char* srcfile, char* destfile) ;
void  showhelp ( ) ;
void  error (int errcode) ;

char  *ERRMSG [2] = { "unable to open source file.\n",
                      "unable to write output file.\n" } ;

long  PRIMBUFFER [200] ;
long  LASTPRIM ;
int   PRIMCOUNT ;
FILE  *src, *dest ;

int main (int argc, char* argv [ ])
    {      int KEY ; int loop ; long dummy ;
        if ( argc < 5 ) showhelp ( ) ;   // „a-to-i" konvertiert String nach integer

        if ( !(KEY = atoi (argv [2])) ) showhelp ( ) ;    // Funktion atoi
```

```c
          LASTPRIM = FIRSTPRIM ;
          for ( loop = 0 ; loop < KEY-1 ; loop++ ) dummy = nextprim ( ) ;
          for ( loop = 0 ; loop < 200 ; loop++ ) PRIMBUFFER [loop] = nextprim ( ) ;

          if ( strcmp ( "e", argv [1] ) == 0 )  { encrypt (argv[3] , argv [4]) ; exit (0) ; }
          if ( strcmp ( "d", argv [1] ) == 0 )  { decrypt (argv[3] , argv [4]) ; exit (0) ; }
           else showhelp ( ) ;
   }                                                          // Ende von main

long  nextprim ( )
  {        int  loop ; long  NEWPRIM ; NEWPRIM = LASTPRIM ;
           for ( ; ; )
           { NEWPRIM++ ;
             for ( loop = 2 ; loop < NEWPRIM ; loop++ )
                 { if ( (NEWPRIM % loop) == 0 ) goto fail ; }        // goto ... !
             LASTPRIM = NEWPRIM ;
             return (NEWPRIM) ;
           fail : }                                     }

void  encrypt (char* srcfile ,char* destfile)
  {        long  counter = 0; int  result ;
           if ( !(src  = fopen (srcfile , "rb")) ) error (0) ;
           if ( !(dest = fopen (destfile, "wb")) ) error (1) ;
           for ( ; ; )
           {  if ( (result = fgetc (src)) == EOF ) break ;
             result += PRIMBUFFER [counter] % 255 ;
             fwrite (&result, 1, 1, dest) ; counter = (counter+1) % 200 ; }
           fclose (src) ; fclose (dest) ;            }

void  decrypt (char* srcfile, char* destfile)
  {        long  counter = 0 ; int  result ;
           if ( !(src  = fopen (srcfile ,"rb")) ) error (0) ;
           if ( !(dest = fopen (destfile,"wb")) ) error (1) ;
           for ( ; ; )
           { if ( (result = fgetc (src)) == EOF ) break ;
             result -= PRIMBUFFER [counter] % 255 ;
             fwrite (&result, 1, 1, dest) ; counter = (counter+1) % 200 ;
             }
           fclose (src) ; fclose (dest) ;            }

void  showhelp ( )
  {        printf ("crypt: unknown command\n\n") ;
           printf ("\nusage: crypt <command> <key> <srcfile> <destfile>\n\n") ;
           printf (" commands:   e  encrypt\n") ;
           printf ("             d  decrypt\n") ;
           printf (" key:        pos numeric value") ;
           exit (0) ;                                 }

void  error (int errcode)
  {        printf (ERRMSG [errcode]) ; exit (1) ; }              // Ende
```

Mit diesem Kapitel beginnt die Beschreibung der spezifischen Features von C++. Damit steigen wir in die Objektorientierte Programmierung OOP ein.

Bisher bestand zwischen Datenstrukturen und den zugehörigen Funktionen zur Bearbeitung nur ein loser Zusammenhang, der beim Entwickeln des Algorithmus vom Programmierer in Gedanken stets bedacht werden mußte. Objektorientiertes Programmieren OOP verfolgt das Ziel, Daten und Operationen auf ihnen als organische Einheit zu betrachten, sie in einer sog. **Klasse** zu kapseln.

Eine solche Klasse besteht also aus Daten und zugehörigen Funktionen, die **Methoden** genannt werden. Die Kapselung bewirkt durch entsprechende Zugriffsrechte, daß Klassen sehr sicher zu benutzen sind, also insbesondere große Programme deutlich an Qualität gewinnen. Für heutiges Softwareengineering ist das aus mehreren Gründen erstrebenswert. Man erwartet nämlich eine Reihe von Eigenschaften:

Korrektheit bedeutet, daß die Software jene Aufgaben erfüllt, die in den sog. Spezifikationen („Pflichtenbuch") definiert worden sind.

Robustheit heißt, daß die Software auch unter eher ungewöhnlichen Bedingungen fehlerfrei arbeitet.

Erweiterbarkeit soll sichern, daß die Software an veränderte Spezifikationen leicht angepaßt werden kann.

Kompatibilität mißt den Schwierigkeitsgrad, ein Produkt an bereits bestehende Software anzubinden, z.B. an übliche Datenbanken.

Auf der Suche nach entsprechenden Vorgehensweisen entwickelte man schon vor etlichen Jahren bei Sprachen wie Smalltalk einen objektorientierten Ansatz, der jedoch erst später in common-use-Hochsprachen (auch Turbo Pascal) Eingang gefunden hat.

Das Grundprinzip läßt sich am folgenden Beispiel mit einem einfachen Datenobjekt *Punkt* noch auf die herkömmliche Weise zeigen:

```
/* eins.cpp  Datenmodell eines Objekts */
# include <iostream.h>

struct Punkt { int X , Y ; } ; Punkt P ;

setzen ( Punkt &p, int x, int y )  { p.X = x ; p.Y = y ; return 0 ; }

zeigen (Punkt &p) { cout << p.X << " " << p.Y << endl ; }

main ( )
   {    setzen (P, 10, 20) ;
        zeigen (P) ;
        P.X = 1 ; P.Y = 2 ;      // Direktzugriff auf die Komponenten !
        cout << P.X << " " << P.Y << endl ;
        return 0 ;
   }
```

Die Funktionen *setzen* und *zeigen* sind allerdings noch nicht gekapselt, also keine Methoden im Sinne von OOP, denn im Programm können die Komponenten des Datentyps Punkt, die Koordinaten von P, ohne weiteres direkt manipuliert werden.

Interessant ist das Beispiel freilich noch aus einem anderen Grund: Es zeigt erneut, daß eine Funktion durch Zugriff auf Adressen mehrere Werte im Hauptprogramm ändern kann, also der aus Pascal bekannte Prozedurtyp mit Call by Reference vollständig abbildbar ist: Damit geht das Konstrukt Funktion auch in der Sprache C weit über das hinaus, was man üblicherweise in der Mathematik unter einer Funktion mit nur einem Rückgabewert versteht: Wert $= f(x_1, \dots, x_n)$.

Nun zu OOP: Das neue Paradigma [1] ergibt ein gänzlich anderes Modell desselben noch sehr einfachen Sachverhalts. Datenobjekte Punkt mit gewissen Eigenschaften werden als **abstrakter Datentyp** in einer Klasse beschrieben. Konkrete Vertreter einer solchen Klasse heißen jetzt **Objekte**, gelegentlich auch Instanzen. Der Zugriff auf deren Eigenschaften oder **Attribute** wird nur noch über Funktionen möglich, die genau zu dieser Klasse gehören, eben die **Methoden**. Deren Deklaration in der Klasse erfolgt mit dem Schlüsselwort *public* über eine öffentlich zugängliche Schnittstelle, die genauere Definition später. Damit der Zustand eines Objekts nur über öffentliche Methoden veränderbar wird, sind die Attribute durch das Schlüsselwort *private* gesichert.

---

[1] griechisch *Muster, Beispiel, Gleichnis*. Gemeint ist ein methodisch neuer Ansatz, der bisherige (durchaus bewährte) Muster beiseite legt und in der späteren Weiterentwicklung adäquate Lösungen für viel komplexere Sachverhalte zuläßt.

```
/* zwei.cpp  Eine erste Klasse */
# include <iostream.h>

class point
   {    public :
        setzen (int a, int b ) { x = a ; y = b ; return 0 ; }
        zeigen ( ) { cout << x << " , " << y << endl ; return 0 ; }
        private :
        int x, y ;
   } ;

main ( )
   {    point P ;              // Definition einer Instanz
        P.setzen (10, 20) ;    // Initialisierung mit Methode
        P.zeigen ( ) ;
        // P.x = 1 ; Fehlermeldung z.B. „point::x is not accessible ... "
        return 0 ;
   }
```

In der Klassendefinition erkennt man die beabsichtigte Kapselung; die Zeile $P.x = 4$;
wird jetzt mit einer Fehlermeldung zurückgewiesen. Bis auf das Schlüsselwort **class**,
das jetzt **struct** ersetzt, ist das Listing praktisch gleich. Die Entsprechungen z.B. zu
OOP in Turbo Pascal (ebenfalls von Borland) sind offensichtlich ...

Die Klassendeklaration beschreibt dem Compiler lediglich ein Objekt; dessen konkrete
Erzeugung als Instanz P mit entsprechendem Speicherplatz erfolgt jedoch erst mit der
Deklaration: Die Variable P ist zwar vom Datentyp *struct point*, aber mit dem Zusatz,
daß in der Klasse aufgeführte Funktionen nur als Methoden eingesetzt werden können.

Eine völlig gleichwertige, wegen der Übersichtlichkeit aber gebräuchlichere Klassendeklaration ist (beachten Sie aber die nachfolgenden Bemerkungen):

```
class point
   {    int x, y ;
        public :
        void setzen (int x, int y) ; void zeigen ( ) ;
   } ;

inline void point :: setzen (int a, int b) {x = a; y = b; }

inline void point :: zeigen ( )  { cout << x << "," << y << endl; }
```

Vor dem Schlüsselwort *public* stehende Daten gelten stets als privat. Durch Ver-
tauschen der Reihenfolge kann daher auf das Schlüsselwort *private* verzichtet werden.
Die Implementation der Methoden ist als inline-Mechanismus ausgelagert worden.
Damit wird die Deklaration der Klasse übersichtlicher.

Der vor die Funktion mittels Bereichsoperator (Scope) :: gesetzte Klassenname kennzeichnet diese Methode als zur Klasse gehörig; innerhalb der Funktion (d.h. also Methode) sind daher die privaten Daten (hier x und y) zugänglich.

Tatsächlich können in C++ abstrakte Datentypen sowohl mit *struct* als auch mit *class* konstruiert werden, wobei folgende Vereinbarungen gelten:

Die Komponenten einer struct-Klasse sind per Voreinstellung stets *public*; stellt man aber das Schlüsselwort *private* davor, so werden sie von außen unzugänglich.

Alle Komponenten einer class-Klasse sind von Haus aus *private*, können aber durch Hinzufügen des Schlüsselwortes *public* öffentlich zugänglich werden.

Ein weiteres Schlüsselwort *protected* spielt erst bei Vererbung eine Rolle.

Der Klarheit halber werden wir aber in OOP ausschließlich die zweite Version verwenden, also die Schreibweise der S. 177 unten.

Wichtig zur inline-Definition von eben: Diese soll ausschließlich in Headerdateien verwendet werden, da ansonsten beim Linken Fehler auftreten können, die nur sehr schwer auszumerzen sind (ein ausführliches Beispiel mit Begründung in [B], S. 138). Beim Compilieren wird der Aufruf jetzt durch den Funktionskörper ersetzt. Dies ist ein gewisser Verwaltungsaufwand, der nur lohnt, wenn die Abarbeitung der Funktion wirklich einige Zeit erfordert, öfters vorkommt. In unserem Programmwinzling wäre daher die Fassung von S. 177 noch die angemessenere.

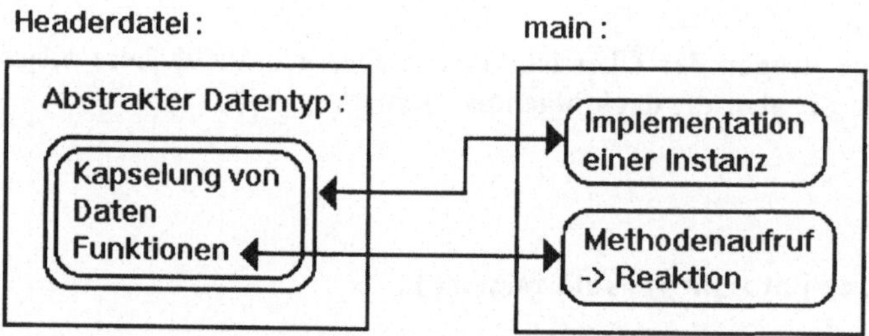

Abb. 12.1 : Abstrakter Datentyp unter OOP

Die Abb. faßt den Begriff Klasse nochmals zusammen: Der Zugang zu den Daten erfolgt ausschließlich über die *public* vereinbarte öffentliche Schnittstelle; die Reaktion im Programm erscheint als Nachricht (oft message genannt) über den Zustand der Attribute, sofern eine Anzeige intendiert ist, sonst ist von „außen" nichts erkennbar. Auf diese Weise ist gesichert, daß solche Daten nur kontrolliert über Methoden verändert werden können.

Unser Programmbeispiel kann auch so ausssehen: Wir erstellen im Editor zunächst eine reine Textdatei

```
/* punkt.h  Eine eigene Headerdatei */
# include <iostream.h>

class point
 { int x, y ;
    public : void setzen (int a, int b) ;
             void zeigen ( ) ;
 } ;

inline void point :: setzen (int a, int b) {x = a ; y = b ; }
inline void point :: zeigen ( )  { cout << x << "," << y << endl ; }
```

die z.B. als File mit dem DOS-Namen <punkt.h> auf der Peripherie abgelegt wird. Unser Programm wird dann mit der selbstdefinierten Datei sehr elegant ...

```
/* drei.cpp  Fassung mit Headerdatei*/

# include <iostream.h>        // für main überflüssig, siehe Text

# include "punkt.h"

main ( )
   {     point P ;
         P.setzen (10, 20) ;      // erst  Initialisierung ...
         P.zeigen ( ) ;           // ... liefert 10 , 20
         return 0 ;
   }
```

... und wird wie üblich über *Debug* compiliert bzw. zum Laufen gebracht. Der Compiler expandiert den Text ins Hauptprogramm. - Probieren Sie das unbedingt aus! Die Datei <iostream.h> kann in unserem Beispiel entfallen, da Ausgaben nur in *punkt.h* vorkommen und schon dort inkludiert sind.

Anschließend an die Deklaration haben wir in *main ( )* das Objekt P mit einer Methode explizit initialisiert. Dies wäre auch schon bei der Definition der Klasse mit einer sog. Konstruktor-Methode möglich gewesen. Bei der späteren Deklaration eines Objekts wird dann die Initialisierung mit den vorgegebenen Werten automatisch aufgerufen, und die spezifizierten Anfangswerte sind gesetzt.

Im folgenden Beispiel wird ein solcher **Konstruktor** innerhalb der Klasse *point* deklariert und dann außerhalb mit einer Methode definiert. Testen Sie zuvor zum Vergleich nochmals das Listing von eben ohne die Zeile *P.setzen (10, 10)* , um die mehr oder weniger zufälligen Eintragungen zu sehen.

```
/* vier.cpp  Deklaration eines Konstruktors */
#  include <iostream.h>

class point
 { int x, y ;
   public :
   setzen (int a, int b) { x = a ; y = b ; return 0 ; }
   zeigen ( ) { cout << x << " , " << y << endl ; return 0 ; }

   point (int, int) ;                    // Konstruktor für point ohne return
 } ;

point :: point (int n = 1, int m = 2)    // Anfangswerte für jedes Objekt
 { x = n ; y = m ; }

main ( )
 {      point P, Q ;
        P.zeigen ( ) ;                   // liefert 1 , 2
        P.setzen (3, 4) ; P.zeigen ( ) ;
        Q.zeigen ( ) ;                   // liefert 1 , 2
        return 0 ;
 }
```

Jetzt hat P über die Elementfunktion Konstruktur von Anfang an definierte Werte, die natürlich mit der Methode *P.setzen* verändert werden können. Die beiden Methoden sind diesmal wie auf S. 177 vollständig in der Klasse implementiert, könnten aber ebenso nach „außen" gesetzt werden.

Im Kapitel einfacher Aufgaben ist das sog. **Ruin-Spiel** beschrieben: Zwei Spieler A und B haben ein Anfangskapital, von dem bei jedem Zug eine Einheit den Besitzer wechselt, je nachdem, wer den Einzelzug gewonnen hat. Das Spiel ist zu Ende, wenn einer der beiden pleite ist; hieraus ergibt sich auch der Name des Spiels.

Dieses mit bisherigen Routinen sehr einfach programmierbare Spiel soll uns als erstes Beispiel einer objektorientierten Auffassung dienen:

Die beiden Spieler haben Attribute (Geld, getätigte Gewinnzüge) und kommunizieren miteinander durch Methoden, die vom Zufall gesteuert werden: Sie tauschen Geld aus. Gegenüber der im Aufgabenteil angegebenen „klassischen" Lösung ist das folgende Listing zwar umfangreicher, aber beim weiteren Ausbau weit übersichtlicher und zudem eben OOP! Bevor Sie sich das Listing gegenüber ansehen, sollten Sie erst eine klassische Lösung (selber oder im Aufgabenteil) suchen.

Die einfachste Version geht davon aus, daß beide Spieler am Anfang gleichviel Geld haben, jedoch die Gewinnwahrscheinlichkeit bei einem Zug für A mit $0 < p < 1$ vorgegeben werden kann. B gewinnt dann einen Einzelzug mit $q = 1 - p$.

```cpp
/* fuenf.cpp  Das Ruin-Spiel */
# include <iostream.h>
# include <stdlib.h>                    // Zufallsgenerator

class spieler    { int geld ;  long zugzahl ;
                   public :
                   void moovegeld (int c) ;    // Methoden
                   void showsgeld ( ) ;
                   int canplay ( ) ;
                   void gewinnzug ( ) ;
                   void showzuege ( ) ;
                   spieler (int, long) ;    } ;    // Konstruktor für ...

spieler :: spieler (int n = 50, long k = 0)    // ... Start mit
   { geld = n ; zugzahl = k; } ;               // Anfangskapital je 50 DM

void spieler :: moovegeld ( int c )            // für Geldbewegungen
   { geld = geld + c ; } ;

void spieler :: showsgeld ( )                  // Anzeige des Kapitals
   { cout << geld ; } ;

int spieler :: canplay ( )                     // Spielfähigkeit
   { if (geld > 0) return (1) ; else return (0) ; }

void spieler :: gewinnzug ( )                  // wieviele Gewinnzüge
   { zugzahl++ ; }

void spieler :: showzuege ( )                  // Anzeige der Züge
   { cout << zugzahl ; }

main ( )
   {    float p; spieler A, B ;                // Zwei Spieler initialisieren
        cout << "Ruin-Spiel ... \n\n" ;
        cout << "Anfangskapital für A ... " ;   A.showsgeld ( ) ;
        cout << "\ndito für       B ... " ;     B.showsgeld ( ) ;
        cout << endl ;
        cout << "\nGewinnwahrscheinl. A     " ; cin >> p ;
        randomize ( ) ; float zufall ;
        while ( A.canplay ( ) &&  B.canplay ( ) )
             { zufall = (float) random (1000) / 1000 ;
               if ( zufall < p )
               { A.moovegeld (1) ; B.moovegeld (-1) ; A.gewinnzug ( ) ; }
               else
               { A.moovegeld (-1) ; B.moovegeld (1) ; B.gewinnzug ( ) ; }
             }
        if ( A.canplay ( ) ) cout << "\nA gewinnt\n\n" ;
             else cout << "\nB gewinnt ...\n\n" ;
        cout << "A machte " ; A.showzuege ( ) ;
        cout << " Gewinnzüge und B " ; B.showzuege ( ) ;
        return 0 ;        }
```

Auf S. 268 finden Sie eine klassische Lösung derselben Aufgabe.

Zur Wiederholung: Konstruktoren sind Methoden, die ein Objekt unter Bezug auf die definierende Klasse bei dessen Erstellung initialisieren. Sie müssen im public-Teil der Klasse stehen. - Das folgende Beispiel ist etwas komplizierter:

```
/* sechs.cpp  OOP-Demo Autofahrt */
# include <iostream.h>
# include <stdlib.h>
# include <string.h>
# include <math.h>                              // Runden mit floor

class pkw
    {     float verbrauch ;
          float maxtank ;
          float km ;
          float tankstand ;
          char  name [5] ;
          public :
          void  putname (char was [5]) ;
          void  showname ( ) ;
          void  getkmstand ( ) ;
          void  gettankstand ( ) ;
          void  tanken ( ) ;
          void  fahrstrecke (float wieweit) ;
          pkw (float, float, float, float) ;              } ;

pkw :: pkw ( float v = 8.5 , float t = 62 ,
            float weg = random (30000) , float inhalt = random (50) )
         { verbrauch = v ; maxtank = t ; km = weg ; tankstand = inhalt ; }

void pkw :: putname (char was [5]) { strncpy ( name, was, 5 ) ; }

void pkw :: showname ( ) { for (int k = 0 ; k < 4 ; k++ ) cout << name [k] ; }

void pkw :: gettankstand ( )
         { cout << "Im Tank sind noch " << floor (tankstand) << " Liter.\n" ;
           if ( tankstand == 0 ) cout << "Kein Sprit mehr!\n" ;
               else if ( tankstand < 10 ) cout << "Unbedingt tanken!\n" ; }

void pkw :: getkmstand ( )
         { cout << "Km-Stand des Fahrzeugs ... " << km << ".\n" ; }

void pkw :: tanken ( )
         { float Liter ; cout << "Wieviele Liter? " ; cin >> Liter ;
           if ( Liter > ( maxtank - tankstand ) )
               { cout << "Zuviel ... " ; cout << "Es werden nur " ;
                 cout << ( maxtank - tankstand ) ; cout << " Liter getankt.\n" ;
                 tankstand = maxtank ; }
           else tankstand = tankstand + Liter ;
           cout << "Im Tank sind jetzt " << tankstand << " Liter.\n" ;
           if ( tankstand >= maxtank ) cout << "Der Tank ist voll.\n"  ;

         }
```

```cpp
void pkw :: fahrstrecke (float wieweit)
        { float possible = tankstand / verbrauch * 100 ;
          if ( possible <= wieweit )
            { km = km + possible ; tankstand = 0 ;
              cout << "Leider unterwegs liegengeblieben ... \n" ; }
          else
            { tankstand = tankstand - wieweit * verbrauch / 100 ;
              km = km + wieweit ; }
        }

main ( )
    {   randomize ( ) ;
        char antwort ;
        pkw typ;
        cout << "Mit welchem Auto möchten Sie fahren? \n" ;
        cout << "FIAT (1), GOLF (2) oder AUDI (3) ... " ; cin >> antwort ;
        switch ( antwort )
          { case '1' : typ.putname ("FIAT") ; break ;
            case '2' : typ.putname ("GOLF") ; break ;
            case '3' : typ.putname ("AUDI") ; break ;
            default :
            cout << "Den gibt es nicht, Sie fahren jetzt den GOLF!\n\n" ;
            typ.putname ("GOLF") ;
          }

        cout << "\nEs geht los : \n"; typ.gettankstand ( );
        typ.getkmstand ( );

        cout << "Wollen Sie tanken? (j/n) " ; cin >> antwort ;
        if ( antwort == 'j' ) typ.tanken ( ) ;

        cout << "Wieviele km wollen Sie fahren? " ;
        float KM ; cin >> KM ;
        typ.fahrstrecke (KM) ;

        cout << "\nDie Fahrt mit dem " ;
        typ.showname ( ) ;
        cout << " ist zu Ende ... \n" ;
        typ.getkmstand ( ) ;
        typ.gettankstand ( ) ;
        return 0 ;
    }
```

Zur anschaulichen Darstellung der Zusammenhänge zwischen Klassen und Objekten sind verschiedene Notationen eingeführt worden, u.a. die sog. **OMT-Diagramme** (Object Modeling Technique) nach James Rumbaugh. Klassen werden in Rechtecken mit ihren Attributen und Methoden zusammengestellt, zugehörige Objekte (Instanzen) mit ihren konkreten Eingeschaften in abgerundeten Kästen.

Die folgende Abb. zeigt diese Schemata für unser Programm.

<table>
<tr><td>

Klasse pkw

Attribute (float, private) :

Verbrauch in l je 100 km
Tankgröße, Liter
Km - Stand, km
Treibstoffvorrat, l
Typenname (string [5])

Methoden (public) :

putname (string [5])
showname ( )
getkmstand ( )
gettankstand ( )
tanken ( )
fahrstrecke (float)

</td></tr>
</table>

(pkw)

8,5 l / 100 km
62 l
12300 km
39 l
FIAT

(pkw)

8,5 l / 100 km
62 l
random
random
anonym

Abb. 12.2 :

OMT - Diagramme

Links das Klassendiagramm der Klasse pkw, rechts ein Objekt FIAT sowie ein vorerst anonymes (d.h. noch nicht initialisiertes) Objekt.

Im Listing wird (aus Bequemlichkeit) ein Objekt *typ* initialisiert und dann konkret als eines von drei möglichen Fahrzeugen mit einem Namen versehen.

Man hätte natürlich mit *pkw FIAT, GOLF, AUDI;* von Anfang an drei verschiedene Fahrzeuge „erschaffen" und dann in einem Auswahlmenü danach fragen können, welches konkret gewünscht wird. Mit zusätzlichen Methoden hätte man dann (anstelle des allgemeinen Konstruktors) diese Fahrzeuge von vornherein bei den einzelnen Attributen unterschiedlich ausstatten, d.h. typgerechte Verbrauchsdaten, Tankgrößen, km-Stände usw. einrichten können: *setmaxtank, setverbrauch.*

Das folgende Listing zeigt den Aufbau einer Personenkartei nach diesem anderen Muster: Aus der Klasse *person* wird mit Anfang des Programms eine feste Zahl von Objekten als Array generiert.

Diese Instanzen könnten aus aus einer peripheren Datei eingelesen und mit Ende des Programms dort wieder abgelegt werden. Anstelle einer solchen Datei (nach Kap. 6 leicht zu realisieren) haben wir für das Demo eine Matrix und zwei Zeilenvektoren (nach Kap. 5) zur korrekten Initialisisierung der Objekte angegeben. Bei der Matrix *char personen [5] [10]* bezieht sich 5 auf die Anzahl der Einträge, 10 auf deren jeweilige Zeichenlänge, die mit dem ersten Attribut der Klasse *person* unbedingt übereinstimmen muß, dem Personennamen also!

Die merkwürdige Ausgabe in der Methode *putname ( )* verhindert anstelle des an sich einfacheren *puts (string)* den Zeilenvorschub nach der Ausführung. Letzteres müßte man mittels *gotoxy (x, y)* u.U. am Bildschirm korrigieren.

```cpp
/* sieben.cpp  Etliche einheitliche Objekte auf einem Bereich */

# include <iostream.h>
# include <stdio.h>             // für puts
# include <string.h>           // für strncpy

class person
    {   char name [10] ;
        char sex ;
        int  alter ;
        public :          void getname (char wer [10]) ;
                          void putname ( ) ;
                          void getsex (char s) ;
                          void putsex ( ) ;
                          void getalter (int a) ;
                          void putalter ( ) ;
                          // hier später friend ... nachtragen
    } ;               // Kein Konstruktor, Initialisierung exakt per Programm!

void person :: getname (char wer [10])
        { strncpy (name, wer, 10) ; }

void person :: putname ( )
        { for ( int i = 0 ; i < strlen (name) ; i++ ) cout << name [i] ;
          for ( i = 0 ; i < 10 - strlen (name) ; i++ ) cout << ' ' ; }

void person :: getsex (char s)    { sex = s ; }

void person :: putsex ( )
        { if ( sex == 'm') cout << "männlich " ; else cout << "weiblich " ; }

void person :: getalter (int a )    { alter = a ; }

void person :: putalter ( )    { cout << " Alter : " ; cout.width (5) ; cout << alter ; }

// hier später Vergleichsfunktion achtragen

main ( )
    {   // Einträge 0 ... 4 anstelle einer Datei zum Einlesen ...
        char personen [5] [10] =
        { "Theo",        "Nicole",       "Hans",        "Heidi",        "Doris" } ;
        char geschlecht [5] =
        { 'm',            'w',            'm',            'w',            'w' } ;
        int  wiealt [5] =
        { 29 ,            19 ,            31 ,            21 ,            17 } ;

        const laenge = 10 ;           // Listenlänge
        person jemand [laenge] ;      // Einträge 0 ... 9, besetzt 0 ... 4

        for ( int i = 0 ; i < 5 ; i ++ )     // Einlesen der aktuellen Liste
                { jemand [i].getname (personen [i]) ;
                  jemand [i].getsex (geschlecht [i]) ;
                  jemand [i].getalter (wiealt [i] ); }           // Initialisierung !
```

```
int k = i ;        // aktuelle Länge der Liste nach dem Einlesen : 0 ... 4
                   // k = i steht nach der Schleife auf 5 !

for ( i = 0 ; i < k ; i ++ )              //Demo Anzeige
      { cout.width (2) ; cout << i + 1 << " : " ;
          jemand [i].putname ( ) ;  jemand [i].putsex ( ) ;
          jemand [i].putalter ( ) ; cout << endl ; }

char name [10] ;
char s ;
int alter ; // Damit können weitere Personen eingegeben werden

while ( k < laenge )
      { cout << "\nListe ergänzen  : " ;
        cout << "Frei sind noch " << laenge - k << " Plätze.\n\n" ;
        cout << "                          <--!!!-->\n" ;
        cout << "Name der Person  ... " ; gets (name) ;
        cout << "Geschlecht m / s   ... " ; cin >> s ;
        cout << "Alter in Jahren     ... " ; cin >> alter ;
        jemand [k].getname (name) ;
        jemand [k].getsex (s) ;
        jemand [k].getalter (alter) ;
        k ++ ; }
                                          // hier Sortieren einfügen
cout << "\n\nAktuelle Liste :\n\n" ;
for ( i = 0 ; i < laenge ; i ++ )         //Demo Anzeige
      { cout.width (2); cout << i + 1 << " : ";
        jemand [i].putname ( ) ;
        jemand [i].putsex ( ) ;
        jemand [i].putalter ( ) ;
        cout << endl ; }
return 0 ;
}
```

Es gibt eine Eingabemaske: Zu lange Namen können zwar eingegeben werden, bei der Anzeige mit der Methode *putname ( )* geht dann wegen der dortigen zweiten Schleife das Programm u.U. beliebig lange in den Anzeigemodus, weil die Obergrenze [1] (zum Abstandhalten im Text) per Differenz dann falsch gesetzt wird.

---

[1] Z.B. produziert

```
                # include <iostream.h>
                # include <stdio.h>
                # include <string.h>
    main ( )
    { char name [10] ; gets (name) ;        // Länge höchstens 9 !!!!
        for ( int i = 0 ; i < 10 - strlen (name) ; i++ )  cout << name << "Mist !!!\n" ;
        return 0 ; }
```

eine wahrliche „dead loop", wenn der Eingabestring *name* zu lang ist!

Das sonstige „Handling" der Objekte kann zwar mit den bisherigen Routinen erfolgen, erfordert aber zusätzliche Überlegungen. Nehmen wir an, die Namensliste soll vor der Ausgabe alphabetisch sortiert werden. Aus dem Hauptprogramm heraus ist der Vergleich zweier (Vor-) Namen nicht möglich, weil uns ein Zugriff der Form

```
if ( strcmp (jemand [k].name, jemand [k+1].name) > 0 ) ... tauschen ...
```

zum Vergleich zweier Objektkomponenten wie bei *struct* wegen der Kapselung der Daten unter *class* auf die private Komponente *name [10]* fehlt. Man müßte also mit einer geeigneten Methode den Namen eines Objekts erst an die „Oberfläche" (d.h. umständlich auf eine Variable im Hauptprogramm) kopieren, um dann zwei solche Namen miteinander vergleichen zu können.

Bei der Entwicklung von C++ hat man hierfür ein „Hintertürchen" eingerichtet, mit dem die Trennung privater und öffentlicher Daten aufgehoben werden kann, nämlich die etwas kuriose [1] Deklaration mit **friend**:

In der Klasse *person* fügen wir zu diesem Zweck am Ende der public-Liste als Deklaration den Funktionskopf

```
friend int  vergleich (person eins, person zwei);
```

ein und tragen vor *main ( )* ohne *friend* definierend ...

```
int vergleich (person eins, person zwei)
     { char name1 [10] ; char name2 [10] ;
        strcpy (name1, eins.name) ; strcpy (name2, zwei.name) ;
        // puts (name1) ; puts (name2) ;
        if ( strcmp (name1, name2) > 0 ) return (1) ; else return (0) ; }
```

... nach. Diese Funktion (keine Methode im Sinne von OOP!) erlaubt entsprechend der Schnittstelle (als Typenbezeichner wird dort der Klassenname der später zu übergebenden Variablen gewählt) den Zugriff auf zwei verschiedene Objekte. Solche werden im Rumpf herkömmlich angesprochen, d.h. Datenkomponenten werden wie bei *struct* mit dem üblichen Punkt geschrieben.

Je nach Reihenfolge gibt die obige Funktion den Wert 1 (d.h. Reihenfolge später vertauschen) oder 0 zurück. Im Hauptprogramm kann nun Bubblesort (oder was anderes) zum Sortieren von Objekten an der markierten Stelle eingefügt werden:

---

1 Der Zugriff auf die privaten Daten einer Klasse kann nur in dieser selber geöffnet werden, also durch Aufnahme in die Liste der public-Methoden als friend-"Funktion". Damit umgeht man natürlich das Fehlen einer in OOP adäquaten öffentlichen Zugriffsmethode. Vertreter der „reinen" Lehre sind über diese Konstruktion folglich nicht glücklich und lehnen das Konstrukt entschieden ab: siehe z.B. [K], S. 132.

```
person zum_austausch ;
int boolean = 1;
while ( boolean == 1 )
        { boolean = 0 ;
          for (int k = 0; k < laenge - 1; k++ )
            { if ( vergleich ( jemand [k], jemand [k+1] ) > 0 )
                { zum_austausch = jemand [k] ;
                  jemand [k] = jemand [k+1] ;
                  jemand [k+1] = zum_austausch ;
                  boolean = 1; } }
        }
}
```

Wir führen dabei ein neu deklariertes Objekt *zum_austausch* ein, das in der Austausch-routine definiert beschrieben, also erst dort wiederholt initialisiert wird. Nachzutragen ist wieder die Warnung, daß sehr leicht eine „dead loop" anlaufen kann, wenn in der Vergleichsfunktion beim Stringvergleich $\geq$ geschrieben wird!

Damit man die Komponenten zweier verschiedener Objekte im Hauptprogramm direkt vergleichen kann, brauchen wir eine Methode, um solche Einzeldaten ins Haupt-programm zu transportieren. Am Beispiel des Alters zeigen wir, daß das jedenfalls bei einfachen Datentypen als Rückgabewert einer Methode recht leicht ist:

```
class person
  {       ...
        int  transalt ( );                    // Gibt Alter aus Klasse als Wert zurück
        friend int  vergleich (person eins, person zwei) ;
  } ;
...
int person :: transalt ( )
        { int wiealt ; wiealt = alter ; return (wiealt) ; }
```

Mit den vorstehenden Zeilen im Deklarationsteil der Klasse bzw. unter den Methoden kann man dann das Alter auf eine neue Variable *kopiealt* ins Hauptprogramm für jedes zulässige i einspielen:

```
int kopiealt = jemand [i]. transalt ( ) ;
```

oder das mittlere Alter aus der Liste in *main ( )* direkt berechnen:

```
float mittel = 0;
for ( i = 0 ; i < laenge ; i ++ )
    mittel = mittel + jemand [i].transalt ( ) ;
cout << "\n\nMittelwert Alter : " << mittel / laenge ;
```

Der Transfer der Vornamen hingegen ist komplizierter:

Eine Variable wie *vorname [10]* ist nämlich als Rückgabewert für eine Funktion oder Methode nicht direkt „vor dem Kopf" angebbar. - Was ist zu tun?

Wir kopieren die einzelnen Namen zeichenweise mit einer Methode um und setzen sie im Hauptprogramm aus den Zeichen zusammen.

Dies ist die Methode in bzw. nach der Klasse unter Bezug auf die Datenkomponente *name [10]* in der Klasse:

```
char transname (int k) ;        (unter public)


char person :: transname (int k)  { char a ; return (a = name [k]) ; }
```

und dies eine passende Testroutine mit der (nur zufällig) gleichnamigen Variablen *name [10]* aus dem Hauptprogramm, die man am Ende vor *return ( )* einsetzen kann:

```
cout << endl << endl << "Namensliste :\n" ;
for ( i = 0 ; i < laenge ; i ++ )
    {      for ( int k = 0 ; k < 9 ; k++ )  name [k] = jemand[i].transname (k) ;
        puts (name) ;
    }
```

Durch zehnmaligen Aufruf der Methode wird auf diese Weise ein einziger Name ins Hauptprogramm gebracht und steht dann zur Ausgabe bereit. Analog könnte man die Namen auf ein Feld im Hauptprogramm kopieren und dann dort ohne Bezug auf die Objekte sortieren.

Eine ganz andere Lösung bietet sich noch über Adressen an, wozu sich vorher vielleicht ein Blick zurück auf S. 105 lohnt, wo die Adressenübergabe bei der Tauschroutine nochmals angeschaut werden sollte:

Vom Hauptprogramm aus übergibt man die Adresse des Anfangs eines passendes Speicherplatzes, z.B. *name [0]*, an eine Methode, die ab dieser Adresse den gekapselten Namen aus dem Objekt einkopiert. Danach steht der Name im Hauptprogramm zur Verfügung!

Folgende Zeilen ergänzen unser Programm mit der entsprechenden Methode:

```
void adrkopie (char *b) ;


void person :: adrkopie (char *b)
        { *b = name [0] ;       // b zeigt auf Speicher von main ( )
          for ( int k = 1 ; k < 9 ; k ++ ) { b++ ; *b = name [k] ; }
        }
```

in welcher auf die Referenz *b des Zeigers b, also die Adresse von *name [0]* im Hauptprogramm, das erste Zeichen von *name [0]* des Objekts (!) kopiert wird! Dann wird der Zeiger weitergeschaltet und kopiert so nach und nach aus dem Objekt aus!

Nochmals: Übergeben wird die Adresse von *name [0]* aus *main ( )* ; diese Adresse steht auf b. Auf *b wird dann *name [0]* des Objekts geschrieben. Hernach wird b um einen Speicherplatz weitergeschaltet und und *name [1]* auf den Speicherplatz umkopiert, der auf *b folgt usw. Dieses Weiterschalten erfolgt korrekt um je ein Byte, denn in der Schnittstelle der Methode ist *char *b* vereinbart!

Mit folgender Testroutine zu Ende des Hauptprogramms kann man den Erfolg prüfen:

```
cout << endl ;
for ( i = 0 ; i < laenge ; i ++ )
   { jemand [i].adrkopie (& name [0]) ;
     puts (name) ; }
```

Das ist perfekte Speichermanipulation mit einer Methode! Mit *friend* wäre das übrigens nicht viel einfacher, aber vor allem kein stubenreines OOP! Auf der Disk ist das Listing in dieser vollständigen Fassung mit allen Ergänzungen vorhanden.

Die zuletzt vorgeführte Methode zeigt, daß mit Adressen und Referenzen die Kapselung der Daten in OOP umgangen werden kann, Methoden also letztlich wieder zu ganz „gewöhnlichen" Funktionen werden.

Auf S. 122 hatten wir mit Hilfe solcher Referenzen eine Matrix direkt ausgegeben, d.h. ohne geschachtelte Schleifen: Über die reine Ausgabe hinaus sind aber weit komplexere Manipulationen möglich, mit denen erneut deutlich wird, daß der Begriff Funktion (wie auch Methode) in C bzw. C++ weit über das hinausgeht, was man in der Mathematik üblicherweise darunter versteht:

So kann man z.B. ohne weiteres zwei Matrizen mit einer einzigen Funktionsroutine addieren, also sozusagen gleichzeitig m * n Werte auswerfen, und nicht nur einen einzigen Wert, wie das geschachtelte Schleifen an sich erledigen.

Im folgenden Kapitel greifen wir diesen Gedanken auf und definieren exemplarisch eine Klasse, mit der wir alle Möglichkeiten ausprobieren ...

Wir entwickeln eine Klasse Matrix und realisieren dort altbekannte Routinen im neuen Gewand des OOP - Konzepts zu einer eleganten Algebra ...

Unser erstes Listing ...

```cpp
/* eins.cpp Funktionen auf Matrizen */
# include <iostream.h>

void showmat (float *a, int z, int s)
     { for ( int k = 0 ; k < z * s ; k ++ )
     { if ( k % s == 0 ) cout << endl ; cout.width (5) ; cout << *a ; a++ ; }
       cout << endl ; }

void initmat (float *a, int z, int s, float wert)
     { for ( int k = 0 ; k < z * s ; k ++ ) { *a = wert ; a++ ; } }

void copymat (float *a, float *b, int z, int s)  // Links <- Rechts
     { for ( int k = 0 ; k < z * s ; k ++ ) { *a = *b ; a++ ; b++ ; } }

main ( )
   {     const zeile = 3 ; const spalte = 10 ;
         float mat1 [zeile] [spalte] ; float mat2 [zeile] [spalte] ;
         for ( int z = 0 ; z < zeile ; z++ )
             { for ( int s = 0 ; s < spalte ; s ++ )
                 { mat1 [z] [s] = s*z + 1 ; cout.width (5) ; cout << mat1 [z] [s] ; }
                 cout << endl ; }

         float *zeiger1 , *zeiger2 ;
         zeiger1 = &mat1 [0] [0] ; zeiger2 = &mat2 [0] [0] ;
         initmat (zeiger2, zeile, spalte, 7) ;
         showmat (zeiger1, zeile, spalte) ;
         showmat (zeiger2, zeile, spalte) ;
         copymat (zeiger2, zeiger1, zeile, spalte) ;
         showmat (zeiger2, zeile, spalte) ;
         return 0 ;                        }                   // Ende
```

... initialisiert eine Matrix zunächst auf klassische Weise, erinnert aber nochmals an den Umgang mit Zeigern. Dabei ist die Funktion *copymath* nur übungshalber eingebaut, denn eine Anweisung *mat2 = mat1 ;* ist für typengleiche Felder zulässig.

Wir wollen solche und weitere Funktionen nunmehr als Methoden auf einer Klasse Matrix implementieren. Die verwendeten Matrizen sollen quadratisch sein, damit wir später eine möglichst vollständige Algebra [1] demonstrieren zu können. Das Listing ist für Vorführzwecke mit z = s = 3 auf relativ kleine Matrizen eingestellt, arbeitet aber auch mit weitaus größeren Klassenvertretern:

```
/* zwei.cpp      Eine Klasse quadratischer Matrizen, erste Fassung */
# include <iostream.h>

const z = 3 ; const s = 3 ;   // Legt Größe für das gesamte Programm fest

int zeile = z ; int spalte = s ;

class mat
   {      float feld [z] [s] ;
          public:
          void initmat (float wert) ;                        //Methoden
          void einsmat ( ) ;
          void showmat ( ) ;
          mat setmat ( ) ;
          friend mat addimat (mat A, char b, mat B) ;        // Friends
          friend mat multmat (mat A, mat B) ;
   } ;

void mat :: initmat (float wert)
        { for ( int i = 0 ; i < zeile ; i++ )
          { for ( int k = 0 ; k < spalte ; k ++ ) feld [i] [k] = wert ; }   }

void mat :: einsmat ( )
        { for ( int i = 0 ; i < zeile ; i++ )
           for ( int k = 0 ; k < spalte ; k++ )
           if ( i == k ) feld [i] [k] = 1 ; else feld [i] [k] = 0 ; }

void mat :: showmat ( )
        { for ( int i = 0 ; i < zeile ; i++ )
          { for ( int k = 0 ; k < spalte ; k ++ )
            { cout.width (10) ; cout.precision (5) ; cout << feld [i] [k] ; }
             cout << endl ; }     cout << endl ; }
```

---

[1] Damit gibt es für Matrizen A und B neben den Grundrechenarten A + B und A - B unter Beachtung der Verkettungsregel (s. S. 68 ff) auch das Multiplizieren A * B sowie B * A , und unter gewissen Umständen das Invertieren A^{-1} solcher Objekte. Diese Menge von Matrizen hat daher Eigenschaften, die denen von Zahlen ähneln. Allerdings fehlt i.a. die Kommutativität: A * B = B * A gilt nicht generell.

```cpp
mat mat :: setmat ( )
    { mat A ;
      cout << "\n  Eingabe einer Matrix : \n" ;
      for ( int i = 0 ; i < zeile ; i++ )
      { cout << "   Zeile : " << i << " : " << endl ;
        for ( int k = 0 ; k < spalte ; k ++ ) cin >> feld [i] [k] ; }
        return (A) ;  }


mat multmat (mat A, mat B)                        // friend-Funktionen
      { float summe ; mat C ;
        for ( int i = 0 ; i < zeile ; i++ )
        for ( int k = 0 ; k < spalte ; k++ )
        { summe = 0 ;
          for ( int s = 0 ; s < zeile ; s ++ )
          { summe = summe + A.feld [i] [s] * B.feld [s] [k]  ;
            C.feld [i] [k] = summe ; }
        }
        return (C) ; }

mat addimat (mat A, char b, mat B)
      { mat C ;
        for ( int i = 0 ; i < zeile ; i++ )
        for ( int k = 0 ; k < spalte ; k++ )
        { if ( b == '+' ) C.feld [i] [k] = A.feld [i] [k] + B.feld [i] [k] ;
          else
          if ( b == '-' ) C.feld [i] [k] = A.feld [i] [k] - B.feld [i] [k]  ;
          else cout << "Syntaxfehler .. << endl" ;   // beim Test
        }
        return (C) ;    }

main ( )
  {     mat A, B, E ;
        A.initmat (5) ; B.initmat (3) ; E.einsmat ( ) ;
        A.showmat ( ) ; B.showmat ( ) ; E.showmat ( ) ;
        B = A ; B.showmat ( ) ;
        mat C ; C.setmat ( ) ; C.showmat ( ) ;
        C = multmat (C, C) ;
        C.showmat ( ) ;
        // kürzer :  multmat (A, B).showmat ( );
        C = addimat (C, '-', E) ;
        C.showmat ( ) ;
        return 0 ;
  }
```

Im Programm werden mit festgelegten Methoden zunächst drei Matrizen generiert, initialisiert (wir haben ausdrücklich keinen Konstruktor vorgesehen) und vorgezeigt. Danach wird das Umkopieren demonstriert, das also nicht eigens implementiert werden muß. Mit der Methode *setmat* kann eine Matrix beliebig beschrieben werden. Rückgabewert ist die gesamte Matrix!

Schließlich gibt es noch eine Matrizen-Multipikation, die aber wie das Addieren bzw. Subtrahieren bequemer als Friend-Funktion formuliert ist.

Dies hat noch einen Vorteil: Während Addieren und Multiplizieren in *main ( )* eine gewisse Ähnlichkeit mit der Schreibweise in der Mathematik haben:

```
C = A + B      C = addmat (A, '±' , B) ;
C = A * B      C = addmat (A, B) ;
```

ist beim Setzen (Initialisieren) und Vorzeigen die leere Funktionsklammer etwas eigentümlich. Außerdem sind jene Routinen, da als Methoden erklärt, nur in der Aufrufweise mit vorgesetztem Datenobjekt möglich. - Dies wäre auch der Fall, wenn die Multiplikation mit einer Methode implementiert wäre, etwa *C.multi (A, B)*. Unter Verzicht auf den mittleren Parameter kann man die Subtraktion natürlich als eigene Funktion *submat (A, B) ;* implementieren.

Um z.B. das Vorzeigen, Initialisieren oder Setzen einer Matrix ohne Vorsätze vor dem Methodenbezeichner ins Programm einführen zu können, muß man bei diesen Routinen auf friend-Funktionen ausweichen und damit das OOP-Paradigma verletzen. Folgende Ergänzungen bzw. Änderungen wären bei den Deklarationen brauchbar:

```
class mat { ...  public: friend mat startmat (float wert) ;
                         friend mat setzemat ( ) ;
                         friend void zeigemat (mat A) ; } ;

mat startmat (float wert)
   { mat A ; for ( int i = 0 ; i < zeile ; i++ )
         { for (int k = 0 ; k < spalte ; k ++) A.feld [i] [k] = wert ; }
     return (A) ; }

mat setzemat ( )
   { mat A ; cout << "\n  Eingabe einer Matrix : \n" ;
     for ( int i = 0 ; i < zeile ; i++ )
        { cout << "  Zeile : " << i << " : " << endl ;
          for ( int k = 0; k < spalte; k ++ ) cin >> A.feld [i] [k] ; }
     return (A) ; }

void zeigemat (mat A)
   { for ( int i = 0 ; i < zeile ; i++ )
      { for ( int k = 0 ; k < spalte ; k ++)
          { cout.width (10) ; cout.precision (5) ; cout << A.feld [i] [k] ; }
        cout << endl ; }
     cout << endl ;  }

main ( )           ...
                 C = startmat (0) ; zeigemat (C) ;
                 zeigemat (startmat (1)) ;
                 C = setzemat ( ) ; zeigemat (C) ;
                 ...
```

Auf Disk sind diese Ergänzungen im File integriert. Wollte man lediglich *zeigemat (C)* schreiben, so müßte anstelle von C die Anfangsadresse dieser Matrix übergehen werden, da ansonsten lokal nur eine Kopie von C zur Verfügung stände, also auf *return* dann nicht verzichtet werden kann!

Nach ersten Tests mit den Routinen könnten wir nun die Deklaration der Klasse, d.h. den gesamten Text bis zum Beginn von *main ( )*, als Datei <matrix.h> ablegen und im folgenden Listing erst beim Compilieren einspielen lassen:

```
/* Test mit Headerdatei matrix.h */
# include "matrix.h"

main ( )
   {    mat A ; mat B ; A.initmat (1) ; B.initmat (1) ;
        for ( int i = 0 ; i < 5 ; i ++ )
          { A.showmat ( ) ; A = addimat (multmat (A, B), '-', A) ;}
        return 0 ;
   }
```

Das Programm liefert fortlaufend Matrizen, die mit den Potenzen von 2 belegt sind. Entsprechend können Sie Potenzen A^n von A erzeugen lassen u. dgl. mehr ...

Im Kapitel 5 über Datentypen hatten wir auf S. 68 Markov-Ketten mit Übergangsmatrizen angesprochen. Um die zugehörigen stabilen Vektoren (Zustände) zu finden, brauchen wir noch die Multiplikation von Matrizen mit Vektoren.

Wir erweitern daher die Klasse *mat* um zwei Vektoren, mit denen eine Gleichung

$$A * x = y ;$$ (gegeben ist dabei zunächst x)

mit den Spaltenvektoren x und y behandelt werden kann. Die Multiplikation A * x findet dann **innerhalb eines Objekts** statt; damit das neue y zum fortlaufenden Multiplizieren wiederum als x dienen kann, gibt es eine Methode zum Verschieben von y nach links auf x, die komplett gekapselt abläuft: Die Matrix A kann mit der alten Methode eingegeben werden. Zum Eingeben von x und eventuell auch y (für noch nicht eingebaute Rechenarten) werden zwei neue Methoden hinzugefügt.

Anschauen kann man sich das jeweilige Ergebnis (zumeist eine komplette Gleichung, kaum x oder y alleine) mit einer Methode, die nunmehr nicht nur A, sondern eben das gesamte Objekt (A, x, y) zeigt. A allein kann man natürlich weiterhin vorzeigen. Da es noch keine Konstruktoren gibt, muß bei der Erstellung des Programms darauf geachtet werden, daß auf keinen Fall rechnenden Zugriffe auf solche Teildaten von Objekten vorgenommen werden, die noch nicht initialisiert sind!

Im folgenden Listing sind nur jene Teile aufgeführt, welche die Fassung von S. 192 ergänzen; auf Disk ist das Listing vollständig, sofort lauffähig:

```
/* drei.cpp       Erweiterte Fassung von zwei.cpp */
# include <iostream.h>
# include <conio.h>

const z = 3 ; const s = 3 ;              // wie bisher
int zeile = z ; int spalte = s ;

class mat
   {     float feld [z] [s] ;            // schon vorhanden
         float vektorlinks [z] ;
         float vektorrechts [z] ;

         public:
         void initmat (float wert) ; ... ; void setmat ( ) ;  // schon vorhanden

         void setvlinks ( ) ;            // neue Methoden
         void setvrechts ( ) ;
         void showsystem ( ) ;
         void multsystem ( ) ;
         void schieben ( ) ;

         friend mat addimat (mat A, char b, mat B); ... ; // wie bisher
   } ;


void mat :: setmat ( )                            // verbessert mit gotoxy ..
      { clrscr ( ) ; cout << "\n  Eingabe einer Matrix : \n" ;
         for ( int i = 0 ; i < zeile ; i++ )
         { gotoxy ( 11, 3) ; cout << "  Zeile " << (i + 1) << ": " ;
            for ( int k = 0 ; k < spalte ; k ++ )
               { gotoxy ( 10 * k + 1, 5 + i) ; cin >> feld [i] [k] ; }
            }
         clrscr ( ) ;
         }

void mat :: setvlinks ( )
      { clrscr ( ) ; cout << "\n  Eingabe des linken Vektors : \n" ;
         for ( int i = 0 ; i < zeile ; i ++ )
            { gotoxy (10 * i + 1, 5) ; cin >> vektorlinks [i] ;  }
         clrscr ( ) ;
         }

void mat :: setvrechts ( )
      { clrscr ( ) ; cout << "\n  Eingabe des rechten Vektors : \n" ;
         for ( int i = 0 ; i < zeile ; i ++ )
            { gotoxy (10 * i + 1, 5) ; cin >> vektorrechts [i] ;  }
         clrscr ( ) ;
         }
```

```cpp
void mat :: showsystem ( )
        { cout << endl ;
           for ( int i = 0 ; i < zeile ; i++ )
            { for ( int k = 0 ; k < spalte ; k ++)
                 { cout.width (10) ; cout.precision (5) ; cout << feld [i] [k] ; }
               cout.width (15) ; cout.precision (5) ; cout << vektorlinks [i] ;
               cout.width (15) ; cout.precision (5) ; cout << vektorrechts [i] ;
               cout << endl ;
            }
           cout << endl ;
        }

void mat :: schieben ( )
        { for ( int i = 0 ; i < zeile ; i ++ ) vektorlinks [i] = vektorrechts [i] ; }

void mat :: multsystem ( )
        { float summe ;
          for ( int i = 0 ; i < zeile ; i ++ )
           { summe = 0 ;
             for ( int k = 0 ; k < zeile ; k++ )
                 summe = summe + feld [i] [k] * vektorlinks [k] ;
             vektorrechts [i] = summe ;
           }
        }

//  mat multmat (mat A, mat B) , mat addimat ( ... ) usw.  vorhanden

main ( )
    {   char c ;
        mat A ;
        cout << "Berechnung eines stabilen Vektors nach Markov : " ;
        c = getch ( ) ; clrscr ( ) ;
        A.setmat ( ) ;
        A.setvlinks ( ) ;
                // A.setvrechts ( ) ;   zum Testen
        for ( int k = 0 ; k < 11 ; k++ )
          {   A.multsystem ( );
              A.showsystem ( );
              cout << endl << "Schritt " << (k + 1) << "  Weiter = Taste" ;
              c = getch ( ) ; cout << endl ;
              A.schieben ( ) ;
          }
        cout << endl << endl ;

        cout << "Multiplikation einer Matrix mit einem Vektor ... " ;
        c = getch ( ) ;
        A.setmat ( ) ;
        A.setvlinks ( ) ;
        clrscr ( ) ; cout << endl ;
        A.multsystem ( ) ;
        A.showsystem ( ) ;
        return 0 ;
    }                                       // Ende des Listings
```

Interessant ist natürlich noch eine Möglichkeit, Gleichungen des Typs

A * x = y

bei gegebenem y nach x aufzulösen. Dies setzt voraus, daß die quadratische Matrix A invertierbar ist, also das System in der Form

x = A $^{-1}$ * y

behandelt werden kann. Zu diesem Zweck erweitern wir um eine friend-Funktion zum Invertieren der Matrix A für den Fall, daß det A $\neq$ 0 erfüllt ist (was im Bereich der Zahlen etwa dem Gleichungsfall a * x = y mit x = y / a für a $\neq$ 0 entspricht). Für initialisiertes (!) A wird das eine Funktion

mat B ; B = invers (mat A) ;

die wir so einrichten, daß in der Klasse *mat* die beiden Vektoren von A nach B mitgenommen werden. Sind daher im Objekt (A, x, y) die Matrix A und der Vektor y schon eingetragen, so kann nach dem Invertieren von A auf B durch Vertauschen von x mit y (als Methode) und Anwenden der Methode *B.multsystem ( )* die Lösung für x rechts ausgelesen werden.

Im Listing von S. 196 ist nun im Methodenteil der Klasse folgendes zu ergänzen (auf Disk ist das folgende File ab Version S. 192 vollständig und mit Konstruktor):

```
/* vier.cpp        Klasse mit Vektoren und allen Methoden einschl. Inversion */

class mat
  { ...
          public:
          void initmat (float wert) ;         void einsmat ( ) ;
          void showmat ( ) ;                  void setmat ( ) ;
          void setvlinks ( ) ;                void setvrechts ( ) ;
          void showsystem ( ) ;               void multsystem ( ) ;

          void vektortausch ( ) ;                            // neu
          friend mat addimat (mat A, char b, mat B) ;
          friend mat multmat (mat A, mat B) ;
          friend mat invmat (mat A) ;                        // neu
  } ;
          // Achtung : Konstruktoren fehlen, also initialisieren : siehe S. 202

void mat :: vektortausch ( )            // rechts gegen links u.u.
    {     for ( int i = 0 ; i < zeile ; i ++ )
        { float a ;
          a = vektorlinks [i] ;
          vektorlinks [i] = vektorrechts [i] ; vektorrechts [i] = a ; }
    }
```

```
mat invmat (mat A)
   {     mat C ; C.einsmat ( ) ;
         int k = 0 ; float a [z] ; int bool ;
         do
         {      bool = 1; int i = k ;
                while  ( ( A.feld [i][k] == 0 ) && ( i < zeile ) ) i++ ;
                if ( i == zeile ) bool = 0 ;
                else
                { for ( int h = 0 ; h < spalte ; h++ )   // Zeilen tauschen
                  { a [h] = A.feld [k] [h]  ;
                     A.feld [k][h] = A.feld [i][h] ; A.feld [i][h] = a [h] ;
                     a [h] = C.feld [k] [h] ;
                     C.feld [k][h] = C.feld [i][h] ; C.feld [i][h] = a [h] ; }
                  }
                // cout << "A vert. " << endl ; A.showmat ( ) ;
                // cout << "C vert. " << endl ; C.showmat () ;

                if ( bool == 1)
                   {      float d = A.feld [k][k] ;   // Zeile in A normieren
                          for ( int h = spalte - 1 ; h >= 0 ; h -- )
                          { A.feld [k][h] = A.feld [k][h] / d ;
                            C.feld [k][h] = C.feld [k][h] / d ;  }
                          // cout << "A. norm." << endl; A.showmat ( );
                          // cout << "C. norm." << endl; C.showmat ( );

                          for ( int u = 0 ; u < spalte ; u++)
                          { if ( u != k )
                            { float fak = A.feld [u] [k] ;
                              for ( int r = 0 ; r < zeile ; r ++ )
                              { A.feld [u][r] = A.feld [u][r] - fak * A.feld [k][r] ;
                                C.feld [u][r] = C.feld [u][r] - fak * C.feld [k][r] ; }
                            }
                          }
                   }
                // cout << "A gerechnet" << endl; A.showmat ( );
                // cout << "C gerechnet" << endl; C.showmat ( );
                k++ ;
         }                                               // end of do ...
         while ( ( k < zeile ) && ( bool == 1 ) ) ;

         for ( k = 0 ; k < zeile ; k ++ )
           { C.vektorrechts [k] = A.vektorrechts [k] ;
             C.vektorlinks [k] = A.vektorlinks [k] ; }

         if ( bool == 1) return (C)  ;
         else cout << "Nicht invertierbar!\n\n" ;
                                       // Ende der Routine zum Invertieren ... usw.
   }
```

Dies ist der sog. **Gauss-Algorithmus** (genauere Begründung z.B. in [M2], S. 57), den Sie mit den abgeklammerten Kommentarzeilen // ... schrittweise mitverfolgen können. Mit dem nachfolgenden Hauptprogramm können Sie testen:

```
main ( )                  // Eingabewerte für Tests siehe Abb. nächste Seite
  {    char c ;
       mat A ;
       cout << "Berechnung einer inversen Matrix zu A : " ;
       c = getch ( ) ; clrscr ( ) ;
       A.setmat ( ) ; mat B ; B = invmat (A) ;
       cout << endl << "Invertierte Matrix INV (A) :\n\n" ; B.showmat ( ) ;
       cout << endl << "Ausgangsmatrix      A  :\n\n" ; A.showmat ( ) ;
       cout << endl << "Das Produkt beider ist : \n\n" ;
       mat C; C = multmat (A, B) ; C.showmat ( ) ;

       cout << endl << "Lösen einer Gleichung A * x = b ... \n" ;
       cout << "Geben Sie einen Vektor b ein (weiter = Taste) ..." ;
       c = getch ( ) ;
       A.setvrechts ( ) ;
       cout << "Aufgabe A * x = b (x nicht initialisiert) ... \n\n" ;
       A.showsystem ( ) ;
       B = invmat (A) ;        // hält die eingetragenen Vektoren fest !!!
       B.vektortausch ( ) ;
       B.multsystem ( ) ;
       cout << "Aufgabe gelöst in der Form A^-1 * b = x ... \n\n" ;
       B.showsystem ( ) ;
       cout << "Aufgabe dargestellt in der Form  A * x = b ... \n\n" ;
       B = invmat (B) ; B.vektortausch ( ) ;
       B.showsystem ( ) ;    // ohne vorher Multiplikation!
       return 0 ;
  }
```

Stets gilt $A * A^{-1} = A^{-1} * A = E$, d.h. die Inverse zu A ist mit der Ausgangsmatrix A sogar kommutativ. Die mit der Methode *einsmat ( )* initialisierte Matrix E (mit Einsen in der Diagonale) ist zu sich selbst invers.

Beim Gebrauch des Programms insgesamt ist noch etwas Vorsicht geboten, wenn mit Matrizen gerechnet wird, die nicht vollständig initialisiert sind (darauf wurde im obigen Testprogramm aber geachtet). Ansonsten ist das Rechnen mit quadratischen Matrizen einschließlich des Lösens linearer Gleichungssysteme usw. komplett möglich: Ein paar „Glättungen" bei Ausgaberoutinen oder andere kleinere Ergänzungen sollte der Leser bei Bedarf selber vornehmen können, wenn ihn das Thema [1] näher interessiert.

---

[1] Die 3*3 - Matrizen beschreiben Abbildungen im Raum, d.h. die Zuordnung eines Bildpunktes y zum Punkt x über $y = A * x$. Ist det $A \neq 0$, so bedeutet das, daß die Abb. umkehrbar, also zum Bildpunkt y der Ausgangspunkt x eindeutig rekonstruierbar ist. Die wichtigsten dieser Abbildungen sind Drehungen, Spiegelungen und Kombinationen aus solchen, wobei stets $|\det A| = 1$ gilt. Hat die Determinante andere Werte, so wird komprimiert oder dilatiert, gestaucht oder gestreckt. Soviel zur Geometrie. Im übrigen läuft das Programm für größere Matrizen natürlich ebenfalls, und es gibt analoge Deutungen in höherdimensionalen Räumen R^n (mit $n > 3$).

Dazu würde insb. noch das Multiplizieren einer Matrix mit einem konstanten Faktor gehören, wobei einfach alle Matrixelemente entsprechend zu multiplizieren sind.

```
                                        (Inactive C:\FUENF.EXE)
ma
co
co
c        Aufgabe A * x = b (x nicht initialisiert) ...
A.
co           1           0           1      0.00082094              1
A.           2          -1           0      2.0839e-41              1
B           -3           2           2      8.1727e-15              1
B.
B.       Aufgabe gelöst in der Form A^-1 * b = x ...
co
B.
co           2          -2          -1              1             -1
B            4          -5          -2              1             -3
B.          -1           2           1              1              2
re
}        Aufgabe dargestellt in der Form  A * x = b ...

             1           0           1             -1              1
             2          -1           0             -3              1
            -3           2           2              2              1
```

Abb. 13.1 : Testlauf des Programms der vorigen Seite

Im Testlauf wurde für A die links oben erkennbare, invertierbare Matrix eingegeben; als Vektor rechts wurde (1, 1, 1) gewählt. Beachten Sie die Ausgabe des noch nicht initialisierten Vektors x, „auf" den aber danach gerechnet wird.

Wäre A nicht invertierbar, so käme das Programm (noch) zu keinem vernünftigen Ende, obwohl es in diesem Falle eine Zwischenmeldung gibt: Man müßte noch dahingehend ergänzen, daß dann nicht weitergerechnet werden kann bzw. darf (wenn also die „große" Schleife der Routine *invmat ( )* mit *bool = 0* verlassen wird).

Vorhin erwähnten wir, daß unser Listing bei ungenauen Anweisungen Schwierigkeiten machen kann: z.B. Fehlermeldung unter Laufzeit „floating point", wenn Objekte bei Deklaration nicht initialisiert werden. Wie steht es also mit dem Konstruktor für unser Programm in der „Endfassung"? Dieser hängt davon ab, was wir hauptsächlich machen wollen. Als Beispiel ist im Listing auf der Disk in der Klasse *mat* ein Konstruktor eingetragen, der alle Werte eines Objekts (A, x, y) bequemerweise auf Eins setzt und daher so aussieht:

```
    mat (float r) ;     // Konstruktoreintrag  in der Klasse
```

mit nachheriger Setzung

```
    mat :: mat ( float r = 1 )
            { for ( int u = 0 ; u < zeile ; u++ )
                { vektorlinks [u] = r ; vektorrechts [u] = r ;
                  for (int v = 0 ; v < spalte ; v ++ )
                  feld [u] [v] = r ;
                }
            }
```

Wollen Sie Matrix A und Vektoren x, y im Objekt (A, x, y) verschieden besetzen, so
wäre z.B.

```
    mat (float r, float a) ;    // Konstruktoreintrag  in der Klasse
```

mit nachheriger Setzung

```
    mat :: mat ( float r = 1, float a = 0 )
            { for ( int u = 0 ; u < zeile ; u++ )
                { vektorlinks [u] = a ;
                  vektorrechts [u] = a ;
                  for (int v = 0 ; v < spalte ; v ++ )
                  if ( u == v ) feld [u] [v] = r ; else  feld [u] [v] = a ;
                }
            }
```

oder dgl. geeignet. In diesem Fall gehen die Vektoren nach Null, während die Matrix
zur Einheitsmatrix mit Diagonaleinsen wird.

Wenn Sie öfters mit Matrizen rechnen (müssen), können Sie den Beitrag aus diesem
Kapitel zu einem kompletten, eigenen Softwarepaket ausbauen ...

Auf Objekte können Zeiger gerichtet werden; als Sätze in Datenbanken muß man sie abspeichern können. Wie das geht, untersuchen wir in diesem Kapitel.

Damit das Grundsätzliche nicht verstellt wird, arbeiten wir mit kleinen Datensätzen, die aus Objekten mit nur zwei Komponenten bestehen: Damit lassen sich alle wesentlichen Konstruktionsmerkmale erklären:

```
/* demo.cpp  Ausschnitt aus einer ASCII-Tabelle als Objektdatei */
# include <iostream.h>

class ascii    { char zeichen ;
                 int  index ;
                 public :
                 void setzen (char w) ;
                 void setzen (int i) ;               // !!!
                 void zeigen ( ) ;                              } ;

void ascii :: setzen (char w)    { zeichen = w ; }

void ascii :: setzen (int i)       { index = i ; }

void ascii :: zeigen ( )
        { cout.width (3) ; cout << index << ":" << zeichen << "   " ; }

main ( )
        {       cout << "ASCII - Tabelle 30 ... 255" ;
                ascii was [256] ; int anfang = 30 ;
                for ( int nummer = anfang; nummer < 256; nummer ++ )
                        { was [nummer].setzen (char (nummer)) ;
                          was [nummer].setzen (nummer) ;  }

                for ( nummer = anfang ; nummer < 256 ; nummer ++ )
                        { was [nummer].zeigen ( ) ; }
                return 0 ;       }
```

```
                              (Inactive C:\ASCII.EXE)
ASCII - Tabelle 30 ... 255
█: 30   █: 31    : 32   !: 33   ": 34   #: 35   $: 36   %: 37   &: 38   ': 39
(: 40   ): 41   *: 42   +: 43   ,: 44   -: 45   .: 46   /: 47   0: 48   1: 49
2: 50   3: 51   4: 52   5: 53   6: 54   7: 55   8: 56   9: 57   :: 58   ;: 59
<: 60   =: 61   >: 62   ?: 63   @: 64   A: 65   B: 66   C: 67   D: 68   E: 69
F: 70   G: 71   H: 72   I: 73   J: 74   K: 75   L: 76   M: 77   N: 78   O: 79
P: 80   Q: 81   R: 82   S: 83   T: 84   U: 85   V: 86   W: 87   X: 88   Y: 89
Z: 90   [: 91   \: 92   ]: 93   ^: 94   _: 95   `: 96   a: 97   b: 98   c: 99
d:100   e:101   f:102   g:103   h:104   i:105   j:106   k:107   l:108   m:109
n:110   o:111   p:112   q:113   r:114   s:115   t:116   u:117   v:118   w:119
x:120   y:121   z:122   {:123   |:124   }:125   ~:126   █:127   █:128   █:129
█:130   █:131   █:132   █:133   █:134   █:135   █:136   █:137   █:138   █:139
█:140   █:141   █:142   █:143   █:144   ':145   ':146   █:147   █:148   █:149
█:150   █:151   █:152   █:153   █:154   █:155   █:156   █:157   █:158   █:159
 :160   ¡:161   ¢:162   £:163   ¤:164   ¥:165   ¦:166   §:167   ¨:168   ©:169
ª:170   «:171   ¬:172   -:173   ®:174   ¯:175   °:176   ±:177   ²:178   ³:179
´:180   µ:181   ¶:182   ·:183    :184   ¹:185   º:186   »:187   ¼:188   ½:189
¾:190   ¿:191   À:192   Á:193   Â:194   Ã:195   Ä:196   Å:197   Æ:198   Ç:199
È:200   É:201   Ê:202   Ë:203   Ì:204   Í:205   Î:206   Ï:207   Ð:208   Ñ:209
Ò:210   Ó:211   Ô:212   Õ:213   Ö:214   ×:215   Ø:216   Ù:217   Ú:218   Û:219
Ü:220   Ý:221   Þ:222   ß:223   à:224   á:225   â:226   ã:227   ä:228   å:229
```

Abb. 14.1 : Die ASCII-Tabelle als Datei von Objekten

In der Abb. sieht man das Ergebnis: Es geht um einen Ausschnitt der in jedem Buch abgedruckten ASCII-Tabelle, und zwar - da wir erst mit dem Index 30 beginnen - um jenen Teil, der unter Windows „offen" gezeigt wird, d.h. die druckbaren Zeichen.

Im Programm haben wir ein Array von Objekten erklärt, das wir erst ab Nummer 30 initialisieren. Ein Konstruktor fehlt vorerst: Da wir die Liste stets bei *anfang* beginnen, droht bei einem festen Programm keine Gefahr.

Besonders interessant ist, daß wir zwei Methoden mit gleichem Namen installiert haben: Der Compiler unterscheidet mit dem Übergabetyp, welche Funktion er jeweils auszuwählen hat. Man nennt dieses Phänomen **Überladen** einer Funktion bzw. in unserem Fall einer Methode. Unter Laufzeit wird also je nach Argument entschieden, welche Methode zu wählen ist. (Das gibt es auch für Operatoren.)

Um nun zu zeigen, wie man diese Objekte { zeichen, index } auf der Peripherie abspeichern kann, führen wir Methoden zum Abspeichern bzw. Wiedereinlesen ein und ergänzen das Programm übungshalber derart, daß man die Tabelle auch durch Einlesen einer Datei erzeugen kann, wenn eine solche einmal erstellt worden ist. Das Einlesen soll dabei auf das vom Programm generierte Objektfeld vorgenommen werden.

Mit irgendwelchen anderen Objekten, d.h. einer Klassenkonstruktion mit ganz anderen Komponenten, geht das dann ganz analog:

```cpp
/* eins.cpp  Ausschnitt aus einer ASCII-Tabelle als Datei von Objekten */
# include <iostream.h>
# include <stdio.h>
# include <conio.h>
# include <fstream.h>

ifstream eingabe ;
ofstream ausgabe ;

class ascii
    {       char zeichen ;
            int  index ;
            public:
            void setzen (char w) ;
            void setzen (int i) ;
            void zeigen ( ) ;
            void schreiben ( ) ;
            void lesen ( ) ;
            ascii (char, int) ;              // Konstruktor
    } ;

ascii :: ascii (char z = '-', int n = 0)     { zeichen = z ; index = n ; }

void ascii :: setzen (char w)                { zeichen = w ; }

void ascii :: setzen (int i)                 { index = i ; }

void ascii :: zeigen ( )
    {       cout << zeichen << ":" ; cout.width (3) ; cout << index << "   " ; }

void ascii :: schreiben ( )                                      // Fußnote [1]
    {       ausgabe.write ( (char*) &zeichen, sizeof (zeichen) ) ;
            ausgabe.write ( (char*) &index,   sizeof (index) ) ;  }
```

                                              // Fortsetzung nächste Seite

---

[1] Physikalisch liegen auf der Datei insg. 3 * 276 = 678 Byte, und man erkennt, daß Zeichen mit einem Byte, Ganzzahlen < 256 mit zwei Byte abgelegt sind, wobei das zweite Byte stets Null ist. Programm zum Testen:

```cpp
/* test.cpp * Datei direkt lesen */
# include <iostream.h>
# include <stdio.h>
# include <fstream.h>
main ( )
    {       ifstream eingabe ; const g = 678 ; unsigned char a ;
            char name [12] ; cout << "Dateiname ... " ; gets (name) ;
            eingabe.open (name, ios :: nocreate | ios :: binary) ;
            for ( int nummer = 0 ; nummer < g ; nummer++ )
              { eingabe.read ( (char*) &a, sizeof (a) ) ; cout << int (a) << ":" ; }
            eingabe.close ( ) ; return 0 ;     }            // Ende Fußnote
```

```
void ascii :: lesen ( )
  {     char a ; int b ;
        eingabe.read  ( (char*) &a, sizeof (a) ) ;
        eingabe.read  ( (char*) &b, sizeof (b) ) ;
        zeichen = a ; index = b ;          }

main ( )
  {     const g = 256 ;
        ascii was [g] ;
        int anfang = 30 ;
        char name [12] ; cout << "Dateiname ... " ; gets (name) ;
        clrscr ( ) ;
        eingabe.open (name, ios :: nocreate | ios :: binary) ;         // nur einmal!
        if ( ! eingabe )
                { cout << "Eingabedatei fehlt ... \n" ;
                  eingabe.close ( ) ;
                  for ( int nummer = anfang ; nummer < g ; nummer ++ )
                        { was [nummer].setzen (char (nummer)) ;
                                was [nummer].setzen (nummer) ; }
                  for ( nummer = anfang ; nummer < g ; nummer ++ )
                        { was [nummer].zeigen ( ) ; } ;
                  ausgabe.open (name, ios :: binary) ;
                  for ( nummer = anfang ; nummer < g ; nummer ++ )
                                was [nummer].schreiben ( ) ;
                  ausgabe.close ( ) ;
                }
        else
                { cout << "Eingabedatei existiert ... \n" ;
                  // eingabe.open ( ... ) ;   kein zweites Mal ! ! !
                  for ( int nummer = anfang ; nummer < g ; nummer ++ )
                                was [nummer].lesen ( ) ;
                  eingabe.close ( ) ;
                  cout << "ASCII - Tabelle 30 ... 255\n" ;
                        for ( nummer = anfang ; nummer < g ; nummer ++ )
                        { was [nummer].zeigen ( ) ; } ;
                }
        return 0 ;
  }
```

Das Programm enthält nun einen Konstruktor; für Testläufe ist dies insofern wichtig, als eine fehlerhaft eingelesene Datei einwandfrei erkannt wird: Wird z.B. das Öffnen der Eingabedatei aus Versehen zweimal durchgeführt, nämlich in der else-Anweisung ein weiteres Mal, so wird **nicht** eingelesen! Probieren Sie das aus.

Wir wollen den Ansatz nunmehr so abändern, daß die **Datei** unter Laufzeit **am Heap** liegt und von dort hinausgeschrieben wird. Entsprechend soll die Datei beim Einlesen von der Peripherie am Heap mit Zeigern aufgebaut werden. Das ist für all jene Anwendungen wichtig, bei denen kein von Anfang an feststehendes Feld deklariert wird. Zum Verständnis wird auf das Beispiel von S. 109 hingewiesen.

Das folgende Listing erstellt im ersten Durchlauf zunächst die periphere Datei mit einem frei wählbaren Namen und liest diese Datei dann später, sofern sie existiert, bei gleichzeitiger Anzeige am Bildschirm ein:

```cpp
/* zwei.cpp  ASCII-Tabelle mit Zeigern auf Objekte */
# include <iostream.h>
# include <stdio.h>
# include <conio.h>
# include <fstream.h>

ifstream eingabe ;
ofstream ausgabe ;

class ascii
    {    char zeichen ;
         int  index ;
         ascii *weiter ;  // Adreßvariable zum Verketten

         public:
         friend void setzen (ascii *zeiger, char w, int i, ascii *kette) ;
         friend void zeigen (ascii *zeiger) ;
         friend ascii schalten (ascii *zeiger, ascci *kette) ;
         friend void schreiben (ascii *zeiger) ;
         friend void lesen (ascii *zeiger) ;

         ascii (char, int) ;  } ;    // dies wäre ein Konstruktor

ascii :: ascii (char z = '-', int n = 0)
    {    zeichen = z ; index = n ; weiter = NULL ; }

void setzen (ascii *zeiger, char w, int i, ascii *kette)
    {    zeiger -> zeichen = w ; zeiger -> index = i ; zeiger -> weiter = kette ; }

void zeigen (ascii *zeiger)
    {    cout << zeiger -> zeichen << ":" ;
         cout.width (3) ; cout << zeiger -> index << "   " ; }

ascii schalten (ascii *zeiger, ascii *kette)
    {    (zeiger -> weiter) = kette; zeiger = (zeiger -> weiter) ; return (*zeiger) ;  }

void schreiben (ascii *zeiger)
    {    // cout << zeiger -> zeichen ; cout << zeiger -> index ;
         ausgabe.write ((char*) &(zeiger -> zeichen), sizeof  zeiger -> zeichen) ) ;
         ausgabe.write ((char*) &(zeiger -> index),   sizeof (zeiger -> index)) ; }

void lesen (ascii *zeiger)
    {    char a ; int b ;
         eingabe.read  ((char*) &a, sizeof (a) ) ;
         eingabe.read  ((char*) &b, sizeof (b) ) ;
         zeiger -> zeichen = a ; zeiger -> index = b ;   }
```

```
main ( )
  {     const a = 30 ; const g = 256 ;
        char name [12] ; cout << "Dateiname ... "; gets (name) ;
        clrscr ( ) ;
        ascii *start = new ascii ;
        ascii *lauf = new ascii ;
        eingabe.open (name, ios :: nocreate | ios :: binary) ;
        if ( ! eingabe )
                { cout << "Eingabedatei fehlt ... \n" ;
                  eingabe.close ( ) ;
                  ausgabe.open (name, ios :: binary) ;

                  start = lauf ;            // enthält Adressen, Start merken
                  int nummer = a ;
                  while ( nummer < g )
                        { ascii *go_heap = new ascii ;
                          setzen (lauf, char (nummer), nummer, go_heap) ;
                          schreiben (lauf) ;
                          lauf = go_heap ; nummer ++ ; }
                  ausgabe.close ( ) ;
                }
        else
                { cout << "Eingabedatei existiert ... \n" ;
                  int nummer = a ; lauf = start ;
                  while ( nummer < g )
                  { ascii *go_heap = new ascii ;
                          lesen (lauf) ; zeigen (lauf) ;
                          lauf = &schalten (lauf, go_heap) ;
                          nummer ++ ; }
                  eingabe.close ( ) ;
                }
        return 0 ;
  }
```

Alle Routinen sind in Anlehnung an S. 109 zunächst als friend-Funktionen konstruiert,
damit man die alten Muster des Bezugsprogramms zum Weiterschalten usw.
möglichst direkt übernehmen kann. Beachten Sie insb. den Adreßoperator vor der
Funktion *schalten*, damit der Zeiger *lauf* auf der Bezugsvariablen arbeitet. In den
Funktionen werden neben einigen Werten stets Zeiger übergeben, d.h. auf Objekte
gerichtete Adressen.

Unser Programm entspricht noch nicht der „reinen Lehre OOP", die ausschließlich
Methoden verlangt! Dieses Ziel gilt es zu erreichen ... Wer mit dem Paradigma des
klassischen Programmierens (z.B. wie ich mit Pascal) aufgewachsen ist, muß anfangs
nun einigermaßen intensiv nachdenken, wie der Umgang mit Adressen und Zeigern
(nicht nur den Daten im Objekt) vollständig gekapselt durchzuführen ist.

Hier ist zum Vergleich exakt dasselbe Programm, nun „einwandfrei OOP":

```cpp
/* drei.cpp  ASCII-Tabelle mit den Objekten "hinter" den Zeigern */
# include <iostream.h>        # include <stdio.h>
# include <conio.h>           # include <fstream.h>

ifstream eingabe ; ofstream ausgabe ;

class ascii                                        // nur noch Methoden!
   {      char zeichen ;  int  index ; ascii *weiter ;
          public:
          void setzen (char w, int i, ascii *kette) ;    void zeigen ( ) ;
          void schalten (ascii *kette) ;                 void schreiben ( ) ;
          void lesen ( ) ;                               ascii (char, int) ;   } ;

ascii :: ascii (char z = '-', int n = 0)    { zeichen = z ; index = n ; weiter = NULL ; }

void ascii :: setzen (char w, int i, ascii *kette)       // Konstruktor
   {      zeichen = w ; index = i ; weiter = kette ; }

void ascii :: zeigen ( )
   {      cout << zeichen << ":" ; cout.width (3) ; cout << index << "   " ; }

void ascii :: schalten (ascii *kette)      { weiter = kette ;  }

void ascii :: schreiben ( )
   {      ausgabe.write ( (char*) &(zeichen), sizeof (zeichen) ) ;
          ausgabe.write ( (char*) &(index),  sizeof (index) ) ;   }

void ascii :: lesen ( )
   {      eingabe.read  ( (char*) &zeichen, sizeof (zeichen) ) ;
          eingabe.read  ( (char*) &index, sizeof (index) ) ;   }

main ( )
   {      const a = 30; const g = 256 ; char name [12] ;
          cout << "Dateiname ... " ; gets (name) ; clrscr ( ) ;
          ascii *start = new ascii ;  ascii *lauf = new ascii ;
          eingabe.open (name, ios :: nocreate | ios :: binary) ;
          if ( ! eingabe )
                 { cout << "Eingabedatei fehlt ... \n" ; eingabe.close ( ) ;
                   ausgabe.open (name, ios :: binary) ;
                   start = lauf ;  int nummer = a ;
                   while ( nummer < g )
                     {      ascii *go_heap = new ascii ;
                            (*lauf).setzen (char (nummer), nummer, go_heap) ;
                            (*lauf).schreiben ( ) ; lauf = go_heap ; nummer ++ ;   }
                   ausgabe.close ( ) ;              } // end of if ...
          else     { cout << "Eingabedatei existiert ... \n" ;
                   int nummer = a ; lauf = start ;
                   while ( nummer < g )
                     {      ascii *go_heap = new ascii ; (*lauf).lesen ( ) ;
                            (*lauf).zeigen ( ) ;
                            (*lauf).schalten (go_heap) ; nummer ++ ;     }
                   eingabe.close ( ) ;   } // end of else
          return 0 ;        }                        // Ende des Listings
```

Beachten Sie, wie jetzt die Bezugsvariablen zu den Zeigern als Objekte beim Setzen der Werte, beim Weiterschalten, Vorzeigen usw. angesprochen werden. Wenn Sie die beiden Lösungen miteinander vergleichen, werden Sie die Unterschiede deutlich sehen und in eigenen Listings die neue Methodik leichter einführen können.

Da in Dateiverwaltungen usw. Daten als Objekte vorkommen und z.B. sortiert werden müssen, werden im folgenden Beispiel Zufallszahlen als Komponenten von Objekten erzeugt, der Größe nach sortiert und dann auf eine Datei geschrieben.

Zum Sortieren wird übungshalber ein Verfahren benutzt, das die Liste wiederholt durchliest und das jeweils kleinste Datum aus dem noch verbleibenden Rest nach vorne umkopiert, eine Art Minimum-Suchmethode. Abb. 14.2 zeigt die ersten beiden Durchläufe mit jeweils einer Anzahl von Vertauschungen:

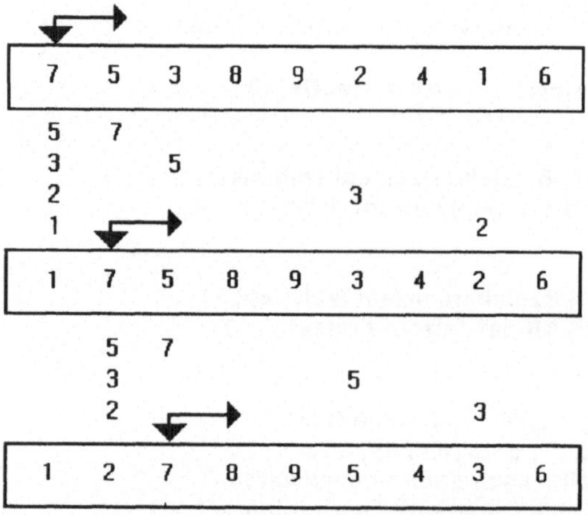

Abb. 14.2 : Sortieren durch Minimumsuche und Austausch

Im dritten Durchlauf, beginnend bei 7, tritt dann anstelle dieser 7 schließlich die 3 usw. Diese Art des Sortierens ist etwa so schnell wie Bubblesort: Nicht besonders gut also, aber jedenfalls sehr anschaulich. Immerhin demonstriert das Verfahren in unserem Listing präzise den direkten Zugriff auf die Adressen im Heap. Schließlich müssen Inhalte von Bezugsvariablen (Instanzen) zu gewissen Zeigern vertauscht werden.

Zum Vorzeigen der Inhalte wie zum Hinausschreiben wird der Heap mehrmals durchlaufen, wozu eine Methode *schalten* dient, die Adressen zurückgibt: Beachten Sie dazu die Verwendung des Adreßoperators &.   Beim Wiedereinlesen muß der Heap aufgebaut werden, um die Daten schrittweise abzulegen.

```cpp
/* vier.cpp   Sortieren von Zufallsobjekten */

# include <iostream.h>
# include <stdio.h>
# include <fstream.h>
# include <stdlib.h>

ifstream eingabe ;
ofstream ausgabe ;

class zufall
    {   int  zahl ;
        zufall *weiter ;
        public:
        void eintrag (int n) ;
        void zeigen ( ) ;
        void verketten (zufall *kette ) ;
        zufall& schalten ( ) ;
        void schreiben ( ) ;
        void lesen ( ) ;
        int vergleich ( ) ;
        zufall tauschen (zufall *kette) ;
        zufall (int) ;        } ;                 // Konstruktor

zufall :: zufall (int n = 999)                    // Konstruktor
  { zahl = n ; weiter = NULL ; }

void zufall :: eintrag (int n)            { zahl = n ; }

void zufall :: zeigen ( )                 { cout.width (8) ; cout << zahl ; }

void zufall :: verketten (zufall *kette) { weiter = kette ; }

zufall& zufall :: schalten ( )           { return (*weiter) ; } // Adressenübergabe !

void zufall :: schreiben ( )
  { ausgabe.write ( (char*) &zahl, sizeof (zahl) ) ; }

void zufall :: lesen ( )
  { eingabe.read  ((char*) &zahl, sizeof (zahl)) ;        }

int zufall :: vergleich ( )              { return (zahl) ; }

zufall zufall :: tauschen (zufall *kette)
  { int n = zahl ; zahl = ( kette -> zahl) ;
    ( kette -> zahl ) = n ; return (*kette) ;  }

main ( )
    {   const g = 100 ;
        char name [12] ; cout << "Dateiname ... " ; gets (name) ;
        zufall *start = new zufall ;
        zufall *lauf = new zufall ;
        zufall *merk = new zufall ;
```

```cpp
eingabe.open (name, ios :: nocreate | ios :: binary) ;
if ( ! eingabe )
    { cout << "Eingabedatei fehlt ... \n" ;
      eingabe.close ( ) ;
      start = lauf ;
      int nummer = 0 ; int z ;
      randomize ( ) ;
      while ( nummer < g )            // Daten unsortiert generieren
        { z = random (10000) ;
          (*lauf).eintrag (z) ;
          zufall *neu = new zufall ;
          (*lauf).verketten (neu) ; lauf = neu ;
          nummer ++ ;
        }
      cout << endl ;

      lauf = start ;                  // Datei unsortiert vorzeigen
      for ( nummer = 0 ; nummer < g ; nummer ++ )
        { (*lauf).zeigen ( ) ; lauf = &(*lauf).schalten ( ) ; }
      cout << endl ;

      merk = start ;                  // jetzt sortieren
      for ( nummer = 0 ; nummer < g ; nummer ++ )
        { lauf = start ;
          int min = (*lauf).vergleich ( ) ;
          for ( int k = nummer ; k < g ; k ++ )
            { int m = (*lauf).vergleich ( ) ;
              if ( m < min )
                { min = m ;
                  lauf = &(*start).tauschen (lauf) ;
                }
              lauf = &(*lauf).schalten ( ) ;
            }
          start = &(*start).schalten ( ) ;
        }

      lauf = merk ;                   // sortiert vorzeigen
      for ( int i = 0 ; i < g ; i ++ )
        { (*lauf).zeigen ( ) ; lauf = &(*lauf).schalten ( ) ; }

      lauf = merk ;                   // jetzt auskopieren
      ausgabe.open (name, ios :: binary) ;
      nummer = 0 ;
      while ( nummer < g )
        { (*lauf).schreiben ( ) ; lauf =&(*lauf).schalten ( ) ;
          nummer++ ;
        }

      ausgabe.close ( ) ;
      cout << "\nDatei generiert ..." ;
    }                                 // end of if
else
    { cout << "Eingabedatei existiert ... \n\n" ;
```

```
            int nummer = 0 ; lauf = start ; merk = start ;
            while ( eingabe )
              { (*lauf).lesen ( ) ;              // (*lauf).zeigen ( ) ;
                zufall *neu = new zufall ;
                (*lauf).verketten (neu) ; lauf = neu ;
                nummer ++ ;
              }
            eingabe.close ( ) ;
            cout << endl << nummer - 1 << " Daten ... " << endl << endl ;
            merk = start ; lauf = merk ;   // oder extra vorzeigen
            for ( int i = 1; i < nummer ; i ++ )
              { (*lauf).zeigen ( ) ; lauf = &(*lauf).schalten () ; }
        } // end of else
    return 0 ;
  }
```

Das Listing enthält OOP-gerecht nur Methoden; das Austauschen

```
    zeiger2 = &(*zeiger1).tauschen(zeiger2) ;
    zeiger1 = &(*zeiger2).tauschen(zeiger1) ;
```

erscheint unter diesem Gesichtspunkt unsymmetrisch, entgegen der landläufigen Vorstellung beim Austauschen zweier Daten bzw. Objektinhalte. Wollte man das abbilden,
so müßte man das gegenseitige direkte Austauschen zweier Instanzen als Funktion
einführen:

```
    friend void austausch (zufall *eins, zufall *zwei) ;

    void austausch (zufall *eins, zufall *zwei)
      { int n = (eins ->zahl) ; (eins -> zahl) = (zwei -> zahl) ; (zwei -> zahl) = n ;   }

    austausch (start, lauf) ;
```

wären die entsprechenden Programmzeilen.

Zuletzt wollen wir noch zeigen, wie der Aufbau einer Datei von Objekten am Heap mit
Einsortieren unmittelbar nach deren (Deklaration und) Definition vorgenommen
werden kann. Das ist die übliche Vorgehensweise, um nachträgliches Sortieren zu
vermeiden. Wir verwenden dabei wieder die „Zufallsobjekte". Mit Namen (also
Strings) kommt das Verfahren später in einem Projekt vor (Kapitel 17).

Die nachfolgend verwendete Einfüge-Routine zum Aufbau der Datei kann ganz
ähnlich beim Einlesen einer bereits bestehenden (unsortierten) Datei zum sukzessiven
Aufbau der Verkettung verwendet werden bzw. zum späteren Ergänzen durch weitere
Objekte. Das folgende Listing zeigt daher nur das Entstehen der Datei bis zu jenem
Zeitpunkt, wo die Objekte sortiert hinausgeschrieben werden könnten, wie das im
Programm von eben vorgeführt worden ist.

Neu im Listing ist eine Methode *ziel ( )* , die das temporäre Ende der Verkettung anzeigt. Sie setzt einen Konstruktor voraus, der als Verkettung in neuen Objekten des Typs *satz* NULL einträgt. Man könnte die Methode auch „Listenende" nennen.

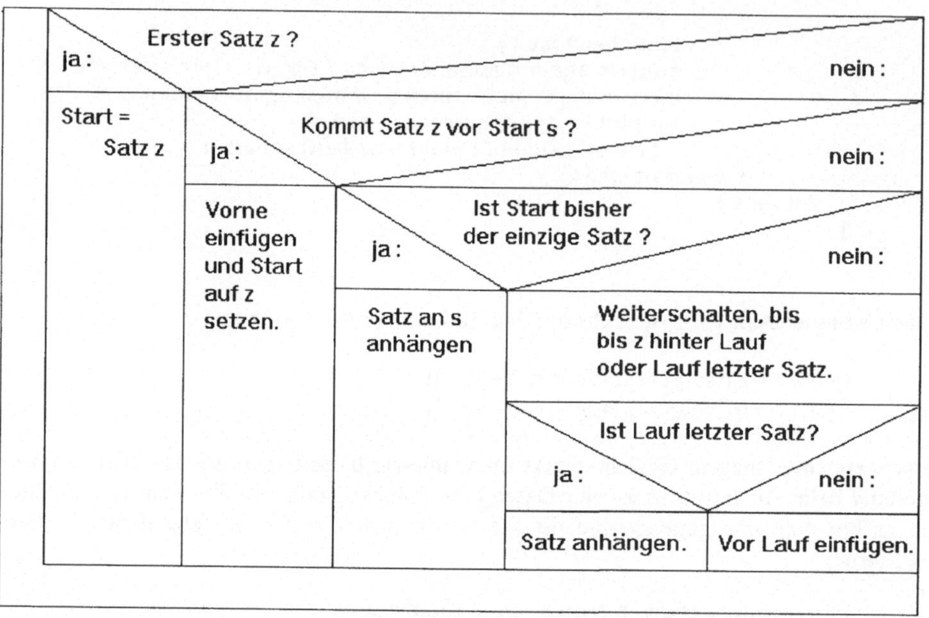

Abb. 14.3 : Verkettungsmechanismus beim Sortieren durch Einfügen

Der Verkettungsmechanismus beim Einsortieren behandelt das allererste Objekt a gesondert: Auf dieses a wird anfangs der Startzeiger gesetzt. Bei späteren Objekten b, c, d , ... wird geprüft, ob sie vor den jeweiligen Anfang der Liste zu setzen sind oder ob sie irgendwo weiter hinten einsortiert werden müssen. Die zweite Eingabe b spielt insofern eine Sonderrolle, als diese im Falle b > a , wenn der Startzeiger bei a noch auf NULL weist, unmittelbar an a angehängt werden muß, ohne (!) daß der Laufzeiger startet. Ansonsten wird das Einfügen vom Anhängen am Listenende unterschieden.

Wenn Sie das Programm nicht recht durchschauen, verfolgen Sie spezielle Durchläufe mit kleinem g = 3 ... 10 und speziellen z-Werten, z.B.

```
int z = nummer ;   oder   int z = g - nummer ;
```

anstelle der Zufallszahlen *int z = random (100) ;* und fügen Sie da und dort an Schlüsselpositionen des Geschehens erläuternde Ausgaben unter Laufzeit hinzu: „vorne einfügen", „anhängen", „mittig einfügen" ...

```cpp
/* fuenf.cpp  Aufbau einer Objektdatei am Heap mit Sortieren durch Einfügen */

# include <iostream.h>
# include <stdlib.h>

class zufall
   {     int  zahl ;
         zufall *weiter ;

         public :
         void eintrag (int n) ;                        // nur Methoden
         void zeigen ( ) ;
         void verketten (zufall *kette) ;
         zufall& schalten ( ) ;
         int inhalt ( ) ;
         int ziel ( ) ;
         zufall (int) ;  } ;                           // Konstruktor

zufall :: zufall ( int n = 999 )   { zahl = n ; weiter = NULL ; }  // Konstruktor

void zufall :: eintrag ( int n ) { zahl = n ; }

void zufall :: zeigen ( )   { cout.width (8) ; cout << zahl ; }

void zufall :: verketten (zufall *kette)   { weiter = kette ; }

zufall& zufall :: schalten ( )   { return (*weiter) ; }

int zufall :: inhalt ( )  { return (zahl) ; }

int zufall :: ziel ( )   { if ( weiter == NULL ) return (1) ; else return (0) ; }

main ( )
   {     int nummer = 0 ; const g = 100 ;      // 100 Objekte
         randomize ( ) ;
         zufall *start = new zufall ;
         zufall *lauf = new zufall ;           // zwei Zeiger hintereinander!
         zufall *nachlauf = new zufall ;

         while ( nummer < g )
           {  int z = random (100) ;           // 100 : liefert Wiederholungen
              zufall *satz = new zufall ;
              (*satz).eintrag (z) ;
              if ( nummer == 0 ) start = satz ; // erstes Objekt
                 else                           // vorne einfügen
                { if ( z < (*start).inhalt ( ) )
                     { (*satz).verketten (start) ; start = satz ; }
                   else                         // irgendwo einfügen
                     { lauf = start ;
                       if ( (*lauf).ziel ( ) == 1 ) (*lauf).verketten (satz) ;
                       else
                       { nachlauf = start ;
                         lauf = &(*lauf).schalten ( ) ;
```

```
                         while ( (z > (*lauf).inhalt ( ) ) && ( (*lauf).ziel ( ) == 0 ) )
                            { nachlauf = lauf ; lauf = &(*lauf).schalten ( ) ;   }
                         if (  ((*lauf).ziel ( ) == 1 ) && ( z > (*lauf).inhalt ( ) ) )
                            { (*lauf).verketten (satz) ; }              // anhängen
                       else
                          { (*satz).verketten (lauf) ;
                             (*nachlauf).verketten (satz) ;  }      // mittig einfügen
                       }
                    }
                 }
            nummer ++ ;
         }                                                    // end of while

         lauf = start; cout << "\nSortierte Liste ...\n";
         while ( (*lauf).ziel ( ) == 0 )
           { (*lauf).zeigen ( ) ; lauf = &(*lauf).schalten ( ) ; }
         (*lauf).zeigen ( ) ;                   // letztes Objekt nach dem Schalten
         return 0 ;
      }
```

Im folgenden Kapitel werden wir eine Möglichkeit kennenlernen, Funktionen und
Klassen mit sog. Templates noch allgemeiner zu beschreiben; danach werden wir den
objektorientierten Ansatz beim Programmieren mit Begriffen rund um die Vererbung
weiter ausbauen.

15 Templates

Funktionen wie auch Klassen können mit sog. Schablonen allgemein beschrieben werden; damit wird das Programmieren in C++ noch komfortabler.

In früheren Kapiteln hatten wir verschiedene Sortieralgorithmen dargestellt und dabei auch Funktionen zum Vertauschen benutzt. Deren Konstruktion hängt im Detail mehr oder weniger von den verwendeten Datentypen ab, die an den Schnittstellen jeweils spezifiert werden müssen.

Kommt daher ein entsprechender Algorithmus in einem neuen Programm mit anderen Datentypen vor, sind oft allerhand Änderungen notwendig und dabei auch Fehler nicht ausgeschlossen. Eine bequeme Lösung dieses Problems liegt in der Möglichkeit, in C++ Funktionen als sog. **Templates** (engl. Schablone) mit parametrisierten Datentypen allgemein zu schreiben. Für den jeweiligen Datentyp wird dazu ein **Platzhalter** eingeführt, der später durch den unter Laufzeit tatsächlich benötigten ersetzt wird:

```
template <class Bezeichner> Funktionsdefinition
```

Als Bezeichner kommt dabei jeder „freie" Name in Betracht; im folgenden Listing verwenden wir einfach den Buchstaben P.

Unser Beispiel sortiert ganze Zahlen aus einem Feld und benutzt die altbekannten Routinen des Vertauschens und Sortierens mit Bubblesort in neuem Gewand. Außerdem ist der Größenvergleich mit den Operatoren < bzw. > als Funktion ausgelagert, damit das Programm zum Sortieren von z.B. Namen (Strings) leichter angepaßt werden kann: In diesem Fall muß ja die Funktion *strcmp* eingesetzt werden.

Das Wort *class* drückt aus, daß Templates für ganz beliebige Klassen möglich sind, auch wenn dies im Listing noch nicht erkennbar ist: Schon ganze Zahlen sind als Grunddatentypen Sonderfälle viel allgemeinerer Klassen (von Datentypen). Die entsprechende Begriffserweiterung steuern wir nachher gleich an. Deswegen kommt dieses Kapitel auch erst jetzt ...

```
/* eins.cpp  Sortieren mit Funktions-Schablonen */

# include <iostream.h>
# include <stdlib.h>

template < class P >
void tauschen (P *a, P *b)
        { P merk = *a ; *a = *b ; *b = merk ; return ; }

template < class P >
int vergleich (P a, P b)
        { return ( a > b ) ; }           // a > b

template < class P >
void sortieren (P* a , int wieviel)
        { int bool = 1 ;
          while ( bool == 1 )
                { bool = 0 ;
                  for ( int i = 0 ; i < wieviel ; i++ )
                        if ( vergleich ( a [i] , a [i+1] ) )
                                { tauschen ( &a [i] , &a [i+1] ) ; bool = 1 ; }
                } return ; }

main ( )
  {   const k = 50 ;
      int feld [k] ;
      randomize ( ) ;
      cout << "Ursprüngliches Feld :\n\n" ;
      for ( int i = 0 ; i < k ; i ++ )
          { feld [i] = random (1000) ; cout.width (8) ; cout << feld [i] ; }
      cout << "\n\n Sortiert ...\n\n" ;
      sortieren ( feld, k - 1 ) ;
      for ( i = 0 ; i < k ; i ++ )
          { cout.width (8) ; cout << feld [i] ; }
      return 0 ;
  }
```

Beim Übersetzen entscheidet der Compiler im Hauptprogramm anhand des Funktions-aufrufs, für welchen Datentyp die jeweilige Funktion benötigt wird und generiert das entsprechende Unterprogramm. - Kommt eine Funktion für verschiedene Datentypen vor, so wird sie entsprechend oft unterschiedlich gebildet, ohne daß man sich darum besonders kümmern muß, wie auf S. 220 oben gezeigt werden wird.

Nehmen wir an, unser Programm soll anstelle ganzer Zahlen **Strings sortieren**, also Zeichenketten: Dann können wir dasselbe Listing einsetzen. Im Hauptprogramm definieren wir dazu ein Feld *feld [ ] [ ]* von Zeichenketten, wobei wegen der zeilen-weisen Anordnung zu beachten ist, daß der erste Index die einzelnen Strings und damit den Laufindex, der zweite die einheitliche Länge der einzelnen Wörter angibt. Damit haben wir mit spezieller Anpassung an die Stringmanipulationen bei den Funktionen *tauschen* und *vergleich* sofort folgende Lösung:

```
/* zwei.cpp  Sortieren von Strings mit Funktionsschablonen */

# include <iostream.h>
# include <string.h>
# include <stdio.h>

template <class P>
void tauschen (P *u, P *v)
        { P merk ;
          strcpy (merk, *u) ; strcpy (*u, *v) ; strcpy (*v, merk) ;
          return ;        }

template <class P>
int vergleich (P a, P b)
        { return ( strcmp (a, b) ) ; }     // r > 0 bedeutet a hinter b

template <class P>
void sortieren (P* a, int wieviel)
        { int bool = 1 ;
          while ( bool == 1 )
           { bool = 0 ;
             for ( int i = 0 ; i < wieviel ; i++ )
               if ( vergleich (a [i], a [i+1]) > 0 )
                  { tauschen ( &a[i] , &a[i+1]) ; bool = 1 ; }
           }
         return ; }

template <class P>                         // ergänzend als weitere Anwendung
void ausgeben (P a, int wieviel)
        { for ( int i = 0 ; i < wieviel ; i++ )  puts (a [i]) ;
          cout << endl ;
          return ; }


main ( )
  {   const k = 10 ;                       // zehn Wörter
      char feld [k] [15] ;
      for ( int i = 0 ; i < k ; i ++ ) gets (feld [i]) ;
      cout << "\n\n Sortiert ...\n\n" ;
      ausgeben (feld, k) ;                 // Eingabe anzeigen
      sortieren (feld, k - 1) ;
      for ( i = 0 ; i < k ; i ++ ) puts (feld [i]) ;
      return 0 ;
  }
```

Nach Aufbau und Gestaltung der Routinen sind die beiden Programme völlig gleich und damit universell einsetzbar. Immerhin können die Funktionen im ersten Programm ganze oder reelle Zahlen, aber auch Zeichen ohne jede Änderung sortieren, d.h. unterschiedliche Anforderungen aus dem Hauptprogramm können vom Compiler mit denselben Routinen angewickelt werden; diese müssen nur einmal vorhanden sein. Zum Testen fügen Sie vor *return* folgenden Block im ersten Programm hinzu:

```
      ...
      cout << "\n\n Test mit Zeichen ... \n\n" ;
      char bereich [20] ;
      for ( i = 0 ; i < k ; i ++ )
              { bereich [i] = char (65 + random (25)) ;
                cout << bereich [i] <<  " " ;
              }
      cout << "\n\n Sortiert ... \n\n" ;
      sortieren (bereich, k - 1) ;
      for (i = 0 ; i < k ; i ++ ) cout << bereich [i] <<  " " ;
      // return ;
```

Jetzt werden zunächst die Zufallszahlen, daran anschließend problemlos Einzelbuchstaben sortiert, ohne daß irgendwelche Ergänzungen notwendig sind!

Zum zweiten Listing: Will man das Sortieren von Wörtern mit Bubblesort (oder einer
schnelleren Routine) irgendwo fest einbauen, bietet sich natürlich eine direkte Lösung
nach wie vor als die weitaus kürzere an. Die Kurzfassung des Listings zum Sortieren
von Wörtern in „klassischer" Weise wäre etwa:

```
/* drei.cpp  Stringsortieren direkt */

# include <iostream.h>
# include <string.h>
# include <stdio.h>

main ( )
{ const k = 10 ;                          // zehn Eingaben
  int bool = 1 ;
  char a [k] [15] ; char merk [15];       // Wortlänge 14 Zeichen
  for ( int i = 0 ; i < k ; i ++ ) gets (a [i]) ;
  cout << "\n\n Sortiert ...\n\n" ;
  while ( bool == 1)                      // Bubblesort
        { bool = 0 ;
           for ( int i = 0 ; i < k - 1 ; i++ )
                 if ( strcmp (a[i] , a [i+1]) > 0 )
                    { strcpy (merk, a [i]) ; strcpy (a[i], a [i+1]) ;
                      strcpy (a[i+1], merk) ; bool = 1 ;
                    }
        }
  for ( i = 0 ; i < k ; i ++ ) puts (a [i]) ;
  return 0 ;
}
```

Hier nochmals das Austauschen zweier Strings im Vergleich zum Listing von S. 105.
Statt einer Schablone kann man für P den tatsächlichen Datentyp eintragen und damit
auf ein Template verzichten:

```
/* vier.cpp   Austausch zweier Wörter mit Unterprogramm */
# include <iostream.h>
# include <string.h>
# include <stdio.h>

template <class P>
void tauschen (P *u, P *v)
        { P merk ;
          strcpy (merk, *u) ; strcpy (*u, *v) ; strcpy (*v, merk) ;
          return ;         }

main ( )
   { char a [10] = "Hans" ; char b [10] = "Fritz" ;
     puts (a); puts (b) ;            // vorzeigen
     tauschen (&a, &b) ;
     puts (a) ; puts (b) ;          // Ergebnis
     return (0) ;
   }
```

Auch Klassen lassen sich als Templates derart beschreiben, daß man eine einzige
Definition für verschiedene Datentypen mehrmals benutzen kann.

Im folgenden sehr einfachen Listing enthält die Klasse nur ein Inhaltsdatum sowie vier
Methoden zum Abfragen, Setzen und Verändern dieses Inhalts. Diese Definition wird
zweimal benützt: Der dadurch beschriebene, noch äußerst primitive Automat besteht
daher sozusagen aus zwei Komponenten *bottles* und *money*, nämlich dem Inhalt an
Flaschen bzw. an Geld. Mangels Konstruktoren werden deren Werte mit Beginn des
Programms direkt auf Startwerte gesetzt. Danach kann man solange Geld eingeben,
bis der Automat keine C++-Colas (zu 2.- je Flasche) mehr enthält.

```
/* fuenf.cpp  Ein Beispiel mit Templates für Klassen */

# include <iostream.h>

template <class A>
class automat
        { A  inhalt ;                   // Datenkomponente
          public :
          A es_gibt ( ) ;               // Methoden, je nach A
          void fuellen (A wieviel) ;
          void eingeben (A wen) ;
          void vermindern (A um) ;
        }

template <class A>
A automat <A> :: es_gibt ( )
        { return (inhalt) ; }
```

```
        template <class A>
        void automat <A> :: fuellen (A wieviel)
              { inhalt = wieviel ; }

        template <class A>
        void automat <A> :: eingeben (A wen)
              { inhalt = inhalt + wen ; }

        template <class A>
        void automat <A> :: vermindern (A um)
              { inhalt = inhalt - um ; }


        main ( )
          {     int flaschen = 5 ;
                float geld = 10 ;
                automat <int>  bottles ;              // Deklaration der Instanzen
                automat <float> money ;
                bottles.fuellen (flaschen) ;          // Der Automat startet: 5 Flaschen
                money.fuellen (geld) ;                // und DM 10 Wechselgeld
                while (bottles.es_gibt ( ) > 0 )
                     {    float eingabe ;
                          cout << "\nGeld einwerfen ... " ; cin >> eingabe ;
                          if ( eingabe >= 2)
                               {   money.eingeben (2) ;
                                   bottles.vermindern (1) ;
                                   cout << "Ausgabe einer C++-Cola ... \n" ;
                                   if  ( eingabe > 2 )
                                      { cout.precision (2) ;
                                        cout << "Rückgeld " << (eingabe - 2) << endl ;
                                      }
                               }
                          else
                          cout << "\nZu wenig, Geld zurück " << eingabe << endl ;
                     } ;
                cout << "\nDer Automat ist leer ... \n" ;
                cout << "Er enthält jetzt " << money.es_gibt ( ) << " DM.\n" ;
                return (0) ;
          }
```

Beachten Sie im Hauptprogramm die typbezogene Deklaration der Instanzen über den
Platzhalter A, der einmal *float*, einmal *int* vereinbart wird. Die Methoden (soweit
benötigt) werden dann vom Compiler A-typspezifisch verschieden erstellt und in das
Programm lauffähig eingebunden.

Bei einem Ausbau des Listings (siehe ab S. 285, auch zur Theorie) könnte man das
Geld intern in verschiedene Münzen aufteilen und durch gezielte Abfragen entscheiden, ob der Automat bei noch vorhandenen Flaschen in der Lage ist, Wechselgeld zurückzugeben, oder aber, ob er die an sich ausreichende Geldeingabe wegen
Münzmangels zurückweisen muß.

Zum **Zwischenspeichern von Daten** bietet sich der Heap an. Ein Funktionstemplate, das je nach interessierendem Datentyp unterschiedlich initialisiert werden kann, ist eine in verschiedenen Programmen sehr brauchbare Lösung:

```cpp
/* sechs.cpp  Speicher am Heap für verschiedene Daten als Template */

# include <iostream.h>
# include <stdlib.h>

template <class H>
struct heap
    {   H wert ; heap *zeiger ; } ;

template <class H>
heap <H> &push (heap <H> *weiter, H womit)
    {   weiter -> wert = womit ; weiter -> zeiger = new heap  <H> ;
        weiter = (weiter -> zeiger) ; weiter -> zeiger = NULL ;
        return (*weiter) ;  } ;

template <class H>        // Direktaufruf mit weiter = start ; zeigen (weiter) ;
zeigen (heap <H> *weiter)
    {   do  {  cout.width (5) ; cout << weiter -> wert ;
               weiter = (weiter -> zeiger) ; }
        while ( !(weiter -> zeiger == NULL) ) ;  } ;

template <class H>
int empty (heap <H> *weiter)
    {   if ( (weiter -> zeiger) == NULL ) return (1) ; else return (0) ; }

template <class H>
heap <H> &flush (heap <H> *weiter, H *data)
    {   *data = (weiter -> wert) ;
        weiter = (weiter -> zeiger) ; return (*weiter) ; }

main ( )
    {   int z ; int test = 500 ;
        randomize ( ) ;
        heap <int> *start ;                 // Heap <int> starten
        heap <int> *weiter = new heap <int> ;
        start = weiter ;

        for ( int i = 0 ; i < test ; i ++ )         // Heap füllen
        { z = random (1000) ;                       // TEST: cout.width (5); cout << z;
          weiter = &push (weiter, z) ; } ;
          cout << endl << endl ;

        weiter = start ;   // Ausgabe, andere Direktlösung zeigen (weiter) ;
          while (! empty (weiter) )
        { weiter = &flush (weiter, &z) ;
            cout.width (5) ; cout << z; } ;        // mit z könnte gerechnet werden
        return 0 ;                  }              // Ende des Listings
```

Das Programm wirkt wie eine RAM-Disk (virtuelles Laufwerk mit Directory usw.), die man sich in früheren Zeiten gerne im oberen Speicherbereich des PCs installierte, um die Laufwerke zu schonen. Konstruktiv schließt es an ein Listing von S. 109 an, ist aber im Umgang mit Zeigern und Adressen weit raffinierter!

Die Anzeige im Hauptprogramm kopiert in der Reihenfolge der Eingabe (FIFO-Prinzip: *First in, first out*, Abb. S. 226) so auf die Variable z um, daß der Inhalt des Heaps auch rechnend weiter benutzt werden könnte. Will man den Inhalt nur sehen, genügt anstelle der letzten while-Schleife lediglich die Anweisung *zeigen (weiter)* mit Benutzung des entsprechenden Templates.

Testen Sie das Programm mit einer anderen Initialisierung, z.B. lediglich mit Änderung dieser drei Zeilen:

```
heap <unsigned char> *start ;
heap <unsigned char> *weiter = new heap <unsigned char> ;

z = 65 + random (25) ;      // Erzeugung von zufälligen Zeichen
```

Mehr ist nicht zu tun: Jetzt werden Zeichen abgelegt und dann wieder vorgezeigt.

Das Programm muß den Anfangszeiger *start* zum Anzeigen des abgelegten Inhalts merken. Einfacher wäre die Konstruktion eines Speichers nach Art eines Stacks mit dem sog. LIFO-Prinzip, d.h. *Last in, first out*:

```
/* sieben. cpp  LIFO-Prinzip am Speicher , klassische Lösung */
# include <iostream.h>
# include <stdlib.h>

struct heap { int wert ; heap *zeiger ; } ;

main ( )
   {     int z ; int test = 50 ; randomize ( ) ;
         heap *next = NULL ; heap *weiter ;
         for ( int i = 0 ; i < test ; i ++ )
           { z = random (1000) ;  cout.width (5) ; cout << z ;
             weiter = new heap ;
             (weiter -> wert) = z ;
             (weiter -> zeiger) = next ; next = weiter ;  } ;
         cout << endl << endl;
         do
           { cout.width (5) ; cout << (weiter -> wert) ;
             weiter = (weiter -> zeiger) ;
             if ( (weiter -> zeiger) == NULL )   // allererstes Element
               { cout.width (5) ; cout << (weiter -> wert) ; }
           }
         while  ( ! ( (weiter -> zeiger) == NULL ) ) ;
         return 0 ;                      }
```

Das Listing eben ist die klassische Lösung (siehe z.B. [M1], S. 360), die man leicht mit Funktionstemplates umsetzen kann. Eine Lösung wäre beispielsweise:

```cpp
/* acht.cpp  Speicher vom Typ Stack als Template */

# include <iostream.h>
# include <stdlib.h>

template <class H>
struct heap                                              // keine Klasse !
      { H wert ; heap *zeiger ; } ;

template <class H>                                          // Funktionen
heap <H> &push (heap <H> *next, heap <H> *weiter, H womit)
      {   weiter = new heap <H> ;
          (weiter -> wert) = womit ;
          (weiter -> zeiger) = next ;
          return (*weiter) ;  } ;

template <class H>
int stackbasis (heap <H> *weiter)
        {   if ( (weiter -> zeiger) == NULL ) return (1) ; else return (0) ; }

template <class H>
heap <H> &pop (heap <H> *weiter, H *data)
        { *data = (weiter -> wert) ;
          weiter = (weiter -> zeiger) ;
          return (*weiter) ;   }

template <class H>
void base (heap <H> *weiter, H *data)  {  *data = ( weiter -> wert ) ;  }

main ( )
    {   randomize ( ) ; int z ; int test = 50 ;
        heap <int> *next = NULL ;              // Instanziierung des ...
        heap <int> *weiter ; Heap Typ <int>  // ... Heap, Typ <int>

        for ( int i = 0 ; i < test ; i ++ )
        { z = random (1000) ;
          cout.width (5) ; cout << z ;  // Anzeige des Aufbaus
          next = &push (next, weiter, z) ;        // Adressenübertrag!
        } ;
        cout << endl << endl ;

        weiter = next ;                           // Umkopieren auf z rückwärts
        while (! stackbasis (weiter) )
        { weiter = &pop (weiter, &z) ;
          cout.width (5) ; cout << z ; } ;
        base (weiter, &z) ; cout.width (5) ; cout << z;
        return 0 ;
    }                                             // Ende des Listings
```

Das unterste Element muß eigens ausgegeben werden, weil das Rückwärtsschalten in der while-Schleife mit Erreichen des Null-Zeigers abgebrochen wird, der das allererste Element charakterisiert.

Auch dieser „virtuelle Stack" arbeitet für andere Grunddatentypen sofort problemlos nach entsprechender Initialisierung.

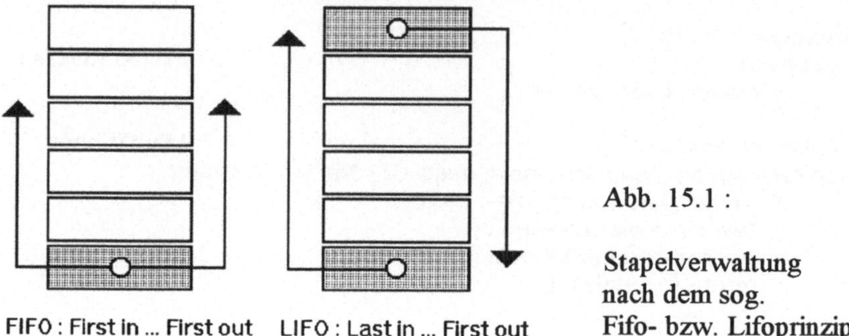

Abb. 15.1 :

Stapelverwaltung
nach dem sog.
Fifo- bzw. Lifoprinzip

Alle Templates unserer Speicherverwaltung wurden bequemerweise als Funktionstemplates ausgeführt. Der Umbau zu einem echten OOP-Programm soll am Beispiel des Listings der vorigen Seite gezeigt werden. Jetzt sind die Funktionen wirklich als Methoden ausgeführt, d.h. in Klassentemplates eingebunden. Die Lösung ist nicht gerade einfach:

```
/* neun.cpp  Speicher vom Typ Stack als OOP-Klassentemplate */

# include <iostream.h>
# include <stdlib.h>

template <class H>
class heap
    {    H wert ;
         heap *zeiger ;
         public :                        // Methoden
         heap <H> &push (heap <H> *next , heap <H> *weiter , H womit) ;
         int stackbasis (heap <H> *weiter) ;
         heap <H> &pop (heap <H> *weiter , H *data) ;
         void base (heap <H> *weiter , H *data) ;
    } ;

template <class H>
heap <H> &heap <H> ::push (heap <H> *next, heap <H> *weiter, H womit)
    {    weiter = new heap <H> ;
         (weiter -> wert) = womit ;
         (weiter -> zeiger) = next ; return (*weiter) ;
    } ;
```

```
template <class H>
int heap <H> :: stackbasis (heap <H> *weiter)
   {      if ( (weiter -> zeiger) == NULL ) return (1) ; else return (0) ;  } ;

template <class H>
heap <H> &heap <H> :: pop (heap <H> *weiter, H *data)
   {      *data = (weiter -> wert) ;
          weiter = (weiter -> zeiger) ;
          return (*weiter) ; } ;

template <class H>
void heap <H> :: base (heap <H> *weiter , H *data)
   {      *data = (weiter -> wert)  ; } ;
```

Hier ist zu beachten, daß der Klassenbezeichner heap <H> vor den **Methoden kein Zeiger** ist, sondern die Struktur des Heap (mit Komponenten) darstellt. Dies wird im Hauptprogramm von wesentlicher Bedeutung:

```
main ( )
    {    char z ; int test = 40 ;
         randomize ( ) ;

         heap <char> *next = NULL ;    // Initialisierung der Zeiger ...
         heap <char> *weiter ;         // ... und ...
         heap <char> h ;               // Dummy zum Ansprechen
                                       // der Methoden !!!

         for ( int i = 0 ; i < test ; i ++ )
         {   z = 65 + random (25) ;
             cout.width (5) ; cout << z ;  // Anzeige des Aufbaus
             next = &h.push (next, weiter, z) ;
         } ;

         cout << endl << endl ;

         weiter = next ;               // Umkopieren auf z rückwärts
         while (! h.stackbasis (weiter) )
           { weiter = &h.pop (weiter, &z) ; cout.width (5) ; cout << z ; } ;

         h.base (weiter, &z) ;         // Ausgabe des untersten Elements
         cout.width (5) ; cout << z ;
         return 0 ;
    }
```

Die Ausgabe zu Ende des Programms haben wir durch Umkopieren auf eine Variable z derart konstruiert, daß die Inhalte des virtuellen Speichers u.U. in *main* weiterbenutzt werden können. Eine Anzeige direkt aus dem „Stack" heraus ist entsprechend S. 223 zu bewerkstelligen. - Wirklich wichtig aber ist:

Um die Methoden im Hauptprogramm aufrufen zu können, **muß** unbedingt ein **Dummy** (wir haben es *h* genannt) mit der Struktur des virtuellen Heap (= „Stack") eingeführt werden: Versuchsweise Aufrufe wie

```
next = &weiter.push (next, weiter, z) ;
```

oder dgl. führen zu Fehlermeldungen des Compilers, die der Anfänger möglicherweise zunächst nicht recht deuten kann: Vor dem Punkt der Methode wird eine Struktur erwartet, aber eben kein Zeiger auf eine solche!

Alles in allem zeigt das letzte Listing dieses Kapitels mit der „Mischung" aus Zeigern, Adressen und OOP-Methoden (*, &, ...) durchaus schon einiges von der hohen Kunst des OOP-Programmierens in C++; ohne vorherige klassische Lösung zum „Abgucken" würde man sich als „Umsteiger aus Pascal" bei der Entwicklung zunächst wohl reichlich schwer tun (auch ich selber hatte anfangs einige Mühe) ...

Ausgehend vom Klassenbegriff der bisherigen Kapitel wird jetzt das für OOP zentrale Vererbungsprinzip eingeführt und an Beispielen erörtert.

Der beschreibende Teil jeder Wissenschaft bringt Ordnung in seine Begriffswelt: In einem Oberbegriff faßt man all jene Eigenschaften zusammen, die sämtlichen Vertretern der betrachteten Spezies zukommen. Dann bildet man Unterbegriffe, mit denen die Objekte zusätzlich nach unterschiedlichen Attributen klassifiziert werden, wobei die Eigenschaften aus dem Oberbegriff weiterhin vorhanden sind, sich nach unten weiter vererben. Ein gut bekanntes Beispiel für diese Vorgehensweise bildet das Prinzip von Ordnungen, Familien usw. zur Klassifizierung der Tier- oder Pflanzenwelt in der Biologie.

Im Beispiel des Kraftfahrzeugs aus Kapitel 12 könnte man in der Oberklasse alle Fahrzeuge mit Motor zusammenfassen und dann je nach Verwendungszweck aus dieser Oberklasse mehrere Unterklassen ableiten, die sich hinsichtlich gewisser, nunmehr zusätzlich betrachteter Eigenschaften spezifisch unterscheiden (Personen- oder Lastenbeförderung, sonstige Einsatzmöglichkeiten, Sonderfahrzeuge usw.).

Das Paradigma von OOP geht ebenfalls von dieser Idee aus und leitet von bereits gebildeten Klassen durch **Vererbung** (engl. *inheritance*) Unterklassen ab. Elemente der Oberklasse (Attribute wie Methoden) werden in die Unterklassen vererbt und dort u.U. individuell ausgeprägt (oder bleiben unbenutzt). In jeder Unterklasse können aber ganz neue Attribute wie Methoden hinzukommen und damit das Ordnungsgefüge immer komplexer gestalten, ohne daß es unübersichtlich wird.

Zunächst erkennt man den Vorteil, solche (fertigen) Klassen in ganz verschiedenen Programmen einsetzen zu können, indem man speziell benötigte Strukturen einfach hinzufügt. Neben diesem ökonomischen Aspekt spielen aber in OOP vor allem die ausgezeichneten Modellierungsmöglichkeiten eine Rolle, mit denen die immer komplexer hergestellte Software (einigermaßen!) sicher beherrscht werden kann.

Das folgende Listing führt zunächst eine **Basisklasse** *fahrzeug* mit einigen Eigenschaften und zugehörigen Methoden zum Setzen und Anzeigen ein:

```
/* eins.cpp  Vererbung bei Klassen und Methoden */
# include <iostream.h>
# include <stdio.h>
# include <conio.h>
# include <string.h>

class fahrzeug
    {      long preis ;
           int gewicht ;
           int maxtempo ;
           char fabrik [15] ;
           public :
           void preis_setzen (long dm) ;
           void preis_zeigen ( ) ;
           void gewicht_setzen (int kilo) ;
           void gewicht_zeigen ( ) ;
           void maxtempo_setzen (int kmh) ;
           void maxtempo_zeigen ( ) ;
           void fabrik_setzen (char firma [15]) ;
           void fabrik_zeigen ( ) ;                    } ;

void fahrzeug :: preis_setzen (long dm)
        { preis = dm ; }

void fahrzeug :: preis_zeigen ( )
        { cout << "Preis " << preis << " DM." << endl ; }

void fahrzeug :: gewicht_setzen (int kilo)
        { gewicht = kilo ; }

void fahrzeug :: gewicht_zeigen ( )
        { cout << gewicht << " kg." ; }        // kein Textkommentar!

void fahrzeug :: maxtempo_setzen (int kmh)
        { maxtempo = kmh ; }

void fahrzeug :: maxtempo_zeigen ( )
        { cout << maxtempo << " km/h." ; }

void fahrzeug :: fabrik_setzen (char firma [15])
        { strcpy (fabrik, firma) ; }

void fahrzeug :: fabrik_zeigen ( )
        { cout << "Hersteller : " ; puts (fabrik) ; }
```

Fahrzeug ist **Oberklasse** oder vererbende Klasse für fünf verschiedene **Unterklassen**, von dieser Klasse direkt **abgeleitete Klassen** auf gleicher Hierarchieebene:

```cpp
class land : public fahrzeug
    {   char zweck [20] ;
        int rad ;
        public :
        void zweck_setzen (char wozu [20]) ;
        void zweck_zeigen ( ) ;
        void rad_setzen (int anzahl) ;
        int rad_zeigen ( ) ;   } ;

void land :: zweck_setzen (char wozu [20])     { strcpy (zweck, wozu) ; }

void land :: zweck_zeigen ( )     { cout << "Nutzung für " ; puts (zweck) ; }

void land :: rad_setzen (int anzahl)    { rad = anzahl ; }

int land :: rad_zeigen ( )        { return (rad) ; }

class wasser : public fahrzeug
    {    char zweck [20] ;
        public :
        void zweck_setzen (char wozu [12]) ;
        void zweck_zeigen ( ) ;   } ;

void wasser :: zweck_setzen (char wozu [12])   { strcpy (zweck, wozu) ; }

void wasser :: zweck_zeigen ( )    { cout << "Verwendung für " ; puts (zweck) ; }

class luft : public fahrzeug     // noch nicht näher ausgeführt
    {   ...   } ;                 // Nur Eigenschaften und Methoden von fahrzeug


class mit_motor : public fahrzeug
    {   int leistung ;
        int verbrauch ;
        public:
        void leistung_setzen (int ps) ;
        void leistung_zeigen ( ) ;
        void verbrauch_setzen (float liter) ;
        void verbrauch_zeigen ( ) ;
        float verbrauchen (float km) ;   } ;

void mit_motor :: leistung_setzen (int ps)     { leistung = ps ; }

void mit_motor :: leistung_zeigen ( )
    { cout << "Motorleistung " << leistung << " PS." << endl ; }

void mit_motor :: verbrauch_setzen (float liter)   { verbrauch = liter ; }

void mit_motor :: verbrauch_zeigen ( )
    { cout << verbrauch << " Liter je 100 km." << endl ; }

float mit_motor :: verbrauchen (float km)
    { return ( float ( km / 100 * verbrauch) ) ; }
```

```
class ohne_motor : public fahrzeug
   {    char antrieb [20] ;
        public :
        void antrieb_setzen (char wie [20]) ;
        void antrieb_zeigen ( ) ; } ;

void ohne_motor :: antrieb_setzen (char wie [20])  { strcpy (antrieb, wie) ; }

void ohne_motor :: antrieb_zeigen ( )
        { cout << "Antriebsart : " ; puts (antrieb) ; }
```

Nunmehr könnte man von jeder dieser fünf Klassen als neuer Basisklasse einzeln weitere Klassen ableiten, die dann nur genau eine dieser Klassen als direkte Vorfahren, die Klasse *fahrzeug* als indirekten (einzigen) Vorfahren hätten. Wir leiten aber nunmehr mit **Mehrfachvererbung** eine Klasse von den zwei Vorfahren *wasser* und *mit_motor* (im Beispiel derselben Ebene) ab; diese Klasse erbt also die Eigenschaften und Methoden von zwei Vorfahren, und natürlich alles von *fahrzeug*:

```
class mschiff: public wasser, public mit_motor
   {    int gewicht ;            // neue Deklaration statt fahrzeug
        int maxtempo ;           // dito
        int board ;
        public :
        void gewicht_setzen (int tonnen) ;    // überschreibt  fahrzeug :: gewicht
        void gewicht_zeigen ( ) ;
        void maxtempo_setzen (int knoten) ; // überschreibt fahrzeug :: maxtp
        void maxtempo_zeigen ( ) ;
        void board_setzen (int meter) ;
        void board_zeigen ( ) ;   } ;

void mschiff :: gewicht_setzen (int tonnen) { gewicht = tonnen ;  }

void mschiff :: gewicht_zeigen ( )
  { cout << "Wasserverdrängung in Tonnen " << gewicht ;
    cout << " Tonnen." << endl  ; }

void mschiff :: maxtempo_setzen (int knoten)  { maxtempo = knoten ; }

void mschiff :: maxtempo_zeigen ( )
  { cout << "Geschwindigkeit " << maxtempo << " Knoten." << endl ; }

void mschiff :: board_setzen (int meter)   { board = meter ; }

void mschiff :: board_zeigen ( )
  { cout << "Länge über alles " << board << " Meter." << endl ; }
```

Die Hierarchie, also Abhängigkeit der Klassen voneinander, zeigt die nebenstehende Abb. des Stammbaums zur Vererbung:

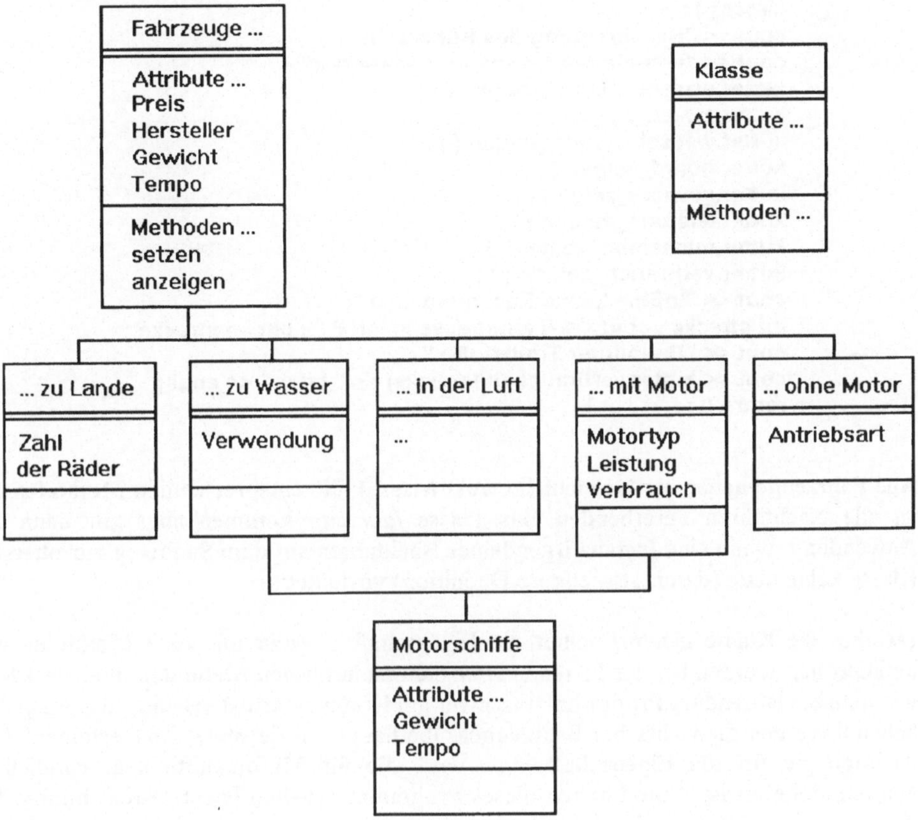

Abb. 16.1 : Hierarchie der Fahrzeugbeschreibungen zum Listing ab S. 230

Nun folgt das Hauptprogramm zu einem ersten Test unserer Struktur:

```
main ( )
  {   mschiff kutter ;
      char firma [15] = "UNION-Werft" ;
      kutter.wasser :: fabrik_setzen (firma) ;    // Fahrzeugeigenschaften
      kutter.wasser :: preis_setzen (410000) ;    // allgemein
      kutter.maxtempo_setzen (11) ;               // Fahrzeug ...
      kutter.gewicht_setzen (14) ;                // überschrieben mschiff
      char wozu [15] = "Fischfang" ;
      kutter.zweck_setzen (wozu) ;                // Wasserfahrzeug
      kutter.leistung_setzen (340) ;              // Motorfahrzeug
      kutter.verbrauch_setzen (260) ;             // dito
      kutter.board_setzen (22) ;                  // Motorschiff speziell
                                                  // Fortsetzung nächste Seite
```

```
clrscr ( ) ;
cout << "Beschreibung des Kutters :\n" ;
cout << "============================\n" ;
kutter.wasser :: fabrik_zeigen ( ) ;
kutter.zweck_zeigen ( ) ;
kutter.wasser :: preis_zeigen ( ) ;
kutter.board_zeigen ( ) ;
kutter.gewicht_zeigen ( ) ;
kutter.leistung_zeigen ( ) ;
kutter.maxtempo_zeigen ( ) ;
kutter.verbrauch_zeigen ( ) ;
cout << "\nEine kleine Rechnung ... \n" ;
int strecke ; cout << "Fahrstrecke in km ? " ; cin >> strecke ;
cout << "Benötigter Treibstoff : " ;
cout << kutter.verbrauchen (strecke) << " Liter." << endl ;
return 0 ;            }
```

Alle Fahrzeuge haben ein Gewicht (korrekt Masse); die entsprechenden Methoden der an alle Nachfahren vererbenden Basisklasse *fahrzeug* kommen aber nur dann zur Anwendung, wenn eine Instanz irgendeines Nachfahren auf dem Suchweg zur obersten Klasse keine neue (damit also engere Definition) vorfindet:

Da aber die Klasse *mschiff* selber die Eigenschaft *gewicht* mit zwei Methoden neu definiert hat, werden bei der Instanz *kutter* die urspünglichen Methoden überschrieben, wie man bei laufendem Programm unschwer am Kommentartext erkennt; die Ausgabebehandlung des Gewichts bei Fahrzeugen überhaupt würde ohne Text erfolgen! Das Analoge gilt für die Eigenschaft *maxtempo*, die für Motorschiffe neu, nämlich in Knoten, definiert ist. [1] Sie können dieses Programmverhalten leicht testen: Führen Sie dazu ein Landfahrzeug *land pkw ;* im Hauptprogramm ein; dann können Sie das Gewicht des Kraftwagens nur mit den Basismethoden eingeben und anzeigen, da ja hierfür vorerst nichts spezieles erklärt ist ...

Die Herstellereigenschaft *fabrik* wird methodisch abweichend behandelt: Da die Klassse *mschiff* der Instanz *kutter* sowohl *wasser* als auch *mit_motor* als direkte Vorgänger hat, sind die Eigenschaften *fabrik* und *preis* dieses Wasserfahrzeugs vom Compiler nicht eindeutig zurückzuverfolgen, obwohl es keinerlei „Zwischendefinition" gibt: Die Methodenanforderungen

```
kutter.fabrik_setzen ( ... ) ;   kutter.preis_setzen ( ... ) ;
kutter.fabrik_zeigen ( ) ;       kutter.preis_zeigen ( ) ;
```

führen daher zu einer Fehlermeldung des Compilers: Die Methoden gelten als nicht eindeutig beschrieben und müssen daher wie im Listing erkennbar einen Hinweis zum „Stammpfad" haben. Gewählt ist willkürlich in allen Fällen die Hierarchie über *wasser*.

---

[1] 1 kn = 1 Seemeile / Std. Eine nautische Meile entspricht mit rd. 1852 m der Fahrstrecke über eine Bogenminute auf Großkreisen der Erde.

Für ein jeweils zusammengehöriges Paar ist aber unbedingt derselbe Weg zu wählen:

```
kutter.wasser :: fabrik_setzen ( ... ) ;
kutter.mit_motor :: preis_setzen ( ... ) ;
kutter.wasser :: fabrik_zeigen ( ) ;
kutter.mit_motor_zeigen ( ) ;
```

wäre also ebenfalls richtig, hingegen wäre z.B.

```
kutter.wasser :: fabrik_setzen ( ... ) ;
kutter.wasser :: preis_setzen ( ... ) ;
kutter.mit_motor :: fabrik_zeigen ( ) ;
kutter.mit_motor_preis_zeigen ( ) ;
```

falsch, ohne daß dies der Compiler anmahnt: Bei der Ausgabe ergeben sich jetzt undefinierte (zufällige) Phantasiewerte aus dem Speicher!

In der folgenden Abb. stellen wir alle wichtigen Begriffe übersichtlich zusammen:

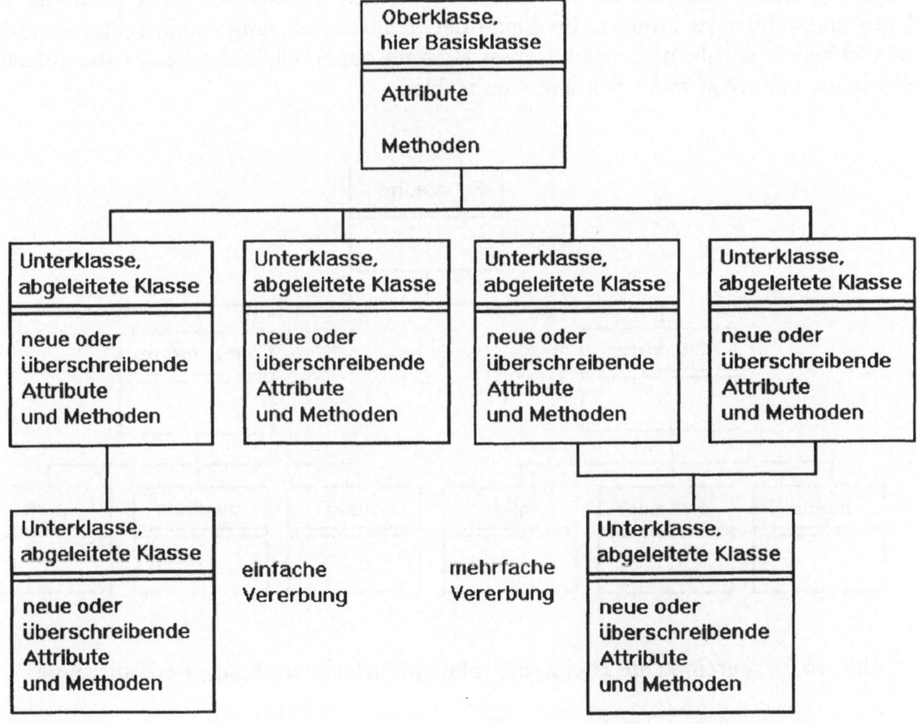

Abb. 16.2 : Begriffe beim Vererbungsmechanismus (nicht nur in C++)

Die Klassifizierung beginnt mit der „obersten" Oberklasse, der **Basisklasse**. Alle erbenden Klassen (direkte wie indirekte Nachfahren) heißen **abgeleitete Klassen**. Die Vererbung ist gerichtet, d.h. Attribute und Methoden, die erst weiter unten definiert werden, sind weiter oben i.a. nicht vorhanden: Sie spezialisieren die Nachfahren. Ein Motorschiff **ist ein** Fahrzeug, aber nicht alle Fahrzeuge sind Motorschiffe.

In diesem Sinne ist jede Oberklasse eine Generalisierung (Abstraktion) der auf sie folgenden Nachfahren, der von ihr abgeleiteten Klassen. In den Unterklassen werden also die Ergänzungen (neue Attribute, Methoden) oder Abweichungen (bereits existierende Attribute oder Methoden überschreiben) festgelegt. Gibt es keine derartige Spezialisierung, so werden die Eigenschaften und Methoden derjenigen Oberklasse eingesetzt, die auf dem **Suchweg** in der Hierarchie **rückwärts** als erste aufgefunden werden. Dabei kann natürlich auch nur ein Attribut (mit gleichem Bezeichner) überschrieben werden, während eine frühere Methode seiner Behandlung dient (und umgekehrt).

Bei einfacher Vererbung gibt es dabei keine Probleme; aber im Falle der Mehrfachvererbung (engl. *multiple heritance*) muß der Suchweg durch den Klassenbezeichner näher angegeben werden, um die frühest gefundene Eigenschaft oder Methode eindeutig auswählen zu können. Im Sinne der Transparenz und vereinfachter Zugriffsmöglichkeiten würde man bei unserem Beispiel daher vielleicht besser die folgende Hierarchie mit etwas mehr Schreibarbeit wählen:

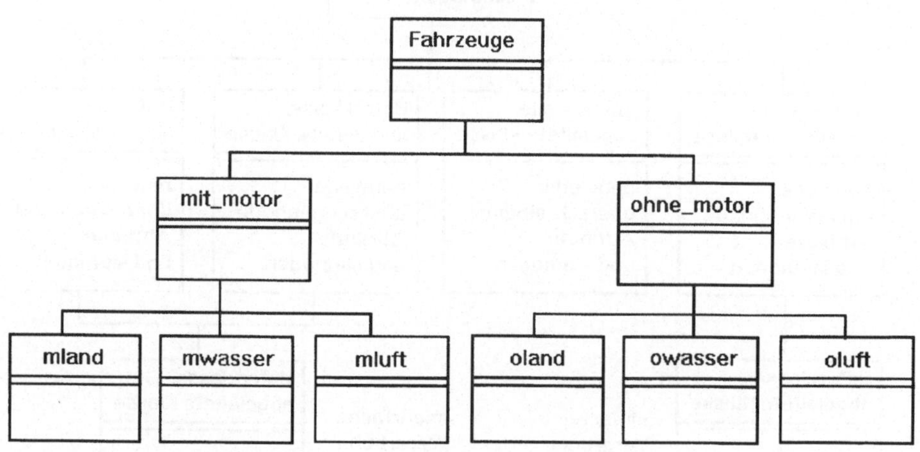

Abb. 16.3 : Vereinfachte Hierarchie (ohne Mehrfachvererbung) der Fahrzeuge

Attribute und Methoden einer Oberklasse können dann einfacher neu definiert werden, auch in Klassen nebeneinander auf gleicher Ebene. Dazu ein Beispiel:

```cpp
/* zwei.cpp  Einfacher Stammbaum mit Klassentemplates */

# include <iostream.h>
# include <string.h>
# include <stdio.h>

class personal
    {    char name [20] ;
         char sex ;
         int alter ;
         int gehalt ;
         public :
         void name_eingeben (char wer [20]) ;
         void name_anzeigen ( ) ;
         void sex_eingeben (char s) ;
         void sex_anzeigen ( ) ;
         void alter_eingeben (int jahre) ;
         int alter_anzeigen ( ) ;
         void gehalt_eingeben (int wieviel) ;
         void gehalt_anzeigen ( ) ;
         int gehalt_ausgeben ( ) ;
    } ;

void personal :: name_eingeben (char wer [20])   { strcpy (name, wer) ; }

void personal :: name_anzeigen ( )   { puts (name) ; }

void personal :: sex_eingeben (char s)  { sex = s ; }

void personal :: sex_anzeigen ( )
        { if ( sex == 'm' ) cout << "Herr " ; else cout << "Frau " ; }

void personal :: alter_eingeben (int jahre)   { alter = jahre ; }

int personal :: alter_anzeigen ( )  { cout << "Alter " ; return (alter) ; }

void personal :: gehalt_eingeben (int wieviel)  { gehalt = wieviel ; }

void personal :: gehalt_anzeigen ( )
        { cout << ", Monatsgehalt " << gehalt << " DM." ; }

int personal :: gehalt_ausgeben ( )  { return (gehalt) ; }


class administration : public personal
    {    char funktion [20] ;
         public :
         void funktion_eingeben (char was [20]) ;
         void funktion_anzeigen ( ) ;
    } ;

void administration :: funktion_eingeben (char was [20])
        { strcpy (funktion, was) ; }                     // Fortsetzung nächste Seite
```

```
void administration :: funktion_anzeigen ( )
      { cout << "Funktion : " << funktion << ", " ; }


class produktion : public personal
    {     char funktion [20] ;
          int gehalt ;
          public :
          void funktion_eingeben (char was [20]) ;
          void funktion_anzeigen ( ) ;
          void gehalt_eingeben (int wieviel) ;    // überschreibt personal-gehalt,
          void gehalt_anzeigen ( ) ;              // falls kein Angestellter
          int gehalt_ausgeben ( ) ;
    } ;

void produktion :: funktion_eingeben (char was [20])
      { strcpy (funktion, was) ; }

void produktion :: funktion_anzeigen ( )
      { cout << "Funktion : " << funktion << ", " ; }

void produktion :: gehalt_eingeben (int wieviel)   { gehalt = wieviel ; }

void produktion :: gehalt_anzeigen ( )
      { cout << ", Monatslohn " << gehalt << " DM." ; }

int produktion :: gehalt_ausgeben ( )   { return (gehalt) ; } ;

// zwei Funktionstemplates für bequeme Ein- und Ausgabe

template <class A>
void eingabe ( A &wer , char fname [20] , char g , int zeit , int geld ,
              char works [20] )
    {    char person [20] ; strcpy (person, fname) ;
         char ist [20] ; strcpy (ist, works) ;
         wer.name_eingeben (person) ;
         wer.sex_eingeben (g) ;
         wer.alter_eingeben (zeit) ;
         wer.gehalt_eingeben (geld) ;
         wer.funktion_eingeben (ist) ;
    }


template <class A>
void ausgabe (A wer)
    {    wer.sex_anzeigen ( ) ;
         wer.name_anzeigen ( ) ;
         wer.funktion_anzeigen ( ) ;
         cout << wer.alter_anzeigen ( ) ;
         wer.gehalt_anzeigen ( ) ;
         cout << endl << endl ;
    } ;
```

// Fortsetzung nächste Seite

```cpp
main ( )
  {   administration angestellt ;
      angestellt.name_eingeben ("Hans Führer") ;
      angestellt.sex_eingeben ('m') ;        angestellt.alter_eingeben (44) ;
      angestellt.gehalt_eingeben (7840) ;
      angestellt.funktion_eingeben ("Abteilungsleiter") ;

      angestellt.sex_anzeigen ( ) ;          angestellt.name_anzeigen ( ) ;
      angestellt.funktion_anzeigen ( ) ;
      cout << angestellt.alter_anzeigen ( ) ;
      angestellt.gehalt_anzeigen ( ) ;
      cout << endl << endl ;           // einfacher : ausgabe (angestellt) ;

      cout << "\nWeitere Mitarbeiter ...\n\n" ;
      produktion arbeiter [5] ;        // Liste der Lohnempfänger
      eingabe (arbeiter [0], "Susanne Stressig", 'w', 27, 3140, "Löterin") ;
      eingabe (arbeiter [1], "Petronius Klauer", 'm', 45, 2650, "Lagerist") ;
      eingabe (arbeiter [2], "Nikolaus Rennert", 'm', 53, 2240, "Amtsbote") ;
      eingabe (arbeiter [3], "Katrina Buchstab", 'w', 22, 2240, "Schreibhilfe") ;
      eingabe (arbeiter [4], "Magdalena Sauber", 'w', 55, 1450, "Putzfrau") ;
      for ( int i = 0 ; i < 5 ; i ++ ) ausgabe  (arbeiter [i] ) ;

      angestellt.name_anzeigen ( ); cout << "... verdient im Jahr ";
      cout << 13 * long (angestellt.gehalt_ausgeben ( )) << " DM.\n";
      return 0 ;   }
```

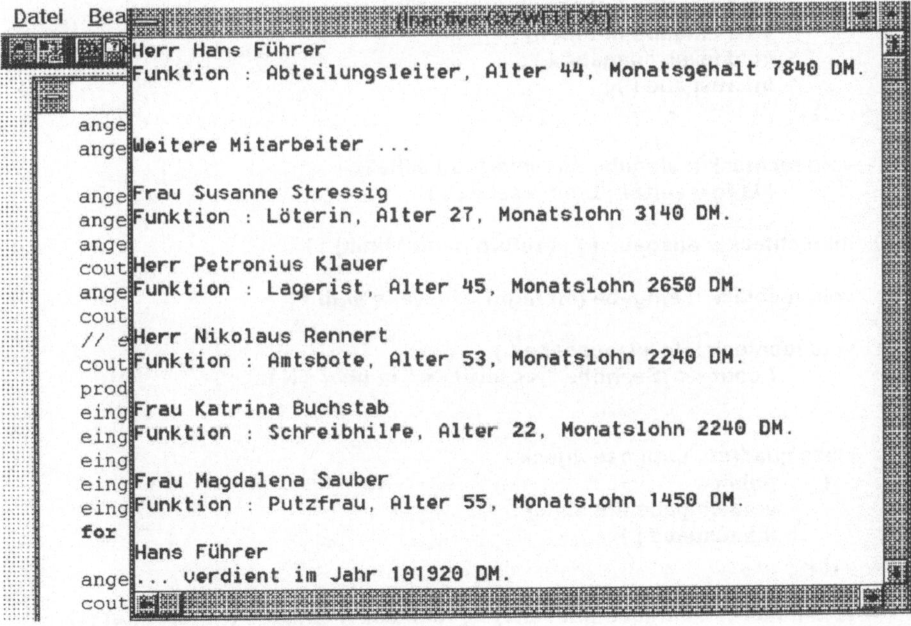

Abb. 16.4 : Ausgabe des Programms zwei.cpp

Beachten Sie das **Überschreiben** der Methode *gehalt_eingeben ( )*, die für Arbeiter (Lohn statt Gehalt) neu definiert wird. Zuletzt wird mit der Methode *gehalt_ausgeben* demonstriert, wie Daten aus der Datenbank auch rechnend in das Programm eingeführt werden können.

Eine in einer Hierarchie weiter unten erneut definierte Methode überschreibt die frühere Version; beide haben dieselben Schnittstelle, wie das Beispiel des Lohns bzw. Gehalts im Listing eben zeigt.

Es kann aber auch vorkommen, daß Methoden gleichen Namens unterschiedliche Schnittstellen haben und sich damit in den Aktionen unterscheiden. In diesem Fall spricht man von **Polymorphismus**, d.h. Auftreten mit verschiedener Gestalt: Abhängig von der Instanz oder vom Inhalt der Schnittstelle wird die jeweils passende Methode gewählt. Hierzu ein kleines Beispiel:

```cpp
/* drei.cpp  Polymorphismus von Methoden */

# include <iostream.h>

class rechteck
    {    int lang , breit ;
         int level ;
         public :
         void eingabe (int seite1, int seite2) ;
         void eingabe (int high) ;
         void level_ausgabe ( ) ;
         int ausgabe ( ) ;
    } ;

void rechteck :: eingabe (int seite1, int seite2)
        { lang = seite1 ; breit = seite2 ; }

int rechteck :: ausgabe ( )   { return (lang * breit) ; }

void rechteck :: eingabe (int high)    { level = high ; }

void rechteck :: level_ausgabe ( )
        { cout << "Seehöhe " << level << " m über NN.\n" ; }


class quadrat : public rechteck
    {    public :
         void eingabe (int seite) ;
         int ausgabe ( ) ;
    } ;

void quadrat :: eingabe (int seite)   { rechteck :: eingabe (seite, seite) ; }

int quadrat :: ausgabe ( )  { return ( rechteck :: ausgabe ( ) ) ; }
```

```
main ( )
  {     rechteck garten ;
        quadrat pavillon ;
        garten.eingabe (20, 50) ;          // bezieht sich auf die Geometrie
        pavillon.eingabe (5) ;             // ebenfalls
        garten.eingabe (540) ;             // Seehöhe des gartens
        cout << "Fläche des Gartens    " ;
        cout.width (4) ; cout << garten.ausgabe ( ) << " qm." << endl ;
        cout << "Fläche des Freisitzes " ;
        cout.width (4) ; cout << pavillon.ausgabe ( ) << " qm." << endl ;
        float anteil ;
        anteil = 100 * float (pavillon.ausgabe ( )) / float (garten.ausgabe ( )) ;
        cout << "Dies ist ein Flächenanteil von " << anteil << " %.\n" ;
        garten.level_ausgabe ( ) ;         // Seehöhe des Gartens
        pavillon.level_ausgabe ( ) ;       // liefert falschen Wert !!!
        return 0 ;
  }
```

Die Methode *eingabe (...)* kommt im Listing dreimal vor; je nach Instanz und Anzahl
der Parameter wird der richtige Bezug ausgewählt. Nach Lage der Dinge kann die
Eingabe der Seehöhe nur beim Garten erfolgen, nicht beim Pavillon! Daher liefert
pavillon.level_ausgabe ( ) einen falschen (vorab nicht instantiierten) Wert.

Die Auswahl der richtigen Methode wird im Beispiel bereits beim Compilieren hergestellt, was man **frühes Binden** (engl. *early binding*) nennt. **Spätes Binden** (auch
dynamisch, *late binding* genannt) hingegen erfolgt erst unter Laufzeit.

Um den Unterschied zu erkennen, betrachten wir ein einfaches Beispiel, das vielleicht
eine „abgemagerte" Anwendung aus der Geometrie sein könnte:

```
/* vier.cpp late binding */

# include <iostream.h>

class objekt
   {     int x, y ;
         public :
         void lage ( ) ;
         int inhalt ( ) ;
         // virtual inhalt ( ) ;            // zum Auswechseln : siehe Text
   } ;

void objekt :: lage ( )
   { cout << "x ... " ; cin >> x ; cout << "y ... " ; cin >> y ; }

int objekt :: inhalt ( )
   { return 0 ; }
```

```
class quadrat : public objekt
  {       int seite ;
          public :
          void kante ( )   ;
          int inhalt ( ) ;              // ebenfalls virtual,
  } ;                                    // falls die Vorgängermethode dies ist

int quadrat :: inhalt ( )
  { return (seite * seite) ; }

void quadrat :: kante ( )
  { cout << "Seitenlänge ... " ; cin >> seite ; }

main ( )
  {       quadrat A ;
          objekt  *zeiger ;             // Pointer auf Instanzen der Basisklasse
          zeiger = &A ;
          A.lage ( ) ;
          A.kante ( ) ;
          cout << "Flächeninhalt    ... " << A.inhalt ( ) ;
          cout << endl ;
          cout << "bzw. über Pointer ... " << (*zeiger).inhalt ( ) ;
          return 0 ;
  }
```

Die Klasse *objekt* beschreibt geometrische Objekte (Rechtecke, Quadrate, usw.) nach ihrer Lage, die zunächst durch einen Eckpunkt (x, y) gekennzeichnet ist. Solange eine Instanz einer solchen Klasse nicht näher bekannt ist, wird ihr der (Flächen-) Inhalt Null zugeschrieben (Methode auf der vorigen Seite ganz unten).

Mit der Nachfolgerklasse *quadrat* werden Quadrate näher erklärt; deren Inhalt ist das Quadrat der Seitenlänge: Die neue Methode *inhalt* überschreibt die alte. Wird eine Instanz vom Typ *quadrat* aber über einen Zeiger der Basisklasse *objekt* angesprochen, so gibt dieser mangels genauer Kenntnis des Typs (hier Nachfolger *quadrat*) den in der Basisklasse vereinbarten Inhalt zurück, also Null, egal was über *A.kante* eingegeben worden ist.

Abhilfe schafft die Einführung einer sog. **virtuellen Funktion**:

Ersetzen Sie in der Basisklasse die Methode *inhalt* durch *virtual inhalt*, so liefert das Programm über den Zeiger jetzt den richtigen Wert des Flächeninhalts vom Quadrat: Dem Zeiger auf eine Instanz aus einer Nachfolgerklasse wird nun die richtige Typinformation (*quadrat*) mitgegeben, d.h. die Methode wird korrekt überschrieben.

Ist eine Funktion *virtual* erklärt, so auch in allen Nachfolgerklassen: Gäbe es also eine Nachfolgerklasse *class sowieso : public quadrat* mit einer neuen Erklärung von *inhalt*, so würde auch ein Zeiger des Typs *quadrat*, der auf eine Instanz von *sowieso* zeigt, den richtigen (zuletzt erklärten) Inhalt angeben.

Um diesen Mechanismus nutzen zu können, ist aber wichtig zu wissen, daß eine virtuell erklärte Basisfunktion nur dann mit Zeigern und Referenzen überladen werden kann, wenn alle Nachfolger mit gleichartiger Schnittstelle und gleichem Rückgabetyp ausgestattet sind. Der Aufruf einer virtuellen Funktion hängt dann vom Typ des Objekts ab, auf das der Zeiger verweist. Ein solcher Aufruf wird damit dynamisch unter Laufzeit erledigt, ist also nicht vorab festgelegt, daher late binding.

Vor diesem Hintergrund ist es empfehlenswert, nicht-virtuelle Funktionen einer Basisklasse in abgeleiteten Klassen (Nachfolgern) möglichst nicht zu überschreiben. Sind Methoden hingegen *virtual* erklärt, so gibt es bei späteren Programmerweiterungen auch dann keine Probleme, wenn auf abgeleitete Methoden über Basisklassenzeiger zugegriffen wird.

In unseren Beispielen haben wir bisher kein einziges Mal einen sog. **Destruktor** eingesetzt. Destruktoren geben Speicher dann wieder frei, wenn der Gültigkeitsbereich eines Objekts (einer Instanz) wieder verlassen wird. Sie werden vom System normalerweise automatisch erzeugt, können aber auch ausdrücklich formuliert werden:

```cpp
/* fuenf.cpp  Beispiel für einen expliziten Destruktor */

# include <iostream.h>

class speicher
   {    float ablage;
        public :
        speicher (float z = 1111.1111) ;        // Konstruktorvorgabe
        ~ speicher ( ) ;                         // Destruktor
   } ;

speicher :: speicher (float z)
   { ablage = z ; cout << "Ein Objekt hat den Wert " << ablage << endl ; }

speicher :: ~ speicher ( )
   { cout << "Das Objekt " << ablage << " ist zerstört.\n" ; }

speicher global ;

main ( )
   {    cout << "Main startet ... \n" ;
        speicher global (3.2) ;
        { cout << "Neuer Block ... \n" ;
          speicher neutest (7.7) ;
          cout << "Block wird verlassen ... \n" ;
        }
        cout << "Ende des Programms ...\n" ;
        return 0 ;
   }                                        // Ende des Listings
```

Destruktoren haben keine Argumente und keinen Rückgabetyp; sie werden mit einer sog. Tilde ~ eingeleitet. Das Programm von S. 243 erzeugt folgende Ausgaben:

```
Ein Objekt hat den Wert 1111.1111
Main startet ...
Ein Objekt hat den Wert 3.2
Neuer Block ...
Ein Objekt hat den Wert 7.7
Block wird verlassen ...
Das Objekt 7.7 ist zerstört ...
Ende des Programms ...
Das Objekt 3.2 ist zerstört ...
Das Objekt 1111.1111 ist zerstört ...
```

Mit den eingestreuten Texten erkennt man genau, in welcher Reihenfolge neue Instanzen eingerichtet und wieder „vernichtet" werden. Der zuallererst deklarierte globale Speicherplatz wird offenbar als letzter aufgeben. Erkennbar ist auch, daß der Speicher gleichen Namens im Hauptprogramm wohl eine andere Adresse hat: Main ist eben ein eigener Block. Erst dort erklärte Variablen sind nur dort gültig.

Im folgenden Kapitel wollen wir ein kleines Projekt behandeln und dabei auch auf die immer noch offene Frage zum Ausdrucken von Daten am Standarddrucker unter Windows eingehen, ansonsten aber nur bereits Erlerntes anwenden und so den Rahmen der gewonnenen Kenntnisse abstecken. Dann ist der Einführungskurs zu C++ bis auf weiteres am Ende angelangt ...

Analog zum Kapitel 9 entwickeln wir zum Abschuß unseres Kurses in C++ nun stufenweise ein Programm für Verwaltungszecke, das den objektorientierten Ansatz vollständig realisiert und unsere Kenntnisse herausfordert ...

Datenstrukturen zur Speicherung von Objekten nennt man **Container**, also Behälter. In C bzw. C++ sind zwei solcher Klassen vorab implementiert: Felder und Verbunde (Array, struct). Um deren Klassencharakter deutlicher werden zu lassen, wollen wir eine früher erstellte Struktur methodisch ausbauen, nämlich den einfachen Binärbaum, der in Kap. 10 bereits in klassischer Weise (d.h. ohne OOP) vorgestellt worden ist.

In mehreren Schritten soll jenes Listing eins.cpp von S. 143 dem OOP-Paradigma angepaßt und folgendermaßen erweitert [1] werden:

- Umschreiben der dort vorkommenden Funktionen zu Methoden
- Abspeichern eines jeden neuen Satzes auf einer sequentiellen Datei
- Einlesen eines Satzes aus dieser Datei nach Suche im Indexbaum
- bei Programmende Abspeichern des Indexbaums; Wiederaufbau beim Start.

Wenn alles einwandfrei arbeitet, kann der Datensatz durch hierarchische Erweiterung (Vererbung) beliebig „aufgestockt" werden; weitere Methoden lassen sich dann zwanglos einbauen.

Der erste Schritt ist wegen des objektorientieren Ansatzes für den Anfänger sicherlich der schwierigste. Eine für Erweiterungen mit OOP brauchbare Abwandlung des eben erwähnten Listings finden Sie mit einigen Erläuterungen im Aufgabenteil auf S. 291 dieses Buchs. Wir bauen auf jenem Listing auf und speichern jeden neuen Satz sequentiell in einer „großen" Datei ab. - Außerdem soll das Suchen eines Satzes direkt

---

[1] Einen direkten Ansatz für diese Aufgabenstellung finden Sie in [B], S. 307 ff.

über den Indexbaum in dieser Hauptdatei vorgenommen werden. Dies sind die Schritte zwei und drei der eben genannten Zielvorgaben. Erst ganz zuletzt machen wir uns Gedanken, wie der Indexbaum abgelegt werden kann. Vor diesem Schritt vier erhält unser Entwurf damit einstweilen folgendes Aussehen:

```cpp
/* eins.cpp  Der erweiterte OOP-Binärbaum von Kap. 10/19 mit Hauptdatei */

# include <iostream.h>
# include <stdio.h>
# include <string.h>
# include <fstream.h>

int indexpos = 0 ;        // späterer Zähler in der Hauptdatei
int datlong = 30 ;        // Länge eines kompletten Satzes, gffls. verlängern

struct satz                        // Datensatz in Hauptdatei, noch "klassisch"
  { char fnam [15] ;
    char tele [15] ;
    // hier erweitern
  } ;

void finden (int wo)
  { satz wer ;
    fstream diskein ("TESTDATA", ios :: in | ios :: binary) ;
    diskein.seekp (wo * datlong) ;
    diskein.getline (wer.fnam, 16) ;
    cout << "Name    : "; puts (wer.fnam) ;
    diskein.getline (wer.tele, 16) ;
    cout << "Telefon : "; puts (wer.tele) ;
    // hier erweitern
    diskein.close ( ) ;
  }

void ablegen (satz wer)
  { fstream diskout ("TESTDATA", ios :: out | ios :: app) ;
    // ios :: app  anhängen
    for ( int i = 0 ; i < 15 ; i ++ ) diskout.put (wer.fnam [i]) ;
    // oder diskout.write ((char*)&(wer.fnam), sizeof (wer.fnam)) ;
    for ( i = 0 ; i < 15 ; i ++ ) diskout.put (wer.tele [i]) ;
    // hier Datensatz erweitern
    cout << endl ;
    diskout.close ( ) ;
  }                                           // Fortsetzung ...
```

Der später zu erweiternde Datensatz wird vorerst als Verbund extern beschrieben, d.h. noch nicht in die Klassenkonstruktion eingebunden; damit können die Dateifunktionen einfacher beschrieben werden; außerdem benötigen die beiden Funktionen zum Finden und Ablegen der Datensätze damit vorerst keine Übergabemethoden in die Methoden der nachfolgenden Klasse *knoten*.

```cpp
class knoten                         // Zum Baumaufbau
 { char name [15] ;
   int position ;                    // Nummer in der Hauptdatei
   knoten* links ;
   knoten* rechts ;
   public :
   void eingabe ( ) ;
   void einfuegen (char name [15], knoten* neu) ;
   void suchen (char name [15]) ;
   void zeigen ( ) ;
   void liste ( ) ;
   knoten ( ) ;                      // Konstruktor, Initialisierung
} ;

knoten :: knoten ( )         // Konstruktor für new knoten !
 { strcpy (name, "Wurzel_leer") ; links = NULL; rechts = NULL ; }

knoten* start = new knoten ;         // Wurzel des Baums
knoten* lauf = new knoten ;          // Zwei globale Speicher ...
knoten* nachlauf = new knoten ;      // ... für Dauerbenutzung

void knoten :: einfuegen (char person [15], knoten* neu)
 { nachlauf = lauf ;
   if ( strcmp (person, lauf -> name) < 0 )
      { lauf = lauf -> links ;
        if ( lauf == NULL ) nachlauf -> links = neu ;
          else (*neu).einfuegen (person, neu) ; }
      else
      { lauf = lauf -> rechts ;
        if ( lauf == NULL ) nachlauf -> rechts = neu ;
          else (*neu).einfuegen (person, neu) ; } ;
 } ;
 // in der letzten Zeile, also innerhalb der Methode (d.h. rekursiv),
 // reicht auch einfuegen ( ...) statt (*neu).einfuegen (...) !!!

void knoten :: eingabe ( )
 { satz wer ;
   cout << endl << "Namen eingeben ... " ; gets (wer.fnam) ;
   cout <<         "Telefonnummer  ... " ; gets (wer.tele) ;
   // hier erweitern
   if ( strcmp ( name, "Wurzel_leer") == 0 )
     { strcpy (name, wer.fnam) ;
       position = indexpos ; }
     else
     { knoten* neu = new knoten ;
       strcpy ( neu -> name, wer.fnam ) ;
       neu -> position = indexpos ;
       lauf = start ; (*neu).einfuegen (wer.fnam, neu) ;
     }
   ablegen (wer) ;
   indexpos++ ;
 } ;
```

```cpp
void knoten :: suchen (char key [15])        // Suchen eines Einzelsatzes
  { if ( strcmp ( key, lauf -> name ) == 0 )
      { cout << lauf -> name ; cout << " " << lauf -> position << endl ;
        finden ((lauf -> position)) ; }
      else
      { if ( strcmp ( key, lauf -> name ) < 0 )  lauf = lauf -> links ;
          else lauf = lauf -> rechts ;
        if ( lauf == NULL ) cout << "Nicht vorhanden!\n" ;
          else (*lauf).suchen (key) ;    } ;
  }


// zum letzten Aufruf (*lauf).eintrag (key) siehe Bemerkung weiter oben

void knoten :: zeigen ( )              // alle, aber nicht lexikografisch
  { cout << name << " " << position << endl ;
    if ( ! links == NULL )
      { knoten* rekuzeig = new knoten ;
        rekuzeig = links ; (*rekuzeig).zeigen ( ) ; }
    if ( ! rechts == NULL )
      { knoten* rekuzeig = new knoten ;
        rekuzeig = rechts ; (*rekuzeig).zeigen ( ) ; }
  }


void knoten :: liste ( )               // Alphabetische Liste, Baum
  { if ( links == NULL ) cout << name << " " << position << endl ;
      else { knoten* rekuzeig = new knoten ;
             rekuzeig = links ; (*rekuzeig).liste ( ) ; }
    if (! links == NULL) cout << name << " " << position << endl ;
    if ( ! rechts == NULL )
      { knoten* rekuzeig = new knoten ;
        rekuzeig = rechts ; (*rekuzeig).liste ( ) ; } ;
  }                                                    // Fortsetzung ...
```

Die Methode *zeigen* zeigt nur die Inhalte des Indexbaums (also nicht die kompetten Datensätze) in irgendeiner (nicht ganz zufälligen!) Reihenfolge vor; die Methode *liste* tut dasselbe, aber in alphabetischer Reihenfolge; diese könnte später zum Erstellen einer alphabetischen Liste der gesamten Datei ausgebaut werden, auch zum Ausdrucken einer solchen Liste.


```cpp
main ( )
  {      char wahl ; char key [15] ;
         do
         { cout << endl ;                             // Hauptmenü
           cout << " Datenverwaltung über Indexbaum : \n\n" ;
             cout << " | Eingabe ...     e" << endl ;
             cout << " | Suchen ...      s" << endl ;
             cout << " | Baum zeigen .. z" << endl ;
             cout << " | Alphabetisch . a" << endl ;
             cout << " | Ende ...       q" << endl ;
             cout << " | Wahl            " ; cin >> wahl ;
```

```
        switch ( wahl )
        { case 'e' :  (*start).eingabe ( ) ;                    break ;
          case 's' :  cout << endl << "Namen eingeben ... " ;
                      gets (key) ;
                      lauf = start ;
                      (*lauf).suchen (key) ;                    break ;
          case 'z' :  cout << endl ;
                      (*start).zeigen ( ) ;                     break ;
          case 'a' :  (*start).liste ( ) ;                      break ;
          default :   if ( ! wahl == 'q' ) cout << "Keine Option!" ;
        }
      }                             // end of do
    while ( ! (wahl == 'q') ) ;
    cout << "\n\nProgramm beendet ..." ;
    return 0 ;

  }
```

Achtung bei Testläufen: Die Datei hat einen festen Namen und wird mit *ios :: app* (*append*, anhängen) generiert. Bei einem Neustart des Programms wird daher die alte Hauptdatei verlängert und beim Einlesen über die neu erstellten Dateizeiger (der alte Indexbaum fehlt noch!) kommen somit völlig falsche Informationen: Daher die Datei TESTDATA vor jedem neuen Programmstart vorerst wieder löschen!

Nunmehr fügen wir die Routinen zum Ablegen und Wiederaufbauen des Indexbaums hinzu; im folgenden Listing werden nur diejenigen Abschnitte aufgeführt, die entweder neu sind oder aber gewisse Änderungen erfahren haben. Alles andere entspricht dem Listing eins.cpp von eben:

```
/* zwei.cpp  Erweiterte Fassung mit Indexablage */

# include <iostream.h>
# ...
# include <conio.h>            // clrscr

int indexpos = 0 ;
int datlong = 30 ;                         // bei Satzerweiterung verlängern

struct satz                                // Datensatz in Hauptdatei
  { char fnam [15] ;
    char tele [15] ;
    // hier Datensatz beliebig erweitern, dann datlong anpassen
  } ;

void finden (int wo)
  { satz wer ; .... }

void ablegen (satz wer)        // verlängert (append) die Hauptdatei
  { fstream diskout ... }
```

```cpp
class knoten                          // Zum Baumaufbau
  {  char name [15] ;
     int position ;                   // Nummer in der Hauptdatei
     knoten* links ;
     knoten* rechts ;
     public :
     void eingabe ( ) ;
     void einfuegen (char name [15], knoten* neu) ;
     void suchen (char name [15]) ;
     void zeigen ( ) ;
     void liste ( ) ;
     void indexablage ( ) ;
     void baumaufbau ( ) ;
     knoten ( ) ;                     // Konstruktor, Initialisierung
  } ;

knoten :: knoten ( )                  // Konstruktor für new knoten !
  { strcpy (name, "Wurzel_leer") ; links = NULL ; rechts = NULL ;
    position = 0 ; }

knoten* start = new knoten ;          // Wurzel des Baums
knoten* lauf = new knoten ;           // Zwei globale Speicher ...
knoten* nachlauf = new knoten ;       // ... für Dauerbenutzung

void knoten :: einfuegen (char person [15], knoten* neu)
  { nachlauf = lauf ;  .... }

void knoten :: eingabe ( )
  { satz wer ;                        // Programmabsturz, wenn Satz zu lang, daher ...
    cout << endl << "              <------------>" << endl ;       // einfache Maske
    cout << "Namen eingeben ... " ; gets (wer.fnam) ;
    cout <<  "Telefonnummer  ... " ; gets (wer.tele) ;
    // hier erweitern
    // übriges wie bisher bis ...
    indexpos++ ;
  } ;

void knoten :: suchen (char key [15])          // Suchen eines Einzelsatzes
  { if ( strcmp ( key, lauf -> name ) == 0 )  .... }

void knoten :: zeigen ( )                // alle, aber nicht lexikografisch
  { cout.width (15) ; cout << name ;
    cout.width (4) ;  cout << position << " " ; // bessere Anzeige
    // sonst unverändert ....  }

void knoten :: liste ( )                 // Alphabetische Liste, Baum
  { if ( links == NULL )
        { cout.width (15) ; cout << name ;
          cout.width (4) ;  cout  << position << " " ; } ...
    // analog weiter unten bei ...
    // if ( ! links == NULL ) ...
    // Rest unverändert
  }
```

```
    void knoten :: indexablage ( )          // generiert die Indexdatei
      { fstream indexout ("INDEXDAT", ios :: out | ios :: app) ;
        // cout << name << " " << position << endl ;  Test : Ablegen okay ???
        indexout.write ((char*)&name, sizeof (name)) ;
        indexout.write ((char*)&position, sizeof (position)) ;
        indexout.flush ( ) ;
        // erzwingt einzelnes Hinausschreiben, Reihenfolge!
        // ansonsten müßte Datei geschlossen und wieder geöffnet werden
        if ( ! links == NULL )
          { knoten* rekuzeig = new knoten ;
            rekuzeig = links ; (*rekuzeig).indexablage ( ) ; }
        if ( ! rechts == NULL )
          { knoten* rekuzeig = new knoten;
            rekuzeig = rechts ; (*rekuzeig).indexablage ( ) ;  }
        indexout.close ( ) ;
      }


    void knoten :: baumaufbau ( )          // baut den Baum wieder auf
      { fstream indexin ("INDEXDAT", ios :: in) ;
        char ein [15] ;
        int numr ;
        while ( indexin.read ((char*)&ein, sizeof (ein)) )
          { // cout << " read : " << indexpos ;   // Zu Kontrollzwecken
            indexin.read ((char*)&numr, sizeof(numr)) ;
            // cout << " ein " << ein << numr << " ";
            if ( strcmp ( name, "Wurzel_leer" ) == 0 )
              { strcpy (name, ein) ;
                position = numr ; }
              else
              { knoten* neu = new knoten ;
                strcpy ( neu -> name, ein ) ;
                neu -> position = numr ;
                lauf = start ; (*neu).einfuegen (ein, neu) ;
              }
            indexpos++ ;                      // Zähler weitersetzen !
          }
        indexin.close ( ) ;
      }                                      // Fortsetzung ...
```

Bei den Methoden *indexablage* und *baumaufbau* wird inhaltlich auf die Methoden *zeigen* bzw. *eingabe* zurückgegriffen, d.h. im Sinne des Wortes dieselbe Methodik (Logik) eingesetzt. Damit kann insb. auf *einfuegen* unverändert zugegriffen werden.

Das folgende Hauptprogramm enthält zunächst ein paar kleine Schönheitskorrekturen: Es ist für eine professionelle Abwicklung natürlich noch etwas dürftig, aber uns geht es hier um die Algorithmen. Wesentliche Ergänzungen sind hingegen am Anfang das Einlesen des Indexbaums, falls die entsprechende (Fest-) Datei INDEXDAT vorhanden ist, ferner am Ende deren Ablage. Vor der Ablage wird die alte Datei stets gelöscht, damit Probleme mit dem Anhängen etc. umgangen werden.

```cpp
main ( )
  { char wahl ;
    char key [15] ;
    (*start).baumaufbau ( ) ;
    do
    { cout << endl ;                              // Hauptmenü
      cout << " Datenverwaltung über Indexbaum : \n\n" ;
      cout << "  | Eingabe ...          e" << endl ;
      cout << "  | Suchen ...           s" << endl ;
      cout << "  | Baum zeigen ...      z" << endl ;
      cout << "  | Alphabetisch ...     a" << endl ;
      cout << "  | Ende ...             q" << endl ;
      cout << "  | Wahl                 " ; cin >> wahl ;
      clrscr ( ) ;
      switch ( wahl )
       { case 'e' : (*start).eingabe ( ) ;              break ;
         case 's' : cout << endl << "Namen eingeben ... " ;
                    gets (key) ;
                    lauf = start ;
                    (*lauf).suchen (key) ;              break ;
         case 'z' : (*start).zeigen ( ) ;               break ;
         case 'a' : (*start).liste ( ) ;                break ;
         default  : if ( ! wahl == 'q' ) cout << "Keine Option!" ;
       }
    }
    while ( ! ( wahl == 'q' ) ) ;

    fstream zieldatei ("INDEXDAT", ios :: out | ios :: nocreate) ;
    if ( zieldatei )                    // falls vorhanden löschen, dann ...
      { cout << "INDEXDAT existiert : zuerst löschen ... " ;
        zieldatei.close ( ) ;
        remove ("INDEXDAT") ;           // enthalten in <stdio.h>
      }
    cout << " ... dann (neu) erstellen ... " << endl ;
    (*start).indexablage ( ) ;          // ... neu erstellen
    cout << "\n\nProgramm beendet ..." ;
    return 0 ;
  }
```

Damit ist das Programmgerüst in den wesentlichen Punkten lauffähig erstellt. Vorerst ist das Löschen bzw. Ändern eines Eintrags nicht vorgesehen:

Soll ein Eintrag im Indexbaum gelöscht werden, so müßte zunächst der Baum verändert werden; ferner wäre das Löschen des Eintrags in der Hauptdatei erforderlich. Zum Ändern des Baums benötigt man eine komplizierte Routine (siehe [M1], S. 436). Die einfachste Lösung ist: Nach dem Suchen des Satzes verändert man den Namenseintrag im Baum auf den Namen des Vorgängerknotens; dann wird dieser Nachfolger beim Suchen nicht mehr angelaufen, da das Programm beim Vorgänger anhält. Der Satz verbleibt damit in der Hauptdatei und im Indexbaum (sowie dessen Ablage), ist aber nicht mehr ohne weiteres zugänglich.

Gelöschte Sätze erkennt man indirekt noch mit der Methode *zeigen*, da im Indexbaum jetzt ein Namenseintrag doppelt auftritt. Auf trickreiche Weise, nämlich durch Weiterschalten auf die Namensverdoppelung mit dessen anderem Dateizeiger, wären „gelöschte" Datensätze aus der Hauptdatei noch mit dem richtigen Namen erreichbar, denn sie sind physikalisch ja nicht entfernt: Datenschutz!

Tragen Sie versuchsweise in der Klasse *knoten* und vor *main ( )* die Methode *del* und im Hauptprogramm die zuletzt folgenden Zeilen nach, um das zu testen:

```
void del ( ) ;

void knoten :: del ( )
  { cout << "gelöscht ... \n" ;  strcpy (name, ( nachlauf -> name ) ) ; }

cout << " | Löschen ...          l" << endl ;  // Erweitertes Menü

case 'l': cout << endl << "Namen eingeben ... ";
          gets (key) ;
          lauf = start ;
          (*lauf).suchen (key) ;
          char z ;
          cout << endl << "Löschen (j) ? " ; cin >> z ;
          if ( z == 'j' ) (*lauf).del ( ) ;              break ;
```

Bei genau einem der Einträge im Indexbaum funktioniert dieses primitive Verfahren nicht: bei welchem? Sie können es ausprobieren oder durch Nachdenken über die Methode *del* herausfinden, wenn Sie sich den o.a. Kopiervorgang in *strcpy* ansehen ...

Was passiert, wenn unser Programm unter Laufzeit abstürzt oder der Strom ausfällt, bevor die **neue Indexdatei** erstellt worden ist? Die Hauptdatei ist bereits verlängert, aber bei Neustart des Programms ist nur die alte, offenbar zu kurze Indexdatei vorhanden, die auf der Hauptdatei nur am Anfang richtige Zugriffe erlaubt.

Das ist kein großes Problem: Erstellen Sie sich zu diesem Zweck eine Leseroutine auf der Hauptdatei, die in einem längeren Lauf zwar alle Komponenten eines Satzes einliest, aber nur den Namen und die fortlaufende Position (über einen Zähler, beginnend bei Null) zum Aufbau des Indexbaums verwendet. Die Lösung finden Sie im Aufgabenteil zu OOP. Das dortige Verfahren läßt übrigens erkennen, daß zu einer Hauptdatei durchaus mehrere Indexdateien nach verschiedenen Suchkriterien (also Schlüsseln) erstellt werden können: Zum Namen findet man das Telefon, zu diesem aber auch umgekehrt den Namen ...

In der Praxis wird man ferner die zu bearbeitenden Dateien mit Namen versehen, die per Benutzerabfrage gesetzt werden. Einzugeben wäre der Name der Hauptdatei, z.B. Adressen. Das Programm hängt sodann .DAT an. Die zugehörige Indexdatei wird automatisch mit dem richtigen Namen versehen, hier z.B. mit ADRESSEN.DAT.

Unser Listing zwei.cpp ist noch nicht vollständig OOP, es enthält ja noch Funktionen zur Dateibehandlung. Außerdem ist der Datensatz der Hauptdatei immer noch als Struktur definiert, noch nicht als Objekt. Das kann man verbessern, indem man die Satzstruktur hinter der Definition von *knoten* als Klassennachfolger einbaut.

Hier ist die endgültige Fassung: Es sind wesentlich nur jene Zeilen angegeben, die sich gegenüber dem letzten Listing verändert haben (auf Disk ist das File komplett lauffähig). Beachten Sie aber, daß sich die Reihenfolge einiger Methoden, die bisher teils Funktionen waren, geändert hat. Wir haben daher alle Kopfzeilen aufgeführt.

```
/* drei.cpp  dritte, endgültige Version, mit Löschen, vollständig OOP */

# include <iostream.h>
...


int indexpos = 0 ;        // wie bisher, unverändert
int datlong = 30 ;        // Länge eines kompletten Satzes, gffls. verlängern

class knoten                        // Zum Baumaufbau
   {      char name [15] ;
          int position ;            // Nummer in der Hauptdatei
          usw. ... völlig unverändert
          ...
          knoten ( ) ;              // Konstruktor, Initialisierung
   } ;

class satz : public knoten          // neu : Datensatz in Hauptdatei
   {      char fnam [15] ;
          char tele [15] ;
          // hier Datensatz beliebig erweitern, dann datlong anpassen
          public :
          char* tippen ( ) ;
          void finden (int wo) ;
          void ablegen ( ) ;
   } ;

knoten :: knoten ( )                // Konstruktor für new knoten ! wie bisher

knoten* start = new knoten ;        // übernommen ...
knoten* lauf = new knoten ;
knoten* nachlauf = new knoten ;

satz* wer = new satz ;              //neu

void satz :: ablegen ( )            // verlängert (append) die Hauptdatei
   ... nur die Aufrufzeile ist der Klasse satz angepaßt, sonst alles unverändert.
   ... bei Satzerweiterung muß entsprechend mehr hinausgeschrieben werden.

void knoten :: einfuegen (char name [15], knoten* neu)
   ... wie bisher, unverändert
```

```cpp
char* satz :: tippen ( )
  {  cout << endl << "                  <------------>" << endl ;
     cout << "Namen eingeben ... " ; gets (fnam) ;
     cout << "Telefonnummer  ... " ; gets (tele) ;
     // hier die Eingaben entsprechend der Klasse satz erweitern
     return (fnam) ;
  }

void knoten :: eingabe ( )
  {  char person [15] ;
     strcpy ( person, (*wer).tippen ( ) ) ;    // hier verändert, Umkopieren!
     if ( strcmp (name, "Wurzel_leer") == 0 )
        {  strcpy (name, person) ; position = indexpos ; }
     else
        { knoten* neu = new knoten ;
           .. usw. alles unverändert, nur  ...
        }
     (*wer).ablegen ( ) ;         // ... diese Zeile neu: Methode anpassen!
     indexpos++ ;
  } ;

void satz :: finden (int wo)
  ... nur Aufrufzeile der Klasse satz anpassen

void knoten :: suchen (char key [15])        // Suchen eines Einzelsatzes
  ... alte Fassung, nur Anpassung des Zugriffs
  ... in der Methode auf die Klasse:
  (*wer).finden ((lauf -> position)) ;        // diese Zeile auswechseln
  ...

void knoten :: zeigen ( )                     // alle, aber nicht lexikografisch
  ... völlig unverändert

void knoten :: liste ( )                      // Alphabetische Liste, Baum
  ... völlig unverändert

void knoten :: indexablage ( )
  ... völlig unverändert

void knoten :: baumaufbau ( )
  ... völlig unverändert

void knoten :: del ( )
  { cout << "gelöscht ... \n" ; strcpy (name, (nachlauf -> name)) ; }


main ( )
  { ...   return 0 ; }
```

Zuletzt folgt *main ( )* in der alten Fassung, eventuell ergänzt mit der Löschoption von
S. 253, die wir im Listing mit aufgeführt haben.

Noch fehlen uns Routinen zum **Ausdrucken** einzelner **Sätze** oder der ganzen **Liste**. Zum entsprechenden Einbau könnte man auf die Ausführungen im Kap. 6 zurückgreifen und das Listing unter DOS compilieren. Aber:

Bei vielen Beispielen früherer Kapitel haben wir auf vordeklarierte Klassen aus der Umgebung von C bzw. C++ zugegriffen, ohne dies ausdrücklich zu sagen: So ist

    fstream

in Wahrheit eine Klasse mit den öffentlichen Methoden *open, close* und noch anderen, wie aus der Schreibweise

    datei.open ( ) ; datei.close ( ) ;

hervorgeht, wenn ein Objekt *fstream datei („Name", ...) ;* initialisiert worden ist. Der Einfachheit halber (und da wir anfangs von OOP noch nichts wußten) haben wir von einer (Datei-) Funktion (im Sinne von Pascal wäre das eine Prozedur) gesprochen.

Die IDE von Borland bietet freilich mehr: Es gibt z.B. eine Klasse **Tprinter**, mit der auch unter Windows gedruckt werden kann, was wir bereits im Kap. 6 angedeutet hatten. Das Zauberwort heißt **OWL** und steht für Object Windows Library. Es würde den Rahmen dieses Buchs sprengen, auf die Klassenbibliothek OWL näher einzugehen; schon die Beantwortung der Frage des OWL-Druckerzugriffs ist mit erheblicher Mühe verbunden und von mir bis jetzt leider noch nicht zufriedenstellend (d.h. mit knappen Programmerweiterungen) gelöst: Unser Programm müßte um eine ganze Menge ergänzt werden, ehe wir auch unter OWL-Windows drucken könnten.

Kann man Windows vielleicht überlisten, den nimmermüden Entwicklern (und „Abblockern" der Taste PrtScr) ein Schnippchen schlagen? Ja, man kann, indem man aus dem eigenen Programm heraus direkt in das System eingreift:

Zwar wollen wir uns hier nicht mit **Systemprogrammierung** [1] beschäftigen, aber wegen der Wichtigkeit des Themas möchte ich Ihnen meine Lösung mitteilen, da sie dem einfachen Ansatz zum Drucken unter TURBO Pascal mit der bekannten Kanalangabe *lst* in *writeln (lst, VAR ...) ;* sehr nahekommt:

Man muß den **Druckerport** direkt ansprechen und die Ausgabe zeichenweise auf den Port umleiten; Windows merkt das nicht. Textseiten lassen sich damit in gewohnter Weise ausdrucken, wobei der unter Windows standardmäßig installierte Drucker benutzt wird, und zwar in jener Schriftart und Größe, welche unter DOS vorab eingestellt sind, heute meist per Software (oder noch am Panel):

---

[1] Beim Nachdenken zu diesem Problem (s. Bem. S. 77 unten) habe ich mich eines Ansatzes erinnert, der in den beiden Büchern [M] bei Kapiteln zu DOS bzw. zur Systemprogrammierung beim Thema Drucker als Beispiel vorkommt ...

```cpp
/* vier.cpp Demo Druckerports für Direktdruck unter Windows */

# include <dos.h>              // Diese drei Headerdateien
# include <string.h>           // werden schon in den Funktionen benötigt!
# include <stdlib.h>

struct REGPACK reg ;           // Dies sind die CPU-Register ax, bx  ...

void pc (char c)               // print character
  { reg.r_ax = 0x00 ; reg.r_ax = int (c) ; reg.r_dx = 0x00 ; intr (0x17, &reg) ; }

void ps (char* was)            // print string
  { for ( int i = 0 ; i < strlen (was) ; i ++) pc (was [i]) ; }

void pi (int x)                // print integer, max. Länge sechs Stellen
  { char zahl [7] ; itoa (x, zahl, 10) ; ps (zahl) ;  }

void pf (double x)             // print float
  { char* zahl ; int ziffern = 8 ; int dezimalpos, vorzeichen ;
    zahl = ecvt (x, ziffern, &dezimalpos, &vorzeichen) ;
    if ( vorzeichen == 1 ) pc ('-') ; else pc ('+') ;
    for ( int k = 0 ; k < dezimalpos ; k ++ ) pc (zahl [k]) ;  pc ('.') ;
    for ( k = dezimalpos ; k < ziffern ; k ++ ) pc (zahl [k]) ; }

void nl ( )                    // neue Zeile (new line)
  { pc (10) ; pc (13) ; }      // 10 = Zeilenvorschub, 13 = Wagenrücklauf

void np ( )                    // neue Seite (new page)
  { nl ( ) ; pc (12) ; }       // neue Zeile Anfang und Papierauswurf (= 12)

main ( )
  {  for ( int i = 32 ; i < 127 ; i ++ )
    { if ( (i + 8) % 10 == 0) nl ( ) ;  pc (i) ; pc (32) ;  }
      // 32 : Leerzeichen (Space) : siehe ASCII-Code. Anders : pc (' ');
    for ( int k = 0 ; k < 3 ; k ++) nl ( ) ;

    char* text = "Dies ist Text."; // Text indirekt aus Einzelzeichen
    for ( i = 0 ; i < strlen (text) ; i ++ ) pc (text [i]) ;
    nl ( ) ; nl ( ) ;
    ps (text) ; nl ( ) ; nl ( ) ;     // Text indirekt aus Variable
    int x = - 31562 ;

    pi (x) ; nl ( ) ; nl ( ) ;               // Ganzzahl
    double y = - 28.1214 ;
    pf (y) ; nl ( ) ; nl ( ) ;        // Gleitkommazahl negativ bzw. positiv
    y = 123.4567 ;
    pf (y) ; nl ( ) ; nl ( ) ;
    ps ("Ende der Seite ...") ;          // Direktausgabe von Text
    np ( ) ;                       // aber ohne Umlaute, sonst „Hänger"
    return 0 ;
  }                                      // Ende des Testprogramms
```

Sie können das Programm in der IDE testen oder unter Windows starten: Es druckt je nach Voreinstellung des Druckers mit der vorab gewählten Schriftart zuerst alle ASCII-Zeichen von ! bis zur Tilde in einem Block mit 10 Zeilen. Achtung, **keine** Zeichen unterhalb 31 bzw. jenseits 127 versuchen, da nicht alle druckbar sind. Danach kommt folgende Ausgabe linksbündig, jeweils durch eine Leerzeile getrennt:

```
Dies ist Text.
Dies ist Text.
-31562
-28.121400
+123.45670
Ende der Seite ...
```

Das Listing prüft nicht, ob der Drucker online ist: Er muß also betriebsbereit sein, d.h. eingeschaltet, mit Papier usw. Zu Ende des Programms ist kein Abschalten nötig.

Die allererste Funktion, die ich willkürlich *pc* (print character) genannt habe, steuert die Übergabe einzelner Zeichen an den Drucker; alle folgenden Funktionen beruhen ausschließlich auf diesem Datentransfer:

ps druckt Strings, also Zeichenketten.

pi druckt Zahlen des Typs int und benutzt eine Konvertierungsfunktion aus <stdlib.h>.

pf druckt Gleitkommazahlen auf analoge Weise; in der Konvertierung *ecvt* erkennen Sie die Aufgliederung nach Vor- und Nachkommastellen, zwischen die der Dezimalpunkt mit pc ('.') gesetzt wird. Die Ausgabe des Vorzeichens + könnte man natürlich weglassen. Die Variable *ziffern* bestimmt, wieviele Ziffern insgesamt ausgegeben werden. Es gilt **Platzbedarf = ziffern + 2**, denn Vorzeichen und '.' kommen hinzu. Das kann man später für eigene Formate zum Tabellieren benutzen.

nl ist eine neue Zeile, nämlich das Signal LF + CR an den Drucker: Linefeed (10) und Carriage Return (13) in irgendeiner Reihenfolge.

np bedeutet eine neue Seite, denn auf das Signal 12 reagiert der Drucker mit der Ausgabe des Papiers. Zugleich stellen wir den Druckkopf wieder nach links.

Wenn Sie im Druckerhandbuch nachsehen, finden Sie weitere Angaben: Z.B. können Sie aus einem Programm heraus auch Schriftarten und Größen einstellen: Steht z.B. im Manual für die Schrift Kursiv als Steuersequenz ESC + 52, so senden Sie an den Drucker *pc (27) ; pc (52) ;* wegen ESC = 27. Die meisten Schriften sehen so aus:

```
ESC n1 n2 ,   also  pc (27) ; pc (n1) ; pc (n2) ;
```

Dies ist das ganze Geheimnis ...

Auf dem Testprogramm aufbauend, erstellen wir nun eine eigene **Klasse Drucker**, in der die wichtigsten Methoden eingebunden sind. Wir fügen noch Möglichkeiten zum Formatieren einer Seite (linker Rand, Anzahl der Zeilen) hinzu und erweitern die Zahlenausgaben um Formate, damit wir Tabellen bündig schreiben können.

```
/* fuenf.cpp Drucken unter Windows mit eigener Klasse */

# include <dos.h>
# include <string.h>
# include <stdlib.h>

struct REGPACK reg ;                    // nicht in die Klasse schreiben !

class   drucker
   {    int zeile ;                     // Speicher Zeilen pro Seite
        int rand ;                      // Speicher für linken Rand
        int anzahl ;                    // Speicher für laufende Zeilennummer

        public :
        void cc (char c) ;              // Einzelzeichen drucken
        void ss (char* was) ;           // String drucken
        void ii (int x, int form) ;     // Ganzzahl int drucken
        void ff (double x, int form, int dezi) ;
                                        // Gleitkommazahl drucken
        void zz ( ) ;                   // an den Anfang einer neuen Zeile
        void pp ( ) ;                   // neue Seite, d.h. Papier auswerfen
        void nn (int n) ;               // Zeilen pro Seite
        void rr (int n) ;               // linker Rand
        drucker (int a) ;               // Konstruktor Zeilenzähler
   } ;

// Alle Methoden sind mit eingängigen Doppelbuchstaben bezeichnet.
// Der Konstruktor setzt nur den Zeilenzähler anfangs auf Null.


drucker :: drucker (int a = 0)
   { anzahl = a ; }                     // Konstruktor Zeilenzähler

void drucker :: cc (char d)            // print character
   { reg.r_ax = 0x00 ; reg.r_ax = int (d) ; reg.r_dx = 0x00 ; intr (0x17, &reg) ; }

void drucker :: ss (char* was)         // print string
   { for ( int i = 0 ; i < strlen (was) ; i ++ ) cc (was [i]) ; }

void drucker :: ii (int x, int form)       // print integer, max. sechs Stellen
   { char zahl [7] ; itoa (x, zahl, 10) ;
     if ( form - strlen (zahl) > 0 )
        { for ( int k = 0 ; k < form - strlen (zahl) ; k ++ ) cc (' ') ; }
     ss (zahl ) ;
   }
```

```cpp
void drucker :: ff (double x, int form, int dezi)              // print float
  { char* zahl ; int ziffern = form ; int dezimalpos, vorzeichen ;
    zahl = ecvt (x, ziffern, &dezimalpos, &vorzeichen) ;
    if ( (form - dezi - dezimalpos - 2) > 0 )
       for ( int k = 0 ; k < (form - dezi - dezimalpos - 2); k ++ )   cc (' ') ;
    if ( vorzeichen == 1 ) cc ('-') ; else cc ('+') ;          // + und - werden gedruckt
    for ( int k = 0 ; k < dezimalpos ; k ++ ) cc (zahl [k]) ; cc ('.') ;
    for ( k = dezimalpos ; k < (dezimalpos + dezi) ; k ++) cc (zahl [k]) ;
  }


void drucker :: zz ( )                        // neue Zeile und Zeilenzähler
  { cc (10) ; cc (13) ; for (int i = 0 ; i < rand ; i++) cc (' ') ;
    anzahl++ ;
    if ( anzahl == zeile ) { anzahl = 0 ; pp ( ) ; }
  }


void drucker :: pp ( )          { zz ( ) ; cc (12) ; }

void drucker :: nn (int n)      { zeile = n ; }

void drucker :: rr (int n)      { rand = n ; }


/* -------------------------------------------------------------------------------------------


# include <math.h>                  // Für die Sin-Funktion in der Tabelle
main ( )
{ drucker print ;                   // Die Druckerinstanz heißt also print
  print.rr (10) ;                   // linker Rand 10
  print.nn (15) ;                   //  Zeilen pro Seite, testhalber z.B. 10
  print.zz ( ) ;                    // damit die allererste Zeile einrückt
  print.ss ("Tabelle einer Funktion ... ") ;
  print.zz ( ) ; print.zz ( ) ;     // Leerzeile, danach Kopfzeile
  for ( int k = 0 ; k < 7; k++ ) print.cc (' ') ;
  for ( k = 0 ; k < 5 ; k++ )
      { print.ss ("0.") ; print.ii (2*k, 1) ; print.ss ("       ") ; }
  print.zz ( ) ; print.zz ( ) ;     // Leerzeile nach Kopfzeile
  float y, x = 5 ; float delta = 0.2 ;
  for ( int zeile = 6 ; zeile < 12 ; zeile ++ )
      { print.ii (zeile, 2) ;       // Vorspalte
        for ( int spalte = 0 ; spalte < 5 ; spalte ++ )
          { y = x * x * sin (x) ; x = x + delta ;
            print.ff (y, 10, 3) ; }  // Ausgabe: 10 Plätze, 3 Dezimalen
        print.zz ( ) ;              // Zeilenvorschub
      }
  print.pp ( ) ;                    // Papierauswurf
  return 0 ;
}
```

Das Listing, dessen Klassendefinition wir bis /* -------- nach dem Muster von S. 179 in eine eigene Datei z.B. <printer.cpp> schreiben können, erzeugt in der vorab eingestellten Schrift des Druckers unter Windows die Tabelle gegenüber:

```
Tabelle einer Funktion ...

          0.0        0.2        0.4        0.6        0.8

6      -23.973    -23.888    -22.533    -19.796    -15.629
7      -10.058     -3.193     +4.773    +13.570    +22.847
...
10     +33.581    +18.865     +2.189    -16.065    -35.196
...
```

Danach ist $f(6.6) \approx -19.8$: Zur Ausgabe der Werte haben wir das Gleitkommaformat GF (10, 3) gewählt, d.h. zehn Ausgabeplätze einschl. Vorzeichen und Dezimalpunkt, und drei Nachkommastellen. An den kürzeren Zahlen erkennt man, daß rechtsbündig geschrieben wird.

Die Kopfzeile ist mit dem Ganzzahlenformat F (1) geschrieben: Das reicht, denn wir wissen, daß wir nur Ziffern 0, 2, ..., 8 ausdrucken möchten, nachdem „0." als Zeichenkette vorgesetzt worden ist.

Sollten Sie einmal Zahlen des Ganzzahltyps *long* ausschreiben wollen, müßten Sie sich die entsprechende Methode mit Benutzung der Funktion *ltoa* (aus <stdlib.h>, siehe Borland-Hilfe) „nachrüsten".

Die Adressen aus dem OOP-Programm dieses Kapitels sind nun leicht auszudrucken. Ich habe testhalber drei Sätze eingeben und mit dem folgenden Programm unsortiert (aus der Hauptdatei, also in der Reihenfolge der Eingabe) direkt ausgedruckt.

```cpp
/* sechs.cpp  Ausdruck von Adressen direkt aus TESTDATA */

# include <iostream.h>       # include <fstream.h>
# include "printer.cpp"      // dies liegt auf der Disk

main ( )
  { drucker print ; print.rr (10) ; print.zz ( ) ;
    print.ss ("Wichtige Telefonnummern :") ; print.zz ( ) ; print.zz ( ) ;
    fstream lesen ("TESTDATA", ios :: in | ios :: binary) ;
    char name [16] ; char tele [16] ;
    while ( lesen.getline (name, 16) )
     { lesen.getline (tele, 16) ;
       cout << name << " " << tele << endl ;   // gleichzeitig am Monitor
       print.ss (name) ; print.zz ( ) ;
       print.ss (tele) ; print.zz ( ) ; print.zz ( ) ; }
    lesen.close ( ) ;
    print.pp ( ) ;
    return 0 ;
  }                              // Ende des Tests
```

Auch hier heißt der Standarddrucker wieder *print* ; kommen entsprechende Methoden aus C++ im Programm vor, wählt man vielleicht besser einen anderen Bezeichner. Das Programm liefert am Drucker die Liste ...

```
Wichtige Telefonnummern :

Mittelbach
(0821) 69635

FH Muenchen
(089) 1265-0

Teubner
(0711) 78901-0
```

... deren Telefonnummern übrigens alle richtig sind, also bitte nicht zu extensiv oder gar mutwillig benutzt werden sollten. Und : Verwenden Sie in den Strings **keine Umlaute** („München"), da Windows ansonsten hängt (warum, weiß ich noch nicht), und Sie dann den Rechner neu booten müssen. Im Blick auf das richtige Einsortieren sind die Umlaute (und ß) aber sowieso unerwünscht.

Die Druckerdatei printer.cpp können Sie sehr einfach um z.B. Kopfzeilen für Listings, um fortlaufende Seitenzahlen usw. erweitern; schauen Sie einfach an, wie das mit dem Zeilenzähler geht. Es sollte jetzt leicht sein, das vorstehende OOP-Programm und alle anderen eigenen Produkte an den gewünschten Stellen so mit Druckerroutinen zu ergänzen, daß auch unter Windows gedruckt werden kann.

Ich hoffe, daß Ihnen dieser Kurs C++ bis hierher gefallen hat und Sie nunmehr mit den Hilfen der IDE auf eigene Faust weiterarbeiten können. Die beiden folgenden Kapitel bieten eine Anzahl anspruchsvollerer Aufgaben an. Einige interessante Literatur habe ich vor dem Inhaltsverzeichnis angegeben.

Dieses Kapitel enthält Aufgaben mit Lösungsvorschlägen ohne OOP-Ansatz. Sie dienen dem Test der Grundkenntnisse, erweitern aber auch das Wissensumfeld.

Berechnen Sie näherungsweise den Wert der konvergenten unendlichen **Summe der inversen Quadrate**

$$S = \Sigma\ 1\ /\ n^2 \quad (\text{ mit dem Wert } \pi^2\ /\ 6, \text{ wie Euler herausfand})$$

beginnend mit n = 1 . Skizzieren Sie ein Struktogramm! Als Abbruchbedingung kann z.B. die Differenz zweier aufeinanderfolgender Teilsummen $< 10^{-8}$ eingesetzt werden. Rechnen Sie unter Angabe der benötigten Summanden mit den Typen *double* oder *float* und betrachten Sie in beiden Fällen die erreichte Genauigkeit.

```cpp
# include <iostream.h>
# include <math.h>                         // falls abs eingeführt wird

main ( )
  { double sn, merk, w, dazu, abbruch ;     // double bzw. float
    int anzahl = 0 ;
    sn = 0 ; w = 1 ; abbruch = 0.00000001 ;
    do
      { merk = sn ; dazu = 1 / (w * w) ; sn = sn + dazu ; anzahl++ ; w++ ; }
    whlle ( sn - merk  >= abbruch ) ;
    cout << "Schritte ... " << anzahl << " Summe : " << sn ;
    return 0 ;
  }
```

Je nach Typ ist die Anzahl der Schritte ganz unterschiedlich. Eine echte Überraschung ergibt sich, wenn die Abbruchbedingung als *while (abs (sn - merk) >= abbruch) ;* formuliert wird, obwohl die Differenz wegen der monotonen Zunahme von *sn* stets positiv ist ... Haben Sie eine Erklärung?

Ein Programm soll nach Eingabe einer natürlichen Zahl n die **Zerlegung** von n **in die Primfaktoren** angeben. Beispiel 100 = 2 * 2 * 5 * 5 . Man muß dazu keine Primzahlen kennen; es genügt, die Teiler d = 2, 3, ... beginnend mit d = 2 zu testen und im Erfolgsfalle dann weiter n / d zu betrachten. Geht ein Teiler d sodann nicht mehr auf, so versucht man den nächsten ... Struktogramm zum Algorithmus!

```cpp
/* teiler.cpp */
# include <iostream.h>

main ( )
  { int n ;
    cout << "Faktorzerlegung von ... " ; cin >> n ;
    int teiler = 2 ;
    while ( n > 1 )
      { if ( n % teiler == 0 )
          { cout << teiler ; n = n / teiler ; if (n > 1) cout << " * " ; }
        else teiler++ ; } ;
    return 0 ;
  }
```

Versuchen Sie auf ähnlich einfache Weise, alle **Teiler** d **einer** natürlichen **Zahl** zu ermitteln und in einer Tabelle deren Anzahl als Funktion von n anzugeben: Diese Funktion steht in Zusammenhang mit der im Kapitel Kryptologie erwähnten sog. Eulerschen φ - Funktion, der Anzahl der zu n teilerfremden Zahlen. Für Primzahlen p gilt $\varphi (p) = p - 1$. - Hier ist ein erster Entwurf:

```cpp
/* phi.cpp */
# include <iostream.h>

main ( )
  { cout << "Jeweilige Anzahl der Teiler von n " ;
    cout << "(einschl. 1 und n) :" << endl << endl ;
    float gesamt = 2 ;
    for ( int n = 2 ; n <= 100 ; n++ )
       { cout.width (5) ; cout << n << " " ;
         int anzahl = 2 ;
         gesamt = gesamt + 2 ;  // Anwachsen der Teilerzahl
         for ( int d = 2 ; d <= n - 1 ; d ++ )
             if ( n % d == 0 ) { anzahl++ ; gesamt++ ; }
         cout.width (10) ; cout << anzahl << " " ;
         cout.precision (3) ; cout << gesamt / n ;
         if ( anzahl == 2 ) cout << "     prim" ; cout << endl ;
       }
    return 0 ;
  }
```

Erweitern Sie das Primzahlprogramm von S. 56 auf einfache Weise derart, daß die sog. **Primzahlzwillinge** angezeigt und gezählt werden:

    (3 5)   5 7   11 13   17 19   29 31 ...

Die einfache Lösung besteht darin, an der Stelle der Primzahlenausgabe eine Variable *merk* einzuführen, auf der die letzte berechnete Primzahl p abgelegt wird. Dann wird die nächste Primzahl q berechnet. Gilt nun q - p = 2, so werden die beiden Zahlen p und q ausgegeben (und der Zähler betätigt); ansonsten wird q gemerkt (also p vergessen) und das Verfahren fortgesetzt. - Wir verzichten hier auf das Listing ...

Schreiben Sie die Tabellenprogramme aus Kap. 6 so um, daß die jeweils benutzten Funktionen als Unterprogramme bequem ausgewechselt werden können.

3	A	B	C	D	E
7	F	G	H	I J	K
0	L	M	N	O	P
9	Q	R	S	T	U
2	V	W	X	Y	Z
	2	7	3	4	1

Eine altbekanntes **Codierungsverfahren** für Geheimschriften besteht darin, die 25 Buchstaben (I = J) des Alphabets in einem Quadrat anzuordnen und die Zeilen und Spalten mit Ziffern zwischen 0 und 9 zu codieren. Jeder Buchstabe wird auf diese Weise mit einer zweistelligen Zahl für Zeile bzw. Spalte verschlüsselt. Mit der Tafel links wird das Wort ABER zur Zeichenfolge

32 37 31 97 .

Ein Programm soll eine Textdatei zeichenweise einlesen, dabei eventuell Klein- in Großbuchstaben verwandeln und danach mit vorgegebenem Schlüssel codiert in eine Datei ausgeben. Dasselbe Programm soll auch zum Decodieren verwendbar sein.

Man kann dazu eine 6*6 - Matrix verwenden, in der in der ersten Spalte bzw. Zeile die Codierungsziffern eingetragen sind, im übrigen Feld der ASCII-Code der Großbuchstaben entsprechend dem Schema der Abb. Die Texteingabe erfolgt zeichenweise mit der echolosen Funktion *getch ( )*, so daß kein <Return> erforderlich ist. Das jeweilige Zeichen wird im Feld gesucht und seine Zeilen- bzw. Spaltenposition wird als Ziffer ausgegeben bzw. in die Ausgabedatei geschrieben. Beim Decodieren werden die Daten eingelesen und als Zeilen. bzw. Spaltenindizes interpretiert, mit denen man den zugehörigen Buchstaben in der Matrix suchen und ausgeben kann.

Die folgende Kurzfassung (nur für Großbuchstaben und ohne Dateihandling) benutzt zum Decodieren der Zahlen 00 ... 99 die Modulorechnung, um eine auf dem Monitor sichtbare (zweistellige) Zahl aus dem codierten Text nach Zeilen und Spalten so zu zerlegen, daß in der eben beschriebenen Weise der richtige Buchstabe gefunden wird:

```cpp
/* pullach.cpp  Geheimtexte mit Matrix erstellen */
# include <iostream.h>
# include <conio.h>

main ( )
  {    int geheim [6] [6] ;
       cout << "Zuerst Zeilen und Spalten der Matrix benennen ... \n" ;
       for ( int zeile = 0 ; zeile < 5 ; zeile++ )
       {        for ( int spalte = 0 ; spalte < 5 ; spalte++ )
                { gotoxy ( 5 * spalte + 10, 2 * zeile + 5 ) ;
                  int zeichen = spalte + 5 * zeile + 65 ;
                  if ( zeichen > 73 ) zeichen++ ;        // I = J
                  geheim [zeile + 1] [spalte + 1] = zeichen ;
                  cout << char (zeichen) ;
                }
       }
       int code ;
       for ( int spalte = 0 ; spalte < 5 ; spalte++ )
         {      gotoxy ( 5 * spalte + 10, 3 ) ;
                cin >> code ; geheim [0] [spalte + 1] = code ; }

       for ( zeile = 0 ; zeile < 5 ; zeile ++ )
         {      gotoxy ( 5, 2 * zeile + 5 ) ;
                cin >> code ; geheim [zeile + 1] [0] = code ; }

       cout << "\n  Geben Sie jetzt einen kurzen Text ein ( - = Ende).\n" ;
       char a ;  int pos = 3 ;
       do
         {      pos++ ; gotoxy ( pos, 16 ) ; a = getch ( ) ; cout << a ;
                gotoxy ( 3 * pos - 5, 18 ) ;
                for ( int zeile = 1 ; zeile < 6 ; zeile++ )
                  for ( int spalte = 1 ; spalte < 6 ; spalte ++ )
                    { if ( char (geheim [zeile] [spalte] ) == a )
                       cout << geheim [zeile] [0]<< geheim [0] [spalte] ; }
         }
       while ( !( int (a) == 45) ) ;
       cout << "\n\n  Sie können das abschreiben ";
       cout << "und decodieren (100 = Ende)." ;
       int k, links, oben ; pos = 3 ;
       do
         {      pos++ ; gotoxy ( 3 * pos - 5, 21 ) ; cin >> k ;
                gotoxy ( pos, 23 ) ;
                links = k % 10 ; oben = k / 10 ;
                for ( zeile = 1 ; zeile < 6 ; zeile ++ )
                  for (spalte = 1 ; spalte < 6 ; spalte ++ )
                    if ( ( geheim [0] [spalte] == links )
                            && ( geheim [zeile] [0] == oben ) )
                      cout << char ( geheim [zeile] [spalte] ) ;
         }
       while ( k < 100 ) ;
       cout << endl << endl << "Fertig ... " ;
       return 0 ;
  }                                           // Ende der vorläufigen Lösung
```

Die Abb. zeigt ein im Kupferstich *Melancholie* von Albrecht
Dürer vorkommendes **magisches Quadrat** gerader Ordnung
vier, das unten die Jahreszahl 1514 der Arbeit enthält. - Die
magische Summe jeder Zeile, Spalte oder auch Diagonalen
hat den Wert $n * (n^2 + 1) / 2$, im Beispiel mit $n = 4$ also 34.

16	3	2	13
5	10	11	8
9	6	7	12
4	15	14	1

Ein allgemeines **Bildungsgesetz** für magische Quadrate mit gerader Ordnung scheint
unbekannt, für ungerade Ordnungen jedoch kennt man den Algorithmus schon seit
langem: Ist n eine ungerade Zahl, so werden die Zahlen $1 ... n^2$ in das Quadrat Q [i] [j]
wie folgt eingetragen:

1. Setze $k = j - i + (n - 1) / 2$; setze $m = 2 * j - i$.
2. Wird $k > n$, so ersetze k durch $k - n$; weiter bei Schritt 4.
3. Wird $k < 0$, so ersetze k durch $k + n$.
4. Wird $m > n$, so ersetze m durch $m - n$; weiter bei Schritt 6 .
5. Wird $m \leq 0$, so ersetze m durch $m + n$.
6. Ergebnis : $Q [i] [j] = k * n + m$.

Erstellen Sie ein Programm, das nach Eingabe einer ungeraden Zahl n mit zwei
geschachtelten Schleifen das entsprechende magische Quadrat berechnet und am
Bildschirm ausgibt. Es geht darum, den oben beschriebenen Algorithmus mit seinen
Sprüngen (d.h. also Auslassungen) richtig (!) zu codieren. - Lösung:

```cpp
/* magie.cpp   Magische Quadrate ungerader Ordnung */
# include <iostream.h>

main ( )
    {   int i, j, k, m, n ;
        cout << "Magisches Quadrat ungerader Ordnung ... " ;
        cin >> n ;
        cout << endl ;
        for ( i = 1 ; i <= n ; i ++ )
          {     for ( j = 1 ; j <= n ; j++ )
              {     k = j - i + ( n - 1) / 2 ;
                    m = 2 * j - i ;
                    if ( k >= n ) k = k - n ;
                      else  if ( k < 0 ) k = k + n ;          // !!!
                    if ( m > n ) m = m - n ;
                      else if ( m <= 0 ) m = m + n ;           // !!!
                cout.width (4); cout << ( k * n + m ) ; }
                cout << endl ;
          }
        cout << endl << magische Summe : <<  n * ( n * n + 1) / 2 ;
        return 0 ;
    }
```

Im Zweifelsfall sollten Sie sich ein Flußdiagramm oder Struktogramm skizzieren!

Das sog. **Ruin-Spiel** läuft wie folgt ab: Zwei Spieler A und B mit gewissen Anfangsvermögen würfeln pro Zug jeweils um eine Einheit ihrer Vermögens, d.h. gewinnt A
den Zug, so erhöht sich sein Kapital auf A + 1 und das von B fällt auf B - 1, ansonsten
ist es genau umgekehrt. Das Spiel endet, wenn einer der beiden kein Geld mehr hat,
also ruiniert ist.

p sei die Gewinnwahrscheinlichkeit je Zug für A, die für B dann 1 - p. Simulieren Sie
mit einem Programm, das die Ruinwahrscheinlichkeit r = r (A) näherungsweise
ermittelt. Die mathematische Untersuchung dieses Problems ist übrigens nicht einfach
und führt auf sog. Differenzengleichungen. - Für den symmetrischen Fall p = q = 0.5
findet man r (A) = 1 - A / (A + B), d.h. der Spieler mit mehr Startkapital ist im Vorteil.

```
/* ruin.cpp  Das sog. Ruin-Spiel */
# include <iostream.h>
# include <stdlib.h>

main ( )
    {    int A, B, merkA, merkB ; float p ;
         cout << "Ruin-Spiel ... " << endl ;
         cout << "Anfangskapital für A ... " ; cin >> merkA ;
         cout << "dito für        B ... " ; cin >> merkB ;
         cout << "Gewinnwahrscheinl. A    " ; cin >> p ;
         randomize ( ) ;
         float zufall ;
         long gesamt = 0 ; int Agewinnt = 0 ;
         for ( int spiele = 1 ; spiele <= 100 ; spiele++ )
           { int zugzahl = 0 ;
             A = merkA ; B = merkB ;
             while ( A > 0 && B > 0 )
                 { zufall = (float) random (1000) / 1000 ;        // Wert 0 ... 1
                   if ( zufall < p ) { A = A + 1 ; B = B - 1 ; }
                     else { A = A - 1 ; B = B + 1 ; }
                   zugzahl++ ;
                 }
             gesamt = gesamt + zugzahl ;
             cout.width (5) ; cout << zugzahl << " " ;
             if ( A > 0 ) cout << "A gewinnt" << endl ;   // kann unterdrückt werden
                 else cout << "B gewinnt" << endl ;
             if ( A > 0 ) Agewinnt++ ;
           }
         cout << endl << "Mittlere Zugzahl " << gesamt / 100 << endl ;
         cout << "A gewinnt " << Agewinnt << " von 100 Spielen." ;
         return 0 ;
    }
```

Mit den jeweiligen Startvorgaben werden 100 Spiele simuliert und dann zusammenfassend ausgegeben. - Vorsicht bei größeren Geldbeträgen wegen der exorbitanten
Länge einer Spielsequenz!

Das **Integral einer Funktion** f (x) im Intervall [a, b] soll näherungsweise mittels Monte-Carlo-Methode berechnet werden. Abb. 5.1 auf S. 74 deutet an, wie man dabei vorgehen kann. Wählen Sie zunächst eine auf [a, b] überall positive Funktion, z.B.

y = f (x) = x / 2 + sin (x)   mit [a, b] = [2, 4] . (Exakter Wert 3.2375)

Hier ist eine erste Lösung: Die Funktion ist als Unterprogramm eingetragen, um sie leichter auswechseln zu können.

```
/* Berechnung eines Integrals mit Monte-Carlo-Methode */
# include <iostream.h>
# include <math.h>
# include <stdlib.h>

float wert (float x)
   {      return ( x * x / 2 + sin (x) ) ; }

main ( )
   {      float anfang = 2 ; float ende = 4 ;
          float max = 0 ;          // Funktion ist sicher > max
          float min = 20 ;          // ... und < min !
          for ( float x = anfang ; x <= ende ; x = x + 0.02 ) // Bereich 2 ... 4
             {    float y = wert (x) ;
                  if ( y > max ) max = y ;
                  if ( y < min ) min = y ;
             }
          cout << "\nMaximum : " << max ;      // > 0
          cout << "\nMinimum : " << min ;      // im Beispiel > 0

          randomize ( ) ; float anzahl = 0 ;
          for ( int zufall = 1 ; zufall <= 100 ; zufall++ ) // 100 Versuche
             {    float a, b ;
                  a = anfang + (ende - anfang) * (float) random (1000) / 1000 ;
                     // cout << a << " " ;   zum Testen des Bereichs
                  b = max * (float) random (1000) / 1000 ;   // 0 ... max
                     // cout << b << " " ;
                  if ( b < wert (a) ) anzahl++ ;
             }
          float area = (ende - anfang) * max * anzahl / 100 ;
          cout << "\nFläche ca. ... " << area ;
          return 0 ;
   }
```

Ist die Funktion im interessierenden Bereich auch negativ, so berechnet man das Integral für die überall positive Funktion y = f (x) + |min f| (deren Graph berührt jetzt die x-Achse) und subtrahiert zuletzt das Rechteck (b - a) * |min f| . Die Anzahl n der Versuche kann erhöht werden, liefert aber nur bis n ≈ 10000 wesentlich besseres. Es gibt zur präzisen Berechnung passende Formeln (z.B. Simpson - Näherung).

In C und C++ werden Ausdrücke *ausdruck* in *if (ausdruck)* ... als Wahrheitswerte mit true bzw. false bewertet, je nachdem *ausdruck > 0* oder *ausdruck = 0* gilt. Die aus der Logik bekannten **Wahrheitstafeln** z.B. für

```
a        b        a UND b
---------------------------------
true     true     true
true     false    false
false    true     false
false    false    false
```

lassen sich daher mit den Werten 0 bzw. 1 für a bzw. b sehr einfach programmieren, denn auf der Hardware ist eine entsprechende Logik implementiert: Der Rechner ist eine logische Maschine mit der traditionellen **Zweiwertlogik** des Aristoteles.

Um auf der linken Seite die übliche (standardisierte) Vorabbelegung mit Wahrheitswerten zu erhalten, läßt man die entsprechenden Schleifen für a und b abwärts laufen. Erstellen Sie zur Übung eine Wahrheitstafel, in der die drei verschiedenen ODER einander gegenübergestellt werden:

```
in der Logik ...                        in C bzw. C++ ...
---------------------------------------------------------------------
nicht ausschließend    a OR b           a || b
exklusiv, Disjunktion  a XOR b          (! a && b) || (a && ! b)
Unverträglichkeit      a | b            ! (a && b)
```

Die Disjunktion XOR ist wertverlaufsgleich (logisch äquivalent) mit

(NOT a AND B) OR (a AND NOT b) .

```cpp
/* bool.cpp Wahrheitstafeln */
# include <iostream.h>

main ( )
  {     int a ; int b ; int term ;
        cout << "\n0 steht für TRUE, 1 steht für FALSE.\n\n" ;
        cout << "Tafel für die drei logischen ODER\n\n" ;
        cout << "a   b    a OR b   a XOR b   a | b \n" ;
        cout << "-----------------------------------\n\n" ;

        for ( a = 1 ; a >= 0 ; a-- )
              {        for ( b = 1; b >= 0; b-- )
                       { cout << a << "   " << b << "      " ;
                         cout << (a || b) << "        " ;
                         term = ( (!a && b) || (a && !b) ) ;
                         cout << term << "      " ;
                         cout << ! (a && b) << endl ; }
              }
```

```
cout << "\n\nTafel : Implikation \n" << "  (Aus a folgt b.)\n" ;
cout << "-------------------\n" ;
for ( a = 1 ; a >= 0 ; a-- )
       { for ( b = 1 ; b >= 0 ; b-- )
          cout << a << "   " << b << "        " << (!a || b) << endl ;
       }
return 0 ;
}
```

Die Implikation a $\rightarrow$ b (d.h. aus a folgt b) ist wertverlaufsgleich mit NOT a OR b und kann daher in C in der Form ! a | b implementiert werden. Die entsprechenden Terme müssen zumeist in Klammern gesetzt werden, da in C ansonsten eine falsche Interpretation möglich ist (der Compiler meldet dann: Illegal use of pointer ...).

Ganz allgemein lassen sich mit dem Programm ganz beliebige Terme auswerten, in einer erweiterten Fassung auch solche mit mehr als zwei Variablen.

Um sehr viele Files auf einem Datenträger unterzubringen, werden sog. „Zipper", eingesetzt, **Verdichtungsprogramme**. Eine gängige Komprimierungsmethode besteht darin, in Binärfiles Zeichenwiederholungen neu zu verschlüsseln. - Sei z.B.

A B C D D D D D D D E F F F G ...

ein solcher Ausschnitt. Man wählt ein seltenes Zeichen (z.B. X) als sog. Marker und komprimiert dann den obigen Ausschnitt in der Form

A B C X 7 D E F F F G ...

wobei natürlich alle Zeichen als Bytes zu verstehen sind, d.h. A steht für 65, X für 88 usw. Das zu wiederholende Zeichen D wird also durch die Folge X n D mit n = 7 ersetzt, das sind stets drei Byte. Da nur für n > 3 eine echte Komprimierung eintritt, kann für n $\le$ 3 der entsprechende Ausschnitt einfach abgeschrieben werden. Kommt im Originalfile das Zeichen X (d.h. Byte 88) nie vor, so kann nach dieser Vorschrift eindeutig komprimiert und auch wieder entschlüsselt werden. - Wie ist aber der Fall zu behandeln, daß das File den gewählten Marker X selbst enthält, wovon bei fester Wahl (und längeren Files) auszugehen ist? Eine Lösung kann darin bestehen, unabhängig von der Länge n einer solchen Sequenz stets X n X zu schreiben und damit eine lokale Verlängerung in Kauf zu nehmen. Es ist daher wichtig, ein wirklich seltenes Zeichen zu wählen, z.B. das Zeichen { für das Byte 123.

Besonders effektiv ist ein solcher Zipper bei Bildfiles *.BMP usw., in denen oft lange Sequenzen mit n > 255 vorkommen: Diese müssen mit zwei oder mehr Dreierschlüsseln abgelegt werden, da alle Zeichen als Bytes interpretiert werden und ansonsten beim Decodieren eine > 255 gemeinte Zahl falsch „zurückinterpretiert" würde. - Schreiben Sie sich mit diesen Hinweisen einen einfachen Zipper!

```cpp
/* zipper.cpp  Ein Dateikomprimierer */
# include <iostream.h>
# include <fstream.h>
# include <stdio.h>

char quellname [12], zielname [12] ; fstream quelle ; fstream ziel ;
unsigned char mk = 123 ;                    // Zeichen {

void komp ( )
   {     unsigned char feld [256] ;      // 1 ... 255 : feld [0] wird nicht benützt
         unsigned final = 0 ; long wohin = 0 ; unsigned char z ;
         do
           { while ( (quelle) && (final < 255) )
               { final++ ; quelle.read ((char*) & z, sizeof (z)) ; feld [final] = z ; }
             unsigned char n = 1;
             while ( ( feld [1] == feld [n + 1] ) && ( n < final ) ) n++ ;
             if ( feld [1] == mk )
               { ziel.write ((char*)& mk, sizeof (mk)) ;
                 ziel.write ((char*)& n, sizeof (n)) ;
                 ziel.write ((char*)& mk, sizeof (mk)) ; wohin = wohin + 3 ; }
             else
                { z = feld [1] ;
                  if ( n > 3 )
                    { ziel.write ((char*)& mk, sizeof (mk)) ;
                      ziel.write ((char*)& n, sizeof (n)) ;
                      ziel.write ((char*)& z, sizeof (z) ) ;  wohin = wohin + 3 ;  }
                  else
                    { for ( unsigned i = 1; i <= n ; i ++ )
                         ziel.write ((char*)& z, sizeof (z)) ;
                      wohin = wohin + n ; }
                }
             for ( unsigned i = 1 ; i <= final - n ; i ++ )  feld [i] = feld [n + i] ;
             final = final - n ;
             }
         while ( (quelle) || (final > 0) ) ;
         cout << endl << "File auf " << wohin << " Bytes komprimiert.\n" ;
   }


void dekomp ( )
   {     long wieviel = 0 ; unsigned char z ; unsigned char b, c ;
         while ( quelle )
           { quelle.read ((char*)& z, sizeof (z)) ;
             if ( ! (z == mk) )
               { ziel.write ((char*)& z, sizeof (z)) ; wieviel ++ ; }
             else
               { quelle.read ((char*)& b, sizeof (b));
                 quelle.read ((char*)& c, sizeof (c));
                 for ( unsigned char d = 0 ; d < b ; d ++ )
                    ziel.write ((char*)& c, sizeof (c)) ;
                 wieviel = wieviel + b ;  }
           }                          // Einlesen und Umkopieren beendet
         cout << wieviel << " Bytes dekomprimiert. \n" ;
   }
```

```
main ( )
   {     cout << "Datei komprimieren (k) oder dekomprimieren (d) ? " ;
         char wahl ; cin >> wahl ;
         switch ( wahl )
            {     case 'k' : cout << "Komprimieren:" << endl ;   break ;
                  case 'd' : cout << "Dekomprimieren:" << endl ; break ;
                  default  : cout << "Wahl ungültig!" ;
            } ;

         if ( (wahl == 'k') || (wahl == 'd') )
            {   cout << "Name der Quelldatei : " ; gets (quellname) ;
                cout << "Name der Zieldatei  : " ; gets (zielname) ;
                quelle.open (quellname, ios :: in | ios :: binary | ios :: nocreate) ;
                ziel.open (zielname, ios :: out | ios :: binary) ;
                if ( wahl == 'k' ) komp ( ) ; else dekomp ( ) ;
                quelle.close ( ) ; ziel.close ( ) ;  }
         cout << endl << "Vorgang beendet ... " ;
         return 0 ;
   }
```

Auf einen Puffer *feld* werden jeweils bis zu 255 Zeichen eingelesen. In diesem Puffer
werden Sequenzen ermittelt und dann fallweise komprimiert, ehe hinausgeschrieben
wird. Wichtig ist, daß die einzulesende Datei als Binärdatei (ios :: binary) angesprochen wird, damit das in längeren Files sicherlich vorkommende Zeichen 26
(sonst Endezeichen einer Textdatei) nicht zum Abbruch des Lesevorgangs führt. Alle
Zeichen sind als *unsigned char* deklariert; auch der Laufparameter n in einigen
Schleifen, der ja als Byte geschrieben werden soll, ist so vereinbart. Als vorzeichenlose
Zahl kann ein solches n (bis 255, aber auf keinen Fall höher: dead loop!) inkrementiert
werden!

Lauftests haben ergeben, daß Maschinenfiles erwartungsgemäß nur sehr geringfügig
komprimiert werden, so um fünf Prozent, während Bildfiles *.BMP je nach Wiederhol-
rate von Bytes zwischen 50 und 90 (!) Prozent Verkürzung erfahren!

Das Listing ist in vielerlei Hinsicht zu erweitern: So kann man im File zunächst jenes
Zeichen ermitteln, das am seltensten vorkommt. Dieser Marker wird vor der Komprimierung an den Beginn des Files geschrieben und beim Dekomprimieren in das Programm eingebracht. Weiter läßt sich der Name des hinauszuschreibenden Files z.B. mit
dem Suffix *.KMP automatisieren und schließlich könnte man ganze Filepakete
packen und wieder entpacken ...

Differentialgleichungen (DGL) lassen sich auch numerisch lösen, d.h. integrieren.
Besonders anschaulich ist das sog. Euler-Verfahren, wobei wir von Fragen der Kon-
vergenz absehen, d.h. nicht weiter untersuchen, ob die gefundene Näherung ausreichend Qualität besitzt (das kann man hier einfach empirisch nachprüfen):

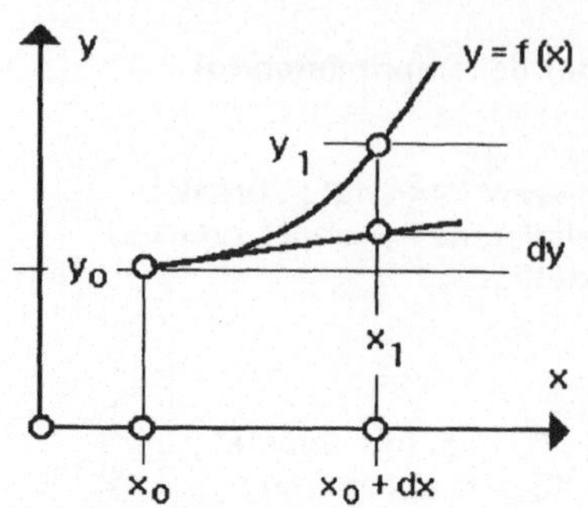

Die gewöhnliche (lineare) DGL

$$y' = f(x, y)$$

wird, ausgehend von einem Anfangswert (x_0, y_0), näherungsweise dadurch gelöst, daß der eigentlich gesuchte Punkt (x_1, y_1) über die Tangente durch den Punkt

$$y_1 = y_0 + f(x_0, y_0) * dx$$

ersetzt wird. Je nach lokaler Krümmung der Kurve $y = f(x)$ liegt der neue Punkt etwas niedriger oder höher als der „wahre" Punkt.

Diese Vorgehensweise ist leicht zu programmieren. Tragen Sie als Beispiel die DGL

$$y' = 1 + x - y$$

zum Anfangswert $(1, 0)$ mit der Schrittweite $dx = 0.02$ ein und vergleichen Sie die Näherung mit der exakten Lösung $y = x - e^{1-x}$.

```cpp
/* euler.cpp  Integration einer gewöhnlichen DGL */

# include <iostream.h>
# include <math.h>

float steigung (float x, float y)
    {     float r; r = 1 + x - y ;
          return (r) ; }

main ( )
    {     float x0, y0, x, y, d ;
          d = 0.02 ;                           // Schrittweite
          x0 = 1 ; y0 = 0 ;                     // beginnend bei ...
          cout << "    x         y     exakte Lösung \n\n" ;
          while ( x0 < 1.3 )                    // .. bis
                { cout.width (10) ; cout.setf (ios:: fixed | ios::showpoint) ;
                    cout.precision (5) ; cout << x0 ;
                    cout.width (10) ; cout.setf (ios:: fixed | ios::showpoint) ;
                    cout.precision (5) ; cout << y0 ;
                    cout.width (10) ; cout.setf (ios:: fixed | ios::showpoint) ;
                    cout.precision (5) ; cout << x0 - exp (1 - x0) << endl ;

                    y0 = y0 + d * steigung (x0, y0) ;
                    x0 = x0 + d ;   }

          return 0 ;
    }
```

Eine bekannte Denksportaufgabe ist das folgende **Kokosnußproblem**: Auf einer Insel haben fünf Männer und ein Affe Kokosnüsse gesammelt, die sie am nächsten Tag unter sich verteilen wollen. In der Nacht zuvor will sich einer der Männer seine Versorgung heimlich sichern und teilt daher die Nüsse in fünf gleichgroße Haufen auf, wobei eine Nuß übrig bleibt. Diese erhält der Affe. Der Mann versteckt seinen Anteil und legt die restlichen Nüsse wieder zusammen. Dies geschieht in jener Nacht noch viermal, und jedesmal erhält der Affe eine übrigbleibende Nuß. Am Morgen setzen sich die Männer zusammen und teilen den verbliebenen Haufen in fünf gleiche Teile, wobei diesmal keine einzige Nuß übrigbleibt. Der mittlerweile verwöhnte Affe protestiert natürlich. Frage: Wieviele Nüsse waren ursprünglich (mindestens) gesammelt worden?

Das folgende Programm liefert zunächst die kleinste Lösung 3.121 und rechnet von dieser ausgehend dann solange weiter, bis irgendeine Taste gedrückt wird. Beachten Sie die Schachtelung der beiden do - Schleifen zum Weitermachen!

```
/* koknuss.cpp  Das Kokosnußproblem */

# include <iostream.h>
# include <conio.h>            // für die keypressed-Funktion kbhit ( )

main ( )
  { long n, k ; int i, s ; long n0 = 0 ;
    cout << "Die ersten Lösungen sind ... \n\n" ;
    do
       { n = 6 ;
         do
           { k = n ;
             for ( i = 1 ; i <= 5 ; i++ )
                { if ( k % 5 == 1 )
                     { k = 4 * (k / 5) ;  s = i ; }
                }
             n = n + 5 ;
           }
         while ( ( s < 5) || !(k % 5 == 0) || (n < n0) ) ;
         cout << (n - 5) << "\n\n" ; n0 = n + 7 ;
       }
    while ( ( n < n0) &&  !(kbhit ( ) ) ) ;
    return (0) ;
  }
```

Entwickeln Sie ein Listing zum Erstellen und Bearbeiten von Stichwortverzeichnissen u. dgl. Es sollte aus einem Hauptmenü heraus **Stichwörter** samt Seitenzahl erfragen, alphabetisch sortieren und in gut lesbarer Weise geordnet ausgeben können. Der folgende Entwurf diente als Vorbereitung zum Inhaltsverzeichnis des vorliegenden Buches.

```cpp
/* stich.cpp  Einfaches Stichwortverzeichnis bearbeiten */

# include <iostream.h>
# include <stdio.h>
# include <fstream.h>
# include <conio.h>
# include <string.h>

struct data
  { char  wort  [25] ;        // maximale Textlänge 24 Zeichen
    char  seite [4] ;    } ;  // Seitenzahl max. dreistellig

data feld [400] ;             // maximal 400 Stichwörter
int wieviel = 0 ;             // Anzahl der Sätze


void neueingabe ( )           // Neueingabe und Einsortieren
  { data satz ;               // ... endet mit Eingabe von  -
    do
      { cout << "\nStichwort   ... " ; gets (satz.wort) ;
        if ( !( satz.wort[0] == '-' ) )
           { cout << "Seite    ...          " ; gets (satz.seite) ;

              if ( wieviel == 0 )    // allererste Eingabe an den Anfang
                { feld [wieviel] = satz ; wieviel++ ; }
              else                   // Einsortieren durch Verschieben
                { int k = 0 ;
                  while (  (strcmp (feld [k].wort, satz.wort) < 0 )
                         && ( k < wieviel ) )  k++ ;
                  for ( int s = wieviel ; s > k ; s -- )
                     feld [s] = feld [s - 1] ;
                  feld [k] = satz ;
                  wieviel ++ ;
                }              // Sortieren Ende
           } ;
      }
    while ( !(satz.wort [0] == '-') ) ;
  } ;


void anzeige ( )              // alphabetische Anzeige alles
  { clrscr ( ) ;
    for ( int i = 0 ; i < wieviel ; i++ )
       { cout << feld[i].wort ;
         for ( int k = 0 ; k < 30 - strlen (feld [i].wort) ; k++ )
            cout << " " ;
         for ( k = 0 ; k < 5 - strlen (feld[i].seite) ; k++ ) cout << " " ;
         cout << feld[i].seite << endl ;
         if ( feld [i].wort [0] < feld [i+1].wort [0] ) cout << endl;
       }
    while ( !kbhit ( ) ) ;     // weiter auf Tastendruck
  } ;
```

// Fortsetzung nächste Seite

```cpp
void einzeln ( )                    // bestimmten Buchstaben anzeigen
  { clrscr ( ) ;
    unsigned char was ; cout << "Welcher Buchstabe a ... z? " ; cin >> was ;
    clrscr ( ) ;
    for ( int i = 0 ; i < wieviel ; i++ )
       { if ( feld [i].wort [0] == (was - 32) )
          { cout << feld[i].wort ;
             for ( int k = 0 ; k < 30 - strlen (feld [i].wort) ; k++ ) cout << " " ;
             for ( k = 0 ; k < 5 - strlen (feld[i].seite) ; k++ ) cout << " " ;
             cout << feld[i].seite << endl ;
          }
       }
    while (!kbhit ( )) ;
  }


main ( )
{  ifstream quelldatei ;
   quelldatei.open ("CTEUBNER.TXT" , ios :: nocreate | ios :: binary) ;
   if ( !quelldatei ) cout << "Programm wird begonnen ...\n" ;
   else
   {  int i = 0 ;
      while ( quelldatei )
        { quelldatei.read ( ( (char*)&feld[i].wort , sizeof (feld[i].wort) ) ;
          quelldatei.read ( ( (char*)&feld[i].seite , sizeof (feld[i].seite)) ;
          i = i + 1 ;  } ;
      wieviel = i - 1 ;  cout << "Eingelesene Datensätze " << wieviel << ".\n\n" ;
   } ;
   quelldatei.close ( ) ;
   char wahl ;
   do
     { clrscr ( ) ;                        // Hauptmenü
       cout << "Hauptmenü \n\n" ;
       cout << "Neueingabe ...              n\n" ;
       cout << "Anzeige alles ...           a\n" ;
       cout << "Anzeige Buchstabe ...       b\n" ;
       cout << "Programmende ...            q\n" ;
       cout << "Wahl                      ... " ; cin >> wahl ;
       switch (wahl)
         { case 'n' : neueingabe ( ) ; break ;
           case 'a' : anzeige ( ) ;  break ;
           case 'b' : einzeln ( ) ;  break ;  }
     }
   while ( !(wahl == 'q') ) ;
   fstream zieldatei ;          // Vor Programmende abspeichern
   zieldatei.open ("CTEUBNER.TXT" , ios :: out | ios :: binary) ;
   for ( int i = 0 ; i < wieviel ; i++ )
       { zieldatei.write ( ( (char*)&feld[i].wort , sizeof (feld[i].wort)) ;
         zieldatei.write ( ( (char*)&feld[i].seite , sizeof (feld[i].seite) ) ;
       } ;
 zieldatei.close ( ) ;
 clrscr ( ) ; cout << "Programmende." ;
 return 0 ;
}                                          // Ende des Listings
```

Die damit erstellte Datei mit dem festen Namen CTEUBNER.TXT kann als DOS-Textdatei unter Windows eingelesen und dann weiter verarbeitet werden. Was im angegebenen Listing noch fehlt, sind Einzelanzeigen etwa zur Korrektur von einzelnen Datensätzen (suchen, löschen und neu eintragen). Das auf Disk mitgelieferte File ist in diesem Sinne bereits erweitert.

Das von Borland in C++ implementierte **Grafikpaket** ist weitgehend der Grafik unter TURBO Pascal nachempfunden. Im Inhalt der C++ Hilfe finden Sie über den „Mauspfad" → DOS → Grafikschnittstelle → DOS Grafikroutinen: Borland Graphics Interface (BGI) eine Liste aller vorhandenen Routinen, die durch meistens recht ähnliche Beispiele ganz gut illustriert werden.

Das Listung (für eine VGA - Grafik : 640 * 480) auf der nächsten Seite ist - leicht abgewandelt - von dort entnommen. Grafikprogramme benutzen stets die Headerdatei <graphics.h> und müssen als Projekt unter DOS compiliert werden:

Das Listing wird also zuerst als *.cpp-File geschrieben und abgespeichert. Dann öffnen Sie ein neues Projekt mit dem Zielnamen *.cpp, stellen Anwendung (EXE) und DOS-Umgebung ein und fordern zusätzlich die BGI-Standard-Bibliothek an, ehe Sie das Projekt erstmals compilieren. Treten Fehler auf oder ändern Sie das *.cpp-File aus anderen Gründen ab, müssen Sie das bestehende Projekt jeweils neu compilieren. Ergebnis ist ein EXE-File, das Sie von der DOS-Komandoebene starten oder über die Option *Datei ausführen* der Windows-Umgebung in Schwung bringen können.

Wie unter TURBO Pascal ist die automatische Initialisierung der Grafik mit

```
int gdriver = DETECT, int gmode ;
initgraph (&gdriver, &gmode, "") ;
```

leider sehr unzuverlässig und führt statt zum Programmstart eher zu unerklärlichen Fehlermeldungen. Auch mit einer konkreten Pfadangabe wie z.B.

```
initgraph (&gdriver, &gmode, "C:\BC45\BGI") ;
```

kommt oft die Meldung, daß der Treiber nicht gefunden wird. Erfolg stellt sich dagegen wie im Beispiel vorgeführt sicher mit dem direkten Zugriff auf C: ein, wenn Sie den Treiber [1] EGAVGA.BGI zuvor in das Hauptverzeichnis der Platte umkopieren.

---

[1] Die Grafiktreiber von C++ und TURBO sind versionsspezifisch verschieden. Beim Umkopieren eines *.BGI auf die Festplatte kann es daher sein, daß z.B. ein dort aufgerufenes Pascal-Grafik-Programm plötzlich nicht mehr läuft, weil es einen Treiber gleichen Namens, aber eben mit anderer Versionsnummer vorfindet. Haben Sie also C++ und TURBO Pascal (gar in mehreren Versionen!) am Rechner, müssen Sie die verschiedenen Treiber gleichen Namens streng auseinanderhalten !

```cpp
/* grafik.cpp  Grafik - Demo unter DOS, 16 Bit */
# include <graphics.h>
# include <stdlib.h>
# include <stdio.h>
# include <conio.h>
# include <dos.h>

# define pixelcount 30000

int main ( )
   {     int gdriver = DETECT ;                    // Konstante, groß schreiben!
         int gmode, errorcode ;
         int i, x, y, color, maxx, maxy, maxcolor, seed ;
         initgraph (&gdriver, &gmode, "C:") ;  // Text !
         errorcode = graphresult ( ) ;
         if (errorcode != grOk)
         { printf ("Grafikfehler: %s\n", grapherrormsg (errorcode)) ;
           printf ("Taste drücken: ") ;
           getch ( ) ;
           exit (1) ;
         } ;
                                                // ... oder Grafikdemo startet
         maxx = getmaxx ( ) + 1;
         maxy = getmaxy ( ) + 1;
         maxcolor = getmaxcolor ( ) + 1;
         while ( ! kbhit ( ) )
         {     seed = random (32767) ;
               srand (seed) ; // Initialisierung des Zufallsgenerators
               for ( i = 0 ; i < pixelcount ; i ++ )
               {     x = random (maxx) ;
                     y = random (maxy) ;
                     color = random (maxcolor);
                     putpixel (x, y, color) ;
               } ;
               srand (seed) ;
               for ( i = 0 ; i < pixelcount ; i ++ )
               {     x = random (maxx) ;
                     y = random (maxy) ;
                     color = random (maxcolor) ;
                     if (color == getpixel (x, y) ) putpixel (x, y, 0) ;
               }
         } ;

         getch ( ) ;
         closegraph ( ) ;
         return 0 ;
   }
```

Hinweise zur „Fehler-Message" *grapherrormsg* finden Sie z.B. in der Erklärungen zu *initgraph ( )*. Wenn Sie das obige Programm erfolgreich zum Laufen gebracht haben, sollten leichtere Grafikaufgaben in C++ überhaupt kein Problem sein.

Beispiel: Das bekannte **Apfelmännchen** des Mathematikers B. Mandelbrot kann aus einem Pascal-Listing [1] unmittelbar nach C++ übersetzt werden:

```cpp
/* apfel.cpp  Das Apfelmännchen */
# include <graphics.h>
# include <stdio.h>
# include <conio.h>

int main ( )
   {      int tiefe = 112 ;      // damit (tiefe + 1) MOD 16 = 1, also Tiefenfarbe blau
          int grenze = 100 ;
          float xl  = - 0.74 ;
          float xr = - 0.62 ;          // xrechts stets > xlinks !!
          float yu =   0.33 ;
          float yo =   0.48 ;          // yoben stets  > yunten !!

          float deltax = ( xr - xl )  / 640 ;
          float deltay = (yo - yu ) / 480 ;  // VGA - Karte angenommen
          int color ;
          int gdriver = DETECT, gmode ;
          initgraph (&gdriver, &gmode, "C:") ;

          for ( int k = 0 ; k < 640 ; k ++ )          //  VGA : 640 * 480 Pixels
          {        float re = xl + k * deltax ;
                   for ( int l = 0 ; l < 480 ; l ++ )
                   {        float im = yu + l * deltay ;
                            float x = 0 ; float y = 0 ;
                            int n = 0 ;
                            while ( (n <= tiefe) && ( (x * x + y * y) < grenze )  )
                            {        float xalt = x ; float yalt = y ;
                                     float xm = xalt * xalt ;
                                     float ym = yalt * yalt ;
                                     x = xm - ym + re ;
                                     y = 2 * xalt * yalt + im ;
                                     n++ ;
                            } ;

                            color = (n % 16) ; putpixel (k, l, color) ;
                   }
          } ;
          getch ( ) ;
          closegraph ( ) ;
          return 0 ;
   }
```

---

[1] siehe [M1], S. 312 ff. Dort wird auch der algorithmische Hintergrund zum Programm ausführlich erklärt. In den beiden Büchern [M] gibt es viele anspruchsvolle Grafik-beispiele, die ganz einfach direkt nach C++ umgesetzt werden können, so daß sich ein eigenes Kapitel Grafik einstweilen erübrigt.

Die vier Parameter xl ... yo eingangs des Programms können Sie für andere Bildausschnitte leicht verändern: Das übliche Standardbild erhalten Sie mit

xl = - 2.0 ; xr = 0.6 ; yu = - 1.2 ; yo = 1.2 ;

Entweder compilieren Sie den Quelltext jedesmal neu, oder aber Sie bauen anfangs des Programms vor dem Grafikaufruf eine Abfrage für diese vier Parameter unter Laufzeit ein.

Mit einem Pentiumprozessor ist das Programm in der vorliegenden (keineswegs optimalen Fassung) in weniger als 20 Sekunden mit dem Bildaufbau fertig, eine wirklich anständige Rechenleistung für mehr als 300.000 Punkte!

Anstelle der Anweisung *color = (n % 16) ;* können Sie die etwas weniger „bunte" Fassung

```
if ( n < 10 )              { if ( (n % 2) == 0 ) color = 1 ; else color = 2 ; }
if ( ( n > 9 ) && ( n < 40 ) )   { if ( (n % 2) == 0 ) color = 14 ; else color = 3 ; }
if ( ( n > 39 ) && ( n < tiefe) )  color = 1 ;
if ( n > tiefe )           color = 4 ;
```

verwenden.

Während die Anweisung *putpixel* neben den Koordinaten als drittem Parameter auch den Farbwert aus der Liste

schwarz	0	dunkelgrau	8
blau	1	hellblau	9
grün	2	hellgrün	10
türkis	3	helltürkis	11
rot	4	hellrot	12
fuchsin (lila)	5	hellmagenta	13
braun	6	gelb	14
hellgrau	7	weiß	15

Tab. 18.1 : Farbwerte [1] mod 16 unter Borland C++

enthält, erfordert die Anweisung *line (xanfang, yanfang, xende, yende)* zum Zeichnen einer Geraden die Farbsetzung mit einer eigenen Prozedur *setcolor*.

Das nachfolgende Listing generiert ein einfaches **magisches Bild**: Wenn bei Ihnen zunächst kein Effekt eintritt, betrachten Sie den Monitor ganz aus der Nähe mit auf die Ferne adaptierten Augen und vergrößern Sie dann den Betrachtungsabstand:

---

[1] Offenbar wird z.B. eine EGAVGA-Karte wie in TURBO Pascal angesteuert. Wenn Sie darüber mehr wissen wollen, empfiehlt sich der Abschnitt Grafik in [M 1], in dem das Verfahren über die sog. Maps ausführlich beschrieben wird.

```cpp
/* sprung.cpp   einfaches sog. Autostereogramm [1] */
# include <graphics.h>
# include <conio.h>

zeichnen (int a, int b)
    {    line (a, b, a + 20, b) ;
         line (a + 20, b, a + 20, b + 20) ;
         line (a + 20, b + 20, a, b + 20) ;
         line (a, b + 20, a, b) ;
         line (a, b, a + 20, b) ;
         return 0 ;
    }

int main ( )
    {    int i ;
         int gdriver = DETECT ;
         int gmode ;
         initgraph (&gdriver, &gmode, "C:") ;
         setcolor (15) ;                     // Farben 0 ... 15, 15 = weiß
         for ( i = - 7 ; i < 8 ; i ++)
            zeichnen (300 + 30 * i, 200) ;
         for ( i = - 7 ; i < 8 ; i ++ )
            line (310 + 30 * i, 220, 310 + 34 * i, 250) ;
         for ( i = - 7 ; i < 8 ; i ++ )
            zeichnen (300 + 34 * i, 250) ;
         for ( i = - 7 ; i < 8 ; i ++ )
            line (310 + 34 * i, 270, 310 + 30 * i, 300) ;
         for ( i = - 7 ; i < 8 ; i ++ )
            zeichnen (300 + 30 * i, 300) ;
         getch ( ) ;
         closegraph ( ) ;
         return 0 ;
    }
```

Nach einiger Zeit sollten Sie eine Raumwahrnehmung erleben bzw. willkürlich „einstellen" und wieder „ausschalten" können ...

---

[1]   Der Effekt tritt also ohne die bekannte rot-grüne Anaglyphenbrille ein; im vorliegenden Fall interpretiert das Gehirn vor dem Hintergrund der Seherfahrung. Echte magische Bilder (Random Dot Stereo RDS) bestehen aus zwei verschiedenen Punktmustern: Jedes ist für ein Auge konzipiert und stellt das Objekt aus einem anderen Blickwinkel dar. Beim Anschauen ohne Brille, damit auch farbig, werden die Punktmuster optisch zur Deckung gebracht. Entdecker ist der ehemalige Radartechniker und spätere Psychologe B. Julesz (Laboratory of Vision Research, Univ. of New Jersey). Zur Enttarnung verborgener Objekte stellte er zwei Radarstationen mit großem Basisabstand auf und projizierte deren Bilder dann übereinander auf nur einen Monitor.

Dieses Kapitel behandelt Beispiele, bei denen zweckmäßig objektorientierte Datenstrukturen und zugehörige Methoden eingesetzt werden.

In C++ fehlt (im Gegensatz zu Pascal) der Datentyp set, d.h. **Mengen**, die Elemente aus dem Bereich 0 ... 255 enthalten können. Führen Sie eine Klasse „Menge" ein: Der Datenteil besteht aus einem entsprechenden Feld, der Methodenteil aus Methoden, mit denen die wichtigsten Operationen auf Mengen ausgeführt werden können: Enthaltensein, Hinzufügen und Wegnehmen von Elementen, Addition, Subtraktion und Durchschnittsbildung von (zwei) Mengen. Mit Programmstart sollte ein Konstruktor die Menge leeren, also einen definierten Anfangszustand initialisieren.

```cpp
/* menge.cpp  Installation von Mengen */
# include <iostream.h>

class menge
    {    unsigned char a [256] ;

         public: void plus (unsigned char b) ;            // Hinzufügen
                 void minus (unsigned char b) ;           // Entnehmen
                 void plus (menge eins, menge zwei) ;      // Addition
                 void minus (menge eins, menge zwei) ;     // Subtraktion
                 void mal (menge eins, menge zwei) ;       // Durchschnitt
                 int contents (unsigned char b) ;          // Relation IN
                 void show ( ) ;                           // Anzeige
                 menge ( ) ;      } ;                      // Konstruktor


menge :: menge ( )   { for ( int k = 0 ; k < 256 ; k++ ) a [k] = 0 ; }

void menge :: plus (unsigned char b)   { a [b] = 1 ; }

void menge :: minus (unsigned char b) { a [b] = 0 ; }
```

```
void menge :: plus (menge eins, menge zwei)
  { for ( int k = 0 ; k < 256 ; k++ )
       { a [k] = eins.a [k] + zwei.a [k] ; if ( a [k] == 2 ) a [k] = 1; } }

void menge :: minus (menge eins, menge zwei)
  { for ( int k = 0 ; k < 256 ; k++ )
       { if ( a [k] == 1) a [k] = eins.a [k] - zwei.a [k] ; else a [k] = 0 ; } }

int menge :: contents (unsigned char b)
  { if ( a [b] == 1 ) return (1) ; else return (0) ;   }

void menge :: show ( )
  { for ( int k = 0 ; k < 256 ; k ++ )
       if (a [k] == 1) { cout.width (4) ; cout << k ; } cout << endl ; }

void menge :: mal (menge eins, menge zwei)
  { for ( int k = 0 ; k < 256 ; k++ ) a [k] = eins.a [k] * zwei.a [k] ; }

main ( )                              // Testen der Operationen
  {    menge set1, set2, set3 ;
       set1.plus (7) ; set1.plus (11) ; set1.plus (18) ; set1.show ( ) ;
       for ( int k = 10 ; k < 21 ; k ++ ) set2.plus (k) ;
       set2.minus (13) ; set2.show ( ) ;
       set3.plus (set1, set2) ; set3.show ( ) ;
       set3.minus (set3, set1) ; set3.show ( ) ;
       if ( set3.contents (19) ) cout << "19 ist enthalten." << endl ;
       set1.plus (17) ;
       set3.mal (set1, set3) ; set3.show ( ) ;
       return 0 ;      ·    }
```

Beachten Sie: Zwei Methoden tragen jeweils denselben Namen, werden aber ganz unterschiedlich ausgeführt („Überladen").

Schreiben Sie übungshalber ein **Beispiel für ein Klassentemplate**, mit dem in typverschiedenen Feldern von Zahlen z.B. das Maximum gesucht werden kann. Lösung:

```
/* max.cpp  Ein Klassentemplate für ein Feld */

# include <iostream.h>        # include <stdlib.h>
const anzahl = 50 ;

template <class Z>
class feld
  {    Z zahlen [anzahl] ;
       public :
       void setzen ( ) ;
       void zeigen ( ) ;
       Z maximum ( ) ;         } ;
```

```
template <class Z>  void feld <Z> :: setzen ( )
   {    Z  faktor = 2.2 ;  cout << "* " << faktor << " *\n";   // Testanzeige !
        for ( int i = 0 ; i < anzahl ; i ++ )
            zahlen [i] = faktor * random (faktor * anzahl) ;  }

template <class Z> void feld <Z> :: zeigen ( )
   {    for ( int i = 0 ; i < anzahl ; i ++ )
        { cout.width (8) ; cout << zahlen [i] ;  }        }

template <class Z>  Z  feld <Z> :: maximum ( )
   {    Z max = - anzahl  ;
        for ( int i = 0 ; i < anzahl ; i ++ ) if (zahlen [i] > max) max = zahlen [i] ;
        return (max) ;  }

main ( )
   {    randomize ( ) ;
        feld <int> nummern ;
        cout << "Erstes Beispiel ...\n\n" ;
        nummern.setzen ( ) ;
        nummern.zeigen ( ) ;
        cout << endl << "Maximum = " << nummern.maximum ( ) << endl ;
        feld <float> gleitzahlen ;
        cout << "\nZweites Beispiel ...\n\n" ;
        gleitzahlen.setzen ( ) ;
        gleitzahlen.zeigen ( ) ;
        cout << endl << "Maximum = " << gleitzahlen.maximum ( ) << endl ;
        cout << "\nProgrammende" ;
        return 0 ;
   }
```

Die Felder werden natürlich mit Methoden behandelt; zum Beschreiben ist der Zufallsgenerator eingesetzt. Beachten Sie im Template *setzen* die Variable *faktor*!

In Kap. 15 wird ein primitiver **Getränkeautomat** vorgeführt. Bauen Sie diesen Automaten dahingehend aus bzw. um, daß er Wechselgeld aus Vorratsschächten ausgeben kann und nicht nur dann anhält, wenn keine Flaschen mehr vorrätig sind, sondern auch dann, wenn die Vorräte an passendem Wechselgeld erschöpft sind. Außerdem sollte der Automat mit einer „Servicefunktion" versehen sein, damit er jederzeit nachgefüllt werden kann. Zur Funktionalität eines solchen Automaten vor unserer Lösung erst etwas Theorie [1] : Im Sinne der Informatik ist ein (endlicher) Automat ein abstraktes System mit folgenden formalen Eigenschaften:

Bedient wird der Automat jeweils durch eine gewisse Eingabe E_j (j = 1, ..., k); alle solchen Bedienmöglichkeiten bilden eine (endliche) **Eingabemenge**.

---

[1] Nach [M2], S. 119 ff. Dort wird ein einfacher Automat mit Zustandsdiagramm und Automatentafel genauer untersucht.

Die Elemente dieser Menge werden oft Zeichen genannt, die Eingabemenge selber dann naheliegend das Eingabealphabet.

Es gibt eine (endliche) **Menge von (internen) Zuständen** Z_i (i = 0, 1, ..., n), unter denen ein bestimmter als sog. Anfangszustand ausgezeichnet ist, etwa Z_0. Abhängig vom jeweiligen Zustand und der Bedienung reagiert der Automat mit einer Ausgabe, mit einem Ergebnis A_s (s = 0, 1, ..., m). Unter diesen kommt auch A_0 vor, keine Reaktion. Bei jedem solchen Vorgang geht der Automat von einem Zustand Z_{alt} in einen anderen Zustand über, den sog. Folgezustand Z_{neu}. Beide Zustände sind Elemente der o.g. Zustandsmenge.

Diese dynamischen Zustandsänderungen eines jeden Automaten werden durch die **Übergangsfunktion** z geregelt:

$$Z_{neu} := z\,(E_j,\ Z_{alt})\,,$$

beginnend mit dem Anfangszustand Z_0 und einer allerersten Eingabe. Das jeweilige Ergebnis (die Ausgabe) wird durch eine **Ergebnisfunktion** f beschrieben:

$$A_s := f\,(E_{j,}\ Z_{alt})\,.$$

Ist $A_s = A_0$, so erfolgte keine Zustandsänderung, d.h. $Z_{neu} = Z_{alt}$. Dann blieb der Automat ohne Reaktion: Er könnte z.B. „am Ende sein", leer, mit dem Programm fertig o.ä. Alle Funktionen können als OOP-Methoden verwirklicht werden.

Die nachfolgende Lösung enthält dementsprechend eine Ein- und Ausgabemethode und zur Kontrolle eine Zustandsanzeige. Falls eine Zustandsänderung vorgenommen werden muß (d.h. eine Eingabe zu einer erfolgreichen Aktion führt), wird der Zustand mit Ausgabe geändert. Mit einer Servicefunktion kann der Automat jederzeit in den Anfangszustand versetzt („gefüllt") werden. Dabei erfolgt zur Kontrolle eine einfache Abrechnung. Bei Neustart hingegen stellt ein Konstruktor diesen Anfangszustand her.

Besonderes Augenmerk ist auf die Wechselgeldbehandlung zu richten: Wir stellen uns den Automaten so vor, daß in Geldschächten Maximalanzahlen der einzelnen Münzen (DM 5, 2, 1 und Fünfzigpfennigstücke) vorrätig gehalten werden. Diese diesen als Wechselgeld. Die Schächte können mit dem eingeworfenen Geld nachgefüllt werden, aber nur bis zur jeweiligen Obergrenze (*start [ ]*). Überzählige Münzen kommen danach in einen Sammelschacht: Fünfmarkstücke enden von Anfang an dort, da sie als Wechselgeld nicht in Betracht kommen.

Ein Cola soll DM 1.50 kosten. Man erhält es (soweit noch Flaschen vorrätig sind) stets beim Einwurf von drei Fünfzigpfennigstücken oder bei Einwurf einer Mark und eines Fünfzigers in beliebiger Reihenfolge. Denn in einem solchen Fall tritt die Wechselautomatik nicht in Funktion. Mit z.B. einem Zweimarkstück gibt es die Flasche hingegen nur, wenn der Automat noch (wenigstens ein) Fünfzigerl hat.

```cpp
/* trinken.cpp  Simulation Getränkeautomat */
# include <iostream.h>

const preis = 150 ;                   // Ein Cola kostet DM 1.50
const start [4] = { 5, 1, 1, 1 } ;    // Konstruktorwerte [1]
                // 5 = Komplette Flaschenfüllung
                // 1 = anfangs ein Zweimarkstück im Schacht
                // Einmarkstücke ...
                // Fünfzigerl ...

int sammeln [4] ;       // Münzinhalte des Überschußmagazins: 5, 2, 1, 50
int einwurf [4] ;       // Bei Bedienung eingeworfene Münzen: 5, 2, 1, 50

class drinks            // Automatenklasse
    {       int inhalt [4] ; // Flaschen, Münzen in den Schächten des Automats
            public :
            int leer ( ) ;              // Noch Flaschen vorhanden?
            int eingabe ( ) ;           // Geldeingabe
            void ausgabe (int geld) ;   // Warenausgabe und Wechselgeld
            void anzeige ( ) ;          // Zustandsanzeige
            void service ( ) ;          // Zustandsbeschreibung und Nachfüllen
            drinks (int bottle, int a, int b, int c) ; // Konstruktor Anfangszustand
    } ;

drinks :: drinks ( int bottle = start [0] , int a = start [1] ,
                                int b = start [2] , int c = start [3] )
    {       inhalt [0] = bottle ; inhalt [1] = a ; inhalt [2] = b ; inhalt [3] = c ; }
                    // Der Konstruktor füllt die Schächte mit Maximalinhalt

int drinks :: leer ( )      // Hat der Automaten noch Flaschen?
    {       if ( inhalt [0] > 0 ) return (1) ; else return (0) ; }

int drinks :: eingabe ( )
    {       cout << "\nSie können in beliebiger Mischung einwerfen:\n" ;
            cout << "Geldstücke zu DM 5, 2, 1 oder 50 Pfennige ...\n" ;
            int sum = 0 ; int coin ;
            for ( int i = 0 ; i < 4 ; i++ ) einwurf [i] = 0 ;
            while (sum < preis)          // Eingabe endet, wenn >= Preis!
            { cin >> coin ;
              switch (coin)
                { case  5 : einwurf [0] ++ ; sum = sum + 500 ; break ;
                  case  2 : einwurf [1] ++ ; sum = sum + 200 ; break ;
                  case  1 : einwurf [2] ++ ; sum = sum + 100 ; break ;
                  case 50 : einwurf [3] ++ ; sum = sum +  50 ; break ;
                  default : cout << "Eine solche Münze wird nicht akzeptiert.\n" ;
                }
            }
            return (sum) ;
                                         // Fortsetzung nächste Seite
    }
```

---

[1] Für Testzwecke via Konstruktor eingestellt: 5 Flaschen, eine Münze zu 2 DM und
eine zu 1 DM sowie ein Fünfzigerl. Damit kann man die Aktionen gut verfolgen ...

```cpp
void drinks :: ausgabe (int geld)        // Wechselgeldalgorithmus, siehe Text
  {       int temp [4] ;
        for ( int i = 1 ; i < 4 ; i++ ) temp [i] = inhalt [i] + einwurf [i] ;
              //  Wechselmünzen 2, 1, 50 insgesamt nach Einwurf
        int rueck [4] = {0 , 0, 0, 0 } ;
              //  lokaler Merker für Wechselgeld Münzen (5), 2, 1, 50
        int retour = geld - preis ;
              //  Jetzt wird getestet, ob Wechselgeld vorhanden ...
        while ( (retour >= 200 ) && (temp [1] > 0) )
          { retour = retour - 200 ; temp [1] -- ; rueck [1] ++ ; }
              //  Sind, falls sinnvoll, Zweimarkstücke vorhanden? usw.
        while ( (retour >= 100) && (temp [2] > 0) )
          { retour = retour - 100 ; temp [2] -- ; rueck [2] ++ ; }
        while ( (retour >= 50) && (temp [3] > 0) )
          { retour = retour -  50 ; temp [3] -- ; rueck [3] ++ ; }

        if (retour == 0)          // retour = 0 heißt Wechselgeld vorhanden
          { cout << "Cola kommt ...\n" ;
            cout << "Wechselgeldausgabe:\n" ;
            cout << "Zweimarkstücke ... " << rueck [1] << endl ;
            cout << "Einmarkstücke  ... " << rueck [2] << endl ;
            cout << "Fünfziger      ... " << rueck [3] << endl ;
                            // Zustandsänderung mit Geldübernahme ...
            inhalt [0] -- ;        // eine Flasche weniger
            sammeln [0] = sammeln [0] + einwurf [0] ; // Fünfmarkstücke
            for ( int i = 1 ; i < 4 ; i++ )              // Andere Münzen
                { inhalt [i] = temp [i] ;
                  if ( inhalt [i] > start [i] )        // Überschüsse
                    { sammeln [i] = sammeln [i] + inhalt [i] - start [i] ;
                      inhalt [i] = start [i] ; }
                }
          }
        else
          { cout << "Automat kann nicht wechseln ... \n" ;
            cout << "Geld zurück Fünfmarkstück " << einwurf [0] << endl ;
            cout << "           Zweimarkstück " << einwurf [1] << endl ;
            cout << "           Einmarkstücke " << einwurf [2] << endl ;
            cout << "           Fünziger     " << einwurf [3] << endl << endl ;
          }
  }                                        // Fortsetzung nächste Seite
```

Die Ausgabemethode faßt die Münzarten der Eingabe und in den Schächten zusammen und prüft, ob das Rückgeld (Differenz zwischen Eingabe und Preis) gebildet werden kann. Ist dies der Fall, so wird der neue Zustand des Automaten hergestellt, bei gleichzeitiger Ausgabe von Flasche und eventuellem Rückgeld ≥ 0. Ansonsten wird das eingeworfene Geld wieder zurückgegeben. Die Prüfung beginnt, sobald der eingeworfene Betrag den Preis (DM 1.50) erreicht hat. Daher kann die Reaktion des Automaten bei wenig vorhandenem Wechselgeld von der Eingabereihenfolge der Münzen abhängen: Maximal sechs Mark (nämlich z.B. zuerst DM 1, dann noch DM 5) kann man einwerfen, aber auch DM 5.50, dabei zuerst ein Fünfzigerl, dann DM 5 ...

```cpp
void drinks :: anzeige ( )
  {     cout << "\nZustandsanzeige : " ;
        cout << "Vorrat an Flaschen derzeit ... " << inhalt [0] << endl ;
        cout << " Sammelbehälter bzw. Münzschächte enthalten ..." << endl ;
        cout << " DM 5 " ; cout.width (5) ; cout << sammeln [0] ;
        cout.width (5) ; cout << "---" << endl ;
        cout << " DM 2 " ; cout.width (5); cout << sammeln [1] ;
        cout.width (5) ; cout << inhalt [1] << endl ;
        cout << " DM 1 " ; cout.width (5) ; cout << sammeln [2] ;
        cout.width (5) ; cout << inhalt [2] << endl ;
        cout << "  50 " ; cout.width (5) ; cout << sammeln [3] ;
        cout.width (5) ; cout << inhalt [3] << endl ;        }


void drinks :: service ( )
  {     cout << "\nDer Automat ist geöffnet : Eingenommenes Geld : DM " ;
        int sum = 0 ;
        sum = sum + sammeln [0] * 500 + (sammeln [1] + inhalt [1]) * 200 ;
        sum = sum + (sammeln [2] + inhalt [2]) * 100
                            + (sammeln [3] + inhalt [3]) * 50 ;
        sum = sum - start [1] * 200 - start [2] * 100 - start [3] * 50 ;
        cout << sum / 100 << "." << sum % 100 << endl ;
        cout << "Entnommene Flaschen : " << (start [0] - inhalt [0]) << ".\n\n" ;
        cout << "Automat wird in Anfangszustand gebracht, d.h.\n" ;
        cout << "Flaschen nachfüllen, Schächte mit Münzen füllen bzw.\n" ;
        cout << "überschüssige Münzen (insb. DM 5) entfernen ...\n" ;
        for ( int i = 0 ; i < 4 ; i++ )
          { inhalt [i] = start [i] ; sammeln [i] = 0 ; }
  }


main ( )
  {     drinks automat ;
        cout << "Der Automat ist im Anfangszustand mit ";
        cout << start [0] << " Colas.\n" ;
        cout << "Die Münzvorräte sind aufgefüllt.\n" ;
        cout << "Ein Cola kostet DM 1.50 ...\n\n" ;
        for ( int i = 0 ; i < 4 ; i++ ) sammeln [i] = 0 ;  // Anfangszustand
        char wahl = 'x' ;
        while ( !(wahl == 'q') )
          {     int geld = 0 ;
                cout << "\nGeld einwerfen (5, 2, 1, 50) ... e\n" ;
                cout << "Zustandsfunktion          ... z\n" ;
                cout << "Service durch Firma        ... s\n" ;
                cout << "Programmende              ... q\n" ;
                cout << "                  Wahl "; cin >> wahl ;
                if ( wahl == 'e' )
                  { if ( automat.leer ( ) == 0 ) cout << "Service erforderlich!\n" ;
                    else geld = automat.eingabe ( ) ;
                    if (geld > 0) automat.ausgabe (geld) ; } ;
                if ( wahl == 'z' ) automat.anzeige ( ) ;
                if ( wahl == 's' ) automat.service ( ) ;
          }
        return 0 ;
  }                                               // Ende Listing
```

Die in *start [ ]* eingestellten Anfangswerte können Sie später praxisbezogen deutlich vergrößern. Beginnen Sie das Testen mit der Eingabe eines Fünfmarkstücks (dann sind die Wechselmagazine sofort leer), und geben Sie danach den exakten Betrag, später wieder Zweimarkstücke usw. ein, bis der Automat leer ist. Hat er z.B. noch Markstücke, so kann man ein Fünfzigerl und ein Zweimarkstück einwerfen, um an das Cola zu kommen. Die Reihenfolge ist wichtig: Wirft man erst das Zweimarkstück ein, so kriegt man nichts, da mit Überschreiten des Preises die Wechselautomatik in Kraft tritt und dabei feststellt, daß sie nicht wechseln kann! Gibt man aber zuerst 50 Pfennige und danach das Zweimarkstück ein, so kann der Automat wieder wechseln: Intelligent wie er ist, behält er das Fünfzigerl und gibt eine Mark zurück!

Beachten Sie auch die global vereinbarten Variablen *sammeln [ ]* und *einwurf [ ]* ; damit ist der Datentransfer zwischen den Methoden zwar nicht gerade OOP-gerecht, aber sehr durchsichtig und einfach: Der niedrigste Index Null bezieht sich auf Fünfmarkstücke (die der Automat nur sammelt, aber nicht in die Wechselschächte übernimmt), der höchste Index Drei bedeutet die Fünfzigpfennigmünzen. Dies gilt auch bei *inhalt [1 ... 3]* , während *inhalt [0]* die Flaschenzahl ist.

Den Automaten kann man leicht ausbauen oder abändern:

Mehr Münzarten (und damit z.B. Zehnerl) sind kein Problem. Eine Geldrückgabe für den Fall, daß man bei bereits eingegebenen Geld schließlich doch kein Cola möchte, ist ebenfalls leicht. Für diesen Fall muß die Geldeingabe durch ein Signal abgeschlossen werden; dabei entfällt die Prüfung, ob der Preis bereits erreicht ist und damit auch die (bei uns zwangsläufige) Option, daß eine Ausgabe u.U. von der Reihenfolge der eingegebenen Münzen abhängt. Da der Preis eines Cola als Konstante gesetzt ist, kann man den Automaten auch sofort auf einen anderen Preis einstellen: Bauen Sie nach diesem Muster einen reinen Geldwechselautomaten oder einen Fahrkartenautomaten, bei dem man aus verschiedenen Fahrstrecken (Preisvorgaben jeweils auf 10 Pfennige genau!) auswählen kann und danach einen Geldschein (DM 10, 20, 30) einsteckt ...

Vor dem Hintergrund unserer Softwaresimulation wird klar: Solange Automaten vollständig mechanisch arbeiteten, war eine Umstellung auf andere Preise ziemlich kompliziert. Steuert jedoch Software das Gerät, so kann eine bei einer ganzen Klasse von Automaten einheitliche, elektrisch angesteuerte Geldmechanik (Schächte und Klappen für alle Münzarten) jedes Geschäft abwickeln, d.h. eine Anpassung an völlig neue Gegebenheiten ist praktisch sofort möglich.

Den auch im Listing eingesetzten **Wechselgeldalgorithmus** kann man öfter brauchen; wir stellen ihn daher noch einmal ganz systematisch dar:

Vorhanden seien verschiedene Münzarten mit den Vorräten $m[k] \geq 0$, $k = 0 ... n$. Diese sind dem Wert nach geordnet, d.h. $k = 0$ ist die höchstwertige Münze (z.B. also 5 DM), $k = n$ die kleinste (also u.U. ein Pfennig). Zurückzugeben sei ein Geldbetrag R derart, daß er aus jeweils möglichst großen Münzen zusammengesetzt wird.

Beginne (falls R > 0) mit der größten Münzsorte (k = 0) ...

**Sofern R $\geq$ Wert (m [k]) und Stückzahl m [k] > 0 ,
     entnehme eine Münze der Sorte k , d.h. m [k] = m [k] - 1
     und vermindere den Geldbetrag R um deren Wert.**

**Wiederhole dies, sofern möglich,
     ansonsten gehe zur nächstkleineren Münzsorte k + 1 über
     und setze das Verfahren von eben fort.**

**Der Algorithmus endet erfolgreich, wenn („rechtzeitig") R = 0 wird.
Er bleibt erfolglos, wenn
     ein Wechsel zu einer kleineren Münzsorte nicht mehr möglich ist
     und immer noch R > 0 gilt.**

Offenbar werden bevorzugt große Münzen ausgegeben, was der üblichen Benutzung eines Automaten (man gibt eher mehr und runde Beträge als den genauen ein) insofern entgegenkommt, also die „großen" Schächte meist schneller nachgefüllt werden.

In Kap. 10 ist ein **Binärbaum** „klassisch" ohne OOP programmiert; stellen Sie jenes Programm zunächst vollständig auf OOP-Methoden um, die in einer Basisklasse eingebunden sind: Suchbegriff soll später dann der Familienname in einem Datensatz werden. Zur Umsetzung der Funktionen in Methoden kann es zweckmäßig sein, sich das Listing von S. 209 nochmals anzusehen: Dort sind entsprechende Methoden für eine lineare Liste realisiert.

Folgendes ist wichtig: Jeder neue Knoten muß mit einem Konstruktor definitiv „leer" erzeugt werden, d.h. ohne irgendwelche Zeigereinträge, da ansonsten die Suchroutinen an den Blättern des Baums scheitern.

Damit bei den Methoden nicht zu viele Übergabeparameter notwendig werden, kann man den Startknoten (also die Wurzel des Baums) und die beim Suchen erforderlichen beiden Zeiger (auf welche bereits existierende Inhalte zum Weiterschalten wiederholt umkopiert werden) vereinfachend global vereinbaren.

Wenn der umgeschriebene Entwurf des Baums einwandfrei läuft, können Sie den Datensatz in einer abgeleiteten Klasse derart erweitern, daß die Methoden durch Vererbung weitergegeben werden. Danach können Sie sich vorbereitend schon mal Methoden zum Abspeichern der Einträge und zum Einlesen aus der sequentiellen Hauptdatei (beim Suchen eines existierenden Satzes) überlegen, solange Sie das Programm nicht beenden, also der Indexbaum im Rechner noch existiert ... Dieser Indexbaum muß später bei Programmende abgelegt und beim Start wieder eingelesen werden, ohne daß die Hauptdatei weiter interessiert.

Nachfolgend nur die „kleine" Lösung (noch ohne Speicherungsoptionen), die dann in Kap. 17 wie eben angedeutet ausgebaut werden soll:

```cpp
/* baum.cpp  Binärbaum von Kap. 10 mit OOP-Methoden */

# include <iostream.h>
# include <stdio.h>
# include <string.h>

class knoten
   {      char name [15] ;
          int position ;
          knoten* links ; knoten* rechts ;
          public :
          void eingabe ( ) ;
          void einfuegen (char name [15], knoten* neu) ;
          void eintrag (char name [15]) ;
          void zeigen ( ) ;
          knoten ( ) ;              // Konstruktor, Initialisierung
   } ;

knoten :: knoten ( )              // Konstruktor für new knoten !
   {      strcpy (name, "Wurzel_leer") ; links = NULL ; rechts = NULL ;    }

int indexpos = 0 ;                // Globaler Zähler in der späteren Hauptdatei
knoten* start = new knoten ;      // Wurzel des Baums
knoten* lauf = new knoten ;       // Zwei globale Speicher ...
knoten* nachlauf = new knoten ;   // ... für Dauerbenutzung

void knoten :: einfuegen (char person [15], knoten* neu)
   {      nachlauf = lauf ;
          if ( strcmp (person, lauf -> name) < 0 )
             { lauf = lauf -> links ;
                if ( lauf == NULL ) nachlauf -> links = neu ;
                   else einfuegen (person, neu) ; }
          else
             { lauf = lauf -> rechts ;
                if ( lauf == NULL ) nachlauf -> rechts = neu ;
                   else (*neu).einfuegen (person, neu) ; } ;
   } ;

// in der letzten Zeile, also innerhalb der Methode (d.h. rekursiv), ...
// ... reicht auch einfuegen ( ...) statt (*neu).einfuegen (...) !!!

void knoten :: eingabe ( )
   {      char key [15] ;
          cout << endl << "Namen eingeben ... " ; gets(key) ;
          if ( strcmp (name, "Wurzel_leer") == 0 )
             { strcpy (name, key) ; position = indexpos ; }
             else
             { knoten* neu = new knoten ;
               strcpy (neu -> name, key) ; neu -> position = indexpos ;
               lauf = start ; (*neu).einfuegen (key, neu) ;
             }
          indexpos++ ;
   } ;
```

```
void knoten :: eintrag (char key [15])
  {     if ( strcmp (key, lauf -> name) == 0 )
          { cout << lauf -> name ;
            cout << " " << lauf -> position << endl ; }
        else
          { if ( strcmp (key, lauf -> name) < 0 ) lauf = lauf -> links ;
            else
            lauf = lauf -> rechts ;
          if ( lauf == NULL ) cout << "Nicht vorhanden!\n" ;
            else (*lauf).eintrag (key) ;
          } ;
  } ;


// zum letzten Aufruf (*lauf).eintrag (key) siehe Bemerkung weiter oben


void knoten :: zeigen ( )              // vollständig, aber nicht lexikografisch
  {     cout << name << "  " << position << endl ;
        if (! links == NULL )
          { knoten* rekuzeig = new knoten ;
            rekuzeig = links ; (*rekuzeig).zeigen ( ) ;  }
        if (! rechts == NULL)
          { knoten* rekuzeig = new knoten ;
            rekuzeig = rechts ; (*rekuzeig).zeigen ( ) ;
          }
  }

/*                   Hier ist alternativ die lexikografische Traversierung ... 1
void knoten :: zeigen ( )
  {     if ( links == NULL ) cout << name << "  " << position << endl ;
        else { knoten* rekuzeig = new knoten ;
              rekuzeig = links ; (*rekuzeig).zeigen ( ) ;
            }
        if (! links == NULL ) cout << name << "  " << position << endl ;
        if (! rechts == NULL )
          { knoten* rekuzeig = new knoten ;
            rekuzeig = rechts ; (*rekuzeig).zeigen ( ) ;
          } ;
  } ;                                            */      // Fortsetzung nächste Seite
```

---

[1] Die erste Methode *zeigen* führt alle Einträge im Baum in irgendeiner eher zufälligen Reihenfolge vor; sie könnte z.B. zum Abspeichern des Indexbaums eingesetzt werden. Die zweite Methode zeigt die Einträge in lexikografischer Reihenfolge vor und wäre daher passend ergänzt z.B. zum Ausdruck von (sortierten) Listen brauchbar. Ein Abspeichern des Indexbaums über diese zweite Methode führt beim Wiedereinlesen zu einem völlig entarteten Indexbaum, nämlich zu einer in Wahrheit linearen Liste: Es wird nur die rechte Verzweigung benutzt, alle linken Verkettungen bleiben auf NULL stehen. Damit wird das Suchen von Einträgen über diesen Indexbaum zeitaufwendig, im Mittel gilt für die Suchzeit t dann $t \approx n / 2$, wo n die Anzahl aller Einträge ist.

```
main ( )
   {     char wahl ;
         char key [15] ;
         do
         { cout << endl ;                                  // Hauptmenü
           cout << "  | Eingabe ...      e" << endl ;
           cout << "  | Suchen ...       s" << endl ;
           cout << "  | Alle zeigen ..   z" << endl ;
           cout << "  | Ende ...         q" << endl ;
           cout << "  | Wahl            " ; cin >> wahl ;
           switch (wahl)
           { case 'e' : (*start).eingabe ( ) ;                    break ;
             case 's' : cout << endl << "Namen eingeben ... " ;
                        gets (key) ;
                        lauf = start ;
                        (*lauf).eintrag (key) ;                   break ;
             case 'z' : cout << endl ;
                        (*start).zeigen ( ) ;                     break ;
             default : cout << "Keine Option!" ;
           }
         }
         while ( ! (wahl == 'q') ) ;
         return 0 ;
   }
```

Deklariert man die drei Variablen *start*, *lauf* und *nachlauf* im Hauptprogramm, so müssen die Übergabeparameter der Methoden um die passenden Adressen ergänzt werden, sonst bleibt alles gleich.

In der einen oder anderen Methode wird hie und da ein neuer Knoten erzeugt, auf den dann in über Methoden zugegriffen wird: Der Transfer erfolgt dabei über die Adresse (Call by Reference), d.h. es wird nicht mit Kopien solcher Speicher gearbeitet, was ja bei Wertzuweisungen keine Wirkung im Hauptprogramm hätte.

In Kap. 17 ist auf S. 253 kurz der Fall angesprochen, daß man die **Indexdatei** zur Hauptdatei **verloren** hat. Dann taucht das Problem auf, diese wieder herzustellen.

Mit dem folgenden OOP-Listing können Sie aus einer existierenden Hauptdatei eine fehlerhafte oder fehlende Indexdatei regenerieren. Einige Hinweise finden Sie an der genannten Textstelle. Wichtig ist, daß wegen der Namensgleichheiten bei den Dateien eine eventuell existierende Indexdatei vor Neuerstellung unbedingt gelöscht werden muß, da sonst an die alte (fehlerhafte) angehängt wird.

Beachten Sie, daß die Hauptdatei vollständig eingelesen werden muß, aber nur der Schlüssel (im Beispiel der Namen) zur weiteren Verarbeitung gebraucht wird. Die Position in der Hauptdatei wird über einen fortlaufenden (globalen) Zähler ermittelt und dann mit der Indexdatei auskopiert.

```cpp
/* index.cpp  Regenerieren des Indexbaums aus einer Hauptdatei */

# include <iostream.h>          # include <stdio.h>
# include <string.h>            # include <fstream.h>

int indexpos = 0 ;                          // Positionszähler

class knoten                                // Zum Baumaufbau
  {  char name [15] ;
     int pos ;                              // Nummer in der Hauptdatei
     // weitere Komponenten der Hauptdatei hier nicht erforderlich
     knoten* links ;  knoten* rechts ;
     public :
     void einfuegen (char name [15], knoten* neu) ;
     void baumaufbau ( ) ;
     void indexablage ( ) ;
     knoten ( ) ;                           // Konstruktor, Initialisierung
  } ;

knoten :: knoten ( )     // Konstruktor für new knoten !
  { strcpy (name, "Wurzel_leer") ; links = NULL ; rechts = NULL ;  pos = 0 ; }

knoten* start = new knoten ;        // Wurzel des Baums
knoten* lauf = new knoten ;         // Zwei globale Speicher ...
knoten* nachlauf = new knoten ;     // ... für Dauerbenutzung

void knoten :: einfuegen (char person [15], knoten* neu)
  { nachlauf = lauf ;
   if ( strcmp (person, lauf -> name) < 0 )
        { lauf = lauf -> links ;
          if ( lauf == NULL ) nachlauf -> links = neu ;
             else (*neu).einfuegen (person, neu) ; }
   else  { lauf = lauf -> rechts ;
          if ( lauf == NULL ) nachlauf -> rechts = neu ;
             else (*neu).einfuegen (person, neu) ; } ;        } ;

void knoten :: baumaufbau ( )
  { fstream diskein ("TESTDATA", ios :: in | ios :: binary);
   char ein [15] ;  char tel [15];   // Komponenten entspr. Hauptdatei !!!
   // Hier Satz zum Lesen "ins Leere" eventuell verlängern
   while ( diskein.read ((char*)&ein, sizeof (ein)) )
      { // folgendes nur ins Leere lesen
        diskein.read ((char*)&tel, sizeof(tel)) ;    // und eventuell verlängern
        if ( strcmp (name, "Wurzel_leer") == 0 )
           { strcpy (name, ein) ; pos = indexpos ; }
        else
           { knoten* neu = new knoten ; strcpy (neu -> name, ein) ;
             neu -> position = indexpos ;
             lauf = start ; (*neu).einfuegen (ein, neu) ; }
        indexpos++ ;
      }
   diskein.close ( ) ;
  } ;                                       // Fortsetzung nächste Seite
```

```cpp
void knoten :: indexablage ( )
  { fstream indexout ("INDEXDAT", ios :: out | ios :: app) ;
    indexout.write ((char*)&name, sizeof (name)) ;
    indexout.write ((char*)&position, sizeof (position)) ;
    indexout.flush ( ) ;
    if ( ! links == NULL )
      { knoten* rekuzeig = new knoten ;
        rekuzeig = links ; (*rekuzeig).indexablage ( ) ; }
    if ( ! rechts == NULL )
      { knoten* rekuzeig = new knoten ;
        rekuzeig = rechts ; (*rekuzeig).indexablage ( ) ;  }
    indexout.close ( ) ;
  } ;


main ( )
  {    (*start).baumaufbau ( ) ;
       cout << "Baumaufbau durch Einlesen der Hauptdatei beendet ... \n";
       cout << "INDEXDAT wird neu erstellt ... " << endl ;
       (*start).indexablage ( ) ;
       cout << "\n\nProgramm beendet ..." ;
       return 0 ;
  }
```

Sie können die hier erkennbaren Routinen offenbar auch dazu benutzen, das vollständige Programm aus Kap. 17 mit einem zweiten Baum zu erweitern, der ein neues Suchkriterium (z.B. die Telefonnummer) einbringt und dann den Namen ausgibt.

Der auf S. 39 angesprochene Zufallsgenerator wirft die Frage auf, wie dergleichen konstruiert ist. Tatsächlich sind die erzeugten Zahlen nur sog. **Pseudozufallszahlen**, denn sie werden mit einem Algorithmus erzeugt, sind also determiniert. Üblicherweise liegt der Generierung eine sog. lineare Kongruenzmethode zugrunde, eine fortlaufende Ganzzahlenrechnung nach dem Muster

$$xz = (a * xz + c) \% m$$

mit geeigneten Zahlen a, c und m und mit einer Anfangszahl xz, die einem Register des Rechners entnommen wird, z.B. dem aktuellen Stand der Uhr.

zz wird der Formel zufolge stets eine ganze Zahl aus dem Intervall 0 ... m - 1, woraus sich durch Division mit dem Modul m auch Zufallszahlen aus 0 ... 1 erzeugen lassen. Mittels Zahlentheorie leitet man Zahlen ab, die für den obigen Algorithmus geeignet sind, d.h. wirklich alle möglichen Reste 0 ... m - 1 in einem Zyklus (genau einmal) auswerfen, z.B. (laut Texas Instruments) a = 24298, c = 99991 und m = 199017.

Weit kleinere „Erzeuger" für eigene Versuche sind a = 29, c = 1 und m = 1024. Testen Sie mit einem Programm, daß alle Reste vorkommen und bauen Sie sich anschließend damit einen eigenen Zufallsgenerator mit OOP - Methoden.

Hier ist zunächst das Testprogramm:

```
/* zufall.cpp  Zufallszahlen testen ...  */

# include <iostream.h>

main ( )
   {    char test [1024] ;
        for ( k = 0 ; k < 1024 ; k ++ ) test [k] = 0 ;

        int x = 233 ;            // "erste Zufallszahl", d.h. erster Rest
        test [233] = 1 ;
        for ( int i = 0 ; i < 1024 ; i ++ )
           { cout.width (5) ; cout << x ;
              x = (x * 29 + 1) % 1024 ; test [x] = 1 ; }
        cout << endl ;
        int p = 1 ;
        for ( i = 0 ; i < 1024 ; i ++ ) p = p * test [i] ;
        if ( p == 1 ) cout << "Alle Reste vorhanden ... " ;
           else cout << "Mindestens einer fehlt ... " ;
        return 0 ;
   }
```

Das Programm markiert in einem Feld, welche Reste vorgekommen sind und testet
dann trickreich über ein Produkt, ob es alle möglichen sind oder nicht. Hieraus ergibt
sich der folgende, „eigene" Zufallsgenerator:

```
/* random.cpp  Ein eigener Zufallsgenerator */

# include <iostream.h>

class zufall
   {    int start ;
        public :
        void starten ( ) ;
        int gz ( ) ;              // Ganzzahlen 0 ... m - 1
        float fz ( ) ;            // Gleitkomma 0 ... 1
        zufall (int n) ;          // Konstruktor
   } ;

zufall :: zufall (int n = 2)      { start = n ; }

void zufall :: starten ( )        // Zugriff auf eine nicht-initalisierte Variable!
   { int a ; start = a ; }

int zufall :: gz ( )
   { const a = 29 ; const m = 1024 ; const d = 1 ;
     start = (start * a + d ) % m ;
     return (start) ;
   }
```

```
float zufall :: fz ( )
  { const a = 29 ; const m = 1024 ; const d = 1 ;
    start = (start * a + d) % m ;
    return ( (float) start / m ) ;
  }


main ( )
  {     zufall x ;
        x.starten ( ) ;                         // entspricht randomize ( )
        for ( int i = 1 ; i < 100 ; i ++ )
           { cout.width (10) ; cout << x.gz ( ) ; }
        cout << endl << endl ;

        cout.setf (ios :: showpoint | ios :: fixed) ;
        for ( i = 1 ; i < 100 ; i ++ )
           { cout.precision (3) ; cout.width (10) ; cout << x.fz ( ) ; }
        return 0 ;
  }
```

Beachten Sie die Simulation von *randomize ()* durch Zugriff auf eine nicht initialisierte
Variable! Wegen der geringen Menge an Zufallszahlen ist dieser Zufallsgenerator gut
für Testläufe mit Programmen geeignet, die Zufallszahlen benötigen: Ergebnisse
können damit sehr leicht reproduziert und kontrolliert werden, ehe man den C++
Generator benutzt.

Damit beenden wir das Kapitel über OOP-Aufgaben. Ich kann mir gut vorstellen, daß
beim praktischen Programmieren allerhand Fragen auftauchen, die in diesem Buch
(noch) nicht direkt beantwortet sind. Mit einer gewissen Hartnäckigkeit werden Sie
aber mit dem bisherigen Wissensstand für viele Aufgaben eine durchaus passable
Lösung in C ++ finden können.

Dieses Kapitel zum entspannten Lesen erklärt solche Begriffe, die im Text ohne ausführliche Erläuterung vorkommen und dort als „bekannt" vorausgesetzt werden oder aber im Umfeld der Beispiele von Interesse sind.

Algorithmus : Das ist - beginnend mit Anfangswerten - die Beschreibung einer endlichen Folge von Schritten, mit denen ein bestimmtes Ziel (Ergebnis, Ausgabe) schematisch erreicht wird. Ein sehr alter A. ist z.B. die von Euklid stammende Rechenvorschrift zum Bestimmen des größten gemeinsamen Teilers zweier Ganzzahlen, oder der uns allen geläufige Multiplikations-A. für mehrstellige Zahlen. Viel weniger bekannt ist z.B. der A. zum Wurzelziehen, den man früher noch in der Schule gelernt hat. Das Wort A. ist wie 'Algebra' arabischen Ursprungs, nach dem Namen eines Gelehrten al-Kwarizmi aus dem 9. Jhdt. Aus Sicht der Informatik muß für einen A. Terminiertheit (vgl. das Beispiel auf S. 89) gefordert werden, da ansonsten eine Implementierung auf einer Maschine fragwürdig wird. Von einem A. erwartet man weiter noch Allgemeinheit, d.h. die Möglichkeit, ihn auf jeden Einzelfall einer ganzen Problemklasse anwenden zu können, z.B. das konkrete Multiplizieren zweier Zahlen. Außerdem ist jeder A. determiniert, d.h. in jenem Sinne zielgerichtet, daß gleiche Startbedingungen stets zum selben Ergebnis führen. Auf Maschinen implementierte Abbilder eines A. in einer → Programmiersprache heißen → Programme: Sie können nach außen dieselbe Wirkung haben, obwohl intern ganz verschiedene A. ausgeführt werden (Beispiel in [M 2], S. 270.)

Anweisung (engl. *statement*) : Im Sinne der → Semantik vollständiger Satz einer Programmiersprache, der eine (sinnvolle) Reaktion des Rechenautomaten zur Folge hat. Der Aufbau einer A. geschieht nach den Regeln der → Syntax. Mehrere organisch zusammengehörende A.en nennt man einen Block; Blöcke, oft als Unterprogramme geschrieben, zeigen die Struktur eines → Programms und können als eigenständige Moduln oft auch in anderen Programmen unverändert eingesetzt werden. A. sind von Kommandos (engl. *command*) zu unterscheiden, Befehlen, mit denen das → Betriebssystem der Rechenanlage direkt gesteuert wird.

Automat : Mechanische oder elektronische Maschine, die vorgegebene Abläufe wiederholt realisieren kann. Schon mit beginnender Neuzeit in vielfältiger Weise konstruiert, zunächst in erster Linie zur Belustigung eines Publikums. Heutige Rechner sind A.en in einem erweiterten Sinn: Durch Steuerung mit → Programmen sind sie in der Lage, sehr vielfältigen Aufgaben (Rechnen, Steuern, Regeln, ...) flexibel angepaßt zu werden. Die Informatik untersucht auch die Gesetzmäßigkeiten abstrakter A.en, als deren Prototyp z.B. die → Turing-Maschine gelten kann. Beispiele von Automaten-simulationen siehe Aufgabenteil OOP und auch [M2].

Backtracking : Spezielle Methode zum Suchen einer oder mehrerer Lösungen in einem meist komplexen Sachverhalt dadurch, daß ausgehend von einer mutmaßlichen Lösungsmenge durch Eingrenzen, Ausmustern oder Hinzunahme neuer Lösungen schließlich ein Ergebnis gefunden wird. B. verlangt besondere Strategien und wird oft durch → Rekursion erledigt. Ziemlich einfach ist der → Algorithmus zum Verlassen eines Labyrinths (siehe [M], S. 197). Während sich irgendeine Lösung zumeist recht leicht finden läßt, ist der Nachweis der Vollständigkeit („alle" Lösungen, „beste" Lösung in einem definierten Sinn) oft schwierig, ja sogar unmöglich. Entsprechende Aufgaben gewinnen auch in der Praxis wachsende Bedeutung, z.B. das Problem des Handlungsreisenden auf der Suche nach einem optimalen Wegenetz.

Baum : Logische Struktur insb. zur Organisation großer Datenmengen derart, daß das Suchen, Eintragen und Löschen von Datensätzen mit systematischen Routinen schnell und sicher durchgeführt werden kann. Als Ordnungsprinzip gilt meist ein lexiko-grafisches Kriterium, das mittels Pointern auf einzelne Sätze (z.B. Binär-B.) oder sinn-voll zusammengefaßte Untergruppen von Daten (z.B. Bayer-B.) in den praktisch wichtigen Fällen immer über Verkettungsroutinen realisiert wird. Je komplexer die Baumstruktur ist, desto schneller wird ein gewünschter Datensatz gefunden, d.h. desto kleiner ist im Mittel die Anzahl der Suchschritte (und damit der Zugriffe auf die Peripherie) im Vergleich zur Anzahl der überhaupt vorhandenen Datensätze. Bei z.B. einer Million von Sätzen ist das Auffinden eines bestimmten Datensatzes durchaus mit ca. zehn Suchschritten möglich.

Betriebssystem : Zusammenfassender Begriff für alle Dienstprogramme, mit denen ein Rechner für den Normalbenutzer erst sinnvoll einsetzbar wird. Das B. wird beim Einschalten des Rechners automatisch geladen, gestartet und dabei → konfiguriert. Es bleibt in der Folgezeit auch bei nachgeladenen Programmen im Hintergrund aktiv. Es wird über Kommandos gesteuert; das System „stürzt ab", wenn massive Eingriffe den geschützten Speicherbereich des B.s berühren. Das B. MS.DOS oder ähnliche haben als Benutzeroberfläche nach dem Einschalten nur die bekannte Kommandozeile C:/> mit dem blinkenden „Prompt". Windows ist auf DOS „aufgesetzt", d.h. eigentlich kein originäres Betriebssystem, sondern eine „veredelte", grafisch orientierte Benutzer-oberfläche mit weitgehender Maussteuerung. Andere bekannte B.e sind z.B → UNIX oder LINUX, hauptsächlich für Workstations, aber auch für hochgerüstete PCs mit ausreichendem Hauptspeicher (> 16 MByte). Einige weiterführende Bemerkungen zur grundsätzlichen Struktur von DOS finden Sie in [M].

C und C++ : Programmiersprachen, C++ mit wesentlichen Konzepten des → OOP, die in dem Roman *1984* von George Orwell apostrophiert werden: ... *Der Wortschatz C bildete eine Ergänzung der beiden vorhergehenden und bestand lediglich aus wissenschaftlichen und technischen Fachausdrücken. ... Es war also in der Neusprache so gut wie unmöglich, verbotenen Ansichten, über ein sehr niedriges Niveau hinaus, Ausdruck zu verleihen. ... Im Jahr 1984, zu einer Zeit also, da die Altsprache noch das normale Verständigungsmittel war, bestand theoretisch immer noch die Gefahr, daß man sich bei der Benutzung von Neusprachworten an ihren ursprünglichen Sinn erinnern konnte. ...* (Zitiert aus der 22. Taschenbuchausgabe 1974 des Diana Verlags Zürich, S. 278. - Geschrieben aber vor mehr als fünfzig Jahren, als C noch absolut unbekannt war.) Und ein weiteres Zitat aus [HK], Band 1, S. 235: *Mit C++ ist es wie mit einer Autowerkstatt: Alle Wände hängen voll mit den bizarrsten Spezialwerkzeugen. Wenn Sie einen Schraubenzieher brauchen, um eine Glühlampe zu wechseln, dann sollten Sie nun aber nicht zunächst fasziniert, dann zunehmend frustiert, ein Werkzeug nach dem anderen ausprobieren, sondern Sie sollten einen Schraubenzieher suchen und alles andere im Grunde ignorieren. ... Wundern Sie sich nicht, wenn Ihr Umfeld dabei etwas verständnislos schaut.*

Compiler : Dienstprogramm (-paket) zum Übersetzen eines in einer Programmiersprache geschriebenen Listings (Source Code, Quellprogramm) in das Maschinenprogramm, den (binären) Maschinen-Code. Je nach Komplexität und Eigenheiten der Sprache arbeiten C. in einer oder auch mehreren Durchläufen: Parsen (Durchmustern des Listings und Aufgliedern der Struktur), Linken (Einbinden von externen Routinen), Compilieren (endgültiger Maschinencode). Ein C. erzeugt letztlich Maschinencode, der auf der Maschine später geladen und ausgeführt werden kann, ohne daß der C. noch aktiv wird, also fehlt; dies ist bei ALGOL, C oder Pascal der Fall. → Interpreter hingegen arbeiten erst unter Laufzeit des Programms, müssen also zusammen mit dem Listing verfügbar sein (Beispiele: BASIC, PROLOG).

Datenbank : systematisch strukturierte Sammlung von Daten zu einem bestimmten Themenbereich, meist einschließlich der zur Aufbereitung der Daten notwendigen Software. Im allg. bildet eine D. das Zentrum eines → Informationssystems; verschiedene Nutzer können im Dialog über Programme unter verschiedenen Gesichtspunkten auf diese Daten zugreifen, sie auswerten. In solchen Fällen wird die D. durch ein Data Base Management (Datenadministration) zentral verwaltet, d.h. gewartet und auf aktuellem Stand gehalten. Da jede D. als Abbild einer gewissen Realität verstanden werden kann, gibt es verschiedene Modelle (relational, hierarchisch, objektorientiert), mit denen diese Realität auf die D. transformiert wird.

Datenschutz : Mit der EDV gewachsenes Bedürfnis, den Umgang mit Daten aus Gründen der Sicherheit, Intimität, wegen wirtschaftlicher und ähnlicher Interessen in Rechtsnormen zu fassen und durch Gesetze zu begrenzen. Richtungsweisend in diesem Sinn ist das Bundesdatenschutzgesetz von 1977. Es regelt den Umgang personenbezogener Daten bei der Datenverarbeitung und soll deren Mißbrauch verhindern. Datenschutzbeauftragte bei Bund und Ländern überwachen die Einhaltung. Siehe [T].

Differentialgleichung (DGL) : Eine sog. gewöhnliche DGL ist eine Gleichung, in der neben einer zunächst unbekannten Funktion f (x) einer Veränderlichen x auch deren Ableitungen vorkommen. So ist f (x) + 3 * f ' (x) = 0 wegen der ersten Ableitung eine DGL erster Ordnung. Unter Vorgabe sog. Anfangsbedingungen (die Lösung soll z.B. durch einen bestimmten Punkt (x_0, y_0) gehen) oder aber Randbedingungen (Steigungsverhalten an einer bestimmten Stelle) sucht man dann (mindestens) eine Lösung y = f (x) dieser DGL. In der Praxis kommen meistens DGLen der Ordnungen eins und zwei vor, dies wegen der physikalischen Bedeutung der in der DGL ausgedrückten Beziehungen zwischen z.B. Ort, Zeit, Geschwindigkeit und zuletzt Beschleunigung in bewegten Systemen. Während solche DGLen in vielen Fällen allgemein gelöst werden können (es gibt eine Systematik nach Klassen), sind durch sog. partielle DGLen beschriebene Probleme weit komplexer und können oftmals nur numerisch, d.h. also näherungsweise gelöst werden. Bei solchen DGLen spielen Funktionen mehrerer Veränderlicher mit entsprechenden Ableitungen eine Rolle. DGLen steuern oftmals Prozesse in → Simulationen.

Expertensystem : „Intelligentes" Softwarepaket aus verschiedenen Bausteinen. Auf einer Wissensbank gespeichertes Wissen kann mit einer → Inferenzmaschine im Dialog derart abgearbeitet werden, daß sich für den Benutzer neuartige Erkenntnisse oder begründete Zweifel an der eigenen (Vorab-) Entscheidung ergeben. Eine Inferenzhistorie erläutert gegebenenfalls den Hergang des Dialogs und gibt vor allem Hinweise auf die Begründung der Entscheidung. Außer diesem für den Normalbenutzer vorgesehenen Run-Time-Modus des E. verfügt die vollständige Shell („leeres" System) als Werkzeug zur Erstellung eines E. mindestens noch über einen aufwendigen Editor zur Eingabe, Korrektur und Erweiterung des verfügbaren, speziell strukturierten Wissens der jeweiligen Wissensdomäne, u.U. sogar zur Formulierung neuer Regelmuster. Wirklich leistungsfähige E. existierten schon in den Sechzigern (MYCENE).

FAT : Abk. für File Allocation Table, steuert die Verwaltung des freien Speichers unter MS.DOS. Das Filesystem für PCs besteht aus Bootsektor (Code zum Laden des Betriebssystems), FAT, Stammverzeichnis und Datenbereich. Dieser wird in Cluster unterteilt. Das Filesystem verwaltet die Verzeichnisse, d.h. die Namen der gespeicherten Dateien samt weiterer Informationen wie Attributen (z.B. read only, hidden file, Systemfiles), Dateityp, Uhrzeit und Datum der Erstellung sowie Dateilänge. Dies alles wird in der FAT beschrieben; treten dort Fehler auf, wird i.a. das gesamte System unbrauchbar, kann aber mit geeigneten Werkzeugen oft noch repariert werden (z.B. mit dem sog. NORTON Commander).

Formale Sprache : Kunstsprache zur Beschreibung von → Algorithmen, in spezieller Form → Programmiersprache zur Implementation auf einer Maschine. Der korrekte Umgang mit einer f. S. wird durch → Syntax und → Semantik geregelt. Schlüsselwörter (reservierte Wörter) zur Gliederung von Texten (Listings) in einer f. S. werden zumeist dem Englischen entnommen und dienen dem → Compiler oder → Interpreter zusammen mit Gliederungszeichen wie Klammern, Kommata u.a. als Strukturmerkmale zum Erkennen regelgerechter Syntax bzw. entsprechender Verstöße.

Fuzzy - Logik : Theorie von den „unscharfen" (engl. *fuzzy*) Mengen, schon in den sechziger Jahren in Berkeley (L. Zadeh) aufgekommen. Dabei werden Begriffe wie schnell, alt, heiß (sog. linguistische Variable) durch den Grad der Zugehörigkeit zu einer bestimmten Menge beschrieben, also sprachlich modifiziert: sehr schnell, ziemlich alt, nicht gerade heiß ... In diesem Sinn ist die klassische Mengenlehre, bei der ein Objekt entweder zu 100 % Element einer Menge ist, oder eben überhaupt nicht, Teil der F.-L. Mit Methoden der F.-L. lassen sich z.B. Problemlösungen aus der Regelungstechnik (wie das Anfahren von Aufzügen, „weiche" Energiezufuhr bei Klimaanlagen u. dgl.) weit eleganter und vor allem ökonomischer gestalten als mit klassischen Methoden. Leistungsfähige F.-L. kann durchaus schon auf Chips implementiert werden, wie (weitgehend) verwacklungsfreie Camcorder aus Japan eindrucksvoll beweisen. Eine nicht-triviale Einführung in das Thema findet man z.B. in *Traeger, Einführung in die Fuzzy-Logik (Teubner Stuttgart 1994)*.

Generation einer → Programmiersprache : Die erste G. waren die binären Maschinensprachen, gefolgt von Assembler als zweiter G. der sich durch mnemotechnische Abkürzungen leichter handhaben läßt. Mit der 3. G. wurde die hardwareunabhängige Programmierung eingeführt, das sind alle prozeduralen, oftmals problemorientierten Sprachen von ALGOL über C bis Pascal. Stets gilt, daß das Problem algorithmisiert werden muß, also ein Lösungsweg prinzipiell bekannt ist. Im Prinzip sind alle diese Sprachen im Alltag der Anwendungen weitgehend gleichwertig, der Streit über die „beste" daher eher ein ideologischer. Zur 4. G. gehören spezielle Werkzeuge zur Abfrage von Datenbanken (SQL) oder zur Erzeugung gewisser Benutzerumgebungen. Die 5. G. beschreibt deklarative, d.h. logische (→ PROLOG) oder funktionale Sprachen. Sie sind noch Gegenstand von Forschung und Entwicklung.

Heap (engl. Heuschober) : (oberer) Speicherbereich des Rechners, der unter Laufzeit eines Programms zunächst frei ist und daher von diesem temporär zur Ablage von Variablen (Werten) benutzt werden kann. Dies geschieht entweder durch direkte Adressierung oder durch Verwaltung über Zeigervariablen (Pointer) aus dem Programm heraus. Die wiederholte Belegung bzw. Freigabe des H. läßt dort Lücken entstehen, so daß Anwendungen oft sehr langsam werden: Speicherbereinigung erfolgt dann durch sog. *garbage collection*. Neben dem H. gibt es noch den → Stack, der nur durch Direktadressierung ansprechbar ist.

Inferenz : Vorgang des (logischen) Schließens, wie er im Inferenzbaustein z.B. eines → Expertensystems realisiert ist: Auf einer Wissensbank (*Knowledge base*), einer speziellen → Datenbank, sind Fakten (Voraussetzungen) zusammengetragen, aus denen das System unter Anwendung von gewissen Regeln neues Wissen ableiten kann. Neben allgemeinen Regeln zum logischen Schließen kommen vor allem auch Entscheidungsmuster in Frage, die das spezifische Verhalten von Experten auf der jeweiligen Wissensbank besonders gut nachbilden. Eines der Hauptprobleme bei der Installation eines schlagkräftigen I.-Mechanismus ist es, die oft irrationalen Schlußweisen echter Experten systematisch zu hinterfragen und sodann in geeigneter Weise maschinell abzubilden.

Informatik (engl. *Computer Science*) : Aus der Mathematik entstandener Wissenschaftszweig gegen Ende der Sechziger, der sich ganz allgemein mit der massenhaften Datenverarbeitung auf Maschinen (und deren Konstruktion und allgemeinen Eigenschaften) befaßt: eine Theorie der (technischen) Informationsverarbeitung mit theoretischen wie praktischen Teildisziplinen. Einen gewissen Anfang der I. markiert die → Turing-Maschine. Die I. versteht sich als Ingenieurswissenschaft mit dem Ziel, künstliche Systeme zur Informationsverarbeitung zu entwickeln; sie steht also auch in der sozialen Verantwortung. Parallel zur I. entstand das Berufsbild Informatiker(in) als eines Spezialisten für Rechnerkonstruktion (Hardware) und Einsatz (Software), aber auch allgemeiner für Systemanalyse und Strukturierung von Problemlösungen in nahezu allen Anwendungsbereichen des täglichen Lebens. Vor diesem Hintergrund sind mittlerweile viele weitere Spezialgebiete als Verbindung zu anderen Domänen entstanden: Wirtschafts-I., medizinische I. u.a.

Information : Neben Materie und Energie eine wesentliche Kategorie des Daseins, wobei zwischen diesen drei immer deutlicher werdende Wechselbeziehungen bestehen, die in ferner Zukunft vielleicht ineinanderfließen. Eine präzise Definition scheint schon deswegen unmöglich. Die Einheit der I. ist das aus der Nachrichtentechnik stammende Bit zur Beschreibung eines Zustands, der im Sinne der → Logik des Aristoteles genau zwei Werte annehmen kann: Ja / nein, Ein / aus. Da dies technisch einfach zu realisieren ist, arbeiten alle wichtigen technischen I.-Systeme letztlich digital, während die Natur teilweise äußerst komplexen Nachrichtentransfer (z.B. Hormone) einsetzt.

Informationssystem : Rechnergestützte Nutzung einer → Datenbank. I.e dienen als Planungs- und Entscheidungshilfen im betrieblichen Management, bei Archivierungsaufgaben, in der wissenschaftlichen Recherche (Literatur, Gerichtsurteile, Kataloge) usw. und werden in vielen Gebieten der Verwaltung (z.B. Kataster, Demographie) zunehmend eingesetzt.

Interpreter : Weitgehend zeilenweise arbeitendes Übersetzungprogramm für ein Quellprogramm unter Laufzeit. Bestimmte → Programmiersprachen wie z.B. BASIC oder → PROLOG arbeiten fast ausschließlich mit I. Typisch ist, daß Fehler im Listing erst unter Laufzeit erkannt werden und dann zum Anhalten bzw. Absturz des Programms führen. I. unterstützen interaktives Programmieren besser als → Compiler, sind aber naheliegenderweise in der Regel weitaus langsamer, so daß oftmals spezielle Hardware zum Einsatz kommt. Es gibt auch Sprachumgebungen (z.B. UCSD-Pascal auf dem legendären APPLE), die im ersten Schritt per Compiler einen Zwischencode generieren, der dann unter Laufzeit interpretiert wird.

Interrupt : ein Sprungbefehl des Betriebssystems, der Vorrang vor allen anderen Aktionen des Systems hat. Er führt mindestens zur Unterbrechung eines laufenden Programms zu einem bestimmten Zweck (z.B. Hardcopytaste PrtScr). Der bekannteste I. ist die Tastenfolge Strg-Alt-Entf („Affengriff" zum sog. Warmstart), mit dem ein Rechner jederzeit neu gestartet werden kann. Offenbar „beobachtet" die CPU ständig die Tastatur und wertet eine entsprechende Eingabe sofort aus.

Iteration : Berechnung bzw. Bestimmung eines Endverhaltens nach n Stufen durch schrittweises Vorgehen, beginnend beim Anfangsschritt. Mathematisch ist der allereinfachste Fall

$$f\,(n) = g\,(f\,(n\text{-}1))\ \ \text{für } n > 1\ \ \text{mit}\ \ f\,(1) = \dots;$$

Mit Kenntnis des Algorithmus (also z.B. der Funktion g) auf Maschinen und modernen Programmiersprachen stets leicht implementierbar. Obwohl I. in sehr engem Zusammenhang mit → Rekursion steht, dürfen die beiden Begriffe logisch nicht verwechselt werden. Ausführlich behandelt in [M 2].

Komplexität : Begriff, der zeitlichen Aufwand und Speicherbedarf für die Abwicklung einen → Algorithmus (auch mit geeigneten Maßzahlen) beschreibt. Äquivalente, d.h. in ihrer Wirkung völlig gleichwertige Algorithmen können ganz unterschiedlich aufwendig sein, wie die qualitativ verschiedenen Möglichkeiten beim Sortieren z.B. eines Feldes zeigen. Je komplexer ein Rechenverfahren ist, desto effizienter ist es in der Regel. Diese für die Praxis wichtige Frage wird in der K.-Theorie untersucht, einem Teilgebiet der theoretischen Informatik.

Konfigurationsdatei : Datei, mit der die Grundeinstellungen eines → Betriebssystems eingestellt bzw. verändert werden können. Bei DOS sind dies zwei mit jedem Texteditor zu bearbeitende Dateien: AUTOEXEC.BAT wird beim Systemstart einmalig gelesen und bearbeitet und setzt Parameter bzw. lädt residente Programme (z.B. die Maus). CONFIG.SYS ist wesentlich für die Treiberprogramme (Tastatur, Grafik, Peripherie wie z.B. Drucker) zuständig und kann je nach gewünschter Anwendung unterschiedlich verwendet werden.

Kryptologie : griechisch *kryptos*, verborgen. Ursprünglich nur bei Geheimdiensten und Militärs gepflegte Wissenschaft vom Umgang mit (geheimen) Codierungen. Teilgebiete sind Kryptoanalyse (möglichst unbemerktes Decodieren geschützter Daten) und Kryptographie, die Methoden zum Verschlüsseln: Ein Urtext wird von Hand oder maschinell (eine deutsche Codierungsmaschine im zweiten Weltkrieg hieß Enigma) zum Geheimtext verschlüsselt und beim Empfänger wieder entschlüsselt. Man unterscheidet **monoalphabetische** und **polyalphabetische** Verfahren. Im ersten Fall wird jedem Zeichen des Urtextes dasselbe neue Zeichen im Geheimtext zugeordnet. Im zweiten Fall hängt die jeweilige Verschlüsselung z.B. von der Position des Zeichens im Text ab, d.h. es gibt keine feste Zuordnung der Zeichen zueinander. Urtext wie Geheimtext sind aber gleichlang. Zwischen Absender und Empfänger muß dabei ein Schlüssel vereinbart werden. Ein nach G.J. Caesar benanntes **Verschiebeverfahren** ist monoalphabetisch. Gehen beim Nachrichtentransfer Zeichen verloren, so hat dies auf die Decodierung je nach Verfahren mehr oder weniger großen Einfluß. Bei den klassischen **symmetrischen** Verfahren interessiert neben der benutzten Methode vor allem der Schlüssel. **Asymmetrische** Verfahren benutzen mindestens zwei Schlüssel, von denen einer (neben der Codierungsmethode) sogar öffentlich bekannt sein darf; sie beruhen auf komplizierten zahlentheoretischen Gesetzmäßigkeiten. Ein sog. **passiver**

Angriff ist erfolgreich, wenn die abgefangene Nachricht entschlüsselt werden kann, ohne daß die beiden Partner im Idealfall davon erfahren. In der Regel geschieht dies durch Herausfinden des Schlüssels. Ein **aktiver** Angriff bedeutet, daß die transferierte Nachricht gezielt verändert (Integritätsverlust) wird, ohne daß die kommunizierenden Partner dies bemerken. Die **Authentizität** der Nachricht ist gefährdet, diese unter Umständen völlig fingiert, wenn der Empfänger sogar über die Urheberschaft (Identität des Absenders) getäuscht wird. Die K. hat daher Methoden wie z.B. die **elektronische Signatur** entwickelt, mit der sich der Absender sicher identifizieren läßt. Mit der Entwicklung elektronischer Netze ist die K. von besonderer Bedeutung geworden: Das Versenden von vertraulichen Nachrichten, Bankaufträgen, die Abbuchung elektronischen Geldes usw. erfordert sehr intensive Schutzmaßnahmen, mit denen sich die K. beschäftigt. Unter **http://www.newswire.de/pgp** ist die bekannte Software PGP *Pretty Good Privacy* von Phil Zimmermann (USA) zum Verschlüsseln eigener Nachrichten übrigens allgemein verfügbar. Ein Nebenzweig der K. ist die → Steganographie.

Künstliche Intelligenz (engl. *Artificial Intelligence*) :   kurz KI oder AI. Teilgebiet der → Informatik. KI befaßt sich neben grundsätzlichen Forschungsansätzen u.a. mit der Frage, wie intelligente Verhaltensweisen als Algorithmen auf Maschinen so implementiert werden können, daß anspruchsvolle Entscheidungssituationen aus dem Alltag (Klassifikation, Diagnose, Wartungsaufgaben, Prozeßsteuerungen, Planungen) maschinell gesteuert oder wenigstens unterstützt werden können. Die zugrundeliegende Intelligenzdefinition ist zwangsläufig vereinfacht und umfaßt keinesfalls die in der Psychologie übliche Spannbreite. Die KI erhebt auch nicht den Anspruch, die Funktionen des Gehirns (→ Neuronale Netze) zu erklären; sie ist nur bestrebt, Entscheidungsmuster mit gleichwertigen Ergebnissen maschinell zu erzeugen. Dies ist jedenfalls die Sichtweise der eher „weichen" KI, während die „harte" Richtung davon ausgeht, daß es in Zukunft möglich sein wird, ein einigermaßen isomorphes Abbild der Gehirntätigkeit zu entwerfen und damit auch die physiologische Frage nach dem „wie" präzise zu beantworten. Die bekanntesten Produkte der KI sind → Expertensysteme, mit denen auf begrenzten Wissensdomänen → Inferenzstrategien durchlaufen werden. Einfache Beispiele solcher Systeme z.B. in [M 2].

Logik (griechisch *logos*: Wort, Geist) : eigenständige Teildisziplin der Mathematik, die sich mit den Gesetzen des Denkens befaßt, und z.B. im Aussagenkakül die formale Gestaltung von Aussagen (ohne inhaltliche Bewertung) und deren Beziehungen untereinander (Ableiten neuer Aussagen unter Voraussetzung schon bekannter) untersucht. Aristoteles begründete schon in der Antike die sog. Zweiwert-L. aus der Annahme heraus, daß eine sinnvolle Aussage hinsichtlich ihres Wahrheitsgehalts entweder wahr oder falsch ist. Die binäre Informationseinheit Bit spiegelt diese Einstellung unmittelbar, und die heutigen Rechner-Prozessoren sind daher maschinelle Realisationen dieser L. Spätestens seit diesem Jahrhundert weiß man aber, daß eine solche Weltsicht unvollständig ist, auch wenn dies im täglichen Leben nicht offenkundig wird: Es entwickelte sich (u.a. Erlanger Schule) die sog. Mehrwert-L. mit dem neuen Prädikat der Unentscheidbarkeit.

Modul (das M.) : Für sich konzipierter Baustein eines Programms mit abgeschlossener Wirkung, der über definierte Schnittstellen zur Parameterübergabe in das Listing eingefügt werden kann. Funktionen (wie in C) oder Prozeduren (wie in Pascal) sind in diesem Sinne also durchaus kleine Moduln. Modular programmieren bedeutet insb. bei umfangreicher Software, daß durch Arbeitsteilung anhand einer gliedernden Beschreibung kurze Entwicklungszeiten realisierbar werden und Fehlersuche wie Upgrading der Software möglichst ökonomisch vorangetrieben werden können. Strukturiert programmieren ist hingegen eher eine lokale Eigenschaft: Man bezeichnet damit die gute Erkennbarkeit der einzelnen Schritte eines → Algorithmus, was auch und vor allem eine Eigenschaft der gewählten Sprache ist. In diesem Sinne sind z.B. C oder Pascal weit besser in der Struktur als BASIC. Die beiden Begriffe bedingen sich allerdings gegenseitig, d.h. je besser strukturiert eine Sprache ist, desto eher ist sie auch für modulares Programmieren geeignet.

Neuronale Netze : Versuche, die Gehirnfunktionen auf Rechnern modellhaft nachzubilden. Spezielle Rechnerarchitekuren simulieren die Funktion von Zellkomplexen und erzielen dadurch mehr oder weniger tragfähige Abbildungen menschlicher Denkvorgänge. Solche informationsverarbeitenden Systeme sollen in Zukunft in die Lage kommen, assoziierende, klassifizierende oder beurteilende Prozesse auszuführen und schließlich in einem allgemeineren Sinn adaptive Lernfähigkeiten aufzuweisen. N.N. sind trainierbar und damit nach und nach zur Leistungssteigerung prädestiniert. Aus der Psychologie entlehnte (und dort bereits belegte) Begriffe wie z.B. *kollektive Verantwortung* verleiten aber leicht dazu, die Erwartungen an solche Systeme von vornherein sehr hoch anzusetzen: Nach wie vor muß anspruchsvoll programmiert, und kann kaum verifiziert werden, d.h. N.N. sind bisher nur für lokale Problemstellungen mit hoher Fehlertoleranz einsetzbar. Auf den ersten Blick scheinen N.N. eng verknüpft mit → Künstlicher Intelligenz, doch sind die entsprechenden Ansätze eher konträr.

OCR - Software (Optical Character Recognition) : Software zur Erkennung von Zeichen (Buchstaben etc.) auf gedruckten Unterlagen, die „gescannt" werden und danach als editierbare Textdatei vorliegen. Hochwertige („lernfähige") OCR-Programme müssen Text und Grafik unterscheiden können, erkennen Spalten, Absätze u. dgl. und haben neben der Zeichenerkennung auch Korrekturprogramme, so daß die je nach Textvorlage verschieden hohe Fehlerrate möglichst minimiert wird. Bis heute sind aber stets korrigierende Nacharbeiten durch den Anwender notwendig.

OOP : Kürzel für Objektorientieres Programmieren. Durchaus schon seit langem bekanntes → Paradigma, das jetzt bei neueren → Programmiersprachen davon ausgeht, daß unser Denken hierarchischen Mustern folgt und Vererbung von Eigenschaften bei Klassen, Kapselung von Methoden u. dgl. auch in Programmen eine Rolle spielen müsse. Das Erlernen solcher Sprachen ist erheblich aufwendiger als das klassischer. Für das Schreiben kleiner „Schreibtischprogramme" lohnt der Aufwand kaum: Hierfür ist z.B. Pascal oder C (ohne C++) weit effektiver. Der wirkliche Vorteil von OOP-Sprachen schlägt erst bei der intensiven Benutzung der Klassenhierarchie durch, und das erfordert einen langen Lernprozeß.

Paradigma : Mit dem aus dem Griechischen („Muster, Beispiel, Gleichnis") abgeleiteten Wort bezeichnet man den grundsätzlich neuen Ansatz bzw. methodischen Wechsel beim Übergang von einer Programmiersprache zur anderen. Beispiel: Die Erweiterung von Turbo Pascal mit dem Klassenkonzept durch Objektorientiertes Programmieren (→ OOP) oder der Übergang von z.B. BASIC nach C++ wird als neues P. erlebt: Bisher bewährte Programmiermuster werden (weitgehend) beiseite gelegt und durch neuartige Überlegungen ersetzt, mit denen umfangreichere Lösungen bei gewachsenen Aufgaben möglich werden. Neue → Programmiersprachen setzen sich vor allem deswegen durch, weil sie ein neues P. mitbringen (oder aber einfach einer Mode folgen, auch das gibt es ...).

Pascal : Nach dem Philosophen und Mathematiker Blaise Pascal (1623 - 1662) benannte, imperative, höhere Programmiersprache mit prozeduralem Ansatz. Um 1971 ursprünglich von N. Wirth an der ETH Zürich als Lernsprache konzipiert und nach und nach standardisiert. Pascal übernahm Sprachkonstrukte von FORTRAN und ALGOL, war aber besser strukturiert. Typisch im Listing ist die strikte Trennung der Deklarationen (Variablen, Unterprogramme) vom Ausführungsteil. Erste Implementierungen auf Tischrechnern von APPLE als UCSD-Pascal um 1980, seit 1982 bis zur Version 7.0 Siegeszug als TURBO Pascal von BORLAND auf allen DOS-Rechnern.

Post-Script : Steuersprache für Drucker, mit der höchste typografische Qualität der Zeichen vor dem Hintergrund ausgewogener sog. Fonts erreicht wird. Ein Font, d.h. ein Grundmuster für die Kontur eines Zeichens, ist dabei in einer sog. Vektordarstellung vorgegeben: Aus dieser heraus wird das Zeichen durch Algorithmen vergrößert, in fette oder kursive Darstellung umgerechnet usw. Bei den älteren Bit-Map-Darstellungen in einer Pixel-Matrix gelingen diese Umwandlungen nur verzerrt, mit Abstufungen u. dgl., also vor allem bei starken Vergrößerungen eher minderwertig, auch wenn z.B. unter Windows sog. skalierbare Schriften (True Type) das Schriftbild am Monitor durchaus sehr gut wiedergeben können.

Programm : Als sog. Listing endliche Folge aus Deklarationen und Anweisungen, die als Abbild eines → Algorithmus eine Maschine steuert. Die Struktur eines P.s folgt wie die Erstellung von → Anweisungen bestimmten Regeln, die in der jeweiligen Sprachbeschreibung festgelegt sind. Angestrebt wird → modulares und strukturiertes Programmieren, d.h. eine auch äußerlich erkennbare Gliederung des Programms, was Verstehen und Warten der Software fördert. I.a. werden heutzutage P.e in einer höheren → Programmiersprache entwickelt und durch „Übersetzen" (→ Compiler, Interpreter) auf Maschinenebene bearbeitet. Maschinennahes Programmieren (Assembler) unter Berücksichtigung der speziellen Hardware beschränkt sich auf die Entwicklung von Systemsoftware und auf die Bereitstellung besonders effektiver, schneller Routinen für die Compiler von Hochsprachen. Mit Kenntnis der Prozessorbefehle ist das auch für PCs möglich. Hochsprachen wie Pascal oder C bieten auch Routinen an, mit denen indirekt (Headerdatei <dos.h>) Maschinenbefehle in die Hochsprache eingebunden werden können. Zur Darstellung der Abläufe in P.en, also zur Dokumentation der Struktur, sind Flußdiagramme und → Struktogramme gebräuchlich.

Programmiersprachen : Anfangs wurden Rechner ausschließlich mit Binärcodes gesteuert, d.h. die Programmierung erfolgte auf der Ebene der Maschinensprache mit Sprachen der sog. ersten → Generation. Als die Zentraleinheiten leistungsfähiger wurden, kamen in den fünfziger Jahren die ersten Hochsprachen auf, z.B. BASIC, ALGOL und FORTRAN. Mit passenden Compilern bzw. Interpretern war es damit möglich, → Programme (weitgehend) hardwareunabhängig zu entwickeln, was der schnellen Verbreitung der inzwischen hochentwickelten Maschinen sehr förderlich war. Ein weiterer Schub ergab sich Ende der siebziger Jahre mit der Vorstellung der ersten PCs (APPLE, XT von IBM u.a.), die heute den größten Teil aller vorhandenen Rechner ausmachen und am „high end" mit sog. Workstations den Anschluß an Groß-rechner (fast) gefunden haben. Für fast alle speziellen Anwendungsgebiete im kommerziellen, wissenschaftlichen und technischen Bereich gibt es heute P., von denen so um zwanzig relativ weit verbreitet sind. Am bekanntesten neben den o.g. vielleicht: ADA, → C und C++, COBOL, LISP, Modula, → Pascal, → PROLOG, Smalltalk. Je nach Sprachkonstruktion unterscheidet man u.a. deklarative, imperative, logische, objektorientierte, prozedurale und/oder symbolische P., wobei manche gleichzeitig mehrere der hier nicht näher definierten Charakteristika aufweisen können.

PROLOG (PRogramming in LOGics) : Eine deklarative, meist → interpretierte Pro-grammiersprache aus der Gruppe der symbolischen Sprachen mit dem Anspruch, Problemlösungen einigermaßen nahe an Formulierungen aus unserer Alltagssprache zu ermöglichen: Im Vordergrund einer solchen Sprache steht eine formalisierte Problem-beschreibung, aus der heraus komplexe (implementierte) Algorithmen die Lösung ermitteln. Die arithmetischen Möglichkeiten von P. sind daher eher schwach aus-geprägt. Effektive Implementierungen von P. verlangen leistungsfähige Maschinen. Für PCs gibt es ein (compiliertes) TURBO P., freilich nur ein schwacher Abglanz der bekanntesten Sprachversion PROLOG-2 nach dem sog. Edinburgh-Standard.

Rekursion : Kette von Verhaltensschritten, bei denen der jeweils späteste durch Rück-griff auf einen oder mehrere frühere beschrieben wird. Jede solche Kette beginnt dann mit entsprechend vielen Anfangsschritten. In mathematischer Schreibweise ist

$$f\,(n) = g\,(f\,(n\text{-}1))\ \text{für jedes } n > 1\ \text{mit}\ \text{z.B. } f\,(1) = \ldots\ ;$$

der einfachste Fall. Die Bestimmung von f (n) erfolgt entweder durch echte R., d.h. Zurückverfolgen von n abwärts bis 1 unter Aufbewahren aller erforderlichen Zwischenergebnisse bzw. Schritte, die mit Erreichen von n = 1 dann wieder vorwärts abgewickelt werden. Als Zwischenspeicher dient dabei der → Stack des Rechners. Eine andere Lösung ist, die Formel von unten (n = 1) nach oben mittels → Iteration durch n - 1 Schritte abzuarbeiten. Bei Implementation in einem → Programm entsteht im ersten Fall rekursiver Code, im zweiten Fall wird wie „bei Handarbeit" eine Liste notwendiger Zwischenergebnisse angelegt, so im Beispiels nur der Vorgängerwert gemerkt und übernommen. Rekursiver Code ist stets speicherintensiv und läßt daher für den Endwert n meist nur bescheidene Größenordnungen zu. Besonderes Augen-merk ist darauf zu richten, daß die R. sicher terminiert, da ansonsten das Programm wegen Speicherüberlaufs abstürzt. Generell ist man bei praktischen Aufgaben bestrebt, eine explizite Formel für f(n) zu finden, mit der das Verhalten im letzten Schritt direkt angegeben werden kann. Nicht immer gibt es eine solche Formel, und außerdem gibt es kein allgemeines Verfahren, eine solche zu finden. In [M 2] wird das Thema anhand typischer Beispiele unter beiden Sichtweisen ausführlich behandelt.

Semantik : griechisch, *sema* Zeichen, Bild, Signal. Wortbedeutungslehre. Die S. behandelt die Beziehungen zwischen Zeichen, Symbolen und Wörtern bzw. Wortgebilden und ihrem Bedeutungsinhalt. Beim Erlernen der Muttersprache (aber nicht einer Fremdsprache) wird dieser Zusammenhang nach und nach durch „Erleben" intuitiv aufgebaut und vom ganz konkreten Objekt bzw. Verhalten schließlich zum allgemeinen Begriff abstrahiert. Ein Tisch ist anfangs die Bezeichnung für ein einziges Objekt, praktisch also ein Name, schließlich die Klassenbezeichnung für alle Objekte, die nach Aussehen, Verwendungszweck usw. unter diese Kategorie fallen. Bei abstrakten Begriffen wie z.B. Freiheit ist dieser Sinngebungsprozeß äußerst komplex und zudem offensichtlich, daß eine einheitliche Begriffsbildung bei unterschiedlichen Trägern keineswegs gegeben ist. Lernt man später eine Fremdsprache wie z.B. Englisch, so ist „table" einfach ein Synonym für Tisch. Daß die semantische Begriffsbildung nie abgeschlossen ist, erkennt man daran, daß bei einem konkreten Objekt durchaus Zweifel auftreten können, ob die Bezeichnung Tisch das richtige Wort dafür ist. „Learning by doing", also eine eher intuitive Vorgehensweise, ist auch bei Programmiersprachen der beste Weg, Sicherheit in der S. in dem Sinne zu erlangen, daß nach einiger Zeit effektive Programme geschrieben werden können. Von der S. zu unterscheiden ist die → Syntax, die von Anfang an systematisch erlernt werden muß.

Simulation : Ursprünglich in der Bedeutung des Vortäuschens nicht vorhandener Zustände (Molières Theaterstück), versteht man unter S. heute die kostengünstige und vor allem risikolose Nachbildung von Zuständen und Abläufen des realen Lebens auf Rechnern zu Studienzwecken. Dies geschieht durch vereinfachende Modellierung eines geeigneten Ausschnitts der tatsächlichen oder vermuteten Wirklichkeit („Szenario") und rechnerischer Extrapolation als Prognose in die Zukunft. Je eher die dabei unterstellten Gesetzmäßigkeiten die Realität treffen, umso höher wird die Aussagekraft einer solchen S. einzuschätzen sein, die allerdings keineswegs immer konkrete Versuche überflüssig werden läßt. Zu den aufwendigsten rechnergesteuerten S.en mit unmittelbarem Nutzeffekt hinsichtlich Kosten wie Sicherheit gehören Flugsimulatoren zur Ausbildung von Piloten. - Nach klassischer Definition werden drei verschiedene Typen von S. unterschieden. Deterministische Modelle gehen von einem fest umrissenen Ansatz aus: Hier treten Gleichungssysteme (→ Differentialgleichungen) auf, die je nach Wahl der Anfangswerte die Lösungsmenge eindeutig festlegen. Bei sog. stochastischen Modellen spielt der Zufall eine wichtige Rolle: Im Wiederholungsfall können zwar allgemeine Aussagen zu den Ergebnissen hergeleitet werden, aber das Einzelexperiment fällt in weiten Grenzen ungewiß aus. Strategische Modelle schließlich liegen vor, wenn Variable weitgehend frei angenommen werden dürfen und außerdem der Zufall eine wesentliche Rolle spielt: Dies ist bei vielen Untersuchungen in der Wirtschaft, zur Spieltheorie und besonders im militärischen Bereich der Fall.

Stack : Relativ kleiner, vordeklarierter Speicherbereich eines Rechners, in dem unter Laufzeit eines Programm jeweils benötigte Zwischenergebnisse automatisch eingelagert werden. → Rekursive Algorithmen kommen ohne intensive (compilergesteuerte) Nutzung des Stacks nicht aus und waren daher anfangs der Entwicklung Höherer Programmiersprachen nicht realisierbar. Ein weiterer freier Speicherbereich, der → Heap, wird von Zeigervariablen (Pointern) benutzt.

Steganographie (griechisch *steganos*, verborgen) : Das diskrete Verstecken von Nachrichten in unverfänglich erscheinenden Bildern oder Texten, folglich eine der sichersten Methoden für unauffällige Kommunikation. Beispielsweise kann die Anzahl der Äpfel an einem gezeichneten Baum eine Uhrzeit bedeuten, was ohne Kenntnis entsprechender Vereinbarungen wohl kaum zu durchschauen ist. Oder: Die Anfangsbuchstaben der Sätze eines Briefes bilden für sich einen Satz, die geheime Nachricht eben. Je unauffälliger die Information im Vordergrund gestaltet ist, desto schwieriger werden gezielte Angriffe. Computergestützte S. als Zweig der → Kryptologie bietet viele Möglichkeiten, mit einem Bild übertragenen Bytes als Zeichen eines Textes zu interpretieren und mit passenden → Algorithmen wieder herauszuholen.

Struktogramm : Neben den klassischen Flußdiagrammen die sinnfälligste Art der sprachunabhängigen Darstellung von → Algorithmen auf visuelle (grafische) Weise. Während jedoch ein Flußdiagramm bei Erweiterung eines → Programms schnell verworren und unübersichtlich wird, unterstützen S.e das → modulare bzw. strukturierte Programmieren moderner Sprachen in vorbildlicher Weise und sind daher vorzuziehen.

Syntax : (griechisch „Zusammenordnen") ist jener Teil der Grammatik, der Bau und Gliederung von Sätzen als Einheiten von Gedankenschritten behandelt. Im engeren Sinn beschreibt die S. die regelgerechte Anordnung von Zeichen, Symbolen und Schlüsselwörtern (Keywords) in → Anweisungen einer → Programmiersprache. Man beginnt mit der S. der Datentypen und benutzt dabei Diagramme oder formalisierte Schreibweisen, die aus der → Logik kommen bzw. eigens entwickelt worden sind, z.B. die Backus-Naurus-Form BNF.   In unserem Text machen wir von der BNF keinen Gebrauch, da entsprechende Kenntnisse kaum vorausgesetzt werden dürfen. Da Verstöße gegen die S. vom → Compiler stets erkannt werden, kann das Programm nicht starten. Die Ursachen falscher Reaktionen eines Programms hingegen liegen stets in mangelhafter Kenntnis der → Semantik: Lauffähige → Anweisungen sind also syntaktisch richtig, haben aber unerwünschte Auswirkungen.

TURING-Maschine : Von A. Turing um 1930 entwickeltes Modell eines Computers zur Präzisierung des → Algorithmusbegriffs. Speicher, Ein- und Ausgabekomponenten werden durch sog. unbegrenzte Arbeitsbänder mit Feldern dargestellt, auf die ein Lese- und Schreibkopf zugreifen kann. Taktweise geht die Maschine vermittels Zustands- und Übergangsfunktionen von einem Zustand in den nächsten über. Die T.M. stellt den Idealfall eines → Automaten dar und steht in diesem Sinn am Anfang der theoretischen → Informatik.

Unizitätslänge : Begriff aus der → Kryptologie, mit dem beschrieben wird, ob zu einem gewissen Geheimtext beim Knacken unterschiedliche, noch sinnvolle Interpretationen möglich sind. Bei einfachen Verschiebeverfahren liegt im Deutschen die U. bei etwa vier bis fünf Zeichen, d.h. es gibt solche kurzen Codierungen, die wenigstens zwei sinnvolle Bedeutungen haben können: So können die Wörter ABER und NORD nach Cäsar auf denselben Code abgebildet werden.

UNIX : Standardbetriebssystem (seit etwa 1973, in C programmiert) für mehrere User und Multitasking, d.h. mehrere Prozesse können an verschiedenen Tastaturen und Bildschirmen gleichzeitig bearbeitet werden. Zunächst für Mainframes (Großrechner) konzipiert, aber mittlerweile auch auf Workstations und sogar PCs der Oberklasse einsetzbar, dort insb. als kostenfreies LINUX oder in verwandten Versionen.

Verifikation : Beweisverfahren, mit dem die „Richtigkeit" eines → Programms ohne Testläufe auf allgemeine Weise nachgewiesen werden kann. Normalerweise testet man ein Programm mit verschiedenen Eingangsdaten (→ Wertanalyse) so, daß möglichst viele Fälle überstrichen werden und so die Überzeugung wächst, alles habe eben ein gutes Bewenden. Die Erfahrung lehrt, daß insb. größere Programme immer wieder „nachgebessert" werden müssen, also nicht alle Eventualitäten vorbedacht worden sind. Ansätze zur V. zumindest einfacher Programme in [M 2].

Virtuelle Maschine : CPU bzw. Rechner, der mit Software eine Struktur zum Bearbeiten logischer Ablaufmuster aufweist, z.B. eine Pascal-M. Die Fähigkeit beruht darauf, daß der Prozessor Binärmuster „versteht" und zu neuen Aussagen verknüpfen kann, die auch nach den Regeln der Logik abgeleitet werden können. Wegen der binären Ja/nein-Entscheidungen arbeiten alle virtuellen M. nach der klassischen zweiwertigen → Logik des Aristoteles, dem mutmaßlichen Begründer dieser Wissenschaft.

Wertanalyse, repräsentative : Empirisches Verfahren zum gezielten Austesten eines Programms, bei dem versucht wird, mit ausgewählten (typischen) Datensätzen möglichst alle denkbaren Fehler aufzudecken (und dann zu verbessern). Ersetzt in der Praxis des Programmieralltags i.a. die theoretisch orientierte → Verifikation.

X : wie die Buchstaben J, Q und Y noch ohne Stichwort.

Zufallszahlen : werden auf Rechnern i.a. mit einem → Algorithmus erzeugt und sind daher genauer als *Pseudozufallszahlen* zu bezeichnen. Normalerweise bilden diese Zahlen eine (sehr große) zyklische Menge, an der auf einer dem Benutzer unbekannten Stelle „eingestiegen" wird. Die Generierung geschieht meist durch sog. Kongruenzrechnungen (s. S. 296), spezifische Divisionsprozesse auf ganzen Zahlen. Echte Z. können durch Digitalisierung von Zufallsprozessen erzeugt werden, z.B. durch (sehr aufwendige) Beobachtung des (bis heute unbeeinflußbaren) radioaktiven Zerfalls.

Die folgenden, meist recht neuen Bücher habe ich hauptsächlich verwendet:

[B]   U. Breymann : C++, eine Einführung
      Carl Hanser Verlag München Wien 1996

[D]   E.-W. Dietrich : Borland C++
      R. Oldenbourg Verlag München Wien 1996

[Dj] J. Dankert : Praxis der C-Programmierung
      B.G. Teubner Stuttgart 1997

[E]   M. Ellis und B. Stroustrup : The annotated C++ Reference Manual
      Addison-Wesley Publishing Company Reading u.a. 1994

[H]   D. Herrmann : C++ für Naturwissenschaftler
      Addison-Wesley-Longmen Bonn 1997

[HK] Chr. Horn und Immo Kerner : Lehr- und Übungsbuch Informatik
      Fachbuchverlag Leipzig (vorgesehen sind 4 Bände)
      bisher Band 1: Grundlagen (ersch. 1995), Band 3: Prakt. Informatik (1997)

[K]   B. Klöppel, T. Dapper, C. Dietrich, R. Seeber :
      Objektorientierte Modellierung und Programmierung mit C++
      R. Oldenbourg Verlag München Wien 1997, 2 Bände

[L]   M. Lutz und F.J. Schmitt : Vom Prozessor zum Programm
      Fachbuchverlag Leipzig 1997

[M1] H. Mittelbach : Programmierkurs TURBO-PASCAL, Version 7.0
      B.G. Teubner Stuttgart 1995

[M2]   H. Mittelbach : Programmbeispiele in TURBO - PASCAL
       B.G. Teubner Stuttgart 1997

[S]   B. Sachs : Borland C++ und Turbo C++, eine Einführung
       Carl Hanser Verlag München Wien 1991

[T]   M.-T. Tinnefeld und H. Tubies : Datenschutzrecht
       R. Oldenbourg Verlag München Wien (mehrere Auflagen)

[St]   B. Stroustrup : Die C++ Programmiersprache
       Addison-Wesley Bonn München 1997 (2. Auflage)

[WP]   T.Wegner und M. Peterson : Fraktale Welten mit C
       te-wi Verlag München 1992

Die beiden Pascal-Bücher [M] enthalten natürlich keine Programme in C++, könnten aber den Anfänger vor allem wegen vieler nicht-trivialer Listings interessieren, von denen einige als „Übersetzung" auch im vorliegenden Text zu C++ vorkommen.

[B] kann als recht kompaktes, im Umfang gegenüber [K] allerdings weniger vollständiges Lehrbuch für C++ verstanden werden. Relativ leicht lesbar, Terminologie nicht überzogen. Leider sind viele Beispiele nur angerissen und gerade dort nicht genauer ausgeführt, wo die Probleme auftreten. So vergeudet man als Leser doch Zeit bei der eigenen Suche nach Lösungen, die m.E. unbedingt in das Buch gehört hätten.

[D] ist ein echtes, sehr systematisches Lehrbuch, von Anfang an auch ohne Vorkenntnisse aus anderen Sprachen mit Gewinn zu lesen. Viele Beispiele sind soweit ausgeführt, daß sie als brauchbare Routinen in eigene, viel größere Programme sinnvoll eingefügt werden können.

[Dj] behandelt zwar „nur" C, besticht aber durch große Praxisnähe mit recht umfangreichen, weit gefächerten und vollständig erklärten Beispielen. Der flüssige Stil macht das Buch sehr lesenswert, daher uneingeschränkt empfehlenswert. - Außerdem: Programme in C laufen natürlich auch als C++ Programme ...

[E] ist das ANSI Base Document, für das Bjarne Stroustrup als Entwickler von C++ bei den Bell Telephone Laboratories mit verantwortlich zeichnet. Kein Lehrbuch, sondern „it explains, what the language is - not how to use it." Man kann darin eigentlich erst dann mit Gewinn lesen, wenn man die Sprache einigermaßen beherrscht.

[H] ist als breit angelegte Beispielsammlung anzusehen. Das Buch bringt auch eine Einführung in C++, die aber so knapp gehalten ist, daß sie m. E. für den Anfänger leider überhaupt keine Einstiegsmöglichkeit darstellt: Der Text scheint erst nützlich, wenn man C++ anderweitig einigermaßen erlernt hat.

[HK] ist eine leicht lesbare Lehrbuchreihe zur Informatik in vier Bänden. In sehr ansprechendem Design bietet das Werk eine Fülle von überzeugend illustrierten Informationen zu allen wichtigen Themen. Band 1 (Grundlagen und Überblick) behandelt u.a. Theorie, Technik, Praxis, Geschichte. Band 3 (Praktische Informatik) setzt sich z.B. mit Software-Engineering, verschiedenen Programmieransätzen (funktional, objektorientiert) und dem Stellenwert der Informatik in der Gesellschaft auseinander. Man darf auf die komplette Ausgabe gespannt sein.

Die zweibändige Ausgabe [K] ist eine systematische Monographie: Alle Aspekte von C++ werden umfassend behandelt, aber das Lesen erfordert Kraft und Ausdauer. Ist man „durch", weiß man zwar Bescheid, kann aber wohl kaum schon in C++ programmieren, denn wirklich ausgeführte größere Beispiele finden sich nur wenige. Bei hohen theoretischen Ansprüchen jedoch durchaus die Wahl. Der Anfänger wird öfters Probleme mit Fachbegriffen haben. Bisher (Ende 1997) ersch. Band 1.

[L] ist vor allem für Studierende der Informatik geschrieben. Das Buch gibt eine Einführung in den Assemblercode, erläutert Aufbau und Architektur des Pentium-Prozessors, bringt grundsätzliches zum Compilerbau und enthält auf beigefüger CD als Beispiel u.a. einen Pascal - Compiler.

Das Buch [S] ist eine äußerst kurze Einführung „auf die Schnelle", für einen allerersten Überblick also; es geht nicht in die Tiefe und behandelt insb. das Thema OOP überhaupt nicht. Der Fairness halber sei gesagt, daß dieser Anspruch im Blick auf den intendierten Leserkreis (z.B. VHS-Kurse) auch nicht erhoben wird.

[St] ist dem englisch geschriebenen Buch [E] nachempfunden, aber doch eher als systematisch aufgebautes Lehrbuch zu verstehen, das auch umfangreichere Beispiele enthält. Es beschreibt den Sprachumfang von C++ nach dem „derzeitigen" Standard.

[T] bespricht nach einer Einleitung zur Historie das Thema Datenschutz anhand einer Fülle ausführlich kommentierter, aktueller Fallbeispiele. Auch das Bundesdatenschutzgesetz BDSG von 1977/86 ist komplett abgedruckt. Wer sich mit dem Thema Datenschutz als Nicht-Jurist auseinandersetzen will oder muß, wird mit diesem Buch schnell zu fundierten Einsichten gelangen.

[WP] ist die ausführliche Beschreibung des bekannten Softwarepakets FRACTINT zur grafischen Darstellung von Fraktalen, das u.a. als Shareware verfügbar ist. Die beigefügte Disk enthält alle Files. 1993 ist von denselben Autoren der Folgeband *Fraktale Welten für Windows* erschienen. Beide Bücher bestechen durch gute Ausstattung mit sehr vielen Abbildungen, sind aber leider nur noch antiquarisch erhältlich.

*****

Wichtige Themen (Begriffe, Algorithmen und Fallbeispiele, typische Funktionen usw.) werden i.a. unter mehreren (auch umgangssprachlichen) Suchbegriffen geführt, so daß man möglichst schnell zu einem Programmbeispiel als „Ziel" gelangt. Die auch im Glossar (Kapitel 20) vorkommenden Begriffe sind durch (G) gekennzeichnet. Das Kürzel (A) bedeutet Aufgabenteile. Auf Abbildungen wird nicht eigens verwiesen.

X Y...

*****

Die Diskette zu diesem Buch:

Alle im vorliegenden Buch enthaltenen C++ Listings sowie eventuell notwendige Datenfiles (u.a. das erwähnte Bild) sind auf einer HD-Disk (3.5 Zoll) verfügbar, die mit Erscheinen des Buchs fast 140 Dateien aufweist. Nach und nach gefundene Fehler oder wichtige Hinweise werden auf dieser Disk jeweils dokumentiert. Außerdem werde ich in einem Verzeichnis weitere Listings sammeln und kommentieren, die über das erworbene Buchwissen hinausgehen und von weitergehendem Interesse sind.

Sie erhalten diese Diskette gegen Zusendung eines 20-Mark-Scheins im Briefumschlag an mich ...

Henning Mittelbach, Mittl. Lechfeldweg 11, D 86316 Friedberg (Bayern)

Vergessen Sie nicht den Absender! Wenn nicht gerade Urlaubszeit ist, erfolgt die Lieferung unverzüglich. Hier noch meine Telefonnummer ☎ 0821 - 69 635 für eventuelle Fragen. Schließlich: Kritik, Fehlerhinweise und Verbesserungsvorschläge sind jederzeit willkommen, ein Buch zum Programmieren ist nie fertig ...

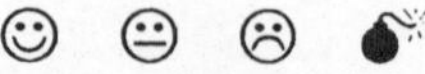